Das Buch
Memoiren waren ihr immer ein Greuel. Während andere Hollywood-
Stars ihre Skandale und Affären pflegten, wollte Katharine Hepburn
immer nur als Schauspielerin im Gedächtnis bleiben. Jetzt schreibt sie
erstmals über sich selbst. In den *Geschichten meines Lebens* nimmt sie
uns mit in ihre Kindheit, in ihr Familienleben, in ihre Anfänge in New
York und Hollywood. Sie läßt uns die Höhen und Tiefen ihrer Karriere miterleben, gewährt uns Einblick ins Allerheiligste ihres Privat-
lebens, in ihre lange Freundschaft mit Spencer Tracy, in ihre enge Zusammenarbeit mit den wichtigsten Schauspielern, Regisseuren und
Produzenten der vergangenen sechzig Jahre. Katharine Hepburn, die
von sich selbst das Äußerste verlangte und stets auf ihre Unabhängigkeit pochte, hat sie alle herausgefordert. Die Arbeit mit ihr war turbu-
lent, wie sie selbst freimütig gesteht. Mit trockenem Humor schildert
sie ihre Auseinandersetzungen mit Filmlegenden wie George Cukor,
John Huston, Humphrey Bogart, Sidney Poitier und Spencer Tracy.
Unverwechselbar und eigenwillig wie in ihren legendären Filmrollen
offenbart sich die begnadete Schauspielerin in ihren Erinnerungen —
eine Autobiographie voller Wärme, Ausdruckskraft und Klugheit, die
zugleich ein Stück unvergeßlicher Filmgeschichte ist.

Die Autorin
Katharine Hepburn, die mit vier Oscars ausgezeichnet wurde, zählt
zu den vielseitigsten und erfolgreichsten Schauspielerinnen der Welt.
Legendäre Filmerfolge wie *Leoparden küßt man nicht*, *Der Löwe im
Winter*, *Plötzlich im letzten Sommer* und vor allem *African Queen*
machten sie berühmt.

KATHARINE HEPBURN

»ICH«

Geschichten
meines Lebens

Aus dem Englischen
von Cornelia Zumkeller

WILHELM HEYNE VERLAG
MÜNCHEN

HEYNE ALLGEMEINE REIHE
01/8765

Titel der Originalausgabe:
ME · STORIES OF MY LIFE

2. Auflage

Redaktion: Anita Krätzer

Die Originalausgabe erschien im Verlag Alfred A. Knopf, Inc., New York 1991
Copyright © Katharine Hepburn 1991
Copyright © 1991 der deutschen Ausgabe
by Wilhelm Heyne Verlag GmbH & Co. KG, München
Printed in Germany 1993
Umschlagillustration: John Bryson
Umschlaggestaltung: Christian Diener
Satz: Kort Satz GmbH, München
Druck und Bindung: Ebner Ulm

ISBN 3-453-06402-X

Für Mutter und Dad

Inhalt

Prolog

Ich habe einen Freund, der mich ständig fragt, weshalb ich dieses Buch schreibe. Vor allem, nachdem ich so viele tausend Male gesagt habe: Nein, das ist privat. Nein, ich werde nicht darüber sprechen.

Weshalb ich meine Meinung geändert habe? Das frage ich mich selbst. Etwas hat mich verändert. Ich glaube — und ich sage nicht: ich weiß —, ich glaube, daß ich mich immer als Schauspielerin gesehen habe. Nun sehe ich seit ein paar Jahren diese Kreatur, die ich erschaffen habe, herumsitzen und sagen: »He, was ist los, was machen wir. Wir vergeuden Zeit. Auf geht's!«

Halt den Mund. Du hängst mir zum Hals raus. Ich werde mich nicht mehr hinter dir verstecken. Wer bist du überhaupt? Du bist nicht ich. Du bist »diese wunderbare, große, schöne Puppe«. Du bist die glänzende Seite der Münze. Du wurdest zur richtigen Zeit geboren. Du hattest das richtige Aussehen. Du hattest die richtige Stimme. Du hattest Glück. Du hast eingeschlagen und bist reich geworden. Gut. Ich freue mich, daß es dir gutgegangen ist. Nun werde ich übernehmen.

Was sagst du da? Wer ich bin?

Nun, ich bin ich. — Ich bin das, was man die Macht hinter dem Thron nennt. Ich bin deine — deine Rolle. Heißt das nicht so? Dein »Tu-dies-nicht-tu-das-Nicht«. Deine Basis.

Ich steuere dein Schiff. Du bist das Schiff. Du wirst schon ein wenig morsch, und dich zu verkaufen, ist wahrscheinlich nicht mehr so einfach, wie es dies früher einmal war.

Du hast einen rechten Fuß, der nicht mehr ganz so gut funktioniert. Will sagen, er tut weh. 1982 bist du gegen diesen Leitungsmast gerannt. Dumm von dir. War ein launiger Kommentar zu dieser Schiffswerft, die am Südostufer von Saybrook Point liegt. Hört her — deshalb tut er weh! Aber sie mußten ihn wenigstens nicht abschneiden. Ja, natürlich hat das deinen ganzen Körper aus dem Gleichgewicht geworfen — und jetzt schmerzt auch noch dein Rücken.

Mensch, was erwartest du denn? Dein Körper war für dich immer eine Selbstverständlichkeit. Du hattest Glück, daß er zunächst in einem guten Zustand war. O ja, diese beiden Schulteroperationen —

Rotatormanschetten, nannten sie die nicht so? Ja, und natürlich ist die rechte Hüfte künstlich. Wann war denn das Malheur? 1973. Oh, das ist schon eine Weile her. Aber du hattest Glück, diese Operation ist wirklich gelungen. Verdammt, was hast du für ein Glück! Du kannst sehen! Du kannst hören! Du kannst radfahren! Du kannst gärtnern! — Ja, niederknien; das ist doch erholsam, oder? Niederknien?

Aber an dieser Stelle komme jetzt ich rein — deine Rolle. Ich glaube nicht, daß du je erkannt hast, wie nützlich ich dir war. Ich war immer da. Ich sage dir, was das heißt: Ich bin deine Stütze, wenn du eine schlechte Entscheidung triffst. Und auf was du dich da eingelassen hast, das funktioniert nicht. Ich will nun versuchen, dir das zu erklären.

Weißt du, was ich wirklich bin? Ich bin das größte Geschenk, das mir meine Eltern gemacht haben. Und als ich das erkannte, wußte ich auch, weshalb ich mich plötzlich dafür interessierte, dieses Buch zu schreiben. Ich wollte den wahren Grund hinter all diesem Wirrwarr erkennen. Dieses Quentchen Charakterstärke, das wir alle entwickeln können. Hier ist es. Es wartet darauf, benutzt zu werden. Das war es, was mich plötzlich gepackt hatte.

Wie habe ich bloß *The Lake* überstanden und den frühen Fehlschlag in meiner Filmkarriere — die Kassengiftzeit? Und woher habe ich bloß so viel gesunden Menschenverstand? Das ist es, was einen wirklich über Wasser halten kann. Du kannst sagen: Du hattest genug Geld, um es durchzustehen. Ja, das hatte ich. Aber Geld allein genügt nicht. Ich war sicher nicht kurz vor dem Verhungern, aber ich hätte unterliegen können.

Man wird sehen, wo du etwas falsch gemacht und korrigiert hast.

Zum Beispiel *The Lake*. Ich habe zugelassen, daß Jed Harris, der Produzent, mich herumschubste. Ich wußte, daß ich herumgeschubst wurde, aber ich habe mich nicht gewehrt. Ich habe nicht gesagt: »Sehen Sie, ich bin diejenige, die das verkaufen muß, und wenn Sie mich zu Mus machen, dann werde ich auch nur Mus sein.« Und ich war Mus.

Die Geschichte mit *The Lake* und meinem Überleben war außerordentlich wichtig für mich. Ich lernte, Verantwortung zu übernehmen und zu sagen: »Sprechen Sie mit mir. Ich bin schuld.«

Und die Filme. Auf die gleiche halbherzige Art habe ich immer wieder gesagt: »Ja, okay«, statt: »Nein, das gefällt mir nicht.«

Verantwortung übernehmen lernen — jeder von uns muß lernen, Verantwortung zu übernehmen.

Also bitte: Nutze deine Möglichkeiten!

Siehst du denn nicht, was ich tue und warum ich es tue? Ich schreibe meine Lebensgeschichte. Ich wurde dazu getrieben. Was sonst kann ich tun? Vermutlich ist das der Grund, warum alle ihre Lebensgeschichte schreiben.

Es ist verdammt viel Zeit vergangen, seit ich in *The Warrior's Husband* mit einem Hirsch auf der Schulter diese Treppe heruntergesprungen bin. Damals ahnte ich nicht, daß ich mich eines Tages fragen würde, ob ich eine Treppe hinuntergehen könne, ohne diese verfluchte Treppe hinunterzufallen. — Was ist das, was man »leben« nennt?

Jetzt kommen wir zu *mir*.

Ich denke, ich muß versuchen, mir klarzumachen, daß mir dieser Körper von außerordentlichem Nutzen war — dieser Rücken, diese Beine usw. Ich habe sie den härtesten Belastungen ausgesetzt, und sie haben wahre Großtaten vollbracht. Ich kann es ihnen wirklich nicht vorwerfen, daß sie steifer geworden sind. Sie haben mir große Dienste erwiesen. Sie sind müde.

Erholen wir uns, Kath, erholen wir uns. Immer mit der Ruhe. Machen wir eine Pause.

O nein, keine Pause. Wir hatten eine Pause — erholen wir uns! SCHREIB EIN BUCH!

1

Meine Eltern

Bevor ich Ihnen irgend etwas über mich selbst erzähle, möchte ich, daß Sie etwas über die Welt erfahren, in die ich hineingeboren wurde. Über meinen Hintergrund. Damit meine ich natürlich meine Mutter und meinen Vater. Meine Eltern.

Meine Mutter starb, als ich um die Vierzig war. Und mein Vater starb, als ich um die Fünfzig war. Damit waren sie für mich... Nun, vierzig Jahre lang waren sie immer für mich da. Sie gehörten zu mir.

So habe ich sie in Erinnerung: Dad steht links vom Kamin, Mutter rechts davon. Täglich um fünf Uhr wurde Tee getrunken. — Sie waren die Welt, in die ich geboren wurde. Mein Hintergrund.

Zu meiner Mutter:

Katharine Martha Houghton kam am 2. Februar 1878 zur Welt. Sie war die Tochter von Caroline Garlinghouse und Alfred Augustus Houghton.

Alfred Houghton war der jüngere Bruder von Amory Houghton, dem Leiter der Corning Glass Company. In Cambridge, Massachusetts, gegründet, zog die Firma nach Brooklyn um und ließ sich dann endgültig in Corning nieder.

Als Alfreds erste Frau starb, hinterließ sie ihm eine Tochter namens Mary. Dann heiratete er Caroline Garlinghouse. Sie hatten drei Töchter — Katharine, Edith, Marion.

Alfred und seine Frau waren glücklich. Sie waren wohlhabend. Nicht reich, aber auch nicht arm. Er spielte Geige, sie Klavier. Sie interessierten sich für Robert Ingersoll, »den großen Agnostiker«, und gingen zu all seinen Vorträgen. Sie traten aus der Amtskirche aus. Alfred war etwa zwanzig Jahre älter als Caroline.

Offensichtlich hatte er zu seinem älteren Bruder Amory Houghton ein problematisches Verhältnis. Amory hatte ihn aus den Glaswerken gefeuert, weil er ständig zu spät kam. Alfred wurde nun Leiter der Buffalo Scale Works. Anscheinend war er ein launenhafter Zeitgenosse und Opfer schwerer Depressionen. In einer dieser depressiven Phasen besuchte er Amory in Corning und verschwand. Man fand ihn auf den Bahngleisen. Er hatte sich eine Kugel in den Kopf geschossen. Einen Abschiedsbrief oder irgendwelche erklärenden Worte hatte er nicht hinterlassen.

Nun mußte Caroline ihre drei Töchter allein aufziehen. Man stellte bei ihr Magenkrebs fest. Sie wußte, daß sie zu einem ziemlich schnellen Tod verurteilt war. Caroline graute davor, ihre Mädchen nach ihrem Tod von irgendwelchen Verwandten großziehen zu lassen, die in ihren Augen alle hoffnungslos reaktionär waren. Sie wollte, daß ihre Töchter aufs College gingen. Sie ging mit meiner Mutter zum Bryn Mawr College. Sie traf Vorkehrungen, daß Mutter dieses College besuchen konnte, und sorgte dafür, daß Edith und Marion auf Miß Baldwins Boarding School kamen, die ganz in der Nähe vom College lag.

Als ihre Mutter starb, waren Katharine sechzehn, Edith vierzehn und Marion zwölf Jahre alt. Katharine war von der Zukunftsvision ihrer Mutter erfüllt. Sie wollte aufs College gehen, nach Bryn Mawr. Sie wollte ihre jüngeren Schwestern in die richtige Richtung führen und war nicht bereit, sich von Onkel Amory herumkommandieren zu lassen. Onkel Amory hatte zu diesem Thema seine eigenen Ansichten. Er war der Meinung, daß Mädchen Mädchen sein sollten und Mädchenpensionate zu besuchen hätten, um zu lernen, wie sich eine Dame benimmt. Doch diese Mädchen wollten eine Ausbildung haben, sie wollten unabhängig sein. Die Situation erschien hoffnungslos festgefahren.

Erst nachdem meine Mutter die Vormundschaftsmaßnahme ausgeheckt hatte, die Onkel Amory einen Strich durch die Rechnung machte, trugen die Schwestern den Sieg davon. Bis dahin waren die »Mädchen« von einem Verwandten zum anderen geschickt worden, um es »mal zu probieren«.

Überall, wo sie hinkamen, bemühten sie sich, charmant und süß zu sein — aber sie waren unbändig laut. Sie trampelten auf dem Boden über dem Wohnzimmer herum. Sie kreischten und schrien einander an. Jeder wollte sie wieder loswerden.

Dann fand Mutter heraus, daß sie alt genug war, ihren Vormund selbst zu bestimmen. Onkel Amory verwaltete ihr Geld, aber er war nicht ihr gesetzlicher Vormund. Sie drohte damit, einen Mann zu benennen, den Onkel Amory nur sehr ungern als ihren Vormund gesehen hätte, und zwang ihn damit zu handeln. So setzte sie sich durch. Sie ging nach Bryn Mawr. Ihre Schwestern gingen zu Miß Baldwin, und später gingen beide nach Bryn Mawr.

Um Ihnen eine kleine Vorstellung von der Atmosphäre zu vermit-

Caroline Houghton,
geborene Garlinghouse,
meine Großmutter
mütterlicherseits,
und Alfred Augustus
Houghton, mein Großvater
mütterlicherseits

Meine Mutter in Bryn Mawr

teln, in der meine Mutter damals leben mußte, sei hier ein Brief abgedruckt, den jener Onkel Amory 1904 an meine Mutter schrieb. Er
wirft ein bezeichnendes Licht auf diesen Onkel Amory, der den
Daumen auf dem Portemonnaie hielt:

Corning, N.Y., 4. Februar 1904

Liebe Katharine!

Ich habe Deinen Brief vom 1. Februar vor mir liegen und stelle
fest, daß Du Dir in den letzten sieben Jahren immer wieder Geld
von Mary Towle geliehen hast. Bis heute sind es insgesamt tausend Dollar, neben dem, was Du ihr schon von Deinem Gehalt

zurückgezahlt hast. Deine Einkünfte waren immer stattlich, und Du hättest Dir nie Geld borgen sollen, und Mary Towle hat einen großen Fehler begangen, als sie Dir Geld geliehen hat. Meine Meinung über Dich ist die gleiche wie immer — daß Du eine extravagante, hinterlistige, unehrliche, wertlose Person bist. Du hast Tausende von Dollar verschwendet und Deine Ehrenschulden nicht bezahlt. Aber ich glaube nicht, daß Du in der Lage bist, die Fehler, die Du gemacht hast, einzusehen. Wie wäre es, wenn Du jetzt, wo Du an Mary Towle zurückzahlst, auch die diversen anderen Konten, auf denen Du Außenstände hast, wieder auffülltest? Wenn Du Tom siehst, sag ihm bitte, daß er sich meiner Meinung nach gar nicht schlechter hätte verhalten können.

Ich füge eine Zahlungsanweisung über eintausend Dollar bei und habe Dein Konto damit belastet. Ich gehe davon aus, daß Du auf der Rückseite dieses Wechsels einen Vermerk machen wirst: zu zahlen an Mary R. Towle; unterschreibe mit Katharine M. Houghton, und schick den Wechsel dann an Mary R. Towle.

Voller Empörung
Dein Dich liebender Onkel
A. Houghton jun.

Als Du ein kleines Mädchen warst und nach Buffalo kamst und Dir irgendwelche Textilien hast andrehen lassen, die Du nicht behalten durftest (sie wurden zurückgegeben), meinte Dein Vater: »Kathie ist ein leichtsinniger Mensch.« Das stimmt. Kathie ist ein leichtsinniger Mensch; das war immer so und wird zweifelsohne auch immer so sein.

Als Caroline Garlinghouse starb, war sie fünfunddreißig Jahre alt. Sie muß eine sehr starke Persönlichkeit gewesen sein. Meine Mutter sprach viel von ihr: von ihrer Schönheit, ihrer Charakterstärke, ihrer Entschlossenheit, daß ihre Töchter eine Ausbildung erhalten und ihr Leben unabhängig von der sehr dominierenden Amory Houghton Corning Glass Group leben sollten. Ihr Credo: Geht aufs College! Macht eine Ausbildung!

Ich sehe meine Mutter noch heute, wie sie beschreibt, daß sie neben ihrer Mutter saß. Ihre Mutter war wunderschön. Damals fühlte ich, welchen enormen Einfluß sie auf meine Mutter gehabt haben muß, das älteste der drei Mädchen. Es war auch meine Mutter, die die kraftvollen Lebensweisheiten George Bernard Shaws geschenkt bekam:

»Das ist die wahre Freude im Leben: für einen Zweck gebraucht zu werden, den man selbst für groß hält; alles gegeben zu haben, ehe man zum alten Eisen gehört; eine Naturgewalt zu sein statt ein ständig leidendes Häufchen Elend, das sich darüber beklagt, daß die Welt nicht alles dransetzt, einen glücklich zu machen.«

Gib nicht auf. Kämpfe für deine Zukunft. Unabhängigkeit ist die einzige Lösung. Frauen sind genausogut wie Männer. Vorwärts!

Du hast nicht allzuviel Geld, aber du hast einen unabhängigen Geist. Wissen zählt und Bildung. Gib nicht auf! Geh deinen eigenen Weg. Jammere nicht, beklage dich nicht. Denke positiv.

Meine Schwester Peg erzählte mir, daß sie einmal weinend dasaß, weil unsere Schwester Marion und eine Freundin sie nicht mitspielen ließen. »Ich kann es ihnen nicht verdenken«, sagte meine Mutter. »Du bist ein Jammerlappen.«

Peg hat daraus gelernt. Sie wurde lustiger.

Peg: »Der-und-der mag mich nicht.«

Mutter: »Wenn er einen guten Geschmack hätte, würde er dich mögen. Wenn er aber einen schlechten Geschmack hat, warum willst du dann bei ihm ankommen?«

Als sie noch das Bryn Mawr College besuchte, brauchte Mutter eines Tages Geld. Sie fand nur jemanden, der Nachhilfeunterricht in Trigonometrie brauchte. Trigonometrie konnte Mutter nicht. Also besorgte sie sich die entsprechenden Bücher, rief das Mädchen an und hielt sechs Wochen lang einen Vorsprung von zwei Unterrichtsstunden vor ihr. Das Mädchen kam durchs Examen, und Mutter auch.

Zu meinem Dad:

Dr. Thomas Norval Hepburn. Er kam am 18. Dezember 1879 zur Welt und war der Sohn des Geistlichen Sewell Snowden Hepburn und der Selina Lloyd Powell.

Er war ihr jüngstes Kind. Seine Geschwister hießen Charles, Lloyd, Sewell und Selina. Sie lebten in Virginia, hatten aber auch in der Nähe von Chesterton, Maryland, eine Farm, die sich noch immer im Besitz der Familie befindet. Der Name der Farm ist »Delight« (Freude).

Dads Mutter entstammte der sehr angesehenen Familie Powell. Ähnlich wie andere Familien in den Südstaaten, waren sie durch den Bürgerkrieg ziemlich verarmt. Dad liebte seine Mutter von Herzen.

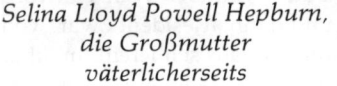

Selina Lloyd Powell Hepburn,
die Großmutter
väterlicherseits

Reverend Sewell Snowden
Hepburn, der Großvater
väterlicherseits. Die Kleine
auf seinem Schoß bin ich

Sie standen sich sehr nahe, und durch sie entwickelte er eine große
Achtung vor dem weiblichen Geschlecht. Sie war sein Ideal — eine
Kämpferin mit den höchsten Maßstäben. Sie glaubte an den Wert der
Bildung.

Großvater war Pfarrer der Episkopalkirche. Er hat nie mehr als 600
Dollar im Jahr verdient. Mütterlicherseits stammte Powell von einer
sehr vornehmen Linie ab, die früh nach Virginia eingewandert war.

Dad besuchte das Randolph-Macon College in Virginia und machte
den B. A. (Bachelor of Arts, Bakkalaureus) und den M. A. (Master of
Arts, Magister). Dann ging er auf die Johns- Hopkins-Universität in
Baltimore, um Medizin zu studieren. An der Hopkins-Universität
lernte er Mutters Schwester Edith kennen. Die beiden übten sich miteinander im Fechten.

Mutter und Dad lernten sich in Ediths Wohnung kennen. Mutter war fasziniert von ihm und nahm dort eine Stelle als Lehrerin an, um ihn sich zu angeln. Sie verabredeten sich häufig miteinander. Dad schien großes Interesse an ihr zu haben, aber er machte ihr keinen Heiratsantrag. Sie begann zu glauben, daß er sie nur hinhalte. Schließlich sagte sie in ihrer Verzweiflung: »Weißt du, das Großartige an unserer Beziehung ist, daß sie überhaupt keinen Knacks bekäme, wenn einer von uns heiraten würde.«

Dad war empört. »Ich weiß nicht, wie du so etwas sagen kannst. Wenn ich dich nicht heirate, werde ich niemanden heiraten.«

Mutter fragte: »Darf ich das als Antrag verstehen?«

Dad erklärte ihr, daß er ihr seit sechs Monaten Anträge mache. Sie wollte immer alles klar ausgesprochen haben. »Wo bleibt dein gesunder Menschenverstand!«

Edith gab ihr Medizinstudium auf, heiratete Dr. Donald R. Hooker und lebte in Baltimore.

Dad erhielt von einigen New Yorker Krankenhäusern gute Stellenangebote, aber zum Leben, fand er, war New York wenig geeignet. Mutter und Dad heirateten und zogen nach Hartford. Sie wollten eine große Familie haben. Beide setzten sich engagiert für eine Verbesserung des Verhältnisses zwischen Mann und Frau ein.

Am Anfang wohnten Mutter und Dad gegenüber vom Hartford Hospital, wo Dad zunächst »Interner« und dann »Resident« war. Von letzteren wurde erwartet, daß sie im Krankenhaus schliefen, um über eine Klingel jederzeit erreichbar zu sein. Dad fand ein Haus, das direkt gegenüber vom Krankenhaus in der Hudson Street stand. Er installierte sein eigenes Klingelsystem. Er war sehr schnell auf den Beinen, und da er nie zu spät kam, kam man ihm auch nie auf die Schliche.

Die Zeit verstrich, und eines Tages ging Mutter durch den Park spazieren. Tom, ihr erster Sohn, ging neben ihr her, und ich, Kathy, wurde gefahren. »Hier bin ich nun«, dachte Mutter, »habe diese beiden entzückenden Kinder und einen attraktiven, brillanten Mann, der einer glänzenden Karriere entgegensieht. Aber was ist mit mir – was ist mit mir? Ist das alles, wozu ich da bin? Es muß doch etwas geben. Ich habe den Bakkalaureus und den Magister-Abschluß.«

Sie ging etwas ratlos nach Hause, da stürmte Daddy herein und sagte: »Schau in die Zeitung. Eine Frau namens Emmeline Pankhurst hält heute abend einen Vortrag über Frauen und Wahlrecht, laß uns...« Sie gingen. Dad hatte offensichtlich erkannt, daß Mutter sich wegen ihres Platzes in der Welt Gedanken machte. Er fand die

*Mutter und Dad
auf ihrer
Hochzeitsreise*

*Das Haus an der
Hudson Street*

Lösung. Mutter wurde Präsidentin der Vereinigung für Frauenwahlrecht in Connecticut.

Frauen, ihre Probleme, die Wahl, Prostitution, Mädchenhandel, Schwangerschaft von Teenagern, Geschlechtskrankheiten, riesige öffentliche Veranstaltungen — sie deckten viele Schwachstellen im Gewissen der Bürger von Hartford auf:

»Wußten Sie, daß gleich neben der Polizeiwache ein großes Freudenhaus war?«

»Wußten Sie, daß in jenem Haus ein Kind in einer offenen Toilette ertrank?«

Mutter hatte auf der Connecticut Fairgrounds eine Bude, und in dieser Bude hatten wir eine Gasflasche, mit der wir Ballons aufblasen konnten. Ballons mit der Aufschrift: »*Wahlrecht für Frauen*« in Purpur, Weiß und Grün. Ich war damals ungefähr acht Jahre alt und füllte die Ballons mit Gas, band eine zwei Meter lange Schnur daran, ging auf die Straße hinaus, heftete mich einigen bedauernswerten Messebesuchern an die Fersen und verfolgte sie so lange, bis sie mir einen unserer Ballons abnahmen, ob sie ihn nun wollten oder nicht. Mit eindringlicher Stimme rief ich: »Stimmrecht für Frauen. Hier, nehmen Sie, Stimmrecht für Frauen!« — und sie nahmen ihn.

Wenn die Männer zu irgendeiner Wahl gingen, hatten die Suffragetten immer gleich nebenan ihre Wahlbuden. Auf einem großen Schild stand (dies war einer von Dads genialen Einfällen): »*Frauen, Idioten und Kriminelle wählen hier.*« Mutter war eine der bevorzugten Disputantinnen. Sie war schlagfertig, sehr witzig und der überzeugendste Beweis dafür, daß Frauen keine Dummköpfe waren und das Wahlrecht verdienten.

Oh, ich habe etwas vergessen. Am ersten Tag der »Made in Hartford«-Woche brachte Mutter einen Bericht und eine Fotografie von der offenen Toilette in dem Haus, in dem ein Kind ertrunken war, zum *Courant*, der örtlichen Zeitung. Und ob Sie's glauben oder nicht, sie veröffentlichten beides, ohne es vorher genauer angeschaut oder durchgelesen zu haben. Natürlich wurde der Bericht aus der zweiten Ausgabe herausgenommen.

Dad hatte einen Patienten, der sichergehen wollte, daß alles okay war und daß er beruhigt heiraten konnte. Er war gesund. Zehn Monate später kam er mit seiner Frau. Sie hatte eine schwere gonorrhoische Peritonitis. Sie starb. Dad bekam heraus, daß sich am Abend vor der Hochzeit alle auf einer Junggesellen-Party betrunken hatten und in ein Bordell gegangen waren. Der Ehemann hatte sich dabei eine Gonorrhö zugezogen und seine Frau angesteckt. Damit begann

MRS. CARLOS F. STODDARD,
President
New Haven Equal Franchise League

MRS. THOMAS N. HEPBURN,
President
Connecticut Woman Suffrage Association

MRS. M. TOSCAN BENNETT,
President
Hartford Equal Franchise League

VOTES FOR WOMEN

Joint HEARING before the Committee on Constitutional Amendments and the Committee on Woman Suffrage, State Capitol, Hartford, Hall of the House of Representatives, March 3rd and 4th, at 2 P. M.

DUPLICATE OF SUFFRAGE HEARING
AT
HOTEL GARDE, HARTFORD
(dining room, second floor)
MARCH 3rd, at 2:15 P. M.

Members of the General Assembly and all others who are unable to secure seats at the Hearing at the Capitol are invited to go immediately to Hotel Garde. As soon as each speaker has finished at the Capitol she will go at once to the Hotel Garde to speak.

Coffee and sandwiches will be served. Come and wait for your train.

MISS EMILY PIERSON
State Organizer
Connecticut Woman Suffrage Ass'n

MISS ROSE WINSLOW
of New York

*Plakat mit der Ankündigung einer Veranstaltung
zum Thema Frauenwahlrecht*

Dads Kampf um die Gründung der New England Social Hygiene Association (Gesellschaft für Sozialhygiene) mit dem Ziel, die Öffentlichkeit über Geschlechtskrankheiten aufzuklären.

Er ging zu Dr. Eliot von der Harvard Universität, um ihn zu bitten, das Amt des Präsidenten dieser Vereinigung zu übernehmen. Dad läutete und bat den Butler, Dr. Eliot ein Schreiben zu übergeben, in dem er seine Idee erläuterte. Eliot kam herunter und sagte, daß er eben einen Brief vom Präsidenten der Vereinigten Staaten erhalten habe, in dem ihn dieser bitte, Botschafter in England zu werden, aber er halte Dads Vorschlag für wichtiger. Damit wurde Eliot der erste Präsident der neuenglischen Gesellschaft für Sozialhygiene.

Auf der Versammlung im Parson's Theatre kam es zu einer kontroversen Debatte. Das war 1912. Man wollte die verheerenden Auswir-

23

Ich und die Schwestern Bennett vor einer Wahlrechtsdemonstration

kungen von Geschlechtskrankheiten und Prostitution bekanntma-
chen. Es ging auch um den Mädchenhandel. Was konnte man dagegen
tun?

Mutter hatte den damaligen Bürgermeister Edward Smith dazu
überredet, den Vorsitz in dieser Versammlung zu führen. Man erwartete kompetente Redner: Dr. Robert M. William beispielsweise, eine
Autorität auf dem Gebiet der Geschlechtskrankheiten. Oder Dr.
Edward Janney. Außerdem Clifford Roe aus Chicago bzw. Baltimore,
der eine Arbeit über die Prostitution verfaßt hatte. Auch Teilnehmer,
die sich mit dem Mädchenhandel befaßten, waren anwesend.

Die äußerst konservativen Blätter *The Hartford Courant* und *The
Hartford Times* machten die ganze Versammlung im vorhinein
schlecht, während die Connecticut Equal Franchise League (Liga für
Gleichberechtigung) heftig dafür warb. Der Widerstand war gewaltig.
Das Telefon hörte nicht mehr auf zu klingeln. Der Bürgermeister versuchte — allerdings vergeblich —, den Vorsitz für diese Versammlung
wieder abzugeben. Dads Satz: »Die Wahrheit wird Sie frei machen«,
stand überall auf Bannern zu lesen. Endlich kam der Abend. Dad fuhr
die Redner zum Parson's. Während der Fahrt platzte ihm ein Hinter-

reifen. Er hielt nicht an, sondern fuhr auf den Felgen weiter, weil er sich nicht traute anzuhalten.

Es war eine unglaubliche Menschenmenge zusammengekommen, und die Versammlung wurde ein Riesenerfolg. Mutter und Dad erhielten für ihre Bemühungen viel Lob. Man schrieb den Januar 1912. Diese Themen damals öffentlich zu diskutieren, bedeutete einen gewaltigen Fortschritt. Gesellschaftlich waren meine Eltern damit eindeutig abgestempelt. Von den einen wurden sie diskreditiert, von anderen gelobt. Der Kampf ging weiter, und natürlich wissen wir heute alle, daß sie recht hatten.

1917 gab Mutter ihr Präsidentenamt bei der Connecticut Woman Suffrage Association ab und schloß sich Alice Pauls National Women's Party an, da diese Vereinigung aggressiver war. 1920 setzten sie das Wahlrecht durch. Dann kam die Geburtenkontrolle.

Da wir mitten in all dem aufwuchsen, waren Tom und ich es gewohnt, bei Paraden mitzugehen, und wir waren es auch gewohnt, kräftig vor den Kopf gestoßen zu werden, in des Wortes subtilster Bedeutung. Doch nach und nach hörte dies auf, und wir wurden als Kinder sehr fortschrittlicher Eltern gepriesen und bewundert. Also schauten wir nicht nur zu unseren Eltern als Eltern auf, sondern wir stellten bald fest, daß wir das Produkt zweier bemerkenswerter Menschen waren.

Die beiden waren in der Tat erstaunlich. Unsere Haustür stand jedem offen. Kommen Sie herein. Erzählen Sie. Kommen Sie mit uns. Übernachten Sie doch bei uns. Bleiben Sie zum Essen. Nein, nein, hier ist immer genügend Platz.

Wie sehr ich euch beide vermisse! Ich war es so gewohnt, mich an euch zu wenden. Das war himmlisch. Mich in Freud und Leid immer an euch wenden zu können. Da wart ihr: stark, lustig. Zwei Felsen. Was ihr für mich getan habt — unglaublich! Welch Glück, aus Liebe geboren worden zu sein und in einer Atmosphäre der Wärme und Fürsorge leben zu können.

Ich schaue mir die Zimmer an, die ich bewohne — hier, in meinem Haus. Die Teppiche sind orientalisch, die Möbel Antiquitäten: englisch, französisch-provenzalisch. Im Kamin lodert immer ein Feuer. Der Duft der Asche. Die Vasen sind mit Blumen der Saison gefüllt. Jetzt, im Juli, viel Schafgarbe (weiß, rosa), Wildkarotte (weiß), Schmetterlingskraut (orange und rot), Weiderich mit Purpurähren. Himmlisch kräftig. Neben all den Gartenblumen — die Felder von Fenwick. Als wir noch Kinder waren, gingen wir jeden Sonntag auf Blumenjagd.

Dad

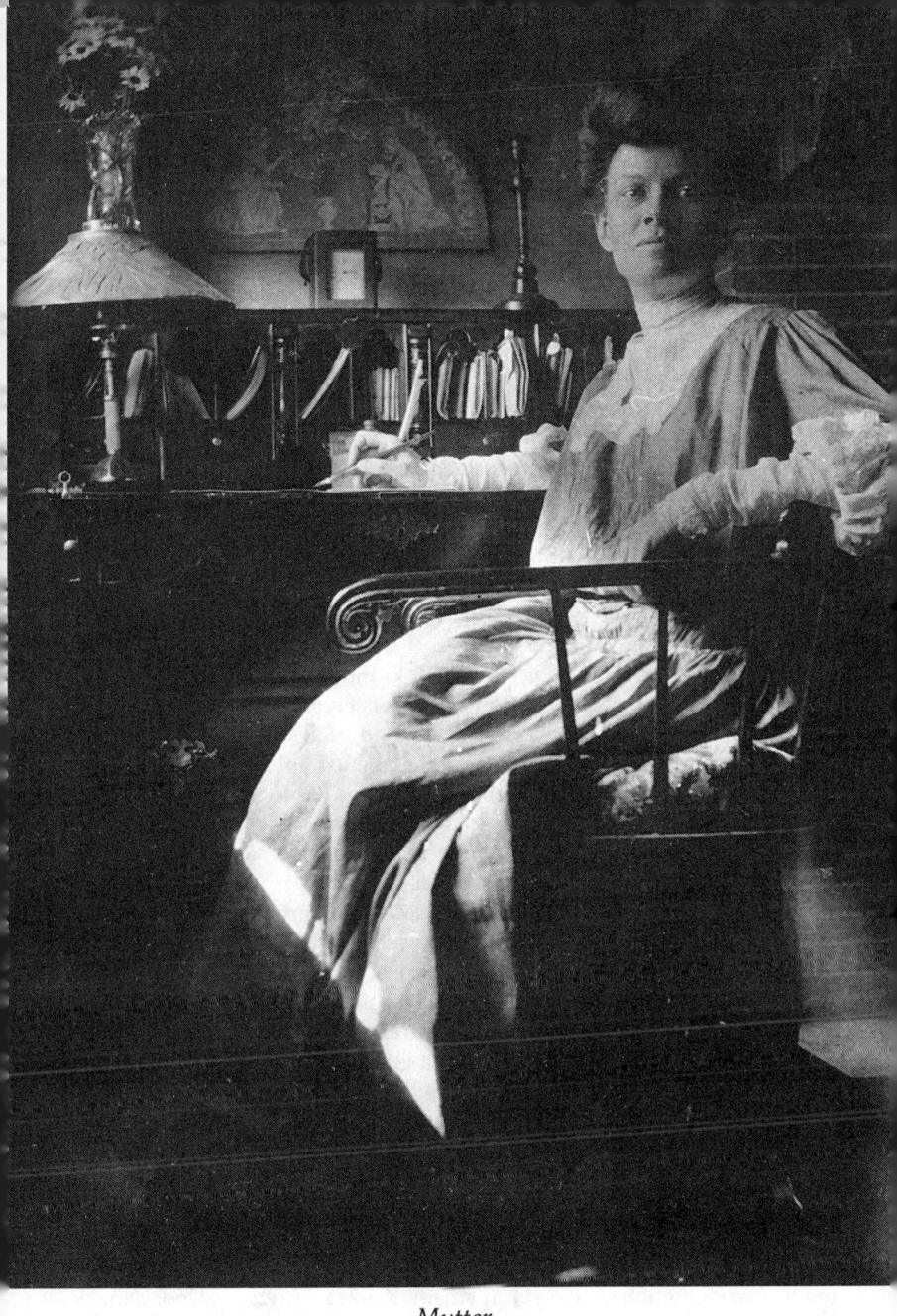

Mutter

Ich erinnere mich noch an die Wanderungen, vor allem in Hartford. Dad verstaute uns alle im Wagen. Kunterbunt durcheinander in dem alten Maxwell, der keine Türen hatte. Dann dieser riesige alte Reo — erinnern Sie sich noch? Er hatte neben dem Rücksitz noch zwei kleine Faltsitze. Alle Erwachsenen saßen vorn. Regen oder Sonne, wir fuhren. Zu den Stauseen, in den Wald, in die Berge.

Ich kann mich auch noch an den armen Sinclair Lewis erinnern, der in Hartford lebte, als er an *Arrowsmith* arbeitete (das muß zu Beginn der zwanziger Jahre gewesen sein). Wie er versuchte, auf einen Baum zu klettern. Er schaffte es einfach nicht. Alles, was mit Sport zu tun hatte, war nichts für ihn.

Oh, ich kann eine wunderbare Geschichte über Lewis erzählen. Er und seine Frau Gracie zogen nach Hartford, in ein Haus in der Nähe der Prospect Avenue. Es war eine Seitenstraße, deren Namen ich vergessen habe. Und natürlich statteten die Leute ihm einen kurzen Besuch ab. Eines Tages war Mutter auf einer Party, und Lewis kam auf sie zu.

»Weshalb haben Sie nicht bei uns vorbeigeschaut?«

Mutter sah ihn an und lächelte.

»Gehen Sie jetzt nach Hause, und ich komme vorbei.«

Lewis ging. Mutter stattete ihm einen Besuch ab.

Als sie nach Hause kam, erzählte sie Dad, daß das Ehepaar Lewis faszinierend sei und daß sie es für Freitag abend zum Essen eingeladen habe. Dann fügte sie hinzu: »Ich sage dir, der kann ganz schön trinken. Ich glaube, wir müssen etwas Alkoholisches anbieten — Scotch.«

Es war die Zeit der Prohibition. Dad weigerte sich, Scotch zu kaufen. Mutter war verzweifelt. Dann fragte Dad: »Was hat er für eine Nummer?« Mutter gab sie ihm. Dad rief ihn an: »Mr. Lewis, wenn Sie sich betrinken müssen, um unsere Gesellschaft zu ertragen, bringen Sie besser Ihren eigenen Stoff mit.«

Das Lustige ist, daß er nie Alkohol trank, wenn er uns besuchte, keinen einzigen Schluck. Wir waren jahrelang befreundet.

Oh, das wollte ich Ihnen ja noch erzählen. Am nächsten Tag stand ich auf dem Kopf, und mir kam der Gedanke, daß es für jemanden in meinem Alter vermutlich ziemlich ungewöhnlich war, so etwas zu tun. Ich kann senkrecht auf dem Kopf stehen und drei bis vier Minuten in dieser Position bleiben. Mein Kopf liegt in meinen verklammerten Händen, und mit meinen Ellenbogen halte ich das Gleichgewicht. Dabei stehe ich fast auf meiner Stirn.

Ich begann also darüber nachzudenken, was um alles in der Welt mich dazu gebracht hat, auf meinem Kopf zu stehen. Und dann mußte ich über Dad und all die Finessen nachdenken, die diese Turnernatur uns beigebracht hat: Ich konnte auf meinen Händen stehen. Ich konnte auf meinen Händen gehen. Ich konnte rückwärts eine Brücke machen und den Boden mit den Händen berühren und dann in dieser Position auf Händen und Füßen gehen. Ich konnte den Handstand-Überschlag. Von den Schultern meines Vaters aus konnte ich eine Hechtrolle. Vom Sprungbrett schaffte ich den Eineinhalbfachen. Ich konnte den Auerbachkopfsprung. Dad sagte einmal, daß er gern sehen würde, wie ich vom Sprungbrett aus mit den Füßen zuerst — Zehen gestreckt, Arme nach oben — ins Wasser springe. Ich versuchte es und landete flach auf dem Rücken und war vollkommen fertig. Aber das wichtigste war, es zu versuchen. Wir konnten unsere Körper wie Instrumente einsetzen. Hoch. Runter. Auf die andere Seite. Es war sehr aufregend, all diese Dinge zu können. Als kleine Kinder hatten wir großen Spaß daran und freuten uns über unsere Fertigkeiten. Danke, Dad.

O Daddy — erinnerst du dich an all die Blumen im Wald, in den Talcott Mountains? — Frauenschuh, Trillium, Berglorbeer, Sumpfdotterblume und Akelei. Kriechende Heide. Derjenige, der sie als erster fand, bekam einen Preis. Es war schwer, ihn zu bekommen: Eine wunderschöne kleine Blüte, die von niedrigwachsenden, wie getrocknet wirkenden Blättern bedeckt wird; eine sehr süß riechende Blüte — hübsch.

Was soll ich sagen? Das Glück, Dad und Mutter zu haben. Sie liebten sich wirklich. Dad mit seinem roten Haar und seinem hitzigen Temperament. Einige sagen, ich sei wie er. Das hoffe ich; es würde mich stolz machen. Mutter mit ihrer Lebensklugheit. Sie betete ihn an. Sie betete uns an. Sie war tiefgründig. Sie war witzig. Einige sagen, ich sei wie sie. Auch das würde mich stolz machen. Sie liebten lautes Vorlesen — Shaw, Emerson, O'Neill. Sie nahmen, was das Leben ihnen bot, und verschlangen es gierig. Was für eine Starthilfe. Ein ganzes Bündel voller Werte — und das Gefühl, glücklich zu sein.

Dad und Mutter hatten sechs Kinder, die zwischen 1905 und 1920 zur Welt kamen: Tom, Kath, Dick, Bob, Marion, Peg. Wir waren eine glückliche Familie. — Wir sind eine glückliche Familie.

Mutter und Dad waren ideale Eltern. Durch ihre Erziehung vermittelten sie uns das Gefühl, frei zu sein. Es gab keine starren Regeln. Einige Dinge taten wir einfach — und einige nicht, weil sie andere verletzen konnten.

Wir waren eine große Familie. Die Kinder, das waren Tom und ich, Dick und Bob — dann Marion und Peg. Ich war viel älter als meine

Familienporträt

Schwestern. Sie waren elf und dreizehn Jahre jünger als ich — schon fast meine Kinder.

Der Altersunterschied zu Bob und Dick war geringer, aber sie waren Jungen. Als ich mit siebzehn aufs College kam, waren sie zehn und zwölf. Als Kinder lebten wir daher nie wie Gleichrangige — da waren meine Eltern und ich und Tom und dann die Kinder.

Als meine jüngeren Geschwister noch Kinder waren, besuchten sie mich immer in New York. Ich hatte fast das Gefühl, sie wären meine Kinder. Ich zog sie an und ging mit ihnen ins Theater, in Kinos und Museen und unternahm weitere aufregende Dinge mit ihnen. Als das Geld in den frühen dreißiger Jahren knapper wurde, begann Mutter, ihnen Unterricht zu geben. Sie war eine wunderbare Lehrerin, und die Mädchen genossen ihren Unterricht. Ich war damals so etwas wie eine reiche Tante für sie, und wir hatten viel Spaß miteinander. Ich bin sicher, daß ich deshalb nie eigene Kinder hatte.

Die Eltern, die ich kannte, waren kaum die Eltern, die Marion und Peg kannten. Und Bob und Dick waren für mich keine Gleichrangigen. Sie waren Kinder. Wie ich schon sagte, machte ich in gewisser Weise die Erfahrung der Mutterschaft, ohne den damit verbundenen Verpflichtungen zu unterliegen.

Als meine Geschwister dann Teenager wurden und schließlich heirateten, blieben wir in enger Verbindung miteinander. Ich hatte Glück: Als meine Eltern starben, hatte ich immer noch meine Schwestern und Pegs Zwillinge und Marions drei Kinder und in etwas geringerem Maß meine Brüder Bob und Dick und deren Kinder. Die Familienbande waren stark und bleiben stark. Ihre Probleme sind meine Probleme und umgekehrt. Wir sind eine Gemeinschaft, die das Leben gemeinsam meistert. Ist das nicht wunderbar? Ich bin glücklich. Ich fühle mich umsorgt, und ich habe mich immer umsorgt gefühlt.

Marion starb ziemlich plötzlich mit ungefähr siebzig Jahren. Das war für uns alle ein richtiger Schock. Wir hatten geglaubt, wir würden einfach immer weiter und weiter so leben wie bisher. Ich drängte ihren Mann Ellsworth Grant, sich schnell wieder zu verheiraten. Er und Marion hatten sich ihr ganzes Leben lang gekannt und mit zwanzig Jahren geheiratet. Er war noch nie allein gewesen. Dann fand er Virginia Tuttle. Deshalb geht's ihm gut.

Über meine Brüder und Schwestern kann ich keine Einzelheiten erzählen. Sie sind so sehr ein Teil von mir, daß ich mir mein Leben ohne sie nicht vorstellen kann. Sie sind mir Schutz und Hülle. Ich vermisse Dad und Mutter und Marion jeden Tag und jede Nacht.

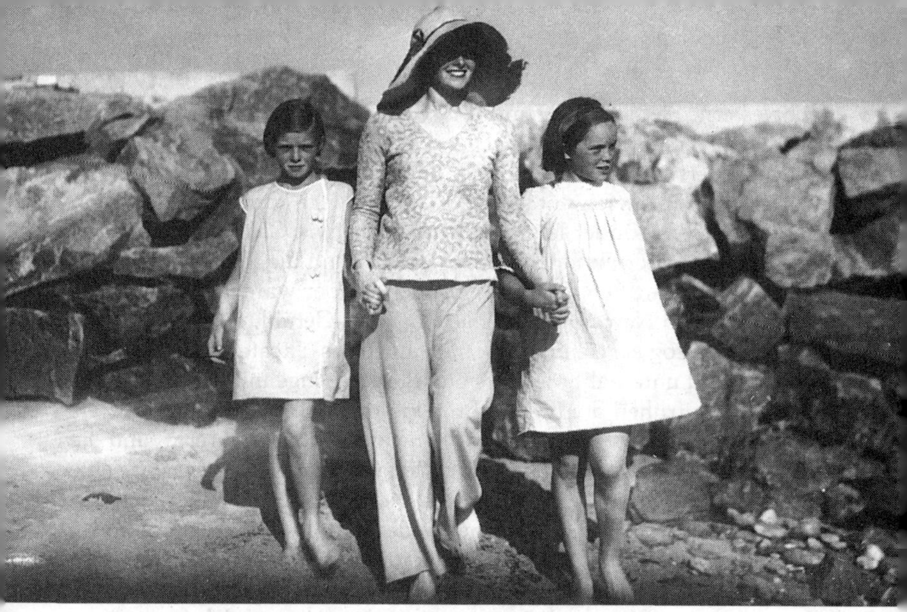

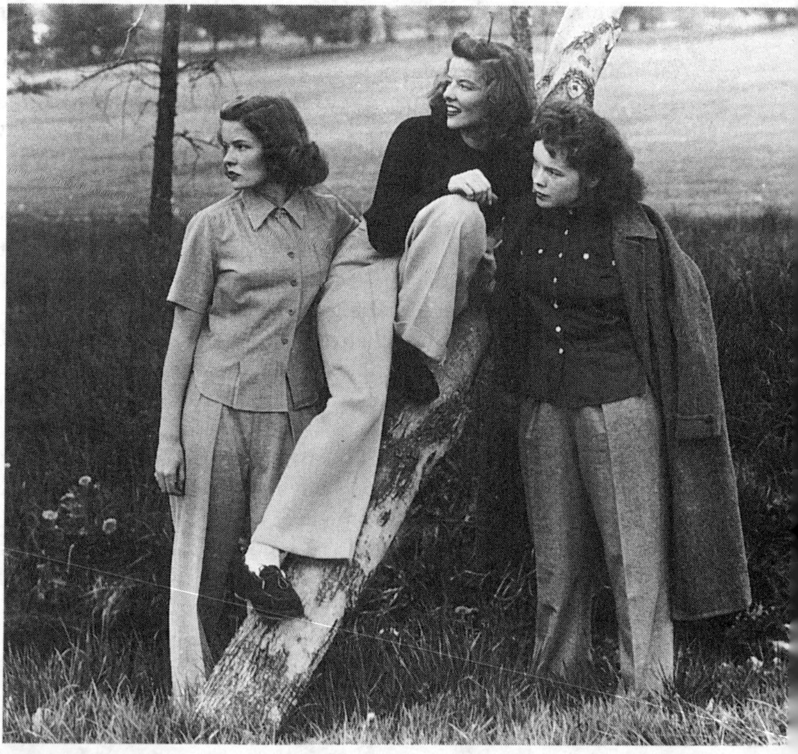

Ich mit meinen Schwestern

Hartford

Entgegen all meinen anderslautenden Angaben wurde ich am 12. Mai 1907 geboren. In Hartford, Connecticut, Hudson Street 22, gegenüber dem Hartforder Krankenhaus. Die Straße gibt es nicht mehr, sie ist dem Krankenhaus gewichen.

Hartford ist die Hauptstadt von Connecticut. Es ist eine bezaubernde Stadt voller Parks, Hügel und Ulmen und mit etlichen schönen alten Häusern. Im Winter kann man gut Schlittschuh und Ski fahren. Im Sommer ist es heiß.

Kurz nach meiner Geburt zogen wir in die Hawthorn Street 133. Unser neues Zuhause hatte einen offenen Kamin, in dessen Aufsatzsims »Listen to the Song of Life« hineingeschnörkelt war. Es war ein wunderschönes frühviktorianisches Haus mit drei Giebeln, dessen mittlerer größer als die beiden anderen war. Roter Ziegelstein, der mit einem schwarzen Zierstreifen bemalt war. Auf der folgenden Seite sehen Sie es. 1840.

Auch dieses Haus existiert nicht mehr. Es lag dicht bei der Arrow-Electric-Fabrik östlich von uns; an der Westseite unseres Grundstücks baute eine Familie namens Bennett nahe der Straßenecke zur Forest Street ein Haus. Die Bennetts hatten einen zementierten Tennisplatz und wurden enge Freunde von uns. Südlich von unserem Haus fand man noch die Überreste eines Tennisplatzes.

Unser Grundstück war lang und ziemlich breit. Auf der Seite zur Fabrik floß am Fuß einer Art kleiner Waldung, die hauptsächlich aus Kiefern und Schierlingstannen bestand, ein Bach, und auf der Westseite wucherte auf ganzer Länge eine üppige Rosenhecke. Auf dem Vorplatz unseres Hauses bildete die Auffahrt einen großen Kreis, der zur Haustür führte.

Das Haus lag etwa zwanzig Meter von der Straße entfernt. Wenn es im Winter heftig schneite, umschlossen wir den Kreis mit einem hohen, sehr dicken Schneewall. Entsetzliche Schlachten folgten, wie um eine befestigte Stadt.

Der Rasen war üppig und reichte hinten bis zu den Eisenbahnschienen. Hinter den Gleisen lag der Brownie Park. Im Brownie Park gab es einen wunderschönen Weiher, an dem lauter Ratten lebten. Ich glaube, Ratten können schwimmen. Wir hatten dort ein Floß liegen.

Hawthorn Street 133

Der Blick auf die bereits erwähnte Fabrik an der Ostseite wurde durch eine Schlucht mit vielen Bäumen verstellt; es war eine Art Wald voller Narzissen und Geflecktem Aronstab und Trillium. Was für ein zauberhafter Ort! Da waren die Bahnschienen, dann der Brownie Park, dann eine Zedernhecke, dann die Überreste eines Tennisplatzes, dann wieder ein Waldstückchen, dann der Rasen, dann das Haus.

An der Ostseite der kreisförmigen Auffahrt stand eine Gruppe großer Bäume. Einige wurden gefällt, um aus ihnen Tische oder Stühle zu fertigen. Dort tranken wir im Frühling unseren Tee. Es war schön dort, und wir amüsierten uns.

Die Teestunde war eine beliebte Zeit für Zusammenkünfte, und so schauten Freunde und Bekannte aus der Nachbarschaft bei uns vorbei.

Sie sehen doch diese Schierlingstanne auf der Westseite des Anwesens. Dort! Das war der Baum, auf dem ich herumzuklettern pflegte. Die Nachbarn verständigten immer Mutter.

»Kit! Kathy sitzt in der Spitze der Schierlingstanne!«

»Ja, ich weiß. Macht ihr keine Angst. Sie weiß nicht, daß es gefährlich ist.«

Es gab noch einen Baum, eine Ulme, die eine große Rolle in unse-

35

Teestunde auf Baumstümpfen

rem Leben spielte. Da steht sie. Da, links von der Auffahrt, etwa fünfzehn Meter von der Straße entfernt. Sie hatte einen hohen Stamm und
reckte sich ohne einen einzigen Ast gerade nach oben. In einer Höhe
von etwa achtzehn Metern wuchs ein starker, gerader Ast fast parallel
zum Boden. An diesem Ast befestigte Dad eine Hängeleiter. Wir kletterten diese lange, hölzerne Leiter hinauf, um auf ein an einer Rolle
befestigtes Trapez zu gelangen, mit dem wir an einem Seil entlangfah-
ren konnten, das von der Ulme bis zum anderen Ende unseres langen
Grundstücks reichte. Wir setzten uns auf das Trapez oder hängten uns
mit angewinkelten Knien daran und fuhren das Seil entlang, das hoch
droben begann und am Ende knapp über dem Boden verlief. Das war
wunderbar! Über den Kiesweg hinweg bis zu unserer Hintertür hinunter, dann über den Rasen hinter unserem Haus hinweg bis ans Ende.

Ich habe andere oft erschreckt. Dad war ein sehr guter Sportler,
und er wollte, daß wir es auch waren. Mutter, die kein sportlicher
Typ war, litt, wenn sie ihre Kinder so hoch oben auf dem Trapez über
den Kiesweg sausen sah. Aber sie sagte nichts. Sie sah, daß es uns
Freude machte.

An Sonn- und Feiertagen gingen wir im Wald spazieren. Wir kletterten. Wir schaukelten auf Bäumen, kletterten, so hoch wir konnten,

Dad und ich
im 3405

hielten uns fest, holten mit den Beinen Schwung und bogen die Baumspitzen bis zum Boden hinab. Birken waren dafür am besten geeignet. Sie sind sehr biegsam. Das war herrlich.

Es machte großen Spaß. Dank Dad standen wir immer im Mittelpunkt des Treibens. Und dank Mutter waren wir immer mit Gebäck und Ginger Ale oder Sarsaparilla oder Birkenbier versorgt. Aber das größte Geschenk, das sie uns machte, war, daß wir ohne Hemmungen laut sein oder schreien konnten. Kein Genörgel. Soll ich? Ja, mach! Und erzähl mir dann davon.

Ich habe bereits erwähnt, daß Dad einen alten Maxwell hatte. Die Zulassungsnummer war 3405. Hier ist er.

Das auf dem Vordersitz bin ich. Er kam immer ziemlich früh — nachmittags gegen halb fünf — von der Arbeit nach Hause. Er wollte unbedingt seine eigenen Kinder kennen. Alle Kinder in unserer Nachbarschaft versammelten sich, um auf ihn zu warten. Wir alle liebten ihn.

3405, schrien wir, wenn er in Sicht kam — 3405! Er fuhr in die Auffahrt ein, stieg aus, zog sich um und trank mit Mutter eine Tasse Tee. Dann spielten wir eine Stunde lang Baseball oder Barlauf. Wir spielten auf unserem Tennisplatz oder auf dem Tennisplatz der Bennetts.

Können Sie sich vorstellen, daß Doktor Thomas N. Hepburn, mein Vater, uns in den Straßen von Hartford, Connecticut, auf Schlitten hinter seinem Wagen herzog, wenn es einen Schneesturm gegeben hatte? — Von der Hawthorn in die Forest, über die Farmington in die Woodland und in die Asylum zum Elizabeth Park. Oder direkt über die Woodland Street zum Keney Park. Vom Rücksitz hing eine lange Schnur. Alle Wagen waren offen — ich glaube es zumindest. Jeder, der wollte, konnte sich dranhängen. Jeder, der es schaffte, konnte dranbleiben. Dad versuchte, uns runterzuschleudern, indem er in jeder Kurve beschleunigte. Er kriegte mich nie los. Ein Riesenspaß!

Einmal, als ich Geburtstag hatte, dachte ich: »Ich habe Geburtstag! Ich kann mir Barlauf wünschen.« Das mochte ich viel lieber als Baseball.

»Barlauf«, sagte ich.

»Ach nein, Baseball«, schrien alle.

»Aber Dad! Ich habe doch Geburtstag. Da habe ich doch bestimmt das Recht...«

»Du hast das Sonderrecht, alle glücklich zu machen«, sagte Dad. »Du hast Geburtstag.«

Wir spielten Baseball. Das fand ich unfair.

Noch eine Episode, die ziemlich ähnlich war: Wir waren noch viel jünger, um die acht. Auf Geburtstagsfeiern spielten wir immer: »Steck den Schwanz an den Esel.« Wir hängten ein Stück Stoff auf, auf das ein lebensgroßer Esel gemalt war. Den Gästen wurden die Augen verbunden, und dann bekamen sie einen Schwanz in die Hand gedrückt, den sie dem Esel anstecken mußten.

An meinem Geburtstag bereitete ich mich auf das Spiel vor. Ich wußte, wo der Esel aufgehängt werden würde. Ich prägte mir die Ränder des Teppichs, die ich durch meine Schuhe hindurch fühlen konnte, genau ein — dann neun Schritte — nach links greifen — Schwanz hoch.

Als ich während des Festes den Schwanz beinahe dorthin heftete, wohin er gehörte, meinte Mutter heiter: »Das war großartig. Du...«

»Ich habe gewonnen! Ich habe gewonnen!« rief ich.

»O nein«, sagte Mutter, »du kannst überhaupt nichts gewinnen. Das ist dein Fest. Du *vergibst* die Preise.«

Ganz schön blöd, dachte ich bei mir. Das Leben! — Blöd!

Das erste Kindermädchen, das Tom und ich hatten, hieß Lizzie Byles. Sie war mit Cecil Byles verheiratet. Sie war sehr englisch und durch und durch korrekt. Als sich unsere Mutter dann für das Wahlrecht zu interessieren begann und in der Pratt Street 22 das Hauptquartier eröffnet wurde, holte man Lizzie dorthin. Sie konnte Schreibmaschine schreiben. — Kindermädchen ade!

Außerdem hatten wir die ganze Zeit über eine Köchin — Fanny Ciarrier. Sie wohnte mit ihrem Sohn Marcel bei uns, der so alt war wie ich. Sie war Italofranzösin und auf einem Auge blind. Fannys Bruder war Küchenchef im Hartford Club. Sie konnte einfach alles kochen. Wenn wir ein Mädchen brauchten, ein Kindermädchen oder was auch immer, so holte Fanny es aus Italien oder Frankreich zu uns. Fanny war ein Engel und war unser Leben lang bei uns. Als sie starb, folgte Mutter ihr bald.

Wir fanden sie durch eine Zeitungsannonce, auf die Mutter und Dad geantwortet hatten. Dad vertrat die Theorie, daß man, wenn man eine Haushaltshilfe einstellen will, in deren Wohnung gehen muß, um zu sehen, wie sie lebt. Also machten sich Mutter und Dad auf den Weg, um sie kennenzulernen. Im Verlauf des Gesprächs wurde die Luft im Zimmer ziemlich stickig. Fanny stand auf und öffnete das Fenster. Sie hat recht, dachte Dad, die Luft ist schlecht. Er stellte sie ein. Für immer. Wir Glücklichen. Sie war feinfühlig.

Im Keney Park lernte ich radfahren. Ich war drei. Das Rad war in der Pope Manufacturing Company extra für mich angefertigt

Unser Kindermädchen
Lizzie Byles

Unsere Köchin
Fanny Ciarrier mit Dick

worden. Dad setzte mich auf das Rad und gab mir einen Schubs, so
daß ich bergab rollte. Ich hatte große Angst. Weit von mir weg sah
ich einen kleinen alten Mann. Er ging am Fuße des Hügels langsam
vor sich hin — weit und breit war außer ihm niemand zu sehen. Ich
fuhr auf ihn zu, als wäre er ein Magnet, und schaffte es schließlich,
ihn anzufahren. Aber Kinder mit neuen Rädern waren für ihn nichts
Neues. Er hatte mich erwartet.

Auf jeden Fall lernte ich schnell. Es dauerte denn auch nicht lange,
bis Mutter angerufen wurde: »Wir haben gerade Ihre kleine Kathy auf

Hawthorn 133 im Winter · Ich und Tom

ihrem Rad auf der Farmington Avenue hinter der Sigourney Street in Richtung Innenstadt fahren sehen.«

»Ja«, sagte Mutter, »vielen Dank.«

Es war ebenfalls im Keney Park, daß ein Pferd mit mir durchging. Eine Familie namens Anninger vermietete in der Troop B Armory an der Farmington, gleich hinter der Quaker Lane, Pferde. Als ich die Oxford School besuchte — die private Mädchenschule in Hartford —, hatten wir dort Reitunterricht. Sergeant Anninger setzte mich immer auf ein Pony namens Leopard. Es war gesprenkelt und paßte zu meinen Sommersprossen, und ich liebte es innig. Die Jahre vergingen. Ich wurde berühmt, und eines Tages ging ich zu Sergeant Anninger, um ein Pferd zu mieten. Er hatte seinen Stall in den Keney Park verlegt. Offenbar dachte er, daß sich meine Reitkünste genauso wie mein Erfolg entwickelt hätten, und setzte mich auf sein bestes Pferd. Und los ging's mit uns. — Wir, das waren meine Schwestern Marion und Peg und ich. Es war ein wilder Ritt in rasendem Tempo, unter Ästen hindurch, über Hügel, über Bäche. Ich schäme mich zwar, es zuzugeben, aber ich habe mich nur noch angeklammert. Doch ich überlebte es.

»Na, Kathy, wie ist es gegangen?« ... Lieber Sergeant Anninger.

»Es ging prima. Ich bin da — oder etwa nicht?«

Als vierjähriges Kind kam ich auf die West Middle School. Es war eine Volksschule. Ich ging dort erst in den Kindergarten und blieb dann bis zur fünften Klasse. Um zur Schule zu kommen, ging ich die Hawthorn Street in östlicher Richtung, dann die Laurel in nördlicher, über die Farmington in die Niles, einen Schritt nach rechts, und da lag sie dann zu meiner Linken. Insgesamt lief ich etwa eineinhalb Kilometer.

Ich führte damals eine Gruppe von Kindern an, die wollten, daß der Polizist O'Malley weiterhin am Fußgängerüberweg Laurel Street / Farmington Avenue stand. Er war lustig. Man hatte aber beschlossen, ihn an einer anderen Stelle einzusetzen. Wir machten eine Eingabe und siegten. O'Malley blieb.

Am Ostende der Niles Street stand die Trinity Church. Die Tochter des Pastors war eine enge Freundin von mir — Florence Miele. Sie war hübsch und hatte prachtvolles langes, gelocktes braunes Haar. Ich war sommersprossig und trug meine Haare wie ein Junge. Mit meinem älteren Bruder Tom und meinen beiden jüngeren Brüdern Dick und Bob war es schlicht eine Qual, ein Mädchen zu sein. Ich wurde Jimmy genannt, wenn Sie es wissen wollen.

Aus heutiger Sicht kann man nur immer wieder über die unerklärli-

Ich alias »Jimmy«

chen Dinge staunen, die Kinder tun. Wir waren in der fünften Klasse.
Unsere Lehrerin hieß Miß Lynes. Sie war dünn und groß und sah
streng aus. Innerlich war sie aber das genaue Gegenteil. Ich war gut in
Arithmetik, ihrer Spezialität. Sie mochte mich, und ich mochte sie.
Wir zeigten es einander.

Eines Tages logen Florence und ich unseren Familien etwas über den
Ort, an dem wir zu Mittag essen würden, vor und versteckten uns in
der Schule. Die Lehrer aßen mittags alle in einem langgestreckten
Raum im zweiten oder dritten Stock, der zur Niles Street hinausging.
Als wir uns sicher waren, daß die Lehrer alle aßen, stürzten Florence
(die Pastorentochter) und ich (die Tochter zweier sehr um mehr
Menschlichkeit bemühter Eltern) hinaus, um aus Leibeskräften und
mit ordinären Stimmen »Old Lady Lynes! Old Lady Lynes!« zu
schreien.

Das machte der Schule Schande, unseren Eltern Schande, und Miß
Lynes muß es wirklich verdutzt haben. Mutter zwang mich, einen

43

Topf Geranien von der Hawthorn Street zur Schule zu tragen und ihn Miß Lynes zu schenken — ein Eingeständnis meiner Schuld und ein Zeichen meines Bedauerns. Miß Lynes stellte ihn auf ihr Pult. Dort demütigte er mich wochenlang.

In Kalifornien gibt es sehr viele Geranien. Sie erinnern mich immer wieder an den Satz: Wer sündigt, muß büßen.

Miß Lynes vergab mir. Wir waren jahrelang Freunde.

Mutter und Jo Bennett (Mrs. Toscan Bennett) waren eng miteinander befreundet und standen an der vordersten Front im Kampf für das Frauenstimmrecht, für die Geburtenkontrolle, für die Anerkennung der Rechte der Schwarzen und gegen die Prostitution. Jo Bennetts Mutter, Katharine Beach Day, war ebenfalls Mitglied der Gruppe. Sie war reich. Sie hatte einen Wagen und einen Chauffeur, verkörperte das alte Hartford und war sehr umgänglich und gesellschaftlich engagiert. Auch Emily Pierson aus Cromwell, Connecticut, die Tochter des Besitzers der Cromwell Gardens (eine riesige Kette von Gewächshäusern, Großhandel; herrliche Rosen), gehörte dazu. Emily hatte Medizin studiert und war eine Frau Dr. Pierson. Sie praktizierte in Cromwell und war mit Leib und Seele Reformerin.

Diese Frauen waren stark, nicht mittellos, und sie gehörten zur richtigen Gesellschaftsschicht, was damals von großer Bedeutung war. Außerdem dachten die meisten Ehemänner genauso wie ihre Frauen. Das war ungewöhnlich.

Dad hatte genug Energie und Verstand, aber außer dem, was er verdiente, kein Geld. Toscan Bennett hatte Geld und Familienbeziehungen am Ort. Zur Teestunde war unser Haus eine Versammlungsstätte. Wir Kinder durften dabei sein, aber wir redeten nicht viel, wenn überhaupt. Doch wir lernten Emmeline Pankhurst, Margaret Sanger, Rebecca West, Richard Bennett und zahlreiche angesehene Ärzte und Professoren kennen.

Dad bat George Bernard Shaw, das Vorwort zu *Damaged Goods* zu schreiben, einem französischen Stück über Geschlechtskrankheiten. Er hatte hundert — oder waren es tausend — Exemplare auf eigene Kosten in englischer Sprache drucken lassen, und die verschickte er nun mit einem Kommentar zur Social Hygiene Association. Er bat darum, den Preis für das Buch zu bezahlen, wenn man von ihm beeindruckt war. Sein Bemühen hatte einen achtundneunzigprozentigen Erfolg. Richard Bennett, der Vater von Constance und Joan, inszenierte das Stück sogar am Broadway.

Ich habe einige von Dads Briefen noch einmal durchgesehen, um seinen Briefwechsel mit Shaw zu finden, aber ich hatte kein Glück. Er hat ihn weggeworfen. Das wichtige für ihn war, daß er es getan hatte und daß sein Anliegen der Welt in einer Sprache präsentiert wurde, die man verstand: Die Welt für alle zu einem besseren Lebensraum machen, vor allem für die Benachteiligten; Fortschritt.

Es gab viele Menschen, die Mutters und Dads Zielsetzungen entschieden bekämpften. Die Reaktionäre straften uns mit Verachtung, aber wir gewöhnten uns daran. Egal, was die Opposition macht, nimm's leicht. Lächle. Schlechtes hört oder sieht man nicht. — Guten Morgen. Vielen Dank. Wie interessant. Oh, ich vermute, sie hat mich nicht gehört.

Nach und nach schlug sich die Mehrheit auf unsere Seite. Und Mutter hatte recht, und Dad selbstverständlich auch. Natürlich standen auch *wir* auf der richtigen Seite. Und es war alles zum Wohl der Hilflosen, der Unterdrückten, der Armen — natürlich! Dieser Kampf wurde ihnen schließlich zu ihrem Vorteil ausgelegt.

Wir fanden, daß unsere Eltern die beiden besten Menschen der Welt waren und daß wir unglaubliches Glück hatten, ihre Kinder zu sein. Wir finden das immer noch. Meine Schwester Peg, die einen Bauernhof bewirtschaftet, sieht mich oft an und sagt: »Weißt du noch? Mutter und Dad. War das nicht ein Glück?«

Und mein Bruder Bob, der Arzt. — Wenn es um sie geht, kommt er immer ins Schwelgen. Genauso Dick, der Dramatiker. Wir sind uns unseres unglaublichen Glücks alle bewußt.

Ich denke an die Dinge, die mir Freude machten und die ich gelernt habe. All die Sportarten — Golf, Tennis, Tauchen, Schwimmen, Laufen, Springen. Dad sorgte dafür, daß ein gutes Sprungbrett und ein Sprungturm am Pier gebaut wurden. Und Ringen, Mattenturnen, Gymnastik in Fenwick. Er begründete die traditionellen Wettkämpfe und Wettläufe. Unsere Familie belegte so viele erste Plätze, daß eine Beschränkung für die Zahl der Siege eingeführt wurde, die ein einzelner erringen durfte.

Ich liebe das Tauchen. Ach, ich liebe alle Sportarten. Ich war dürr und sehr stark und völlig furchtlos. In Fenwick war ein Pier, und am Pier gab es ein Sprungbrett. Die Höhe des Sprungbretts variierte je nach Flutstärke. Am Pier gab es auch ein etwa achtzig oder neunzig Zentimeter hohes Geländer. Um besser springen zu können, stellte ich mich auf das Geländer, sprang von ihm auf das Ende des Sprungbretts hinunter und tauchte von dort ins Wasser — entweder mit einer Hechtbeuge, einem Schwalbensprung, einem Eineinhalbfachen oder einem Salto. Wenn ich vom Brettende aus Anlauf nahm, machte ich

Ich als furchtlose Taucherin

Dick und ich mit Onkel Don Hooker und dessen Sohn

den Auerbachkopfsprung. Wenn ich aus dem Stand vom Brett absprang, machte ich einen Salto oder einen Hechtsprung rückwärts. Das machte Spaß.

All diese komplizierten Sprünge, die ich machte, waren immer eine Mordsprahlerei. Eines Tages veranstalteten wir einen Wettbewerb. Meine enge Freundin Ali Barbour — ich werde Ihnen in dem Kapitel über Fenwick noch eine Menge von ihr erzählen —, tja, sie war keine Sportskanone. Sie machte einen Betersprung. Das ist genau das, wonach es sich anhört. Man kniet am Ende des Sprungbretts nieder und läßt sich runterfallen.

Wir veranstalteten also einen Wettbewerb. Ich nahm an, daß ich gewinnen würde. Ich sprang meinen Auerbachkopfsprung. Das ist einer der schwierigsten Sprünge überhaupt. Man nimmt vom anderen Ende des Bretts Anlauf, wirft ein Bein in die Luft, beugt den Rücken, streckt das andere Bein neben das erste, streckt die Zehen, springt dann rückwärts in Richtung Brett, um nach einer Körperdrehung mit dem Gesicht zum Brett ins Wasser zu tauchen. Ich schaffte den Sprung — meiner Meinung nach glänzend. Ali machte ihren Betersprung — rührend, fand ich. Ali Barbour gewann. Können Sie sich das vorstellen? Angeblich waren meine Zehen nicht ganz zusammen und nicht gestreckt. Menschenskind. Meine Zehen. Eine wahre Schande. Durch einen Betersprung geschlagen. Können Sie sich das vorstellen?

Für mich und Bob wurde Golf zu einer Art Spezialität. Im Sommer fuhren wir nach Fenwick, wo es einen Privatgolfplatz mit neun Löchern gab, auf dem wir als kleine Kinder jederzeit spielen konnten. Dad war ein todsicherer Putter. Wir begannen mit fünf. Als ich zwölf oder dreizehn war, schickte mich Mutter zum Hartford Golf Club, damit ich bei einem Engländer namens Jack Stait Unterricht bekam. Bob war ein Naturtalent. Wir wurden wirklich ziemlich gut. Mutter, die sich nie sportlich betätigt hatte, kämpfte sich mit Golf und Schwimmen und Tauchen ab. Sie glaubte an den Wert guter Lehrer.

Im Winter hatte ich lieber Privatunterricht, statt in die Oxford School zu gehen — das war die private Mädchenschule am Ort. Ich wollte jeden Tag Golf spielen können. Genaugenommen wollte ich in überhaupt keine Schule gehen. Zu viele Mädchen. Zuviel Neugier. Ich erkläre Ihnen auch, warum das so war:

Mein Bruder Tom, der zweieinhalb Jahre älter war als ich, war gerade unter rätselhaften Umständen gestorben. Ich betete ihn an. Ich war damals vierzehn Jahre alt.

Toms Tod blieb bis heute ungeklärt. Es passierte in der Osterzeit. Kingswood — die private Knabenschule in Hartford — hatte Ferien.

Ich und Tom

Tom und ich sollten nach New York fahren, um Tante Mary Towle zu besuchen. Sie hatte ein bezauberndes Haus in der Charlton Street und war mit Mutter zusammen auf das Bryn Mawr College gegangen. Sie waren enge Freundinnen geworden. Das Nachbarhaus in der Charlton Street gehörte Bertha Rembaugh. Sie waren Partnerinnen. Bertha war Richterin geworden. Sie waren sehr nett und sehr erfolgreich. Mary Towle hat nie geheiratet. Wir nannten sie Tantchen. Sie war großzügig und lustig. Wenn wir sie besuchten, ging sie mit uns ins Theater und zeigte uns die Sehenswürdigkeiten der großen Stadt.

Auch diesmal gingen wir ins Theater. Ich weiß wirklich nicht mehr, was wir nach unserer Rückkehr aus dem Theater gemacht haben. Aber als ich später über diesen Abend sprach, sagte ich, daß Tom mich angeschaut und gesagt habe: »Du bist doch mein Mädchen, oder? Du bist mir das liebste Mädchen auf der ganzen Welt.« Weshalb sagte ich das? War es wahr? Ich meine, hat Tom das wirklich gesagt? Ich weiß es nicht mehr.

Tom schlief immer in einer Art Studiomansarde unter dem Dach. Sie war voller Plunder und Koffer und hatte keine Decke. Da waren nur das Dach und die Sparren. Er schlief in einem Feldbett, das an der Wand stand.

Am nächsten Morgen ging ich hinauf, um ihn zu wecken. Da war er, gleich neben dem Bett, mit angewinkelten Knien aufgehängt an einem zerrissenen Bettuch. Es war an einen Balken gebunden. Er war tot, stranguliert.

Es ergab keinen Sinn.

Im Zustand starren Entsetzens schnitt ich ihn ab und legte ihn auf das Bett. Tom war tot. Einfach tot. Ja. Ich berührte ihn. Kalt. Er war tot.

Was sollte ich tun? Wem konnte ich es sagen? Tantchen war zu emotional, sie würde außer sich sein.

Ein Arzt. Ich mußte einen Arzt holen.

Ich ging hinunter und zur Vordertür hinaus. An einem der gegenüberliegenden Häuser hatte ich ein Arztschild gesehen. Ich ging zur Haustür und klingelte. Es war gegen acht Uhr morgens. Die Tür ging einen Spalt breit auf, und eine Frau spähte heraus.

»Ja?«

»Mein Bruder ist tot.«

Kurze Stille.

»Was?« fragte sie.

»Mein Bruder — er ist tot.«

»Dann kann ihm doch der Arzt auch nicht mehr helfen, oder?«
»Nein.«

Peng. Sie schloß die Tür. Sie schloß einfach die Tür.

Ich stand einen Augenblick lang da. Nein. − Ja, es ist zu spät für einen Arzt. Ja, sie hat recht. Der Arzt − es ist zu spät, er kann nicht mehr helfen. Du liebe Zeit − armes Tantchen. Sie wird... Ich gehe lieber zurück. − Was nun?

Ich läutete bei Tante Bertha. Sie machte auf. »Tom ist tot«, sagte ich. Dann brach ich in Tränen aus. Ich glaubte, das müsse ich jetzt tun. Menschen sterben, man weint. − Aber innerlich fühlte ich mich nur kalt und leer!

Tante Bertha übernahm alles weitere. Sie informierte Tantchen. Sie riefen Mutter und Dad an. Mutter und Dad und Jo Bennett kamen nach New York.

Ab da sind meine Erinnerungen undeutlich. Wir überquerten mit einem Schiff den Hudson, um Toms Leiche zu einem Krematorium in New Jersey zu bringen.

Ich weiß noch, wie ich mit Dad auf dem Bug der Fähre stand. Ich blickte zu Mutter hinüber, die etwa fünf Meter entfernt bei Jo stand. Sie weinte. Meine Mutter weinte. O Gott. Was konnte ich bloß tun? Noch nie zuvor hatte ich meine Mutter weinen sehen. Und ich sah sie nie wieder weinen, nie. Sie war tapfer.

Sie hatte bereits ihr Päckchen an schweren Problemen zu tragen gehabt. Der Selbstmord ihres Vaters. Der Krebstod ihrer Mutter mit fünfunddreißig. Sie war damals fünfzehn gewesen. Die Verantwortung für ihre beiden Schwestern, die mit zwölf und vierzehn noch Kinder waren. Falls sie einmal weinte, weinte sie, wenn sie allein war.

Mein Vater weinte auch nicht. Er nahm das Leben, wie es kam.

Ich erlebte nur einmal, daß er − wie soll ich sagen − völlig durcheinander war. Das war zu Beginn des Jahres 1951. Dad und ich waren nach Fenwick, in unser Sommerhaus, gefahren. Wir hatten Mutter in Hartford zurückgelassen, damit sie ihr Mittagsschläfchen halten konnte. Wir fuhren zum Fünf-Uhr-Tee zurück.

Als wir zu Hause ankamen, gingen wir ins Wohnzimmer. Kein Feuer im Kamin. Mutters Sessel war leer. Kein Feuer? Wir liefen die Treppe hoch und öffneten die Schlafzimmertür. Mutter lag im Bett − tot.

Ich sah Dad an.

»O nein − nein«, sagte er. »Ich kann nicht − sie kann nicht...«

»Geh hinunter, Dad. Geh hinunter. Sieh nicht hin...«

Mutter hatte jeden Tag ihr Mittagsschläfchen gehalten. Das war ein

Muß. Sie hatte sich gerade zum Tee angekleidet und muß sich irgendwie komisch gefühlt haben. Deshalb war sie von ihrem Ankleidezimmer ins Schlafzimmer gegangen, hatte sich ins Bett gelegt und mit ihrer linken Hand die Decken hochgezogen — und zack, war sie tot.

Ich stand da. Meine Mutter — tot. Meine geliebte Mutter. Die einzige Mutter, die ich je haben werde — für immer gegangen.

Ich nahm ihre Hand, die noch warm war, löste ihre Finger von dem Laken, das sie hochgezogen hatte, küßte sie und ging hinunter zu Dad.

Kein Abschied. Einfach gegangen.

Als wir Toms Asche auf dem Cedar-Hill-Friedhof bestatteten, ging sie mit, doch danach erwähnte sie ihn nie wieder. Sie sagte nie: »Ich gehe zum Friedhof.« Auch Dad sagte das nicht. Sie wandten sich wieder dem Leben zu.

Zunächst hieß es in den Zeitungen, Tom habe Selbstmord begangen. Dafür gab es keinen ersichtlichen Anhaltspunkt. Dann gab Dad die Erklärung ab, daß es sehr wahrscheinlich sei, daß Tom das Erhängen geübt habe. Dad hatte uns erzählt, daß es einer seiner Kinderstreiche gewesen sei, so zu tun, als hänge er. Er hatte uns auch folgendes erzählt:

Bei Football- oder Baseballspielen waren die Teams, die aus den Nordstaaten kamen, bestens über die Einstellung unterrichtet, die man im Süden gegenüber Schwarzen hatte. Und sie glaubten, daß die Virginier — Dad war ein Virginier — grausam seien und sich den Schwarzen überlegen fühlten. Um diese Nordstaatler zu ärgern, übten die Virginier mit einigen Schwarzen, so zu tun, als wären sie erhängt worden. Dad war ein Fachmann darin. Man mußte seinen Hals in einer bestimmten Position halten — ein Trick, der verhinderte, daß die Schlinge einem die Luft abschnitt. Dann fingen sie eine getürkte Kabbelei mit einem Schwarzen an und taten so, als seien sie sehr wütend und würden ihn hängen. Die Nordstaatler bekamen daraufhin einen Anfall.

Ein gefährlicher Scherz. — Konnte es sein, daß Tom das geübt und ein Bettlaken statt eines Stricks verwendet hatte? — Die Schlinge war rutschig, und er konnte sie nicht regulieren. Dad glaubte, dies sei eine naheliegende Möglichkeit. Und wie sehr muß Dad das gequält haben, aber wir sprachen nie darüber.

Weder irgend jemand aus der Familie, noch irgendeiner seiner engsten Freunde konnte sich vorstellen, daß er das absichtlich getan hatte. Auch Jimmy Soby, der mit Tom die Kingswood Schule besucht hatte, fiel kein Grund ein. Er war einer der Besten der Schule, ein Vertrauensschüler, ein glänzender Sportler, ein vortrefflicher Schüler, eine Leitfigur der Jungen. Welchen Grund sollte er gehabt haben?

Damals hatten auch einige den leisen Verdacht, daß er bei einem Mädchen einen Annäherungsversuch unternommen haben könnte und möglicherweise abgewiesen worden war und dann vielleicht in seiner Verzweiflung... — Wir werden es nie herausfinden.

Zuerst hielt ich es für unmöglich, daß er das Hängen geübt haben könnte... Jetzt überlege ich. Tief in meinem Herzen — überlege ich.

Es ist erstaunlich, wie sehr Dads und Mutters Verhalten uns geprägt hat. Es war nicht ihre Art, irgend etwas zu beklagen.

Das Entscheidende war, daß Tom tot war. In ihrem ersten, entsetzlichen Schock weinte Mutter. Ja. Aber sie ließ es nie zu, daß sein Tod die Atmosphäre beherrschte. Wir waren kein trauriger Haushalt.

Meine Schwester Peg hatte einen Sohn, der im Vietnamkrieg verschollen war. Erst galt er als vermißt, dann wurde er für tot erklärt. Eines Tages erzählte seine Zwillingsschwester den jüngeren Geschwistern von ihm. So und so sei er gewesen. Peg hörte sie.

»Hör auf damit!« sagte sie zu ihrer Tochter.

»Aber...«, sagte die.

»Kein Aber«, sagte Peg. »Er ist tot. Wir alle lieben ihn, aber er ist nicht mehr da. Klage nicht. Das ist nicht gut.«

Natürlich hat sie recht. Doch irgendwie trennte mich jener Vorfall von der Welt, wie ich sie bisher gekannt hatte. Ich versuchte es mit der Schule, aber ich war — nun, ich fühlte mich isoliert. Ich hatte etwas erlebt, was den anderen Mädchen fremd war: eine Tragödie.

Sie waren neugierig, und ich wollte nicht darüber sprechen. Das Schuljahr war Ende Mai vorbei, und ich ging nie wieder zur Schule. Ich beschloß, im Herbst Privatunterricht zu nehmen.

Zum Glück war ich groß genug für mein Alter und eine gute Fahrerin, und Mutter erlaubte mir, ihr Auto zu nehmen, um damit zu meinem Privatunterricht zu fahren. Ich hatte Physik, Englisch, Französisch und Geschichte. Ich hätte auch mit dem Rad fahren können, aber mit dem Auto ging es besser. Da der Polizeichef ein Patient meines Vaters war, gaben sich die Polizisten große Mühe, mich nicht zu sehen. Alles ging gut — bis zu dem Tag, an dem Mutter und ich nach Bryn Mawr fahren wollten, damit ich es mir ansehen konnte. Ich war zum Hartford Golf Club hinausgefahren, um meine Schläger zu holen. Ich hatte eine Menge über den Merion Cricket Club gehört, und da er nicht weit von Bryn Mawr entfernt war, dachte ich, ich könnte mal vorbeischauen.

Ich fuhr die Asylum Avenue hinunter — eine große Straße —, da schoß ein gutes Stück östlich der Scarborough zu meiner Rechten (weshalb er Vorfahrt hatte) ein alter Mann mit seinem Wagen aus einer Seitenstraße heraus. Um ihm auszuweichen, fuhr ich auf die falsche Seite der Asylum. Statt gegenzulenken, um mir ebenfalls auszuweichen, fuhr auch er auf die falsche Seite, und wir stießen zusammen. Gleichzeitig fuhr ich ein Polizeitelefon um. Die eine Seite des anderen Autos war eingedrückt. Er war nicht verletzt. Ich war nicht verletzt. Er weinte und legte seine Arme um mich. Ich dachte, okay, in so einer Situation weint man. Also weinte ich.

Der Polizeichef rief Dad an:

»Hallo, Hep, weißt du das mit Kath schon?«

»Sie ist in der Asylum mit einem alten Knaben zusammengestoßen. Hat die Seite seines Autos eingedrückt. Seine Schuld, ja, aber natürlich ist sie im Unrecht.«

»Ja, fast vollständig. Ach ja, Hep, sie hat ein Polizeitelefon umgefahren. Und ich sag' es nur ungern, aber die Front deines alten Reo ist auch ziemlich übel...«

»Ach, ich glaube, mit fünf Riesen ist das Ganze wahrscheinlich abgegolten, Hep.«

Die Jahre, in denen ich Privatunterricht hatte, waren schön. Ich habe Ihnen schon erzählt, daß ich täglich Golfunterricht bei Jack Stait bekam. Es sah so aus, als würde ich mich zu einer ziemlich guten Spielerin entwickeln. Ich konnte den Ball schon ganz schön weit schlagen. Mit den Eisen war ich ziemlich präzise. Das einzige, worin ich einfach miserabel war, war das Putten. Du liebe Güte. Ich frage mich, ob mein Kopf und/oder meine Hände schon damals zitterten. Nicht so, daß man es hätte sehen können, aber so, daß ich mich irgendwie verkrampfte, wenn ich mich anspannte. Was immer es war, ich konnte einfach nicht putten. Damals, heute — immer.

Es war für mich eine große Erleichterung, nicht in die Schule gehen und nicht mit Mädchen verkehren zu müssen. Meine beiden wirklich guten Freunde, Ali Barbour und Timmy Robinson, hatten die Oxford School verlassen und gingen nun auf die Ethel Walker School in Simsbury. Daß ich mehr oder weniger allein war, störte mich nicht.

Wir hatten eine Näherin, Mary Ryan, die jeden Donnerstag kam. Ich unterhielt mich immer mit ihr. Sie war Irin und sehr nett. Außerdem hatte ich ein kleines Theater, das ich aus einer Holzkiste gemacht hatte. Es hatte einen Boden, in den im Abstand von etwa einem Zentimeter Linien eingeritzt waren — grün und parallel zur Vorderseite. In die Ritzen konnte ich die Kulissen und die Schauspieler stellen. Die Geschichten dazu dachte ich mir aus. Ich hatte auch einen Vorhang, den ich öffnen und schließen konnte. Ab und zu gab ich für meine Brüder Dick und Bob Vorstellungen. Offenbar haben sie ihnen gefallen.

Jeden Samstag schaute Dad mit uns einen Film an. Wir hatten drei Kinos zur Auswahl — das Strand, das Majestic und das Empire. Im Empire liefen Western, und einen Parkplatz zu finden, war leicht. Es liefen Stummfilme — Tom Mix und William S. Hart; meine Western-Helden. Ich schwärmte für Filme. Das tue ich noch heute. Was für ein großartiges Medium! Leatrice Joy und Thomas Meighan in *Manslaughter*.

Außerdem gab es noch das Poli's Theatre in der Main Street. Wir gingen aber nie dorthin, weil es ein Varieté war und Dad sich daraus nichts machte.

Oh, ich kann mich an eine lustige Sache erinnern: Mutter ging fast nie mit ins Kino. Sie fand, daß Filme — ja, eigentlich weiß ich gar nicht, was sie fand. Ich erinnere mich jedenfalls an einen Vorfall im Majestic. Weil Dad keine Zeit hatte, ging Mutter mit uns ins Kino. Der Film war sehr sentimental, aber Mutter fand ihn lustig. Sie lachte ziemlich laut, und sie mußte immer wieder lachen. Die Platzanweiserin kam zu ihr und bat sie zu gehen. Ich war gedemütigt. So eine Schande. Wie Sie sehen, konnte Mutter mit derartigen Filmen einfach nichts anfangen. Sie war sehr intellektuell. Merkwürdig, daß ihr das Schicksal ausgerechnet eine Filmkönigin zur Tochter gegeben hatte.

Daß Mutter und Dad eine Tochter zeugten, die sich für das Theater interessierte, war recht merkwürdig. Normalerweise sahen sie sich jedes gute Stück an, das im Parson's Theatre gezeigt wurde. Wenn wir dorthin wollten, besorgten sie uns Plätze für die Matinee. Unsere Besuche waren eine Seltenheit. Ich bestach Dick oder Bob, mir im Drugstore an der Ecke Filmzeitschriften zu besorgen. Die fand ich faszinierend. Dabei kauften sie für sich und für mich auch Eisbecher mit Marshmallow- und Schokoladeneis, die mit Schokoladensoße überzogen waren. Das Geld für diese Wonnen verdiente ich mir im Winter mit Schneeräumen in unserer Auffahrt und auf etlichen Gehsteigen in der Nachbarschaft und zu anderen Jahreszeiten mit Rasenmähen und Laub zusammenharken.

Das Haus Hawthorn Nummer 133, das Mutter und Dad seit ich denken kann bewohnten, sollte abgerissen werden, weil die Arrow Electric ihr Gebäude, das sich dann über das gesamte Grundstück 133

Bloomfield Avenue 201

erstrecken sollte, erweitern wollte. Mit vier Kindern — ein weiteres
war unterwegs — konnte sich Dad bei der Suche nach einem neuen
Haus nicht viel Zeit lassen. In der Laurel Street 352 wurde er fündig.
Es war bei weitem nicht so schön wie Nummer 133, aber doch das
beste, das damals zu kriegen war. Er ließ an dem neuen Haus beträchtliche Änderungen vornehmen, was ihn recht viel Geld kostete.
Wir waren schon umzugsbereit, da kaufte die Forest Street Association Nummer 133 als historisches Gebäude. Sie gaben Mutter sofort
Bescheid. Sie rief Dad an und bedrängte ihn, doch in 133 zu bleiben.
Doch Dad war unnachgiebig und lehnte dies ab. Er sagte, daß er 352
für zwei Jahre gemietet habe, und das war's. Also zogen wir um.

Mutter hatte Hawthorn 133 geliebt. Das Haus und das Grundstück
hatten echten Charme und Würde. Beim Gedanken an Laurel Street
Nummer 352 brach ihr das Herz. Ich fand, Mutter hatte recht. 133
war einzigartig und wunderschön. 352 dagegen war wirklich nichts
Besonderes. Arme Mutter. Sie hat es nie vergessen. Und ich weiß
noch, daß ich mir sagte: Wenn du einmal eine Entscheidung wie diese
treffen mußt, dann überleg dir gut, ob du den Weg einfach weiter-
gehst, nur weil du ihn einmal eingeschlagen hast. Wenn du vor einer
Entscheidung stehst, dann laß dich nur von dem leiten, was auf lange
Sicht das Beste ist. Wir waren nicht reich, und Dad dachte an das ver-
schwendete Geld.

Wir wohnten in Nummer 352 und kauften ein Grundstück an der Bloomfield Avenue 201, gleich gegenüber der Hartford University. Wir begannen, unser Traumhaus zu planen.

Tom und ich wurden in der Hudson Street 22 geboren. Dick und Bob wurden in 133 geboren. Marion und Peg in 352.

Jetzt bin ich in Hartford bei einem meiner häufigen Besuche. Ich bin von New York aus hergekommen und gerade an der Capitol und der Laurel Street vorbeigefahren. Dort befindet sich nun ein riesiges Highway-System. Sie bauen seit einigen Jahren daran. An dieser Kreuzung stand einst ein Drugstore — Childs. Daß ich dort ein Anschreibekonto hatte, gehörte auch zu meinen Verbrechen. Hershey-Riegel und Lakritzstangen. Da mein Fassungsvermögen unbegrenzt war, mußte das schließlich ein Ende haben. Ein Pfund Schokolade esse ich mit Freuden — dank Childs Drugstore. Übung macht den Meister.

Wenn man die Laurel zur Capitol hoch und über die Eisenbahnbrücke fährt — Ecke Laurel und Hawthorn (zu ihrer Rechten) — ist man dort, wo einst Murphy's Lebensmittel- und Metzgerladen stand. Das Haus steht noch. Es gab dort Feigenbällchen, raffinierte Kekse und eine giftige Mischung aus Schokolade und Marshmallow auf Vanilleplätzchen (für Zähne und Verdauung so gut, daß sie die Produktion einstellten). Ja, Mr. Murphy, wo immer Sie sind, ich erinnere mich noch gut an Sie. Diese viereckigen Blechbüchsen mit der verglasten Vorderseite, damit man sehen und probieren konnte, nicht das abgepackte Zeug, das man heute bekommt. Und Mr. Murphy ließ uns probieren.

Wir müssen Murphy's jetzt verlassen und nach links, das heißt nach Westen auf die Hawthorn fahren, um dorthin zu kommen, wo einst 133 stand. Das Fabrikgebäude der Arrow Electric Company und ein Rest unseres Vorgartens sind noch da. Die Auffahrt.

Unser Haus ist verschwunden — viktorianische Gotik, drei Giebel mit schwarzen Zierstreifen. Die Auffahrt, die Bäume — anmutig, einfach —, der Bach, die Narzissen. Verschwunden. Selbst den Bach hat man in eine Rohrleitung gelegt. So macht man das heute eben — Dinge in Rohre leiten, Dinge in Dosen packen, Dinge einfrieren, Dinge computerisieren. Man muß vorsichtig sein. Man kann keinen Sinn für Schönheit oder zarte Phantasien und einen unabhängigen Geist entwickeln, wenn man alles in Schachteln ohne Raum und Luft pfercht — Nummer XY-113-609-00. Schön, natürlich gibt es inzwischen sehr viele Menschen, und wir müssen Platz schaffen.

Immerhin retteten sie den Nordteil der Nook Farm. Dazu gehört auch das nördliche Ende der Forest Street. Mark Twains Haus und das

Haus von Harriet Beecher Stowe. Meine Schwester Marion war daran beteiligt. Sie haben sie wirklich großartig restauriert. Und obwohl sie aus einer Generation vor mir stammen, strahlen sie die gleiche Atmosphäre aus, die ich noch aus meiner Kindheit kenne. Die mit Matten ausgelegten Böden im Obergeschoß. Die Machart des offenen Kamins, die geschieferten und marmorierten Simse, die Küche, die vorgebauten Fenster, die die Sonnenstrahlen einfangen sollten. Behagliche Ecken zum Sitzen. Solch ein Haus steckt voller Ideen fürs Wohnen und Genießen. Schauen Sie es sich an. All die Einzelheiten. Es wurde so sorgfältig gemacht. Die Teppiche und die vorhanglosen Fenster auf der Südseite. Harriet Beecher Stowes Blumenmalereien. Die Möbel, die sie bemalt hat. Der Garten: Tomaten und Geranien zog sie Seite an Seite. Ach, Geranien!

Ich habe Ihnen bereits erzählt, daß ich in meiner Kindheit durch ganz Hartford gefahren bin, um zu meinen diversen Unterrichtsstunden zu kommen. Selbstverständlich ohne Führerschein. Nun, eines Tages bog ich von der Asylum Avenue in südlicher Richtung in die Prospect Street, Ecke Elizabeth Park. Ein Kanalarbeiter machte ein Zeichen, ich solle halten. Jeden Morgen, wenn ich vorbeifuhr, hatten wir uns zugewinkt und angelächelt, deshalb hielt ich. Er kam zu mir herüber und schenkte mir eine große Schachtel Konfekt. Ich erschauerte und brauste los. Am gleichen Abend erzählte ich beim Essen Mutter und Dad davon. Dad war wütend.

»Du mußt das Konfekt zurückgeben.«

»Oh, aber ich habe schon die Hälfte...«

»Du mußt es zurückgeben. Du darfst nicht anhalten.«

Nun konnte ich eine halbleere Schachtel schlecht zurückgeben. — Ich fuhr künftig einfach einen anderen Weg.

Ist das nicht komisch: Wenn ich in Hartford bin, sehe ich immer zwei verschiedene Orte — den von früher und den heutigen. Irgendwann werde ich mich bemühen herauszufinden, was in Hartford zwischen diesen beiden Zeiträumen passiert ist, doch bis dahin habe ich ein bestimmtes Bild von früher; dann überspringe ich etliche Jahre und befinde mich in der Gegenwart.

Connecticut. Sind wir nicht Glückspilze? Wir haben wunderbare wilde Blumen, Parks, Hügel, herrliche alte Häuser. Wir schlagen die Gangart ein, die uns gefällt — manchmal langsam, manchmal schnell. Flüsse, Stauseen, der Sund von Long Island. Ein wunderbares Klima. Bäume, Gärten, Schnee, Regen. Und auch die Größe ist ideal: nicht zu groß und nicht zu klein. Es ist meine Heimat. Ich bin im Schnee steckengeblieben. Ich habe ein Haus durch einen Wirbelsturm verloren. Ich habe Tennis und Golf gespielt. Es machte Spaß. Ich habe dort gelebt und werde dort begraben werden.

Dort wurde ich auch am 12. Dezember 1928 mit Luddy getraut. Großvater Hepburn vollzog die kirchliche Trauung. Marion und Ellworth heirateten ebenfalls dort — eine große Hochzeit. Peg und ich waren Brautjungfern. Außerdem starben Mutter und Dad beide dort; Mutter 1951, Dad 1962. Santa (Madeline Santa Croce, Dads zweite Frau) fühlte sich nach Dads Tod in dem großen Haus einsam. Sie zog in die Wohnung ihrer Schwester.

Dad war der letzte Bewohner des Hauses in Hartford. Nach Mutters Tod heiratete er Santa. Sie war eine seiner Krankenschwestern. Ich hatte immer den Eindruck, daß Dad Santa geheiratet hatte, weil er nicht wollte, daß sich eins seiner Kinder für ihn verantwortlich fühlte. Es ging gut. Santa hatte ihn schon immer geliebt, und der Gedanke an eine Ehe freute sie. Er schenkte ihr ein herrliches Leben, voller Abenteuer und Anregungen. Sie unternahmen Reisen nach Griechenland und Ägypten. Ich habe sie zweimal begleitet. Einmal war auch Frances Rich dabei; es war amüsant. Dann wurde er krank.

Von 1960 an ging es Dad immer schlechter. Santa sorgte gut für ihn, und als es ihr zuviel wurde, ging meine Freundin Phyllis ihr zur Hand.

Ich erinnere mich noch an ein langes Telefongespräch, das ich mit meinem Bruder Bob über Dad führte. Ich war damals gerade mit Spencer an der Westküste, so daß ich über Dads Lage nicht genau Bescheid wußte. Dad beklagte sich nie über seinen Zustand. Er hätte einfach nie zugegeben, daß er litt. Doch Bob teilte mir mit, daß es Dad ausgesprochen schlecht gegangen sein mußte. Man hatte herausgefunden, daß seine Gallenblase geplatzt war. Sie war voller Steine gewesen, und natürlich war nun auch sein Bauchraum voller Steine und Gallenflüssigkeit. Seine Gallensteine waren hart wie Felsen. Er wurde nach und nach vergiftet. Bob sagte, daß die Schmerzen wirklich unerträglich gewesen sein müssen. — Doch von Dad kam kein Sterbenswörtchen. Er fand es abstoßend, wenn sich jemand über seinen Gesundheitszustand beklagte.

Er wurde von Dr. Welles Standish operiert. Sein Blutdruck fiel zu stark ab, und das beeinträchtigte schließlich seine Denk- und Sprechfähigkeit. Danach mußte er an der Prostata operiert werden. Bob führte diese Operation durch. Es ist nicht üblich, einen engen Verwandten zu operieren, doch Bob war der Ansicht, daß er die Operation am besten durchführen konnte. Es war sein Spezialgebiet.

Bob meinte, daß Dad den Eindruck erweckt habe, als studiere er in aller Ruhe sein eigenes Ableben — nie kam ein Wort der Klage über

Dad während
eines Griechenland-
Urlaubs 1956

Mutter

seine Lippen. Er ertrug alles, und gegen Ende der Operation suchte er Bobs Blick und lächelte ihm zu.

Ich kam auf einen kurzen Besuch nach Hartford. Dad war ins Erdgeschoß gezogen, ins Arbeitszimmer, an das glücklicherweise ein Badezimmer grenzte. Er wirkte so glücklich wie immer, allerdings viel schwächer.

Eines Morgens frühstückten Bob und ich im Eßzimmer, das auf der anderen Seite der Diele lag. Wir gingen zu Dad, um nach ihm zu sehen, und wir hatten den Eindruck, daß er soeben ganz ruhig diese Welt verließ. Er sah uns an, lächelte und hörte langsam zu atmen auf. Sein Kinn fiel auf seine Brust. Er schloß seine Augen. Er war tot — einfach tot. Bob und ich saßen da. Dad war ein bemerkenswerter Mann gewesen. So stark. So bestimmt. So zäh und lustig. Wir werden ihn nie vergessen.

Als Bob von Dad erzählte, stockte er. Er wurde einfach von seinen Gefühlen überwältigt. Er sah ihn in seiner Erinnerung vor sich. — Dads Duldsamkeit bei Schmerzen war unglaublich.

Dieses Kraftpaket war am Ende seines Weges angekommen. Er war vierundachtzig geworden. Er hatte seine eigenen Regeln aufgestellt — und sie bis ins winzigste Detail befolgt: »Rudere dein Boot selbst.«

Was für wunderbare Vorbilder unsere Eltern gewesen waren! Wir hatten wirklich Glück mit ihnen.

Santa blieb noch einige Jahre in dem Haus, dann beschloß sie, mit ihrer Schwester zusammenzuziehen. Das Haus war einsam und einfach zu groß für eine einzige Frau. Sie erzählte uns von ihrem Vorhaben. Doch Bob wollte nicht darin wohnen. Peg konnte nicht, ich konnte nicht, und Dick lebte in Fenwick.

Damit war unser Leben in der Bloomfield Avenue 201 zu Ende. — Saubermachen, ausräumen und das Haus der Hartford University übergeben.

Der Auszug fiel uns recht schwer.

Fenwick heute

Fenwick

Jetzt ist es Sommer, und wir fahren nach Fenwick. Fenwick ist und war immer mein zweites Paradies. Es liegt an der Mündung des Connecticut River, etwa siebzig Kilometer von Hartford entfernt. Dad hatte es 1913 entdeckt. Ich war damals fünfeinhalb.

Zu jener Zeit bestand Fenwick nur aus Weite — und aus etwa vierzig Häusern, großen Häusern, die mit Schindeln bedeckt oder holzverschalt waren. Dreistöckig, mit viktorianischem Anklang. Große Veranden.

Damals waren die Strände noch schrecklich steinig. Es gab auch einen Pier und am Fuß des Piers eine Art Badehaus-Pavillon (den gibt es heute nicht mehr).

Auf der jetzigen Verkehrsinsel stand ein riesiges altes Hotel, das ursprünglich auf einem sehr primitiven Golfplatz lag. An der Nordostspitze war ein Jachthafen.

Fenwick ist eine Halbinsel, die sich hinter Saybrook nach Süden windet. Wie der Fuß einer Socke. Im Grunde genommen ist Fenwick von Wasser umgeben. Es ist Long Island vorgelagert, dazwischen liegt nur der Sund von Long Island. Von seiner Ostseite aus sieht man über den Connecticut River in Richtung Lyme. An seiner Westseite hat es eine Landverbindung zum Ende von Connecticut.

Ursprünglich war es Lynde Farm. An seinem südöstlichen Ende — dem Zehen des Socken — wurde um 1760 ein wunderschöner alter Leuchtturm gebaut. Später, 1860, baute man einen weiteren Leuchtturm, der durch einen Wellenbrecher mit dem Strand verbunden war. Er war ein letzter Kontrollpunkt für den Schiffsverkehr auf dem Connecticut River.

Jeder kannte jeden. Sie — das heißt, die meisten — kamen aus der Washington Street in Hartford. Die Brainards und Brainerds und Davises und Bulkeleys und Buckleys und... Sie waren alle sehr nett, echte Republikaner, echte Aetna-Lebensversicherungsnehmer.

1917 brannten durch einen glücklichen Zufall das alte Hotel und der Jachtclub bei einer steifen Brise aus Westen nieder. (Von Glück konnte man schon reden, aber ob es ein Zufall war?) Damit waren bequemerweise die beiden Alkoholschänken verbrannt, die eine ärmere Klientel in den Ort gelockt hatten. Da sich Fenwick weitgehend im

Estelle Rivoire mit Bob, Dick und mir

Familienporträt

63

Erste schauspielerische Gehversuche

Besitz der Aetna Insurance Company befand und alle bei der Aetna versichert waren, beklagte sich keiner. Und mit den Bars war auch das unangenehme Phänomen der Wochenendtrinker verschwunden.

Für die Kinder war der Aufenthalt auf Fenwick himmlisch. Wie ich schon erwähnt habe, gab es einen privaten, neunlochigen Golfplatz. Kinder durften dort jederzeit spielen. Wir wurden ziemlich gut. Zwei Tennisplätze waren auch da. Heute sind es vier — einer mit Zementboden, die anderen mit festem Sandboden. Der Golfplatz befindet sich nicht mehr in Privatbesitz. Es hat sehr gute neue Rasenflächen und Hindernisse bekommen und ist sehr rentabel.

Für mich ist Fenwick, wie ich schon sagte, ein Paradies. Ich war und bin hier nichts Besonderes. Ich bin seit meinem sechsten Lebensjahr immer wieder hier. Gestern abend nahm ich einen Drink mit einem Mann namens Jack Davis, mit dem ich den Dreibein-Wettlauf gewonnen habe, als wir ungefähr zehn waren. Das war vor siebzig Jahren. Jetzt sind Charlie Brainard und ich die ältesten Anwohner. Das Leben hinterläßt hier seine Spuren wie überall.

Fenwick war ausschließlich eine Sommerkolonie — spätestens Anfang September, wenn die Schule wieder anfing, wurde es verlassen. Als Kind hatte ich mit meiner Freundin Alice Barbour hier das aufregendste Leben. Wir waren heimliche Einbrecher. Wir haben nie etwas kaputtgemacht, aber es gelang uns immer, hineinzukommen. In eines der Häuser krochen wir durch eine Kühlschranköffnung. Dort stahl ich auch einen Nußknacker in Krokodilsgestalt. Ich nahm ihn mit nach Hause und brachte ihn in mein Schlafzimmer, hatte dann aber solche Schuldgefühle, daß ich ihn zurückbrachte. Wir sind nie erwischt worden. Ich war der Handlanger, Ali der Kopf.

Ein besonders aufregendes Erlebnis war unser Einbruch in das Haus der Newton Brainards. Das Haus war sehr hoch und groß. Ich kletterte auf das Dach, das über dem zweiten Stock lag. Ali kam nicht so weit hinauf. Ich wollte durch die Luke im oberen Dachabschnitt einsteigen, die sie sorglos offengelassen hatten. Dann wollte ich im zweiten Stock ein Fenster öffnen und Ali reinlassen. Ich hob die Luke hoch — darunter herrschte totale Dunkelheit. Schwarz. Ich sprang hinunter. Zum Glück landete ich im Flur des zweiten Stocks, dicht neben der Mittelöffnung einer Wendeltreppe, durch die ich sonst geradewegs bis ins Erdgeschoß gefallen wäre. — Eine schreckliche Vorstellung!

Man kam unseren Abenteuern nie auf die Schliche, bis Ali einen Flirt mit einem Burschen namens Bob Post hatte. Er begleitete uns bei

Dad am Pier

einer unserer Unternehmungen — unserer letzten, wie sich herausstellen sollte. Wir fanden einfach keine Möglichkeit, in das Haus, das wir uns ausgesucht hatten, zu kommen. »Schlagen wir doch die Tür ein — die Hintertür«, meinte Bob. Also holten wir uns einen schweren, zwei Meter langen Baumstamm und zertrümmerten damit die Hintertür. Das machte natürlich einen entsetzlichen Lärm, und der Koch von nebenan beobachtete die ganze Geschichte.

Im Haus fanden wir dann einige Dosen mit Körperpuder und großfedrigen Puderquasten, und wir wedelten mit ihnen herum, so daß die getäfelten Wände eingepudert wurden. Es war ein richtiger Saustall. Natürlich wurden wir geschnappt, und der arme Dad mußte für den Schaden aufkommen — und wir waren verschrien. Natürlich hatte ich für Bob Post von da an nichts mehr übrig.

Mit Ali Barbour inszenierte ich auch das Stück nach dem Märchen »Die Schöne und das Biest«. Ich war die Bestie, Ali die Schöne. Wir führten es auf der Veranda ihres Hauses auf; das Publikum saß auf dem Rasen des Nachbarhauses. Alle kamen, und wir spielten 75 Dollar ein, mit denen wir eine Viktrola für die Navajo-Indianer kaufen wollten, die der Bischof von New Mexiko eines Sonntags in seiner Predigt erwähnt hatte. Wir waren voller edler Absichten.

Wir veranstalteten auch große Leichtathletikfeste in Fenwick; außerdem Tauchwettbewerbe, Staffelläufe und Dreibein-Wettläufe. Das war natürlich aufregend für uns, schließlich waren wir alle sehr jung.

Unser Haus stand am Ostrand des Ortskerns. Wir hatten einen breiten Strandabschnitt und einen freien Blick nach Osten. Im Lauf der Jahre ließ Dad einige Dämme ins Wasser hinaus bauen. Dadurch kamen wir zu einem wunderbaren Sandstrand.

Der Wirbelsturm von 1938, der unser Haus wegfegte, zerstörte auch das Haus der Brainards — die Rückseite wurde zertrümmert. Morgan Brainard ließ es abreißen und kaufte das Haus der Prentice-Posts, das etwas weiter westlich, auf einer leichten Anhöhe lag — nicht mehr so uneinsehbar, aber sicherer.

Verwirrenderweise habe ich dieses Haus jetzt. Aber genaugenommen »habe« ich dieses Haus gar nicht. Vielmehr habe ich es gemeinsam mit mehreren anderen Menschen. Wir fahren in die Einfahrt hinein, parken unsere Wagen, gehen durch die Tür, setzen uns hin, wo es uns gefällt. — Schön, nicht ganz so... aber... also, ich muß Ihnen wohl das mit der großen Küche erklären. Neben der Küche war eine Vorratskammer, aber Dick, mein Bruder, mochte die Vorratskammer nicht, deshalb riß er die Wand ein und jetzt... Sie können es sich wahrscheinlich vorstellen. Als ich es das erste Mal sah, war ich ganz schön überrascht.

Auf jeden Fall haben wir jetzt eine große Küche. Mit zwei Doppelspülbecken und einem großen Herd — zwei Backöfen, sechs Brenner. Der Herd gehörte Luddy. Luddy war mein Ex-Ehemann.

Luddy ist inzwischen tot, und weil ich seinen Herd immer mochte, teilten wir seinem Sohn oder seiner Tochter oder beiden mit, daß wir den Herd gern haben würden, weil er sechs Brenner und die richtige Größe für unsere Küche habe.

Mein Bruder Dick ging zu Luddys Haus und fand es leer vor. Er baute den Herd einfach aus, packte ihn auf seinen Anhänger und fuhr davon. Sie müssen ziemlich überrascht gewesen sein, als sie wiederkamen.

Alles wird in der großen Küche gekocht. Man könnte sagen, Dick wohnt in der Küche, und man könnte auch sagen, daß die Küche ganz danach aussieht. Über den beiden Spülbecken sind je zwei Doppelfenster, und zwischen den beiden Spülbecken steht Luddys Herd. Über dem Herd sind einige Regale für dies und das angebracht. — Das ist die eine Wand. An der gegenüberliegenden Wand steht eine große französische Uhr mit etwa vierzig Zentimetern Durchmesser — schön, alt. Eine Kuckucksuhr. Außerdem stehen verschiedene interessante Tiegel und Andenken herum, die sich sehr schön von der weißen Ziegelwand abheben.

Auf einem vierzig Zentimeter hohen, gefliesten Absatz steht ein Eisschrank — Dicks Eisschrank. Auf seiner Rückseite steht auf dem gleichen Absatz mein kleinerer Eisschrank (falls ein Wirbelsturm kommt).

Die Eisschränke nehmen quasi den Platz der ehemaligen Vorratszimmerwand ein.

In meiner Ecke der Küche befinden sich die Porzellanregale. Dicks Bereich ist natürlich größer, und in seiner Mitte steht ein runder Tisch mit vier Stühlen; darüber hängt eine Tiffany-Lampe. Man könnte sagen, Dick hat diese Küche mit Beschlag belegt. Sie ist das Herz seines Reichs. Sie ist schön. Er hat Geschmack. Seine Besucher versammeln sich hier, und dann wird viel geredet. Er kocht und serviert, sein Sohn Tor und Tors Frau Tess kochen und servieren, und am kleineren Ende kochen und servieren Phyllis und ich. Häufig begegnen wir den Leuten gar nicht, die reinkommen und sich hinsetzen und sich unterhalten und sich ausbreiten. Dick erzählt dann vielleicht die Handlung des letzten Stücks, das er im O'Neill Center in Waterford gesehen hat. Oder Tor hält einen Vortrag über den Aktienmarkt.

Manchmal halten die Gäste Reden. Auf jeden Fall ist die Küche der Dreh- und Angelpunkt des Hauses.

Das große alte Familieneßzimmer liegt gleich neben der Küchentür. Das heißt, da ist ja keine. Früher gab es eine Schwingtür. Aus irgendeinem Grund hat sie Dick aber gestört.

Phyllis (meine Sekretärin, die Sie später noch kennenlernen werden) und ich bewirten unsere Gäste im Eßzimmer oder draußen, auf der Veranda, die vom Speisezimmer abgeht. Natürlich hören wir die Küchenkonversationen immer noch. Es ist fast wie in einem gut besuchten Restaurant.

Wir schlafen alle in unseren alten Zimmern: Ich auf der Ostseite, im ersten Stock. Dick und Tor ganz oben, auf der Ostseite und auf der Westseite. Wir sind alle vereint — in Freud und Leid. Hier verbringe ich meine freie Zeit. Sie sehen, es ist ein Familienhaus. Es ist vielleicht ein wenig eigenartig, aber es funktioniert offenbar. Dick wohnt hier, und ich besuche ihn an langen Wochenenden.

Phyllis, mein Neffe und ich in der neuen Küche in Fenwick

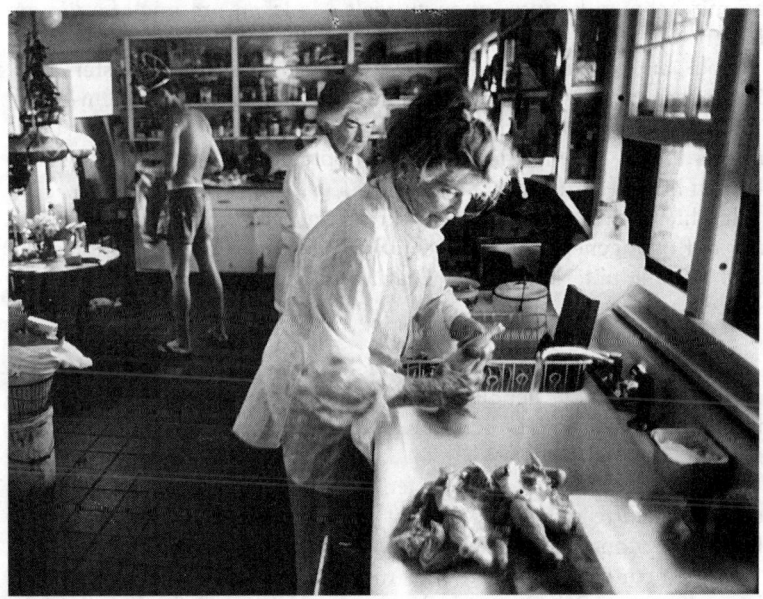

Bryn Mawr

I ch ging auf das Bryn Mawr College und gehörte zum Abschluß-
jahrgang 1928. In meinem ersten Jahr wohnte ich in einem Apartment — Wohnzimmer und Schlafzimmer, Erdgeschoß, erste Tür
rechts, Pembroke West. Damals gab es auch noch ein Pembroke East,
und zwischen den beiden war ein Durchgang und darüber ein riesiger
Speisesaal. Meine Freundinnen von der Ethel-Walker-Schule wohnten
in einem anderen Studentenheim — Merion.

Da ich jahrelang nicht zur Schule gegangen war, fühlte ich mich
unter den vielen fremden Mädchen weder heimisch noch wohl. Ich
ging immer sehr früh zu Bett und stand um vier oder vier Uhr dreißig
auf, ging den Flur hinunter zum Bad und war allein, wenn ich warm
und kalt duschen und auf die Toilette wollte. Zum Frühstück aß ich
Obst und Getreideflocken mit Milch, die ich allein in meinem Zimmer
zu mir nehmen konnte, ohne zu viele Mädchen um mich herum zu
haben.

Überhaupt mied ich den Speisesaal. Zu Beginn des Semesters war
ich in den Speisesaal gegangen und wollte mich an den Pem-West-
Tisch setzen. Ich trug damals einen blauen Glockenrock, der vorne
mit großen weißen Knöpfen zugeknöpft wurde, und einen weiß-
blauen Isländer-Pullover.

Ich hielt mich bestimmt nicht für schön. Ich war mir meiner selbst
nur auf unangenehme Weise bewußt. Zu meinem Entsetzen hörte ich
eine Stimme mit New Yorker Dialekt aus der Ecke, in der ich sitzen
sollte, sagen:

»Verklemmte Schönheit!«

Ich wäre beinahe tot umgefallen. Ich hielt mich weiß Gott nicht für
eine Schönheit. Du liebe Güte. Ich ging weiter, setzte mich hin, aß
irgend etwas. In jenem Jahr bin ich nicht mehr in diesen Speisesaal gegangen.

Ich aß in der Regel mit meinen Freundinnen drüben im Merion,
oder ich kaufte mir eine Mahlzeit im College Inn. Dad gab mir 75
Dollar im Monat, und Essen war damals nicht so teuer.

In meinem ersten College-Jahr fuhr ich zum erstenmal mit meiner
Freundin Alice Palache nach Europa. Ich hatte 500 Dollar, sie 750.
Wir wollten durch England radeln, doch als wir das Schiff verließen

und mit dem Zug nach London fuhren, sahen wir mit Schrecken die vielen Hügel und kleinen Berge und beschlossen, einen Wagen zu kaufen und die Nächte entweder im Wagen oder auf dem Boden oder in einem Heuhaufen zu verbringen, um die Ausgabe wieder hereinzuholen. Für Alice Palache war das schlimmste daran, daß sie in der Frühe gern Kaffee trank. Ich trank noch keinen Kaffee, sondern ließ es mir bei Früchten und kalten Getreideflocken und Milch gutgehen. Was ich am meisten vermißte, waren das heiße Bad und die kalte Dusche.

Manchmal gingen wir essen und nutzten die Gelegenheit, um »unsere Hände zu waschen«, und wenn irgendwo eine Badewanne war, riß ich mir die Kleider vom Leib, hockte mich in die Wanne und wusch mich in Windeseile. Ich hatte immer ein Handtuch bei mir.

Wir fuhren durch ganz England über Wales nach Schottland und Edinburgh. Als wir nach London zurückkamen, verkauften wir den Wagen für mehr Geld als wir bezahlt hatten. Das war sicher Glück.

Dann fuhren wir nach Paris und wohnten im Hotel Cayré am Boulevard Raspail. Gleich gegenüber war ein kleines Restaurant, und dort aßen wir fast immer. Unser Tisch stand neben einem langen Wandspiegel, und die Palache regte sich auf, weil ich, wie sie meinte, mich und meinen Gesichtsausdruck ständig beobachtete, während wir da saßen.

Wir haben uns die ganze Stadt angesehen. Das war natürlich wundervoll. Und wir kamen ohne einen Pfennig heim.

In meinem zweiten Jahr wohnte ich mit einem Mädchen zusammen, das ich bereits kennengelernt hatte, und deshalb war es gar nicht so schlecht. Ich hatte mich sowieso an all die Mädchen gewöhnt, und ich vermute, sie hatten sich an mich gewöhnt.

Ich gehörte zu einer ganz bestimmten Gruppe. Unter dem Schutz von ein paar anderen tut man sich leichter. Die meisten sind meine Freundinnen geblieben, vor allem die, die in New York oder Connecticut lebten.

Meine letzten drei Jahre in Bryn Mawr waren recht angenehm. Ich war in keinem der Clubs Mitglied, aber ich spielte in einigen Stücken mit, was mir großen Spaß machte. Und ich alberte mit meinen Kameradinnen herum und lachte viel. Eine meiner Freundinnen, Lib Rhett, hatte ein Auto. Was für eine Wonne! Wir fuhren überallhin.

In dem Stück *The Truth About Blayds* von A. A. Milne spielte ich die männliche Hauptrolle. Ich spielte den Jugendlichen. Ich mußte mein langes Haar unter einer Perücke verbergen und eine Hose tragen, die etwas eng war. Es war ein modernes Stück. Ich erinnere

»The Truth About Blayds«

mich noch an einen schrecklichen Augenblick im Colony Club in New
York, wo wir eine Gastaufführung mit diesem Stück hatten. Irgendwie
gelang es mir, meine Hand in die Hosentasche zu stecken und mich
dann hinzusetzen. Kurz darauf versuchte ich, meine Hand wieder aus
der Tasche zu ziehen. Es war unmöglich. Ich versuchte es mehrmals.
Ich wurde ein wenig konfus und zerrte immer weiter. Daraus wurde
ein glänzender Lacherfolg.

Ich spielte auch die Teresa in Martínez Sierras *The Cradle Song.*
Und in meinem letzten Jahr spielte ich in John Lylys *The Woman in
the Moon* die Pandora. Dies war Teil einer großen Inszenierung zum
Ersten Mai. Wir führten es im Säulengang der Bibliothek auf, wo die

»The Woman in the Moon«

Sonne voll in unsere Gesichter schien. Das Stück war noch nie zuvor in unserem Land gespielt worden, deshalb zeigte auch das anspruchsvolle Publikum großes Interesse.

Samuel Arthur King hatte mich für die Rolle ausgewählt. Dr. King gab einen Kurs in Sprechtechnik, der sehr gefragt war. Ich fand ihn auch sehr interessant. M. Carey Thomas, der Direktor von Bryn Mawr, der sehr viel auf die amerikanische Sprechkultur gab und sich ihrer bedauerlichen Hervorbringungen sehr bewußt war, hatte ihn eingestellt. Mutter und Dad achteten ebenfalls sehr auf die Aussprache und wiesen uns häufig darauf hin, daß es angenehmer sei, angenehme Laute zu hören.

Die Pandora war eine hinreißende Rolle. Unter dem Einfluß verschiedener Planeten zeigte sie sich in ganz verschiedenen Stimmungen. Im Zeichen des Mars war ich kriegerisch, im Zeichen der Venus zärtlich usw. Ich war komisch, traurig usw. Mein Vater sagte, daß er außer den Sohlen meiner schmutzigen Füße, die schwärzer und schwärzer geworden seien, von der Vorstellung nichts mitbekommen habe. Nur noch mein sommersprossiges Gesicht, das immer röter wurde.

Als ich in Bryn Mawr war, war Rauchen nur im Raucherzimmer im Erdgeschoß erlaubt. Ich wohnte zu dieser Zeit im ersten Stock des Pembroke East, gleich beim Speisesaal, der eine Art Verbindungsbrücke zwischen Pembroke East und Pembroke West bildete. Es war mein Abschlußjahr — 1927/28. Ich hatte soeben meine Post geholt und ging sie gerade durch. Meine Zimmertür zum Gang stand offen.

»Himmel — was ist denn das?«

Ein kleines Päckchen. Ich riß das Packpapier weg — es war eine Schachtel mit parfümierten Zigaretten.

»Ah, die riechen gut — ich probiere mal eine.«

Ich steckte mir eine Zigarette in den Mund, zündete sie an und stieß den Rauch aus.

»Ein bißchen eigenartig. Genug damit.«

Ich drückte sie aus und warf sie weg.

Ein paar Stunden später sprach mich eine Vertreterin der Studentenaufsicht an:

»Du hast in deinem Zimmer geraucht. Jemand hat dich gemeldet. Das verstößt gegen die Vorschriften.«

»Wer hat mich gemeldet?«

»Das kann ich dir nicht sagen.«

»Ah — ich verstehe. Ja. — Tja...«

Die Sache war die, daß ich in Wirklichkeit gar keine Raucherin war, deshalb kannte ich auch die Raucherbestimmungen nicht. Offenbar hatte irgendeine Studentin, die an meiner Türe vorbeigegangen war, mich dabei gesehen, wie ich diese parfümierte Zigarette rauchte. Es muß eine gewesen sein, die mich nicht mochte, sonst hätte sie mich angeschrien:

»He, was machst du denn da?«

Ich konnte nicht behaupten, daß ich nicht geraucht hatte. Das hätte sie, wer immer sie war, in eine schwierige Lage gebracht.

Aus den folgenden Briefen geht hervor, daß ich für acht Tage suspendiert wurde. Ich konnte nie jemandem sagen, daß ich nicht rauche. Also — acht Tage Ferien.

20. Oktober 1927

Sehr geehrter Herr Dr. Hepburn,

bitte entnehmen Sie der beiliegenden Abschrift eines Briefes an Miß Hepburn alle Einzelheiten.

Auf die darin beschriebene Maßnahme hätte kein Verantwortlicher verzichten können, ihre Durchführung ist unbedingt erforderlich. Ich bedaure, daß Ihre Tochter nach einer dreijährigen Zugehörigkeit zu unserer Gemeinschaft noch nicht von sich aus genügend Verantwortungsgefühl in solchen Dingen besitzt und daß wir daher zu entsprechenden Schritten gezwungen waren.

Mit vorzüglicher Hochachtung
Marion Edwards Park

20. Oktober 1927

Sehr geehrte Miß Hepburn,

angesichts Ihres Versäumnisses, sich an die Bestimmung zu halten, die unseren Studenten das Rauchen in den Zimmern verbietet, hat mich das Selbstverwaltungsgremium von Bryn Mawr gebeten, Sie davon in Kenntnis zu setzen, daß Ihnen ab Sonntag mittag, dem 23. Oktober, bis Freitag abend, dem 28. Oktober,

das Betreten der Räumlichkeiten und der Besuch der Unterrichts-
veranstaltungen des Colleges untersagt sind. Ihre Abwesenheit
vom Unterricht während jener Woche wird vom College als un-
entschuldigtes Fehlen gewertet werden.

Ich bedaure, daß Sie sich über eine Bestimmung hinweggesetzt
haben, die auf einer allgemeinen Übereinkunft aller Studenten
beruht und der Sie, wenn Sie einmal darüber nachdenken
würden, aus Vernunftgründen selbst zustimmen müßten, da Sie
sich auf die Verhältnisse in großen Gebäuden bezieht, die voller
kaum zu kontrollierender Menschen und brennbarer Stoffe sind.

Ihr Vater erhält eine Abschrift dieses Briefes, damit er über
den Grund Ihrer außerplanmäßigen Heimkehr informiert ist.

Hochachtungsvoll
Marion Edwards Park

22. Oktober 1927

Sehr geehrte Frau Präsidentin,

natürlich bin ich sehr betrübt, daß meiner Tochter Katharine für
fünf Tage die Möglichkeit genommen ist zu arbeiten, da sie
wegen der Hochzeit ihrer besten Freundin ohnehin schon einige
Unterrichtsstunden versäumt hat. Es ist ohne weiteres vorstell-
bar, daß dieses zusätzliche Hindernis den erfolgreichen Abschluß dieses Jahres gefährdet, ohne den sie ihre Ausbildung
nicht beenden kann. Womöglich ist eine derartige Strafmaß-
nahme angesichts der Ungeheuerlichkeit des begangenen Verbrechens tatsächlich angebracht, doch da ich das größte Interesse
an der erfolgreichen Arbeit meiner Tochter habe, möchte ich
dieses Verbrechen, das darin besteht, im Zimmer geraucht zu
haben, im folgenden analysieren.

Ich stelle fest, daß eine Bestimmung existiert, derzufolge es
den Studenten verboten ist, in den Zimmern zu rauchen, eine
Bestimmung, »die auf einer allgemeinen Übereinkunft aller Studenten beruht«. Mit anderen Worten handelt es sich hierbei genaugenommen um eine Bestimmung, die der wohldurchdachten
Überzeugung einer selbstverwalteten Institution entspringt.
Weiter stelle ich fest, daß Sie in ihrem persönlichen Brief erklären, daß kein Verantwortlicher auf die von Ihnen ergriffene

Maßnahme hätte verzichten können. Wenn das tatsächlich so ist, kann es sich wohl kaum um eine freiwillige Übereinkunft der selbstverwalteten Studentenschaft handeln.

Begründet wird diese Bestimmung damit, daß große Gebäude voller »kaum zu kontrollierender Menschen und brennbarer Stoffe« sind. Um dieser Begründung Nachdruck zu verleihen, appellieren Sie an ihre Vernunft und bitten sie nachzudenken.

Da Sie diese Mädchen erziehen und dabei an ihre Vernunft appellieren, wäre es vielleicht ganz gut, wenn man einmal überprüfte, ob die Begründung dieses Verbots, in den Zimmern zu rauchen, auch selbst einem derartigen Appell standhalten würde. Sollte dies nicht der Fall sein, verliert das College zumindest in diesem Punkt seine erzieherische Autorität.

Was nun Katharine angeht: beide Eltern sind Raucher. Sie rauchen in ihren Zimmern, wenn sie dies wollen. Und selbst wenn es komisch klingt: Katharine raucht kaum einmal, obwohl ihr zu Hause keine Beschränkungen auferlegt wurden.

Katharine war noch nie in einem Hotel oder Geschäft, nicht einmal in einem Krankenhaus, wo Rauchen verboten war, obwohl es dort noch viel mehr kaum zu kontrollierende Menschen und brennbare Stoffe gibt.

Aus diesem Grunde bin ich der Ansicht, daß der Rat, nachzudenken und sich auf seine Vernunft zu besinnen, in die falsche Richtung geht.

In diesem Fall kann man einzig und allein daran appellieren, sich an die Vorschriften zu halten — egal, wie unsinnig ihr diese Vorschriften erscheinen mögen.

Ich werde ihr gegenüber diese Position vertreten. Ich werde ihr mit allem Nachdruck vor Augen führen, daß es absurd ist, ihren Abschluß zu gefährden und damit das Geld, das ich in ihre Ausbildung investiert habe, zu vergeuden, indem sie wegen einer vorübergehenden Laune eine Regel bricht. Bis zu diesem Punkt kann ich Ihre Erziehungsmaßnahme unterstützen. Aber ich kann nicht den Standpunkt vertreten, daß diese Bestimmung von der Studentenschaft spontan verabschiedet wurde oder daß sie sich von selbst ergibt, wenn man sich auf seine Vernunft besinnt und nachdenkt.

Mit vorzüglicher Hochachtung

Kurz bevor ich meinen Abschluß machte, hatte ich mich mit einem Mann namens Jack Clarke angefreundet, der in einem Haus wohnte, das gleich neben dem College-Campus lag. Sein bester Freund war Ludlow Ogden Smith.

Jack hatte einige Freunde, die am Theater arbeiteten, und zufällig kannte er auch Edwin Knopf, der Chef einer Theatergruppe in Baltimore war — einer sehr guten, mit großen Stars. Mary Boland, Kenneth McKenna, Elliott Cabot. Ich brachte ihn dazu, mir eine Empfehlung für Knopf zu schreiben, und an einem Wochenende fuhren Lib Rhett und ich rüber nach Baltimore. Edith Houghton Hooker, eine Schwester meiner Mutter, wohnte dort. Ich besuchte Knopf, und er sagte: »Schreiben Sie mir, wenn Sie mit dem College fertig sind.« — Ich machte meinen Abschluß.

Dad sagte immer, daß man nicht schreiben soll, wenn man etwas will. Auch nicht anrufen. Hingehen. Persönlich. Es ist schwieriger, einem leibhaftig Anwesenden eine Absage zu erteilen.

Ich dachte also bei mir: »Nein, nicht schreiben. Ich gehe hin.«

Das machte ich auch. Meine Tante und ihre Familie waren den Sommer über in Maine, also nicht in Baltimore, deshalb übernachtete ich im Bryn Mawr Club. Der war eigentlich auch geschlossen, aber ich bekam die Erlaubnis, mich in ihrem schlechteren Raum, einem Schlafsaal, aufzuhalten. Über einem Luftschacht. Hohe Decken, sehr dunkel und furchteinflößend. Nicht allzuweit vom Theater entfernt.

Ich war zu schüchtern, um in ein Restaurant zu gehen. Ich war fast nie in Restaurants gewesen, und erst recht nicht allein. Bob McKnight, ein enger Freund, hatte einen Wagen (Sie sehen, mit wieviel Umsicht ich mir meine Freunde aussuchte) und begleitete mich. Er war auf dem Weg nach Rom, wo er Bildhauerei studieren wollte. Er hatte den *Prix de Rome* gewonnen. Wir wohnten zusammen. Und unser Essen holten wir in einem Feinkostgeschäft. Es war alles ganz unschuldig. Wir waren beide unbändig ehrgeizig und vom Leben und seinen Möglichkeiten begeistert. Wir verschwendeten unsere Kraft nicht. Alles oder nichts, hieß es für beide. Und die eigenen Interessen ins Zentrum stellen. Nicht ablenken lassen. Wir beschützten einander.

Ich ging zu Eddie Knopf. Ich kam durch den Vordereingang. Daß es so etwas wie einen Bühneneingang gibt, wußte ich gar nicht. Ich hörte Stimmen. Es klang nach Probe. Ich öffnete eine Tür und konnte auf die Bühne sehen. Es war eine Probe. Ich schlich mich rein und setzte mich still in eine der hinteren Reihen. Eine Stunde verging. Ich mußte auf die Toilette, und zwar dringend. Abgesehen vom Bühnenbereich war das Theater stockdunkel. Ich ertastete mir den Weg ins Foyer —

eine Treppe runter, ins nächste Foyer. Und endlich eine Toilette. Jetzt fand ich mich zurecht und kehrte an meinen Platz zurück. Noch eine Stunde. Sogar noch eine dritte. Dann war es plötzlich vorbei. Sie hörten auf. Die Lichter im Zuschauerraum gingen an. Eddie Knopf sah mich. Er kam den Seitengang hoch. Blieb vor mir stehen und sagte:

»Ach, Sie — kommen Sie doch am Montag zur Probe, 11 Uhr.«

Und weg war er.

Mein Gott! Ich war engagiert! Er hatte mich engagiert! Er kannte mich! Er hatte mich engagiert!

An jenem Montag kam ich um 10.45 Uhr in sein Büro.

»Ich komme zur Probe.«

»Hier sind Sie falsch.«

Auf diese Weise erfuhr ich vom Bühneneingang.

Ich ging hinein. Die Truppe war ziemlich groß. Sie probten *The Czarina* mit Mary Boland als Zarin. Die Texte wurden verteilt.

»Oh, meiner ist ziemlich lang — ungefähr zehn Seiten.« Außer mir waren noch einige andere junge Mädchen da, aber ich hatte die größte Rolle.

Wir wurden einander vorgestellt. Dann setzten wir uns um einen großen Tisch und lasen das Stück. Hinreißend! Meine Rolle war wirklich sehr schön. Hatte ich ein Glück!

Die Proben waren zahlreich und lang. Dann wurde die Kostümverteilung für den nächsten Morgen um 11 Uhr angekündigt. Ich dachte: Geh früh hin. Ich war um 10 Uhr da. Ich war nicht die erste. Ich war die letzte. Das war ein Riesenschock. Ich war nicht so schlau, wie ich gedacht hatte. Und natürlich bekam ich das scheußlichste Kostüm. Etliche Zentimeter zu kurz, und die Halspartie nicht sehr kleidsam. Dann passierte etwas sehr Eigenartiges. Eines der Mädchen kam auf mich zu und sagte:

»Ich war als erste hier. Ich möchte, daß du mein Kostüm nimmst. Es ist das schönste.«

Mir verschlug es die Sprache. Ich hatte mit dem Mädchen bisher kaum gesprochen. Ich sah es an. Es trug das Kleid. Es war wunderschön. Ich wollte etwas sagen.

»Oh, aber ich... Aber du... Aber nein, ich kann nicht...« Sie unterbrach mich.

»Ich werde heiraten«, sagte sie. »Ich werde nicht Schauspielerin. Aber ich glaube, du wirst eine werden, ich glaube sogar, daß du ein großer Star werden wirst. Ich möchte es dir geben.«

Was sollte ich sagen. Natürlich sagte ich: »Oh, ja, ja. Danke. —

Mary Boland

Edwin Knopf

Äh, vielen Dank. — Oh, wie schön. Ich bin so erleichtert. Es ist so . . .
Aber du — du bist ein Engel. Du bist die Großzügigkeit selbst. — Ich
kann es gar nicht glauben, daß du . . . Ich bin völlig platt. — Ich . . .
Nein, unterbrich mich nicht . . .«

Sie unterbrach mich:
»Hör zu, ich ziehe es aus, und du gibst mir deines, und ich gebe dir
meines, und dann bist du glücklich, und ich bin es auch.«

Wir tauschten die Kleider. Ich drehte mich um und sah in den Spiegel. Es saß wie angegossen. »Oh, ich bin . . .« Ich drehte mich um. Sie
war weg.

Können Sie sich vorstellen, daß jemand so großzügig ist? Hatte ich
nicht großes Glück? Ich hatte Glück. Ich hatte bei weitem das schönste Kleid. Und ich weiß nicht einmal mehr ihren Namen.

Wir waren kurz vor der Premiere. Von den Bräuchen am Theater
hatte ich nicht die leiseste Ahnung. Ich hatte keine Schminke, und
außer Lippenstift — Christy's Nr. 2, leuchtendes Orangerot — benutzte ich auch keine. Mary Boland erklärte mir, wie ich mich
schminken müsse. Wie man die Augen schminkt. Ich sah ihr beim
Schminken zu. Sie war sehr großzügig, lieh mir alle möglichen Utensilien.

Die Stars der Truppe waren alle sehr nett zu mir. Das Stück lief an.
Ich erhielt für meine kleine Rolle sehr freundliche Besprechungen. Wie
ich Ihnen bereits erzählt habe, war ich in der Gesellschaft Baltimores
etwas bekannt. Ich hoffte, daß das nicht der Grund für meine Erwäh-
nung war. Aus welchem Grund auch immer, in den Kritiken hieß es,
ich sei »eindrucksvoll«. Und ich bekam eine Rolle in der Show *Torch-
bearers*, die in der Woche drauf aufgeführt wurde. Wieder ein Stück
von Mary Boland. Meine Rolle war nicht besonders gut, und ich
wußte, daß ich sie auch nicht besonders gut spielte. Wenn ich nervös
wurde, schoß meine Stimme nach oben. Ich wußte einfach nicht, wie
ich sie in den Griff kriegen sollte. Ich sprach mit Kenneth McKenna.
Der schlug mir vor, daß ich nach meinem Abschied von der Truppe
nach New York gehen und dort bei Frances Robinson-Duff ein Stimm-
training machen solle. Zu ihren Schülerinnen gehörte auch Ina Claire.
Die Duff war sehr bekannt.

»Sie ist die beste Stimmlehrerin von New York City.«

Weshalb warten, fragte ich mich. Ich höre hier auf und gehe nach
New York. Ich besuchte sie und erfuhr, wieviel sie verlangte.

Die Tatsache, daß ich Schauspielerin werden wollte, betrübte und
entsetzte meinen Vater zutiefst. Für ihn war das ein törichter Beruf,
kaum besser als Prostitution. Er war der Ansicht, daß ich mich zu

Dear Frances
More customers!
First Miss Katherine Hepburn just graduated from Bryn Mawr — played two small parts here — her professional Debut and wants to study. She really has talent and loads of personality and charm. Stands awfully and never sits in a chair if there's an inch of floor available. Shell be in to see you in a couple of weeks. We all think she is a hit.
With kind regards
Kenneth MacKenna

Das Empfehlungsschreiben
von Kenneth MacKenna

Eine Anzeige

einer billigen Angeberin entwickelt hatte, die sich auf einen schäbigen Beruf einließ, in dem Jugend und Aussehen das wichtigste sind. Er beurteilte die Schauspielerei eindeutig als wertlose, auf Sand gebaute Existenz, und war nicht bereit, solch ein Vorhaben finanziell zu unterstützen.

Meine Mutter hingegen war dafür. Ihr war alles recht, solange ich nur nicht nach guter alter Tradition zum Kindermädchen für die heranwachsende Generation wurde. Sie war der Ansicht, daß Frauen Schwung ins Leben bringen müßten. Nur wenn ihnen das gelang, konnten sie mehr Unabhängigkeit vom männlichen Geschlecht erreichen. Dafür war Dad auch. Nur mit dem Weg, für den ich mich entschieden hatte, war er nicht einverstanden.

Ich hatte einen Teil meines Taschengeldes gespart, und als ich nach Baltimore ging, hatte ich über 250 Dollar. Für mich war das eine Menge Geld. Aber für New York war es nicht genug, und erst recht nicht für Frances Robinson-Duff. Also schrieb ich Dad einen Brief, durch den ich ihn zu überzeugen hoffte. Ich beschrieb ihm, wie wichtig eine vernünftige Ausbildung für den Beruf war, den ich ausüben wollte. Ob er mich unterstützen würde? Er hatte mir bereits 50 Dollar geschickt, die er angeblich bei einem Golfspiel oder bei einer Partie Bridge gewonnen hatte. Geld, das man beim Spiel gewonnen hatte, war kein richtiges Geld, deshalb schickte er es mir. Nun wußte ich natürlich, daß nur noch ein kleiner Schubs nötig war, um ihn auf meine Seite zu bringen.

Wir standen uns sehr nahe, Dad und Mutter und ich. Keiner von uns wollte, daß wir getrennte Wege gingen. Deshalb versprach er mir denn auch schließlich, daß er mir das Geld für die Duff geben werde. Also verließ ich Baltimore und machte mich bereits nach der zweiten Woche nach New York City auf.

Wie herzensgut Dad war, zeigt auch folgender Geburtstagsbrief:

Liebe Kath,

ich kann Deinen 21. Geburtstag nicht ohne ein klein wenig sentimentale Milde verstreichen lassen. Du bist jetzt unabhangig, und Dein Dad hat keine Kontrolle mehr über Dich. Stell Dir das vor! Überkommt Dich bei der Erinnerung an die vergangenen 21 Jahre der Sklaverei kein Schaudern? Genau aus diesem Grund werde ich Dich in Zukunft genauso erfolgreich dirigieren wie in der Vergangenheit.

Erstens: Nimm das Leben und seine Begleiterscheinungen

nicht zu ernst. Richte die Winkel jenes Mundes, den ich Dir in einer Vollmondnacht geschenkt habe, nach oben.

Zweitens: Versuche, eine Sache gut zu machen; nutze dabei die Erfahrungen aus früherer Zeit und Deinen Verstand.

Drittens: Du darfst *nie* jemanden hassen. Das ist die zerstörerischste Waffe, die Du Deinen Feinden in die Hand geben kannst.

Viertens: Vergiß nie, daß Dein Dad das Recht hat, Dir alle möglichen Namen zu geben, wenn er mit Deinem Verhalten nicht einverstanden ist, nimm ihn aber dabei nicht zu ernst. Und wenn Du Schwierigkeiten hast — egal, welcher Art — geh zu ihm, er kann Dir vielleicht helfen. Er kann nämlich unmöglich so dumm sein wie er aussieht.

Fünftens: Vergiß alles bisher Gesagte und denk nur daran, daß ich Dich nun liebend gerne 21mal küssen und Dir eine Million Dollar schenken möchte.

Dein unverbesserlicher Dad

Glücklicherweise hatte Tante Betty Hepburn in ihrem rotbraunen Reihenhaus, das in einer der 60er Straßen Richtung Osten stand, noch ein Zimmer frei. Sie war die Witwe von Onkel Charles, Dads Bruder.

Frances Robinson-Duff war ein Erlebnis. Ihr Haus stand in der East 62sten, zwischen der Zweiten und Dritten. Dort lebte sie mit ihrer Mutter. Ihre Mutter war einst Opernsängerin gewesen. Jetzt gab sie Gesangsunterricht. Frances war groß, gut einen Meter siebzig, und stämmig; sie hatte einen mächtigen Bauch, einen mittelgroßen Busen und trug ein Korsett. Ihr Büro hatte sie im obersten Stock. Sie saß da und versuchte mir beizubringen, aus dem Zwerchfell heraus zu sprechen. Ich sollte meine Hand auf ihr Zwerchfell legen und dort lassen, während sie ihre Lippen schürzte, um eine Kerze auszublasen. Das war ein komisches Gefühl. Meine Hand lag auf dem oberen Rand ihres Korsetts. Irgendwie war mir das sehr peinlich — ihr Busen, ihr Zwerchfell, der Korsettsaum. Ich glaube nicht, daß ich es damals schon geschafft habe, über das Zwerchfell auszuatmen, statt meinen Hals überzustrapazieren. Heute kann ich direkt aus dem Zwerchfell »He!« rufen. Aber mein geringer Erfolg, eine wirkliche Verbindung zwischen meiner Stimme, ihrem Volumen und meinem Zwerchfell herzustellen, bereitete mir während meiner Laufbahn große Probleme. Wann immer ich eine Rolle spielte, die von mir verlangte, laut und schnell zu sprechen, verlor ich meine Stimme und wurde heiser. Es war eine Qual.

Dad und ich in Fenwick

Zu dumm, daß ich zunächst nicht in der Lage war, die Kerzenblase-rei der Duff und anderes wirklich zu verstehen. Ich hätte mir große Qualen erspart. Langsam wird mir klar, weshalb ich Stimme und Zwerchfell nicht koppeln konnte. Ich vermute, ich fand mein Leben und meine Zukunft so aufregend, daß ich einfach überdreht war, so sehr, daß ich nicht mehr abschalten konnte.

Frances Robinson-Duff hatte ein aufrichtiges Interesse an mir. Sie tat ihr Bestes, und sie half mir dabei, mich in der Welt des Theaters zu-rechtzufinden.

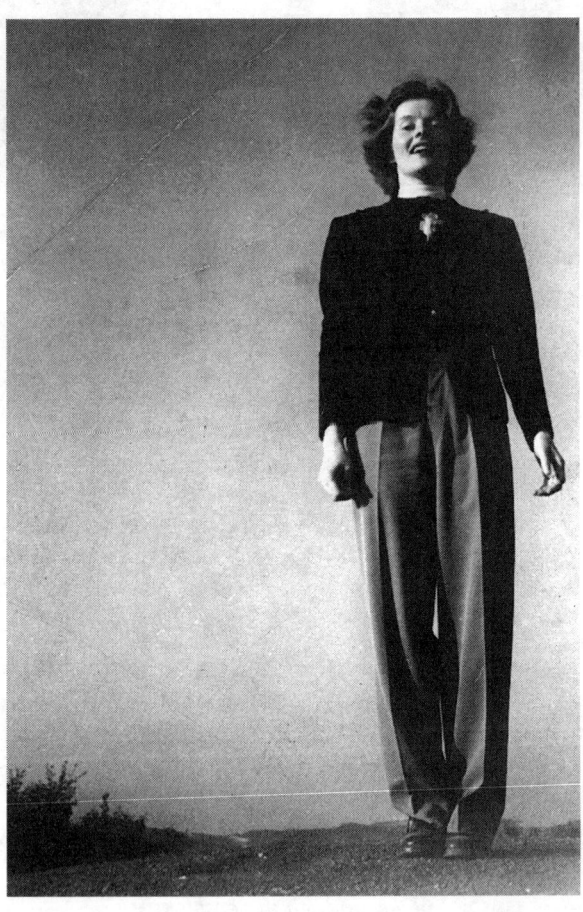

2

Luddy

D a war ich also nun in der großen Stadt New York und bekam von Frances Robinson-Duff Unterricht. Ich kannte die Stadt noch gar nicht richtig, aber immerhin stand mir ein Auto zur Verfügung. Damals konnte man noch fast überall parken, völlig anders als im heutigen New York. Den Franklin D. Roosevelt Drive gab es noch nicht. Den West Side Drive auch nicht. Auch die George-Washington-Brücke nicht. Der Holland-Tunnel wurde gerade fertiggestellt, der Lincoln-Tunnel existierte noch nicht. Es gab eine Fähre nach Staten Island, eine Fähre nach New Jersey, Brücken zur Bronx, Brücken nach Long Island, aber noch keinen Tunnel nach Long Island.

Im Central Park durften damals noch Autos fahren, und ich fuhr oft hin, stellte den Wagen ab und verbrachte den Tag dort. Damals gingen nur sehr wenige Leute in den Park. Niemand joggte. Kein Pan-Am-Gebäude ruinierte die Aussicht, nur die Silhouette des Grand Central zeichnete sich gegen den Himmel ab.

Ich weiß nicht mehr, wann die Brücken und die Tunnels und die riesigen Wolkenkratzer fertig und die Straßen so gefährlich und übervölkert wurden. Ich weiß nur noch, daß ich meine Tage in der ständigen Hoffnung verbrachte, das Telefon werde läuten und man werde mir endlich ein Engagement anbieten.

Ich wohnte in einem eigenen Apartment, das meiner Tante gehörte. Es bestand aus einem Zimmer, ging zur Straße hinaus und lag im vierten Stock in einem Haus aus rotbraunen Steinen in der 62sten Straße. Dann gab es noch ein winziges Bad, Küche und Schlafzimmer. Tante Betty Hepburn war nicht in der Stadt.

Ich kannte kaum jemanden in der großen Stadt näher. Jack Clarke, ja, und seine beiden Schwestern, Aggie und Louise. Sie kamen aus Bryn Mawr — der Stadt, nicht dem College. Und ihren Freund Ludlow Ogden Smith. Sie wohnten in der 39sten Straße, östlich der Dritten. Sie waren alle sehr nett zu mir. Dann war da noch H. Phelps Putnam.

Während meines Abschlußjahres in Bryn Mawr, genauer: im Spätfrühjahr 1928, wurde ich von Helen Taft Manning zum Lunch eingeladen. Sie war Dekanin von Bryn Mawr. Fred Manning war ihr Ehemann, und er war eng mit H. Phelps Putnam befreundet, der ebenfalls an diesem Essen teilnahm. Putnam war Dichter. Er war etwa mittelgroß, hatte einen sehr schönen Kopf und war faszinierend. Ich sah ihn an und war wie vom Blitz getroffen, wobei man nie so genau weiß, weshalb einen beim Anblick eines Vertreters des anderen Geschlechts plötzlich der Blitz trifft. Ich war jedenfalls völlig fasziniert von ihm, bestieg eine rosa Wolke und schwebte buchstäblich durch die letzten Wochen am College.

Damals bewohnte ich ein Einzelzimmer im ersten Stock des Turms von Pembroke East und kletterte immer wieder aus dem Fenster und am Wein hinab, um einen mitternächtlichen Spaziergang zu machen. Ich glaube, ich inspirierte ihn zu diesem Gedicht:

... Sie war das leibhaftige Chaos der Liebe,
Sie war die Unerklärte, das Ende der Liebe,
Die das träumerische Ich einnimmt,
Die eine Erscheinung in der endlichen Welt,
Der wir eines Tages begegnen, und die hinterher
untröstlich durch alle Liebe verzweifelt.
Sie war meine Nahrung, meine Schwester und mein Kind,
Meine Wollust, meine Freiheit, meine Zucht.
Wunderschön lag sie da, linkische Hände auf meinem Kopf.
Sie war ungnädig wie Leben und Tod
Und so labend wie trockener weißer Wein
An einem üppigen Sommertag labt.
Lob oder Tadel, meine Stimme ertrinkt in meinem Blut,
Ich kann nicht sprechen, konnte es nicht zuvor.
Obwohl ich wußte, daß Liebe auf zarten Worten gedeiht,
Konnte ich keine finden.
Über alle Grenzen hinaus war sie meine Natur,
Das Vexierbild meiner Sehnsucht ...

»Die Töchter der Sonne«
von Phelps Putnam

Dann kam ich nach New York. Phelpie wohnte im Osten der 54sten Straße am Fluß. In einem Mietshaus, einer Eisenbahnerwohnung, die Russel Davenport von *Time/Fortune* gehörte. Davenport lebte nicht in der Stadt. Die Eisenbahnerwohnung war bezaubernd. Davenport hatte ein komplettes Badezimmer eingebaut, außerdem hatte seine Wohnung eine hübsche Küche und auf der Flußseite eine eiserne Feu-

Luddys »Hütte«

erleiter, auf der man herrlich sitzen und die Schiffe beobachten konnte. Ein wunderbares Fleckchen. Ruhig, romantisch. Die meisten Schlepper, die man sah, gehörten der Firma Tracy.

Da ich sehr praktisch veranlagt war, erkannte ich schnell, daß es viel besser für mich wäre, auch in diesem Haus zu wohnen. Also holte ich eines Abends meine Habseligkeiten. Ich hatte nicht die Absicht, mit Phelpie in wilder Ehe zu leben. Ich wollte nur leben. Die Sünde konnte warten. Das Leben selbst war bereits eine Art Rausch — die Möglichkeiten, die Hoffnungen. Ich war unabhängig und befand mich in einem Zustand höchster Erregung. Mehr brauchte ich nicht.

Phelps kannte alles und jeden. Sei es Robert Benchley oder Tonys geheime Destille. »Orte« eben. Man mußte einfach »Orte« oder »Leute« kennen. Man mußte bei allem »dabei« sein. Ich war darin nie gut. Ich bin offenbar immer nur — und so ist es noch heute — meinen eigenen Weg gegangen, immer der eigenen Nase nach. Nur ein Weg führt dorthin. Allerdings bin ich mir nie ganz sicher, wo dieses »dorthin« ist.

Phelpie war halbherzig verheiratet. Außerdem hatte er kein Geld.

Und ich hatte auch nicht viel. Und was Essen, Trinken und Unterkunft anbelangt, so war er nur das Beste gewöhnt. Ich dachte sehr praktisch und konnte klar erkennen, daß das Ganze eine wunderbare Freundschaft bleiben müsse, bis ich ihn — wenn überhaupt — unterstützen konnte. Und so war es. Damals wußte ich nicht, daß mein Vater mit Phelps gesprochen hatte:

»Hören Sie, ich hoffe, Sie haben gemerkt, daß meine Tochter Kath ein Auge auf Sie geworfen hat. Sie sind ein faszinierender Bursche. Deshalb kann ich ihr keinen Vorwurf machen. Aber Sie sind verheiratet und beträchtlich älter als sie. Sie wird alles unternehmen, um Sie zu verführen. Ich kann sie nur mit einem jungen Bullen vergleichen, der zum Angriff ansetzt. Also passen Sie lieber auf. Denn wenn Sie sie anrühren, erschieße ich Sie.«

Ich vermute, Phelps war erschrocken. Er befand sich gern in weiblicher Gesellschaft. Aber noch viel lieber trank er. Außerdem wollte er bestimmt keinen Ärger. Deshalb ließ er mich allein in der Wohnung zurück und besuchte seinen Freund Taft, Oberrichter am Obersten Bundesgericht in Nova Scotia. Und ich blieb in meiner romantischen Umnebelung zurück und schwebte durch die Straßen.

Davenport kam zurück, also mußte ich ausziehen. Ich zog in eine große, leere Wohnung, die Megs Merrill, einer College-Freundin, gehörte und in der Park Avenue 925 lag. Ihre Familie war den Sommer über in Huntington, Long Island. Jeden Tag trainierte ich mit Frances Robinson-Duff. Außerdem hatte ich meinen ersten Job in New York.

Luddy hatte ich ungefähr 1927, in meinem Abschlußjahr, kennengelernt — Ludlow Ogden Smith. Er war Jack Clarkes bester Freund, der, wie Sie sich vielleicht erinnern, gleich neben dem Bryn-Mawr-College wohnte. Er wohnte mit seinem Vater und seinen beiden Schwestern zusammen. Seine Mutter war in einer Nervenheilanstalt. Als sein Vater starb, verwaltete Jack das Geld und sorgte für seine beiden Schwestern. Die beiden Mädchen und Jack hatten beschlossen, nie zu heiraten und keine Kinder zu bekommen. Sie hielten sich daran.

Jack war hochgewachsen und dünn und sah faszinierend aus. Er war um die Dreißig, wie Luddy. Ich war zwanzig. Luddy war groß, kräftig und dunkelhaarig. Er sah mit seinen dunklen Haaren und seinen dunklen, weit auseinanderstehenden Augen sonderbar aus, fremdländisch. Rosa Wangen; eine eigenwillige Nase, lang, mit einem Höcker. Ein breiter, voller Mund. Ich versuche zwar, ihn zu beschreiben, aber diese Beschreibung hört sich lächerlich an. Er sah nicht lä-

Diese Aufnahme stammt von Luddy

cherlich aus, das versichere ich Ihnen. In diesem Buch ist übrigens ein
Bild von ihm. Sie können Ihr eigenes Urteil fällen.

Luddy und Jack waren echte Freunde. Sie hatten beide Geld. Keine
Unmengen, aber genug, um ein angenehmes Leben führen zu können.
In der Regel trafen sie sich in Jacks Haus. Dessen Wiese grenzte an die
Wiese von Bryn Mawr. Auf dem Land hatten sie eine Art... Wenn ich
jetzt Hütte sage, klingt das zu schäbig. Es war ein kleines Haus mit
weißem Verputz, einem dunklen Dach und dunklen Zierleisten. Das
Haus hatte auch einen großen Kamin und eine kleine Veranda. Es lag
am Fuße eines mit Gras bewachsenen Hügels. Sie besaßen etwa zwanzig Morgen Land; andere Häuser waren nicht zu sehen. Es lag etwa
vierzig Minuten entfernt, und wir fuhren oft zum Picknicken hin. Mit
»wir« meine ich eine Gruppe von Mädchen, die sich »The Tenement«
(das Wohnhaus) nannte. Alle wohnten in den Bryn-Mawr-Gebäuden,
die an Jacks Haus angrenzten, und hatten sich mit Jack und Luddy an-

gefreundet. Zu ihnen gehörten meine Freundin Alice Palache, deren Vater der Direktor der mineralogischen Abteilung in Harvard war. Lib Rhett — sie hatte einen Wagen! Adele Merrill. Gelegentlich Alita Davis. Sie war reich und kam aus St. Louis und war die Nichte der Davis', die den Davis Cup gestiftet hatten. Wir waren alle um achtzehn, neunzehn, zwanzig und voller Lebensfreude und Unschuld.

Jack und Luddy forderten das Schicksal heraus. Aber zu mehr als Nacktfotos reichte es nicht. Fotos, auf denen ich auf einem großen Sofa liege, das im Wohnzimmer stand. Ich posierte ganz zutraulich, weil ich sehr angetan war von mir. Ich weiß nicht, wer noch mitgemacht hat. Die Palache nicht, das weiß ich. Jack und Luddy schenkten mir Vergrößerungen von den Fotos. Ich weiß noch, daß ich sie in eine aus Stroh geflochtene Truhe tat, die mit einem Riemen verschlossen wurde. Ich hatte sie jahrelang. Ich weiß nicht mehr, wann sie verschwand. Ich bin mir sicher, daß ich sie noch hatte, als ich zum erstenmal nach New York zog, und ich erinnere mich noch ganz genau, daß ich sie gesehen habe, als ich in jenem Sommer in Meg Merrills Wohnung an der Park Avenue 925 zog. Meg hatte einen Mann namens Armitage Watkins geheiratet, den alle Wee Willie Watkins nannten. Ich entsinne mich schwach, daß Willie einmal in der Wohnung übernachtet hat. Er öffnete die Truhe.

»Eine Menge Nacktfotos von dir«, sagte er.

»Ja«, sagte ich.

Ich glaube, er hätte das Gespräch gern fortgesetzt. Aber ich wollte nicht.

An mehr kann ich mich nicht erinnern. Was aus den Bildern wurde, weiß ich nicht, auch nicht, was mit der Strohtruhe geschah. Ich muß mir gedacht haben, daß die Fotos nicht existieren, wenn ich sie nicht anschaue. Komisch. Noch heute glaube ich, daß das, was ich nicht anschaue, nicht existiert.

Kritiken etwa schaue ich nie an, folglich existieren sie nicht. Oder Filme, die ich gemacht habe; folglich existieren auch sie nicht. Die Sünden aus meiner Vergangenheit sozusagen.

Aber ich war dabei, Ihnen von Luddy zu erzählen, dessen Großzügigkeit mir den Weg bereitete. Er war die Einfühlsamkeit in Person. Luddy kam aus Strafford, Pennsylvania, das ein paar Bahnstationen von Bryn Mawr entfernt an der Hauptlinie lag. Er war in Grenoble aufs College gegangen, war ein guter Musiker und konnte innerhalb weniger Tage jede Sprache lernen. — Was er auch anpackte, es gelang. Er arbeitete in Philadelphia; später zog er nach New York und arbeitete dort.

Luddy und ich

Nachdem Phelps Putnam sich Dads Rat zu Herzen genommen hatte und in Oberrichter Tafts Haus in Nova Scotia gezogen war, blieb ich in Davenports Wohnung am East River in der 54sten Straße allein zurück. Dann kehrte Davenport zurück, und ich zog in die Park Avenue 925 — in Merrills Wohnung.

Wie schon erwähnt, wohnten Jack Clarke und seine Schwestern damals in New York, und Luddy wohnte ganz in ihrer Nähe. Wir trafen uns häufig zum Essen, zum Kinobesuch und zu allem möglichen. Luddy hatte einen Wagen und fuhr mich häufig am Wochenende nach Fenwick. Wir sahen uns immer öfter.

Was sagten Sie? Wo geschah es? Ja natürlich, es passierte in der Wohnung der Clarkes. Sie waren alle fort, und vermutlich wußte ich, daß Luddy in mich verliebt war. Der Haken war nur, daß ich in mich selbst verliebt war. Sie verstehen schon. Ich wollte ein großer Star sein. — Was? Das habe ich Ihnen alles schon erzählt? Ach ja, stimmt. Auf jeden Fall waren Luddy und ich allein in der Wohnung, und da war das Bett, und es gab nicht den geringsten Grund, der dagegen sprach. — Hm, was ich zu sagen versuche — es ist passiert. Ich meine — wir haben es getan. Ich ähm, ich glaube, Luddy hat gewußt, was er tat — und ich hatte nichts dagegen. Also passierte es. Und das war das Ende meiner Keuschheit. Von da an war er mein Liebhaber. Aber eins muß ich Ihnen sagen: Er war mein Liebhaber, aber — und das ist das lauteste *Aber*, das Sie je gehört haben — er war mein Freund!

Der Beginn meiner Laufbahn

N un zu meinem ersten Engagement: Knopfs Repertoiretruppe hatte sich plötzlich dazu entschlossen, in New York die Inszenierung von *The Big Pond* mit Kenneth McKenna zu riskieren, ein Stück, das sie schon mit einigem Erfolg in Baltimore aufgeführt hatten. Sie holten mich als zweite Besetzung für die weibliche Hauptrolle.

Ich war natürlich begeistert. Ich lernte die Rolle und saß am Bühnenrand, wobei ich ziemlich sicher war, daß ich viel besser wäre als Lucille Nicholas, die die weibliche Hauptrolle spielte. Sie war eine sehr fähige Schauspielerin, die nicht den Vorteil hatte, noch sehr jung, grenzenlos unverschämt und voller wildem Selbstvertrauen zu sein, das ausschließlich auf Energie und Ego beruhte. Natürlich glaubte ich, Todesängste auszustehen, aber wenn ich mir das rückblickend so ansehe, kann ich nur sagen, daß ich nicht genug Angst hatte. Kaum öffnete sich eine Tür, schon ging ich durch. Selbst wenn der Raum, den ich betreten sollte, lichterloh brannte.

Nachdem wir das Stück bereits eine Woche geprobt hatten, wurde ich in der Mittagspause gebeten, dazubleiben und eine Szene zu spielen. Angetrieben von einem unglaublichen Hochgefühl, las ich offenbar sehr gut. Sie feuerten die Hauptdarstellerin und nahmen mich. Natürlich wußte ich nicht, was ich tat, aber ich tat es mit viel Stil. Ich nahm diese Statusveränderung als Selbstverständlichkeit hin. Ich war die Hauptdarstellerin. Ich war seit etwa vier Wochen im Theater. Das geschah genau zu dem Zeitpunkt, als ich mir vorstellte, es wird... es muß... Ich hatte Erfolg.

Dann schwindelerregende Erinnerungen. Bergdorf Goodman für die Kostüme... die Schuhe... Unmengen Schmeicheleien... die Reise nach Great Neck, zu einer Samstagabend-vorstellung. Das war ein sehr beliebter Ort für einmalige Aufführungen. Ich fuhr in meinem Wagen hin. Die Kostümprobe hatte in New York, im National Theatre (heute das Nederlander) in der 41sten Straße stattgefunden, wo wir auch probten. Dort wurden auch Fotos gemacht. Meine fand ich großartig.

Ich kam zur Premiere schon um 18 Uhr im Great-Neck-Theater an. Ich entschloß mich aber, noch nicht hineinzugehen, sondern so lange

Arthur Hopkins

wie möglich wegzubleiben. Schminken konnte ich mich in fünf Minuten. Meine Haare waren nie ein Problem. — Tu so, als sei gar nichts
los. Geh gegen 20.10 Uhr hinein. — Ich trödelte also herum und aß
mein Abendessen, das ich mitgebracht hatte, in einem Feld. Dann
mußte ich mich beeilen. Schließlich tauchte ich, zu jedermanns Zorn,
um zehn nach halb im Theater auf. Aber ich schaffte es, mich zurecht-
zumachen und mich umzuziehen. Bei meinem Stichwort lief ich
hinaus. Ziemlich bald nachdem ich die Bühne betreten hatte, mußte
ich einen Franzosen (Kenneth McKenna) imitieren, der unser Führer
war. In dem Stück reisten meine Mutter, mein Vater und ich durch
Europa. Ich hatte einen guten französischen Akzent.

Das brachte das Haus zum Toben. Die Leute applaudierten mitten in der Szene. Ich dachte nur: Schön, das war's. Ich bin ein Star. Ich floß über vor Selbstbewußtsein. Meine Stimme wurde hoch. Ich wurde immer schneller. Und offensichtlich – das heißt, für alle offensichtlich, nur nicht für mich – konnte man mich immer schlechter verstehen. Meine Stimme war zu hoch, zu schnell. Ich war nicht McKennas Hauptdarstellerin – ich war der Star. Er war *mein* Hauptdarsteller.

Als die Aufführung vorbei war, stellte ich fest, daß sich keiner die Mühe machte, zu mir zu kommen, um mir zu sagen, daß ich sehr gut gewesen sei. Aber da ich noch nie der Star einer Premierennacht gewesen war, wußte ich auch nicht, wie das normalerweise abläuft. Deshalb dachte ich nur, daß sie vielleicht Probleme hätten. Ich kam nicht auf die Idee, daß ich das Problem war.

Ein Mann namens Harlan Briggs spielte meinen Vater, und ich fragte ihn, ob ich ihn nach Hause fahren könne. Prima, sagte er. Wir fuhren davon. Daß niemand irgend etwas gesagt hatte, beunruhigte mich nun doch genug, um ihn zu fragen, ob irgend etwas nicht stimme. Er muß zu diesem Zeitpunkt schon gewußt haben, daß ich ausgetauscht werden sollte. Aber er verriet mir nichts. Ich setzte ihn ab, fuhr zurück in meine Wohnung in der Park Avenue und ging schlafen.

Am nächsten Morgen wollte ich gerade zur Probe gehen, als Frances Robinson-Duff mich anrief und mich bat, vor der Arbeit zu ihr nach Hause zu kommen. Ich antwortete: »Aber dann komme ich zu spät.« Sie meinte nur: »Das wird sie nicht stören.«

Auf dem Weg zu ihr überlegte ich: »Das wird sie nicht stören...? Was bedeutet das?« Schließlich kam ich bei ihrem Haus an und stieg zur obersten Etage in ihr Studio hinauf. Sie bat mich herein. Ich trat ein, und in dem Augenblick, als ich ihr ernstes Gesicht sah, dämmerte es mir.

»Ich bin gefeuert«, sagte ich.

»Ja«, bestätigte sie.

»Tja...« Und weil ich nicht wußte, was ich sagen sollte, meinte ich verlegen: »Ich heule nicht. – Sind Sie nicht stolz auf mich?«

»Nein«, antwortete sie, »ich wäre stolzer, wenn Sie heulen würden. Genau da lag das Problem bei Ihrer Vorstellung gestern abend. Zu gebremst.«

»Tja... gefeuert... du liebe Zeit, wie unangenehm. Die müssen sich schrecklich fühlen. Wer wird nun meine Rolle spielen?«

»Die, die sie schon mal gespielt hat — Lucille Nicholas.«

»Ach ja, nun, sie wird sehr glücklich sein. Das ist prima. Und jetzt werde ich wohl erst mal zum National gehen, damit sie sehen, daß ich nicht allzu erschüttert bin. Du liebe Güte... wie unangenehm für sie.«

»Katharine... ich glaube, es wäre besser, wenn Sie nicht hingingen.«

»O nein, das wäre absolut nicht richtig. Ich bleibe nicht lange. Ich werde nur...«

Und weg war ich. Ich ging zum Theater. Platzte rein. Gratulierte der Hauptdarstellerin. Sie boten mir die Zweitbesetzung wieder an, und ich sagte: Nein, ich glaube, das wäre nicht klug. Bedankte mich bei allen und ging. Was werden die sich wohl gedacht haben?

Dann stieg ich in den Zug nach Hartford und erzählte es meiner Familie. Sie beschlossen, nie wieder bei einem meiner Premierenabende zu fehlen. Womöglich sei das mein letzter Auftritt gewesen. Wir lachten alle herzlich. Und auf ging's. Ich kehrte nach New York zurück. Am nächsten Tag erhielt ich zwei Anrufe. Einen von Arthur Hopkins und einen von J. J. Shubert.

Ich ging als erstes zu Shubert. Er hatte meinen Auftritt in *The Big Pond* gesehen.

»Sie waren süß, meine Liebe. Am Samstag abend saßen Frauen... Männer... Gentlemen... Gesindel... Prostituierte... Damen und Kinder im Publikum. Sie mochten Sie — alle.«

»Ja«, meinte ich, »alle, außer dem Management.«

»...und die waren dumm, Sie gehen zu lassen. Ich biete Ihnen einen Fünfjahresvertrag an. Für den Anfang 250 Dollar, dann bis zu 1500 Dollar. Jahresprämien.«

Ich überlegte schnell. — Kauf nicht die Katze im Sack.

»Das ist sehr beruhigend, Mr. Shubert, aber ich glaube nicht, daß ich an jemanden gebunden sein möchte und nicht mehr tun kann, was ich will und wann ich es will. Womöglich verlangen Sie von mir Dinge, mit denen ich nicht einverstanden bin, und was dann? Aber ich bin Ihnen sehr dankbar für Ihre Begeisterung.«

»Überlegen Sie sich's noch mal. Seien Sie nicht dumm, Katharine.«

»Ja, das werde ich, Sir. Nochmals danke.« Und ich ging hinaus. Er konnte es nicht glauben.

Ich ging über die Shubert Alley und die 45ste hinunter zu Arthur Hopkins' Büro, fand die Treppe auf der Rückseite des Orchestergrabens im Plymouth Theatre, ging hinauf und stand vor seiner Tür. Das Büro war klein. Seine Sekretärin, Miß Hess, saß links, rechts lag sein Büro. Miß Hess sagte, ich könne hineingehen. Ich hörte, wie sie ihn anrief. Im Türrahmen blieb ich stehen. Er saß mit dem Gesicht zu mir an seinem Schreibtisch und las ein Skript. Ich stand wohl einige Minuten lang so da. Schließlich sah er auf.

»Hallo, meine Liebe. Ich habe Sie gestern abend gesehen.« Er lächelte. »Sie waren gut. Ich möchte, daß Sie für mich arbeiten.«

»Danke, Sir«, sagte ich. »Das möchte ich auch.«

Er sah wieder auf sein Skript. Ich stand da. Minuten vergingen. Schließlich dachte ich, okay, das war's. Er möchte, daß ich für ihn arbeite. Also gehe ich jetzt lieber. Er will offenbar lesen. Daher wandte ich mich zum Gehen. Seine Stimme rief mich zurück.

»Möchten Sie nicht wissen, was Sie machen werden?«

»Doch, Sir. Sehr gern.«

Er griff nach einem Skript, das am Rand seines Schreibtisches lag.

»Lesen Sie das — die Rolle der Veronica.«

»Danke, Sir.«

»Ja... Nächste Woche beginnen die Proben.« Er vertiefte sich wieder in sein Skript. »Montag — 11 Uhr.«

Ich ging. Ich hatte ein Engagement. So ist es recht, dachte ich. Arthur Hopkins war absolut unabhängig. Er war klein, fett, mit rundem Leib und rundem Kopf. Seine braunen Augen waren offen, leuchteten und standen sehr weit auseinander. Er war walisischer Herkunft und sprach nur sehr wenig. Er sprach schlicht. Dachte schlicht. Ließ es stehen. Ein erstaunlicher Mensch. Nichts und niemand beeinflußte ihn. Er leistete ausgezeichnete Theaterarbeit. *Richard III*, *Hamlet, The Copperhead, Anna Christie, Holiday, Machinal.* Er inszenierte sie, weil sie ihm gefielen.

Er hatte mit mir überhaupt nicht über die Gage gesprochen. Über die Rolle auch nicht. Nichts. Und wie ich da so auf seiner Türschwelle stand, dachte ich, das wichtigste ist, daß er mich haben will. Er weiß, daß er mich gekriegt hat. Warum also Zeit mit Reden verschwenden.

Das Stück hieß *These Days* und war von Katharine Clugston. Ich spielte ein Schulmädchen. Eine nette Rolle. Es gibt da eine sehr schöne Szene, in der sie von der Direktorin verhört wird und nur immer mit: »Ja, Miß Van Allstyne...«, »Nein, Miß Van Allstyne...« antwortet. Sehr cool. Und sie gibt nichts über das Mädchen preis, über das sie ausgefragt wird. Dieses Mädchen, das irgend etwas ausgefressen hat, ist die Hauptfigur. Sie wurde von Mildred McCoy gespielt. Ein anderes Mädchen, Mary Hall, hatte ebenfalls eine sehr gute Rolle. Sie war gescheit, fett und lustig und kam von Yale.

Wir probten im Plymouth Theatre in New York. Hoppy hatte seine eigenen Methoden bei den Proben. Man saß um einen großen Tisch herum und las das Stück. Immer und immer und immer wieder. So lange, bis jeder es konnte und das Gefühl hatte, daß er das Stück voll verstehe. Dann in Nullkommanichts... auf die Beine. Die ganze Sache fügte sich harmonisch zusammen. Das empfand ich damals — wie heute — als eine sehr vernünftige Methode. Von Anfang an mit dem Skript in der Hand herumzuhüpfen und herumzuirren, ohne die Rolle zu kennen, das fand ich nie sinnvoll. Ich mache es so, aber vorher lese ich mir das Stück durch.

Ich glaube, ich bin durch Hoppys Methode frühzeitig geprägt worden. Und das ist ja auch gut so. Denn wenn ich das Stück kenne, ehe die Proben beginnen, habe ich schließlich ein besseres Gespür für die einzelnen Szenen. Und ich kann mich auch mit dem Regisseur besser auseinandersetzen; der hat das Stück nämlich auch genau durchgearbeitet. Viele Schauspieler sagen: »Ich kann es nicht lernen, bevor ich nicht weiß, wie ich es spielen muß.« Für mich hat das nie einen Sinn ergeben. Das ist so, als sagte man, man wolle nicht Gehen lernen, solange man nicht wisse, wohin man geht. Da es eine wichtige Grundlage ist, muß ich die Rolle auch lernen. Mein Instinkt sagt mir dann schon, wie ich mich bewegen muß. Oder der Regisseur tut es. Es spielt wirklich keine Rolle, ob man nun sitzt oder steht. — Hauptsache, das Publikum hört es.

Wir hatten unsere Premiere von *These Days* in New Haven. Dann kam Hartford, meine Heimatstadt. Große Aufregung. Dann New York, Donnerstagabend. Die New Yorker Premiere fand im Cort Theatre in der 48sten Straße statt. Ich teilte meine Garderobe mit Mary Hall. Die Kritiken waren vernichtend. Ich wurde gelobt. Mary auch. Am Freitag abend wirkten alle ein wenig niedergeschlagen. Ich natürlich nicht. Ich war gelobt worden, und das war der einzige Abschnitt in der Besprechung, den jemand, der auch nur etwas Verstand... allerdings war es auch der einzige Abschnitt, den ich gelesen hatte. Für mich war es ein Riesenerfolg. Aus meiner Sicht war alles in Ordnung.

»Hast du schon ans Brett geschaut?«

Ich wußte nicht, wovon sie sprachen. Welches Brett?

Kurz vor meinen Auftritt klopfte mir einer der Bühnenarbeiter auf die Schulter.

»Sie brauchen sich keine Sorgen zu machen. Sie kriegen in Nullkommanichts einen neuen Job.«

»Was meinen Sie denn damit?« fragte ich, und langsam dämmerte es mir.

»Am Samstag ist Schluß.«

»Ach, das«, sagte ich und tat, als wüßte ich Bescheid.

Sämtliche Schauspieler versammelten sich in Hopkins' Büro, um zu erfahren, ob er ein anderes Engagement für sie habe. Ich dachte: Nun, er weiß, wo ich bin — wenn er mich will, läßt er mich schon zu sich kommen.

Genau das tat er. Am Samstag abend. Ich sollte mich am Sonntag mittag im Shubert Theatre in New Haven als Zweitbesetzung für Hope Williams vorstellen.

Übrigens hatte er mir für *These Days* 125 Dollar die Woche bezahlt. Für jemanden, der gerade anfing, war das eine sehr hohe Gage. Sehr großzügig. Für *Holiday* bekam ich genauso viel. Wir haben nie darüber gesprochen.

Jahre später erinnerte er mich daran, daß er mir aufgetragen hatte, mein Kostüm für *These Days* selbst zu kaufen. Er wollte, daß ich überzeugend wirke. Ich ging in Mrs. Franklins Strickwarenladen in Philadelphia und gab ein handgefertigtes Wollkostüm in Auftrag — für 175 Dollar. Schon in meiner College-Zeit hatte ich immer eines haben wollen. Als er die Rechnung sah, erzählte Hoppy, habe sich herausgestellt, daß ihn die gesamten Kostüme für die Hauptdarstellerin 25 Dollar weniger gekostet hätten als das eine Kostüm für mich. Da ich aber von meinem Kauf so angetan gewesen sei, habe er es nicht übers Herz gebracht, mich zurechtzuweisen.

Ich war genau die Richtige für die Zweitbesetzung. Hope Williams war ein großer Star — sie war es über Nacht geworden. Eine Circe mit einer einzigartigen Ausstrahlung und einem hinreißend jungenhaften Äußeren. Donald Ogden Stewart, seine Frau, Beatrice Stewart (später heiratete er Ella Winter, die Witwe von Lincoln Steffens), und Babs Burden. Sie alle waren prominente New Yorker, sei es durch Geburt oder Verdienst oder durch beides. Sie waren alle sehr freundlich zu mir. Ich habe keinen von ihnen richtig kennengelernt, aber sie waren reizend. Es war ein Riesenerfolg in New York.

Nachdem ich etwa zwei Wochen als Hopes Zweitbesetzung in *Holiday* mitgearbeitet hatte, beschlossen Luddy und ich zu heiraten. Mein Großvater kam nach Hartford zu Besuch, und ich hatte ein hübsches Kleid — ein Babani. Es war aus weißem Samtbrokat, mit antikisierenden Goldstickereien am Ausschnitt, am Oberteil und an den Ärmeln. Ich teilte Arthur Hopkins mit, daß ich das Theater verlassen werde, und wir wurden in Hartford, im Wohnzimmer des Hauses in der Bloomfield Avenue 201 getraut. Beide Familien waren anwesend, und wir fuhren für die Flitterwochen auf die Bermudas.

Luddy war stets eine verständnisvolle Seele — zu meinem Glück. Ich sagte: »Komm, ziehen wir doch nach Stafford, Pennsylvania«, und schon suchten wir uns dort ein Haus. Mein Enthusiasmus währte ungefähr zwei Wochen. Wir zogen wieder nach New York und richteten uns in seiner New Yorker Wohnung ein — 146 East 39ste Straße. Und ich ging zu Hopkins und bat ihn, mir meinen letzten Job wiederzugeben. Er sagte: »Ja, natürlich. Ich habe Sie erwartet.« »Wirklich?« fragte ich. »O ja.« Er lächelte.

Im Dezember 1928 heiratete ich also. Ich kündigte und zog nach Pennsylvania. Dann kehrte ich nach New York zurück und bekam meinen Job wieder. Armer Luddy. Zwei Wochen lang eine anständige Ehefrau. Luddy, paß auf!

Sechs Monate lang war ich bei jeder Vorstellung dabei. Nach etwa drei Monaten kam Arthur Hopkins zur Zweitbesetzungsprobe. Jimmy Hagen, der Bühnenmanager, hatte mit mir geübt. Später schrieb er das bezaubernde Stück *One Sunday Afternoon*. Arthur schaute sich die Probe an. Ich spielte drauflos. Insgeheim war ich davon überzeugt, daß ich in einigen gefühlsbetonten Szenen viel besser war als Hope. Als wir fertig waren, kam Arthur auf die Bühne.

»Prima«, sagte er und klopfte mir auf die Schulter. »Aber Sie sollten nicht immer so selbstmitleidig sein.«

Eine scharfe Kritik für einen überempfindlichen Neuling.

Später, genaugenommen drei Monate, nachdem das Stück abgesetzt worden war und auf Tournee gehen sollte — ich war den Sommer über in Europa gewesen —, rief mich Jimmy Hagen um Mitternacht an.

»Kannst du die Rolle noch, Kate?«

»Wieso?« fragte ich.

»Hope ist krank. Wir spielen im Shubert Riviera Theatre. Sie glaubt nicht, daß sie bei der morgigen Samstagsmatinee oder der Abendvorstellung mitspielen kann, wohl auch nicht am Montag, bei der Premiere in Boston. Könntest du am Abend für sie einspringen?«

»Hm, ja — ich denke, schon...«

Ich stand auf, holte das Skript und ging die Rolle noch einmal durch. Ich kann den Text noch heute. In diesem Alter prägen sich die Dinge noch tief ein. »Warum, Julia? Schäm dich, Julia. Verbringt man so seinen Sonntagmorgen? Wer steckt mit dir unter einer Decke — jemand, den ich kenne?«

Also übernahm ich... in Hopes Kleidern. Wie mir das gelang, werde ich nie begreifen. Ich war einige Zentimeter größer als sie. Dort und damals wurde mir klar, wie außerordentlich gut Hope war und daß ich der Rolle meine persönliche Prägung geben mußte. Ich durfte sie nicht imitieren. Es war eine Feuertaufe. An Stellen, an denen sie schallendes Gelächter ausgelöst hatte, herrschte bei mir Stille. Doch im dritten Akt begann ich, meinen Weg zu finden. Die anderen Schauspieler waren genauso aufgeregt wie ich und sehr hilfsbereit.

Als das Stück noch in New York gelaufen war, hatte Hope mich einmal gefragt, ob sie nicht für einen Abend zu Hause bleiben solle, damit ich auch mal die Möglichkeit hätte, die Rolle zu spielen. Ich war so klug, nein zu sagen. Nein, nein, nein. Bleib bloß gesund. Ich hatte recht. Zweitbeste zu sein ist jämmerlich, man macht bestenfalls für jemand anderen weiter.

Auf jeden Fall stand ich es durch — und die Mitspieler auch. Und auch das Publikum. Aber eins enttäuschte mich: Hopkins kam nicht, um mich in dieser Rolle zu sehen. Jahre danach fragte ich ihn, weshalb er nicht gekommen sei. »Waren Sie überhaupt nicht neugierig?«

»Nein«, sagte er. »Ich hatte Sie gesehen. Ich wußte, daß Sie gut sind.«

Aber das genügte mir nicht... noch heute nicht. Ich wünschte, er wäre gekommen. Was glauben Sie, weshalb er nicht kam?

Nach *The Big Pond* — nachdem ich gefeuert worden war —, gingen meine Bilder in New York herum und wurden an einem Stand auf dem Gehsteig vor dem Bijou Theatre in der 45sten Straße ausgestellt. Ein Mann von Paramount namens Henry Salsbury sah sie, und er rief mich an und fragte mich, ob ich Probeaufnahmen machen wolle. Das wäre ganz schön dumm von mir, dachte ich. Ich bin noch nicht einmal eine Schauspielerin. Ich bin nur ein Foto. Sie würden mich für sehr wenig unter Vertrag nehmen, und ich hätte überhaupt keine Kontrolle mehr über mein Tun. Ich verabredete mich mit Mr. Salsbury und sagte ihm genau das. Aber ich fügte hinzu: »Sollte ich je bei jemandem Probeaufnahmen machen, dann bei Ihnen.« Ich fand, das war sehr nett von mir.

Mr. Salsbury fuhr in einer großen Limousine mit mir zur Premiere eines Stücks mit Jack Dempsey. Du lieber Himmel, dachte ich, ist das die Elite? Gib dich nicht mit Fremden ab. Turtle nicht mit den Bossen — du verlierst deine geheimnisvolle Aura.

Ich hatte keinen Agenten. Einige Leute hatten Agenten, doch damals kontrollierten sie das Geschäft noch längst nicht so wie heute. Ich bin nur einige Male in solch ein Büro gegangen. Ich kam und setzte mich hin. Als der Tag dann zu Ende war, tauchte eine Sekretärin auf und fragte: »Warum sind Sie hier?« Zu Al Woods' Sekretärin sagte ich: »Ich bin wegen der Rolle in *Farewell to Arms* hier.« »Oh«, meinte sie, »die ist schon längst vergeben. Aber...« Sie war sehr warmherzig. »Sprechen Sie doch trotzdem mit Mr. Woods.« Das tat ich. Auch er war warmherzig. Ich fragte ihn, wer die Rolle spielen würde. Er sagte: Elissa Landi. Das war's auch schon. Ich war erschöpft. Den ganzen Tag sitzen. Unter all den armen Dingern, die sich mordsmäßig hergerichtet hatten. Und ich sah nicht die geringste Chance, früh genug da zu sein, um eine Rolle zu ergattern.

Aus Furcht, sie könnten glauben, ich würde mir irgendwelche Mühe geben, zog ich ein formloses Kostüm an. Ich hatte eine alte Zipfelmütze auf oder trug zur Hochzeit der Hüte gar nichts auf dem Kopf. Außerdem hatte ich einen alten grünen Tweedmantel an. Den Mantel hielt ich mit einer Sicherheitsnadel zusammen. Über meine Schultern hatte ich einen Sweater geworfen, und mein Haar war zurückgebunden. — Für die damalige Zeit war das sehr salopp. Ich wollte den Eindruck erwecken, als sei es mir völlig egal, ob ich die Rolle bekäme oder nicht. Ich hatte ein Auto, und das vermittelte mir so etwas wie Selbstvertrauen. So kam ich wenigstens frisch an.

Aber ich bin nicht oft auf Arbeitssuche gegangen. Ich hatte Glück. Eines Abends war ich im Empire Theatre, als ein völlig Fremder auf mich zukam und mich fragte: »Entschuldigen Sie, sind Sie vom Theater?«

»Das wäre ich gerne.«

»Darf ich Ihnen eine Empfehlung für die Theatergilde geben?«

»Vielen Dank«, sagte ich.

Das war 1929. Der Mann hieß Maurice Wertheim und war einer der Förderer der Theatergilde. Und außerdem war er, wie ich erst kürzlich erfuhr, Barbara Tuchmanns Vater, von der unter anderem *Der ferne Spiegel* und *In Geschichte denken* stammt.

Ich ging mit meinem Empfehlungsschreiben zur Theatergilde. Der Brief von Maurice Wertheim bewirkte Wunder. Ich lernte Terry Helburn (sie kam ebenfalls vom Bryn Mawr), Lawrence Langner und Philip Moeller kennen. Sie schrieben Sam Behrmans *Meteor* zum Bühnenstück um. Die Lunts spielten die Hauptrollen. Ob ich die Rolle der Naiven lesen wolle. Ja, gern. Sie gaben mir das Skript.

Jahre später erinnerte ich Terry Helburn (sie und Lawrence Langner waren die Leiter der Gilde) an diese Begebenheit. Terry meinte: »Ach, ja! Wir hatten eine Liste mit Jungen und Mädchen — eine von Lawrence, eine von Wertheim, eine von mir. Sie *mußten* eingesetzt werden.«

Nun war ich möglicherweise nicht in der Lage, eine Rolle zu *behalten*. Aber *bekommen* konnte ich jede. Ich hatte einen bestimmten Dreh. Ich konnte von einer Minute zur anderen aus dem Stand lossprudeln. Dabei war es ziemlich egal, ob ich das Skript gelesen hatte oder nicht. Ich konnte ihre Aufmerksamkeit fesseln. Ich konnte lachen, ich konnte weinen, ich war schnell.

Ich konzentrierte mich stets mit Leib und Seele auf eine bestimmte Sache. Beispielsweise dachte ich tagelang an nichts anderes als an meine Probelesung. Oder an eine Verabredung. Beim Essen, Schlafen, Üben — immer dachte ich an den großen Augenblick. Dann fuhr ich in Luddys Wagen hin und fühlte mich abgeschnürt wie in einem Stahlkorsett. Außerdem mußte ich x-mal auf die Toilette, bevor ich ging. Dann mußte ich mich im Sekretariat nach der Toilette erkundigen, bevor ich hineinging. Ich war immer sehr früh da. Schließlich ging ich hinein und las. Dabei war ich fast gelähmt vor Aufregung.

Im Umgang mit anderen Leuten habe ich mich nie sehr wohl gefühlt. Ich glaube, ich quälte mich immer mit dem Gedanken, ob ich einen guten Eindruck mache oder nicht. Aber ich konnte mich hervorragend konzentrieren. Nicht auf der Grundlage eines verstandesmäßigen Erfassens der Rolle. Ich spürte lediglich das Bedürfnis in mir, alles um mich herum zu beleben. Ich wollte die Rolle beleben, die Person beleben, das Publikum beleben. Los! Mach! Wenn sich diese Energie einkapselte und nicht heraus konnte, war mit mir nichts los. Ich wußte immer sehr genau, wann ich gehemmt und wann spritzig war. Nimm ein Bad — kalt, heiß; entspann dich. Wie läuft der Motor? Der intellektuelle Teil des Lernens war lediglich eine Art Rahmen. Das Entscheidende war und ist der Lebensfunken.

Dies erinnert mich an Laurette Taylor und die Geschichte, die sie mir erzählt hat. Sie spielte in der *Glasmenagerie*. Ich hatte immer den Eindruck, daß Laurette (ebenso wie Spencer Tracy — wie sie irischer Abstammung und eine gequälte Seele) alles nur skizzierte und dabei sowohl mit dem Innenleben als auch mit dem Außenleben ihrer Rolle verwachsen war: das Wählen beim Telefonieren nur andeuten; alles, was das Publikum aus eigener Erfahrung kennt, nur andeuten; etwas suggerieren, ihm Zeit lassen, dann fortfahren, ohne Anstrengung, leicht; dann die Rolle durchströmen, erhellen. Nie sah man, wie die Räder sich drehten. Es war immer ein Ereignis. Der Rahmen war angedeutet, doch der Rest war Magie. Spencer, der als Richter Timberline Flöte spielt, sich mit einer Hand die Zigarette anzündet; *Bad Day at Black Rock*, eine unangestrengte Charakterisierung, skizziert. Diese beiden waren meine Vorbilder.

Ich sah Laurette das erste Mal in Chicago in *Die Glasmenagerie*. Ich reiste damals mit Terry Helburn für die Theatergilde durchs Land. Wir flogen von Los Angeles nach New York und machten in Chicago eine Zwischenlandung.

Terry: Kate, hättest du Lust, dir mit mir Laurettes *Glasmenagerie* von Tennessee Williams anzusehen?
Kate: Ja, hätte ich.

Wir stiegen in Chicago aus. George Cukor hatte mir wunderbare Geschichten über Laurette erzählt, und ich wollte mir diese Gelegenheit, Miß Taylor zu begegnen, nicht entgehen lassen. Wir fuhren ins Blackstone Hotel, dann ins Theater und gingen vor der Aufführung noch hinter die Bühne. Es war noch früh.

Da war Laurette. Sie saß in einem Hauch von einem Morgenrock vor ihrer Frisierkommode, hatte ihr feines, rötlich-blondes Haar zu Locken aufgesteckt und legte gerade ihr Make-up auf. Sie tupfte in dieses und in jenes Tiegelchen. Diese Augen — blonde Wimpern und Augenbrauen, weit auseinanderstehend und weit geöffnet — beinhalteten eine Vielfalt wilder und bewegender und lustiger Gedanken. Ein weicher, großer Mund. Die Nase erinnerte an die eines Clowns. Ein verletzliches, gesundes Gesicht mit der Haut rotblonder Iren.

George Cukor sagte einmal über alte Stars, die er beim Schminken beobachtet hatte, sie seien von leeren Töpfen umgeben, in die sie ihre Finger tauchten. Die Wangen einreiben — schon sind sie rosa; die Lippen werden rot, die Lider blau, violett. Da ein Strich, dort ein Strich, ein Puderwölkchen; die Wimpern werden schwarz.

Sie nahm die Nadeln aus ihrem Haar, kämmte es ansatzweise aus, steckte es hoch. Sie war wie Spencer. Sie glichen beide gebackenen Kartoffeln: bodenständig, nüchtern, nichts Übertriebenes, in gewisser Weise grob. Und immer reden und lustig und wie ein Clown sein — bestes Varieté. Das war ihr Leben. Sie konnte so sein, sie hatte es im Blut. — Der Augenblick, in dem sie den kleinen Raum betrat. Hier und da ein paar Striche. Keine quälende Vorbereitung, keine Verkrampfung.

Sie waren dazu geboren, etwas zu zeigen, etwas zu erzählen, Gefühle zu erwecken, einen zu fesseln, zu bannen. Es war das wirkliche Leben, das Tagtägliche — Montag, Dienstag, Mittwoch, Donnerstag, Freitag, Samstag, Sonntag —, womit sie nicht klarkamen. Das war es, was sie zerstörte.

Ich weiß nicht mehr, worüber sie sprach. Ach ja — über Julie Hayden. Wie sie am Vorhang ihre Verbeugungen machten und Julie dem Publikum den Rücken zuwandte und sich vor Laurette niederkniete. Dafür kann ich Julie bestimmt keinen Vorwurf machen. Man hat eben einfach das Bedürfnis. Aber Laurette wäre am liebsten davongelaufen.

Laurette Taylor

Laurette: Mach das bloß nicht, meine Liebe — ich versetze dir
einen Stoß. Ich leg' dich auf die Bretter.

Nun aber zum Kern dieser Geschichte, zu Laurettes Schlüsselerlebnis:
Julie Hayden hatte mit ihrer Rolle beträchtliche Schwierigkeiten.
Einige Monate später sah ich das Stück in New York noch einmal.
Julie machte einen wesentlich besseren Eindruck. Ich erzählte es Lau-

rette. »Ja«, sagte sie. »Sie fühlt sich jetzt auch sehr wohl dabei. Das ist sehr wichtig.«

Sie fuhr fort: »Ich weiß noch, als ich *Peg o' My Heart* zum zweitenmal spielte. Nach fünf Jahren. Die Premiere war in Philadelphia, und die Kritiker schwärmten, wie brillant ich gewesen sei, wie erheblich ich in dieser Rolle gewachsen sei. Und so weiter. Als wir nach New York zurückkehrten, um das Stück dort zu spielen, sagte ich zu meinem Mann, Hartley Manners: ›Ist es nicht nett, daß die mich so großartig finden?‹ Er lächelte und sagte: ›Natürlich ist es das. Aber mir hat es früher besser gefallen. Weißt du noch? Es hat dir soviel Spaß gemacht?‹«

Laurette erzählte, daß sie wütend über ihn gewesen sei und nicht mehr mit ihm sprechen wollte. Dann dachte sie nach und erkannte, was für eine feinsinnige, glänzende Bemerkung er gemacht hatte. Sie wurde zu ihrem Leitfaden: Wenn man einer Aufführung die dahinterstehende Arbeit und die Anstrengungen anmerkt, so ist dies für das Publikum ermüdend — gleichgültig, ob es sich um ein ernstes oder lustiges Stück handelt.

Jedenfalls las ich damals, nachdem ich mich bei der Theatergilde vorgestellt hatte, *Meteor* im Zustand höchster Erregung. Am nächsten Tag ging ich ins Theater, um vorzulesen. Anwesend waren: Phil Moeller, der Regisseur, sowie die Lunts, Terry und Laurence. Außerdem Cheryl Crawford. Und natürlich S. N. Behrman.

Ich las und bekam den Job.

Dann passierte genau das, was im Theater immer passiert. Ich erhielt noch einen Anruf. Die Shuberts. Ob ich kommen wolle, um für die Hauptrolle in *Death Takes a Holiday* vorzulesen — die Hauptrolle an der Seite von Philip Merivale.

Hm, ja, ich wolle kommen. — Wann denn? Sofort. O je, dachte ich, was wird denn aus *Meteor*? Komm, versuch's. Such dir das Beste aus. Sie schickten mir das Skript.

Ich las es und war hingerissen. Ich fand die Rolle großartig. Sehr romantisch. Ein junges Mädchen, das mit dem Tod davongeht. Und dann eine Hauptrolle! Und Philip Merivale und James Dale! Unter der Regie von Lawrence Marston. Ich las vor und bekam die Rolle.

Ich beschloß also, der Gilde mitzuteilen, daß ich ein besseres Angebot hatte. Das tat ich dann auch. Ich fühlte mich ein wenig elend dabei, die Lunts und die Gilde zu verlassen. Aber die Grazia in *Death Takes a Holiday* war in meinen Augen ein so vortreffliches Angebot, daß ich ihm nicht widerstehen konnte.

Wir begannen mit den Proben. Von Anfang an gab es Probleme.

Ich mußte in dem Stück schreien. Ich ging also in die Toilette des Theaters hinunter und schrie los. Doch nie kriegte ich diesen Schrei hin. Die Merivales — Viva und Philip — waren sehr nett, James Dale auch.

Sie fanden mich sehr gut in der Rolle. Wir gingen nach Washington, ans National Theatre. Premiere. Ich erntete ein überwältigendes Lob — »eine neue Maude Adams«. Und einen bösen Verriß — »ein neues Gesicht, das wie ein Totenschädel wirkt, aus dem eine metallische Stimme ertönt«.

Dann die Premiere in Philadelphia: Wieder ein großes Lob und ein böser Verriß für mich. Ich hatte nicht den leisesten Verdacht, daß irgend etwas schiefgelaufen sein könnte.

An jenem Mittwoch abend kam der Produktionsleiter eine halbe Stunde vor Vorstellungsbeginn zu mir und sagte:

»Wir erlauben Ihnen ausnahmsweise, das Ensemble zu verlassen.«

»Was?« sagte ich und verstand überhaupt nichts.

»Mr. Shubert erlaubt Ihnen ausnahmsweise, das Ensemble zu verlassen.«

»Ah, ich verstehe«, antwortete ich und versuchte, einen kühlen Kopf zu bewahren. »Teilen Sie Mr. Shubert doch bitte mit, daß ich nicht die Absicht habe, das Ensemble zu verlassen. Wenn er mich

»*The Admirable Crichton*«

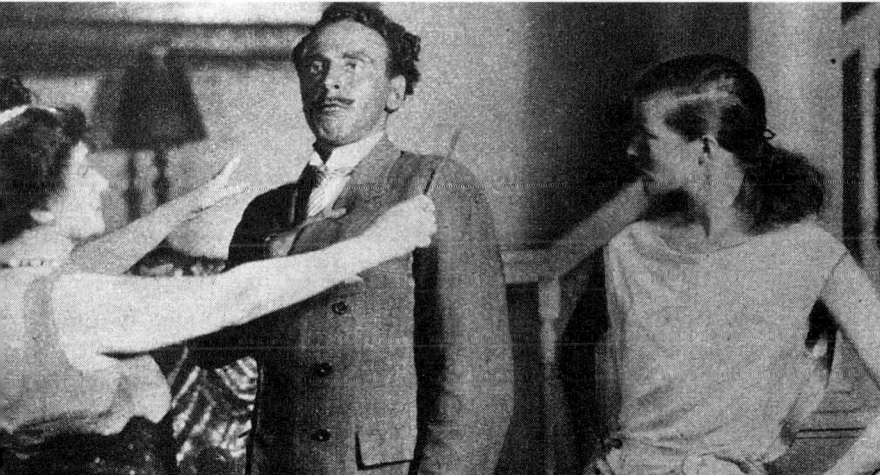

feuern will, dann feuern Sie mich doch. Aber jetzt gehen Sie und schließen die Tür. Ich habe heute abend noch einen Auftritt.«

»Katharine, ich mußte es Ihnen jetzt, vor der Aufführung sagen. Sonst müßten wir Ihnen nämlich für eine weitere Woche Gage zahlen.«

»Armer Junge«, sagte ich. »Gehen Sie jetzt.«

Na gut... gefeuert. Ich zeigte Mr. und Mrs. Merivale und Mr. Dale besser, daß ich noch am Leben war. Also ging ich in ihre Garderoben. Alle weinten. Das richtete mich wieder auf. Die Vorstellung hatte begonnen. Immer, wenn sie mich ansahen, liefen ihnen Tränen über das Gesicht. Nach der Vorstellung sagte Merivale: »Viva und ich laden dich zum Essen ein.« Ich nahm die Einladung an, und da ich zu keiner Unterhaltung fähig war, las er aus einem Stück über Napoleon vor, an dem er gerade schrieb. Es war so lang und langweilig, daß ich beinahe gestorben wäre. Danach war ich so erschöpft, daß ich, gefeuert oder nicht, wie ein Stein schlief. Dann rief ich zu Hause an. Erzählte Mutter und Dad, was geschehen war. Mutter hatte das Stück bereits in Washington gesehen. Darum kam Dad nach Philadelphia. Für ihn war das Stück ausgesprochener Schund. Sein Kommentar lautete:

»Jedes junge Mädchen, das dumm genug ist, mit dem Tod durchzubrennen, muß eine Psychopathin sein. Deine Interpretation ist hervorragend. Sie ist offensichtlich verrückt. Du hast eine eindeutige Psychopathin dargestellt.«

Nun wußte ich wenigstens, warum ich gefeuert worden war. Was ich zum Glück nicht wußte, war, daß Rose Hobart, die meine Rolle übernahm, mich die letzten zehn Abende bei jeder Vorstellung beobachtet hatte. Das hätte mich aus der Fassung gebracht.

Ich ging nach New York zurück. Inzwischen war *Meteor* angelaufen. Ich suchte nach etwas Neuem... egal, was. Schnell. Bloß kein Selbstmitleid aufkommen lassen. Ich ging zur Gilde. Traf Cheryl Crawford. Sie hatten keine Zweitbesetzung für Eunice Stoddard, die an der Seite der Nazimova in *A Month in the Country* die Naive spielte. Die Stelle konnte ich bekommen, für eine sehr niedrige Gage.

»Okay«, sagte ich, »ich mach's.« Es war aufregend, der Nazimova und Henry Travers und Dudley Digges bei jeder Vorstellung zuzuschauen. Für 25 Dollar die Woche. Dann ging Hortense Alden, die das Dienstmädchen spielte, weil man ihr eine bessere Rolle angeboten hatte. Ich sagte: »Gut, ich übernehme die Rolle. Wie wäre es mit ein bißchen mehr Geld?«

»Nein, keine höhere Gage. Wir kriegen genug Leute, die es für die Mindestgage machen. Wollen Sie oder wollen Sie nicht.«

»Art and Mrs. Bottle« — *rechts Jane Cowl*

»Ich will auf jeden Fall«, sagte ich und schlich mich davon. Fünf Dollar — warum konnten sie mir nicht fünf Dollar mehr geben. Na wartet, eines Tages... eines Tages werden sie dafür bezahlen. Und so kam es dann auch.

Das war im Frühjahr 1930. Mir war, als käme ich überhaupt nicht voran. In jenem Sommer fuhr ich mit Eunice Stoddard für zwei Wochen nach Europa. Danach ging ich nach Stockbridge, zur Alexander Kirkland & Strickland Company. Ich wollte einfach irgend etwas spielen. Meine Freundin Laura Harding begleitete mich. Wir waren beide Schülerinnen von Frances Robinson-Duff. Laura wirkte sehr erfahren auf mich. Sie war schon im Jahr zuvor in Stockbridge gewesen. Sie hatte auch einen Wagen. Luddy hatte in New York viel zu tun, doch er kam, wann immer er konnte.

Wir mieteten uns in einem alten Haus im Neu-England-Stil bei einem Geistlichen und dessen Frau ein. Richard Hale wohnte ebenfalls dort. Geoffrey Kerr und June Walker gehörten auch zum Ensemble. Außerdem Phyllis Connard. Als erstes sollte *The Admirable Crichton*

111

gespielt werden. Richard Hale spielte den Crichton, June Walker die Tweeney, Geoffrey Kerr den Sohn und Phyllis Connard Lady Mary. Für deren beiden Schwestern, Lady Agatha und Lady Catherine, waren wir vorgesehen — ich für die Agatha und Laura für die Catherine.

Ich hatte von Anfang an das Gefühl, daß es völlig falsch sei, daß nicht ich die Lady Mary spielte. Ich glaubte, daß ich für die Rolle viel geeigneter sei als Phyllis Connard. Andere Hauptdarstellerinnen kamen mir immer zu alt und zu langweilig vor. Ich konnte mir immer nur mich selbst in den Hauptrollen vorstellen. Das ist zweifelsohne ein gängiger Fehler. Aber Laura sagte, daß sie völlig entsetzt gewesen sei, als ich diese Meinung äußerte. Sie war froh, mitspielen zu dürfen; ich fand, meine Arbeitgeber konnten froh sein, mich zu haben. Die Tatsache, daß ich praktisch nichts geleistet hatte, kam mir nie in den Sinn.

Laura hatte sehr viel schönen Schmuck. Wir behängten uns damit. Und wir durchlebten ausgelassene Tage. Wir waren beide verrückt nach Richard Hale. Und er war verrückt nach seiner Freundin. George Coulouris war auch da. Wir lieferten uns wilde Ringtennis-Schlachten.

In der zweiten Woche von *The Romantic Young Lady* spielte ich eine Art Femme fatale, ganz in Schwarz, mit hautengen Kleidern. Ich glaubte, dort nur meine Zeit zu vertun, weil ich keine besseren Rollen bekäme. Deshalb fuhr ich schließlich ab. Laura war entsetzt. Ich war froh wegzukommen. Den Rest des Sommers verbrachte ich in Fenwick, unserem Sommerdomizil. Luddy und ich verlebten einen herrlichen Sommer.

Im Herbst 1930 kam eine lange Pause. Da und dort ein kleiner Hoffnungsschimmer, aber nichts Greifbares. Ich studierte Rollen ein. Dann kam Anfang 1931 *Art und Mrs. Bottle*.

Kenneth MacGowan und Joseph Verner Reed wollten dieses Stück von Benn Levy mit Jane Cowl und Leon Quartermaine inszenieren. Außerdem sollten G. P. Huntley jun. und Noël Cowards Freundin Joyce Carey mitspielen. Regie sollte Clifford Brooks führen. Sie hatten bereits *Twelfth Night* zusammen auf die Bühne gebracht. *Art and Mrs. Bottle* war als zweites Repertoirestück der Saison am Maxine Elliott Theatre in der 39sten Straße, Nähe Sixth Avenue, geplant. Ihr Büro lag ganz in der Nähe der Wohnung, die Luddy und ich in der 39sten Straße bewohnten. Ecke Lexington und 41ste Straße.

Sie schickten nach mir. Ich ging hin. Ich las vor, und sie waren anscheinend angetan von mir. Sie hatten mich in *These Days* gesehen.

Sie nahmen mich unter Vertrag. Damals hatte ich bei allen typisch englischen Rollen und bei Rollen von Frauen aus der weißen amerikanischen Mittelklasse gute Chancen. Man holte nur selten Schauspieler aus England. Und Leute mit guter Aussprache waren rar. Ich sollte 125 Dollar bekommen. Es war eine sehr gute Naiven-Rolle. Aber die tragende Rolle hatte Jane Cowl. Meine Rolle beinhaltete nur einige sehr gute Szenen. Ideal für eine Naive, um anderen die Schau zu stehlen.

Wir begannen mit den Proben. Bei den Proben war ich salopp gekleidet (wie man es heute generell macht, was damals aber noch unerhört war). Und ich war nicht geschminkt. Ich trug nur einen knallroten Lippenstift.

Benn Levy, der Verfasser des Stücks, fand mich sowohl vom Aussehen und von der Persönlichkeit als auch von der Begabung her nichtssagend. »Was macht die denn? Wäscht sie sich ihr Gesicht jeden Morgen mit gelber Kernseife?« Benn Levy hatte beinahe recht. Ich sah gern ein wenig wie poliert aus.

Jane Cowl nahm mich beiseite. Sie sagte, daß sie mich sehr gern habe, daß Benn Levy aber an dieses amerikanische Aussehen nicht gewöhnt sei. Ob ich etwas dagegen hätte, wenn sie mich so herrichte, daß meine Erscheinung — sie versicherte mir, daß sie ihr gefalle, aber ihm nicht — etwas gefälliger sei.

Sie richtete mich her. Aber es half nichts. Levy fand mich immer noch wenig einnehmend, und sie entließen mich. Ich hielt das natürlich für eine Dummheit, die sie eines Tages bereuen würde. Genauso kam es. Schon eine Woche später holten sie mich zurück. Ich sagte, daß sie mir jetzt 150 statt 125 Dollar zahlen müßten, da sie mich in meinem Stolz verletzt hätten. Ich bewegte mich auf ziemlich sicherem Boden, da ich wußte, daß mich außer Levy alle mochten und daß sie außerdem in Zeitnot waren. Und sie hatten bereits alle verfügbaren Mädchen der Stadt ausprobiert. Sie gaben mir die 150 Dollar — ein wenig schockiert über mein Yankee-Gefeilsche.

Die Premiere war ein Riesenerfolg für mich. Genau wie für *These Days* erhielt ich sehr gute Kritiken. Ich muß noch hinzufügen, daß Jane Cowl sich mir gegenüber wie ein Engel verhielt. Sie schien sich über meinen Erfolg sehr zu freuen und unternahm alles, um mir zu helfen und mich weiterzubringen. Und wie immer bei Altem und Neuem, ging das Lob, das ich erhielt, ein wenig auf ihre Kosten.

Noël Coward sah sich das Stück an und stieg die fünf Stockwerke zur Garderobe hinauf, die ich mit Alfred de Liagre teilte, um mir zu sagen, daß ich gut war und so weitermachen solle. Ich lernte damals die unglaubliche Großzügigkeit und Begeisterung der Theaterleute kennen. Man hört oft von Eifersucht. Ich habe sie nie kennengelernt. Ich glaube, es ist so offensichtlich, daß der Boden sehr fruchtbar für Eifersüchteleien ist, daß jeder, der ein bißchen Verstand hat, schon sehr früh beginnt, dagegen anzukämpfen.

Die Spielzeit ging zu Ende, und ich ging in der zweiten Sommerhälfte nach Ivoryton, Connecticut. Lawrence Anhalt und Milton Stiefel leiteten dort eine sehr gute Repertoiretruppe.

In Ivoryton lernte ich wirklich eine Menge. Sie engagierten mich als Ersatz-Hauptdarstellerin. Ich spielte dann, wenn sie keine bekannte Darstellerin bekamen. Zu diesem Zeitpunkt hatte ich im Theater erst sehr wenig geleistet. Aber durch Mutter und Dad war ich eine Art Regionalberühmtheit. Die Truppe hatte einen guten Ruf. Wir waren etwa fünfundzwanzig Kilometer von Fenwick entfernt.

In jenem Jahr hatte sich Henry Hull — damals ein großer Star — dazu bereit erklärt, in einigen ihrer Inszenierungen aufzutreten. Mit Henry Hull spielte ich in *Cat and the Canary* und *The Man Who Came Back*. In *Let Us Be Gay* spielte ich allein. Henry hatte ein Haus in Lyme, das, von Old Saybrook und meinem Zuhause in Fenwick aus gesehen, auf der anderen Seite des Connecticut Rivers lag. Ich fuhr immer mit meinem Wagen nach Lyme, ein Stück nach Norden, dann nach Osten, und schon war ich bei Henrys Grundstück angelangt. Dort übten wir meist einige Stunden lang.

Eines Tages probte ich wieder dort. Als ich fertig war und zu dem Platz ging, an dem ich meinen Wagen abgestellt hatte, war er weg. Ich war sprachlos. Er war gestohlen worden. Offensichtlich gestohlen worden. Ich ging zum Haus zurück. Henry und seine Frau gingen mit mir zum Parkplatz. Kein Wagen. Ich stand da und sah auf den See hinunter. O Gott, was war das? Etwas Viereckiges, Braunes... Das war... Ach, du liebe Güte... Das... Das war mein Wagen. Schaut... Mein Wagen... das Dach.

Ich lief den Abhang hinunter. Ja, mein Wagen — ungefähr sechs Meter weit in den See gerollt. Das Dach war kaum noch zu sehen. Wir rannten zum Haus zurück und riefen die Garage in Lyme an. Baten sie, schnell zu kommen. Einen Abschleppwagen und Taue usw. mitzubringen.

Sie kamen. Zogen den Wagen heraus.

»Was nun? Was?«

»Warten Sie ungefähr eine Stunde. Dann können Sie's versuchen.«

Wir warteten. Dann drehte ich den Schlüssel um und versuchte es.

— Er sprang an!

Mit Milton Stiefel, dem Gründer von Ivoryton

Henry wollte mit mir als Hauptdarstellerin in *The Man Who Came Back* spielen (ein Stück, in dem er schon einmal aufgetreten war). Die letzte Szene dieses Stücks spielte in einer Opiumhöhle. Henrys Frau saß, in einem der Schränke versteckt, mit dem Skript auf der Bühne. Nur für den Fall, daß er den Text vergaß. Die beiden letzten Zeilen des Stücks fand ich immer faszinierend.

Henry: »Ich werde den Weg von diesem gräßlichen Ort zum Haus meines Vaters Zentimeter für Zentimeter zurückgehen.«

Ich mußte sagen: »Und ich? Was wird aus mir?«

Darauf Henry: »Aus dir? Dich nehme ich mit.«

Wir führten auch *The Cat and the Canary* auf, außerdem ein Stück mit dem Titel *Let Us Be Gay*, das in New York ein großer Erfolg gewesen war. Francine Larrimore — damals ein großer Star — hatte in New York die Hauptrolle gespielt. Eine Starrolle für eine erfahrene Frau um die Vierzig. Wie konnte ich es wagen? Ich war so nervös,

daß ich eines Morgens mit einer völlig verschwollenen Oberlippe auf-
wachte. Ich sah idiotisch aus. Ich brach in Tränen aus und rief Dad
an:
»Eis«, riet Dad.
Das half.
»Und beruhige dich«, meinte er.
Ich versuchte es.
Aber ich spielte diese Rolle. Unglaublich unverfroren.
Ich habe noch ein paar Programme aus jenem Sommer. Doch ich
weiß nicht mehr, worum es in den Stücken ging. Oder was für Rollen
ich spielte. Ich habe jedenfalls eine Menge gelernt. – Ich danke euch,
Lawrence Anhalt und Milton Stiefel.
Während jenes Sommers in Ivoryton rief Gilbert Millers Büro an.
Philip Barry hatte ein Stück mit dem Titel *The Animal Kingdom* ge-
schrieben. Leslie Howard sollte die Hauptrolle spielen. Die beiden
Frauenrollen in dem Stück waren seine Frau und seine Geliebte. Phil
wollte, daß ich die Geliebte, Daisy Sage, spielte. Ich las das Skript
und war hingerissen. Gilbert Miller sollte es inszenieren. Die Rolle
war großartig. Es ging um die beiden voneinander völlig getrennten
Leben Howards, daher wurden diese beiden Teile auch getrennt voneinander einstudiert.
Bis zu den Proben sollte es noch vier Monate dauern. Natürlich
wollte ich warten und einigte mich mit Millers Büro auf die Vertrags-
bedingungen – allerdings hatte ich den Vertrag noch nicht unterzeichnet. Luddy und ich fuhren in jenem Jahr nach Europa. Die Zeit
verging schnell. Nun würde ich bald ein großer Star sein.
Die Proben begannen ungefähr im November 1931. Ich kleidete
mich so sorgfältig wie möglich und trug Pumps. Das war mein erster
Fehler. Dadurch war ich größer als Leslie Howard. Ich versuchte,
mich zusammenzuziehen, und in der Mittagspause eilte ich nach
Hause und zog mir flache Schuhe an. – Das sah zwar weniger vorteilhaft aus, aber die Frage war ja schließlich, wie ich *ihn* in Szene setzte.
Ich hatte von Anfang an das Gefühl, daß Mr. Howard irgend etwas
an mir richtig zuwider war. Ich bemühte mich nach Kräften, unter-
würfig, süß und weiblich zu wirken, und tat alles, um meine allzu leb-
hafte Art zu bändigen. Ich rackerte mich ab. Es half nichts.
Ich erinnere mich noch an einen entsetzlichen Augenblick, in dem
ich fragte: »Was möchten Sie, daß ich hier mache, Mr. Howard?«
Und er antwortete – es muß so gewesen sein, so etwas kann man sich
nicht ausdenken: »Es ist mir wirklich scheißegal, was Sie machen,
meine Liebe.«

Gilbert Miller

Tja — das klang nicht sehr freundlich. Und eine Antwort hatte ich nicht parat. Deshalb ging ich einfach darüber hinweg. Vielleicht war er gereizt. Es kam mir nie in den Sinn, daß er mich vielleicht ganz einfach nicht mochte.

Am Tag darauf wollten wir in »unserer« Dekoration proben. Irgendwo am anderen Ende der Stadt, westlich der Achten. Ich hatte einen Wagen. Wir hatten noch nicht einmal die erste Probenwoche hinter uns. Ich fragte Walter Abel, den Mann, der in dem Stück mein Freund war, ob ich ihn mitnehmen könne.

Als wir ankamen, stellten wir fest, daß sie beschlossen hatten, die Szenen mit der Ehefrau zu proben. Wir hatten also einen freien Tag.

Ich bot Walter an, ihn nach Hause zu fahren. Auf unserem Weg in die Stadt — die Eight Avenue entlang — erzählte ich ihm, wie aufgeregt ich angesichts dieser großen Chance sei; daß ich spüre, daß sie ein wichtiger Schritt sei; daß Phil es wirklich für mich geschrieben habe. Daß...

»Ach«, meinte er, »nein... in diesem Geschäft hat nichts so große Bedeutung. Natürlich ist die Rolle großartig. Aber es wird noch andere geben.«

»Nein, nicht für mich«, sagte ich. »Nur die.«

Ich setzte ihn ab. Und während ich zur Garage fuhr, überfiel mich eine Ahnung. — Wollte er mir irgend etwas sagen? — Weshalb hatten wir nicht geprobt? — Da war doch irgend etwas — o nein...

Ich fuhr nach Hause. Kaum hatte ich die Wohnung betreten, klingelte mein Telefon. Mein Bruder Dick rief aus Harvard an. Er fing an, mir von der großen Party zu erzählen, die sie zu meiner Premiere in Boston geben wollten.

Ich hatte eine böse Vorahnung. — »Nein«, sagte ich, »ich hatte Pech. Plant lieber nichts.« Und genau in diesem Augenblick klopfte es an die Wohnungstür.

»Ein Telegramm für Sie, Miß Hepburn«, rief Mr. Brice, der Concierge.

»Schieben Sie's bitte einfach unter der Tür durch, Mr. Brice.«

Ich beendete meine Unterhaltung mit Dick, ging zur Tür und öffnete beiläufig das Telegramm. Es kam von Gilbert Miller:

»Teilen hiermit gemäß Vereinbarung in Ihrem Vertrag Kündigung desselben mit. /s/ Gilbert Miller«

Himmel! Gefeuert! O nein! Und ich hatte monatelang auf die Rolle gewartet. Sie war mir wie auf den Leib geschrieben. Warum nur? Warum? Das mußte ein Fehler sein. Ich würde Phil Barry anrufen. Ich hatte seine Nummer. Nach endlosen Versuchen kam ich durch. Er duschte gerade. Ich sagte, wer ich sei und daß es um sehr viel gehe. Phil kam an den Apparat.

»Ich bin gefeuert worden.« »Ja, ich weiß.«

»Aber weshalb... weshalb bin ich denn gefeuert worden?«

»Um rücksichtslos ehrlich zu sein: Sie waren nicht besonders gut.«

»Ach so... Ich... Ich verstehe... Tja... Du liebe Güte... Ja... Nein... Danke... Auf Wiedersehen.«

Ich legte auf. Ich war völlig verzweifelt. Ich wurde gefeuert, weil ich nicht gut war. Aber ich war doch gut. Ich gab mein Bestes. Die Rolle war doch wie für mich geschaffen. Was hatte ich falsch gemacht? Und ich war doch nicht frech gewesen. Ich hatte meinen Mund gehalten. Natürlich hatte ich gemerkt, daß Howard mich nicht mochte. — Ich war ihm halt zu groß oder zu klein oder... irgend etwas gefiel ihm eben nicht. Und kein Geld. Keinen Cent. Und ich hatte monatelang auf die Rolle gewartet. Das war nicht fair. Und alle würden es erfahren. Was sollte ich sagen? — Einfach, daß ich gefeuert wurde. Welch ein Schlag. Absoluter Stillstand. Lieber schnell ein neues Angebot bekommen.

Ich fühlte mich so unerwünscht und fragte mich, was ich an mir hatte, daß es nicht funktionierte. Ich wußte, daß ich diese Rolle wirklich spielen konnte. Ich übte immer noch mit Frances Robinson-Duff. Sie war mit mir zufrieden gewesen. Und ich hatte auf meine Ps und Qs geachtet. Versucht, sanft und süß zu sein. Warum, zum Teufel, hatten die mich gefeuert? Ich war nicht schlecht in dieser Rolle. Manchmal konnte ich es verstehen, daß ich gefeuert worden war. Aber diesmal — nein. Das war meine Rolle!

Später erzählte mir jemand, der die Millers kannte, daß Gilberts Frau, Kitty Miller, an dem Tag, an dem ich gefeuert wurde, gesagt hatte: »Ihr Jungs seid dumm. Dieses Mädchen wird eines Tages ein großer Star. Ihr habt doch nur Angst, daß sie euch die Schau stiehlt.«

Ich fragte mich, ob sie das wirklich gesagt hat. Vielleicht ja. Vielleicht nein. Auf jeden Fall machte es mich froh, dies zu hören, und obwohl ich Kitty Miller nie kennengelernt habe, habe ich sie immer bewundert.

Da saß ich nun. Wieder mal gefeuert. Und ziemlich tief gestürzt. Tu was — tu was.

Das Telefon klingelte. Ob ich mit Laurette Taylor in *Alice Sit-by-the-Fire* spielen wolle. Bill Brady jun. werde es inszenieren. Sie mußten mich nicht zweimal fragen.

Wir begannen mit den Proben. Ich hatte nur eine kleine Rolle. Wir saßen im Kreis und lasen das Stück. Bill jun. korrigierte mich an irgendeiner Stelle, die ich gerade gelesen hatte, und Laurette meinte: »Nein, nein, Bill. Hören wir uns doch erst mal an, was sie zu bieten hat.« — Ich habe nie herausfinden können, ob sie der Ansicht war, ich hätte etwas zu bieten.

Am Abend des ersten Probentages erhielt ich einen Anruf von einem Mann namens Harry Moses, der jemanden für die Broadway-Inszenierung von *The Warrior's Husband* suchte. Ich las das Skript. Die Rolle, die sie mir anboten, war wunderbar. Ich wollte *Alice Sit-by-the-Fire* aufgeben, wenn ich sie bekäme.

Ich bekam sie. Dann entschieden sie, daß Jean Dixon besser sei. Ungefähr achtundvierzig Stunden lang dachte ich, ich hätte beide Rollen verloren. Doch dann verlegten sie sich wieder auf mich.

The Warrior's Husband

The Warrior's Husband war ursprünglich ein Einakter, den Julian Thompson, der Chef von McKesson & Robbins, geschrieben hatte. Das Stück basierte auf der griechischen Sage von der Liebe zwischen Antiope und Theseus. Es wurde im Comedy Club aufgeführt, dem bezaubernden kleinen Theater in der 36sten Straße, in dem ein Amateurensemble untergebracht war. Hope Williams spielte die Hauptrolle, die Antiope.

Hope war eine typische Vertreterin der New Yorker Oberschicht: ihre selbstverständliche Vornehmheit, ihre Unabhängigkeit, ihre Integrität.

Außerdem hatte sie einen reizenden New Yorker Akzent, eine offene Art, ein blendendes Aussehen, eine schlanke Figur, einen knabenhaften Haarschnitt. Und einen Gang! — Ihr Gang war ein Schreiten mit schwingenden Armen. Er schrie förmlich nach einem Pferd, einer Prärie. Sehr elegant und eigenwillig. Sie ist erst vor kurzem gestorben. Sie wurde einundneunzig.

Zum erstenmal machte sie die Öffentlichkeit in einer kleinen Rolle an der Seite von Madge Kennedy in Philip Barrys Stück *Paris Bound* auf sich aufmerksam. Bei ihrem ersten Auftritt mußte sie die Bühne von dem einen Ende zum anderen überqueren und wieder abgehen. Sie trug ein stark gerüschtes, luftiges Brautjungfernkleid und einen großen Hut.

Auftritt auf der einen Seite. Abgang auf der anderen. Aufrechter Gang. Schwingende Arme. Als sie die Bühne zur Hälfte durchquert hatte, platzte das Publikum los. Hope wußte nicht, was daran komisch sein sollte. Sie war sich der drolligen Diskrepanz zwischen ihrem Gang und dem Kleid nicht bewußt. Sie ging weiter. Das Publikum gab Szenenapplaus. Auf der anderen Seite der Bühne wartete hinter dem Vorhang Arthur Hopkins, der Regisseur, mit ausgebreiteten Armen auf sie.

Hoppy: »Das habe ich mir gedacht.«
Hope: »Was?«
Hoppy: »Ich erhöhe deine Gage auf 500 Dollar die Woche. Du bist ein Star.«

In der Rolle der Antiope

Hope Williams

Und das war sie. Und das Halb-Frau-halb-Mann-Wesen war geboren. Nach *Paris Bound* kam *Holiday*, auch von Philip Barry. Danach *Rebound*. Donald Ogden Stewart hatte es für sie geschrieben. Wieder ein großer Erfolg. Bei all diesen Stücken führte Arthur Hopkins die Regie. Während der Spielzeit von *Rebound* rief Julian Thompson sie an und fragte: »Wären Sie an einer abendfüllenden Fassung von *The Warrior's Husband* interessiert?« Das war sie, und er schrieb sie. Hope gefiel das Skript sehr. Auch Hopkins schien begeistert zu sein.

Hope fuhr den Sommer über weg. Als sie zurückkam, hatte Hopkins ein wunderbares neues Stück von Gretchen Damrosch für sie aufgetan: *The Passing Present*. Hope las es und war nicht sehr begeistert. Doch sie hatte das Gefühl, sich Hopkins' Beschluß beugen zu müssen. Und so bekam ich die für Hope vorgesehene Rolle der Antiope.

Hoppy hatte sich getäuscht. Das Damrosch-Stück war ein Reinfall − drei Wochen Laufzeit. Und Hope war die Verliererin.

Hope Williams hatte eindeutig einen enormen Einfluß auf meine Karriere. Stimmlich und auch in meinem Gang habe ich eine Menge von Hope in meine sogenannte Persönlichkeit integriert. Die herbe Frau war angesagt. Meine Ankunft in der großen Stadt fiel genau in die richtige Zeit.

The Warrior's Husband war also zu haben, und Harry Moses, der nicht nur Geld, sondern auch eine theaterbesessene Frau hatte, kaufte es. Sie wußten, daß ich in *Holiday* Hopes Zweitbesetzung gewesen war und vor allem, daß ich in Ben Levys Stück mit Jane Cowl, *Art and Mrs. Bottle*, und in *These Days* recht beachtlich gespielt hatte. Deshalb lag ich in der ersten Phase der Besetzungswahl für die Antiope sehr gut im Rennen. Doch wie bereits erwähnt, beschlossen sie plötzlich, lieber einen Star zu engagieren. Ich war draußen, Jean Dixon drinnen. Einige Tage vergingen, dann wieder eine Kehrtwendung, und ich war endgültig die Antiope. Irby Marshall spielte die Hippolyta, Romney Brent ihren verweichlichten Ehemann, Colin Keith Johnson den Theseus. Regie sollte ein Mann namens Burk Symon führen. Das war Ende 1931, Anfang 1932.

Die Uraufführung fand im Morosco Theatre in New York statt. Meine ganze Familie kam. − Sie wollten kein Risiko eingehen.

Bei meinem ersten Auftritt mußte ich von den hinteren Kulissen aus eine enge Treppe hinabschreiten. Sie bestand aus etwa zwanzig steilen Stufen und machte dann etwa vier Schritte einen Schwenk nach vorn, in Richtung Publikum. Die Treppe wurde vom Bühnenhintergrund aus angeleuchtet, und das sah sensationell aus. Über meiner Schulter lag ein Hirsch. Ich hatte eine enge Tunika aus Metallgliedern an, und wunderschöne Schienbeinschoner aus silbrigem Leder brachten die Beine sehr vorteilhaft zur Geltung; dazu trug ich einen silbernen Schild, einen hohen Silberhelm und einen Umhang. Ein hinreißendes Kostüm. Und ich war sehr trittsicher. Daher störte es mich überhaupt nicht, daß die Treppe nur etwa einen Meter breit und ohne Geländer war und schmale, steile Stufen hatte. Außerdem machte es mir nichts aus, für Ruhm mein Leben zu riskieren.

Ich sprang die Treppe hinunter, drei oder mehr Stufen auf einmal, schwang mich um die Biegung, nahm mit einem Sprung die letzten vier Stufen, warf den Hirsch auf den Boden... und landete auf einem Knie, um Hippolyta, meiner Schwester, der Königin der Amazonen, meine Huldigung entgegenzubringen. Das Publikum applaudierte heftig. Etwas anderes hätte es auch kaum tun können. Ich hatte den Applaus ja geradezu herausgefordert. Aber ich war mir dessen nicht bewußt. Ich freute mich nur meines Lebens und des Augenblicks und spürte ein unbändiges Bedürfnis, absolut faszinierend zu sein. Damals hatte ich ohnehin das Gefühl, einfach durch die Luft zu segeln — eine Treppe hinauf, eine Treppe hinunter — keine Geländer. Teufel, noch nicht einmal eine Treppe. — Egal: Leben — Freude — Jugend.

Ich war recht unbekannt und bekam einen ziemlich vorteilhaften Einstieg. Und ich landete einen Erfolg. Über das Stück war man sich uneins.

Ich hatte zum erstenmal eine Bedienstete: Sie war groß und schwarz und stämmig und sehr energisch. An ihren Namen kann ich mich nicht mehr erinnern — es könnte Lily gewesen sein, aber ich bin mir nicht sicher. Und sie verstand etwas von ihrer Arbeit. Sie bekam 75 Dollar die Woche. Die bekam sie von mir. Das hatte sie verlangt, und das bekam sie auch. Ich selbst verdiente 150 Dollar. Das Stück lief ungefähr sechs Monate, dann wurden uns die Gagen gekürzt. Meine ging auf 75 Dollar runter. Ihr war nicht nach Kürzung. Sie bekam das, was ich als Star verdiente. Aber was ist schon Geld? Alle wollten Leinwandtests mit mir machen. Alle wollten mich in ihrem Stück haben. Die Agenten wollten mich. Ich näherte mich dem Ziel.

In *The Warrior's Husband* begann ich mich zum erstenmal wie eine richtige Schauspielerin zu fühlen. Meine Garderobe war auf derselben Etage wie die Bühne. Das Morosco war ein bezauberndes altes Theater. Eigenartig, daß es ganz in der Nähe des Bijou an der 45sten Straße lag, wo *The Big Pond* aufgeführt worden war und meine Fotos draußen gehangen hatten. Beide Theater sind inzwischen abgerissen worden.

Ich ging nicht allzu häufig aus. Luddy und ich wohnten noch immer 146 East 39ste Straße. Es war ein fünfstöckiges Mietshaus, das nach vorn und hinten hinaus Wohnungen hatte. Erst wohnten wir im zweiten Stock nach hinten hinaus. Nach kurzer Zeit bezogen wir den gesamten obersten Stock, wo wir doppelt soviel Platz hatten. Es war bezaubernd. Man mußte viele Treppen steigen, aber wir waren jung und merkten es gar nicht. Das Haus wurde von einem Engländer namens Herbert Brice und seiner Frau verwaltet. Es hatte einen Speisenaufzug, und man konnte sich von unten Essen hochschicken lassen. Das Essen war köstlich. So ließ es sich herrlich leben.

Manchmal kam Colin Keith Johnson mit zum Abendessen. Sonst niemand. Zu den Leuten vom Theater oder Film hatte ich nie enge Beziehungen. Ich glaube, der Grund lag darin, daß ich zum einen aus einer großen Familie stammte und zweitens immer versuchte, genug Schlaf zu bekommen. Heutzutage klingt es seltsam, wenn Leute mich fragen: »Wie war der oder die denn?« und ich ganz ehrlich antworte, daß ich es nicht weiß. Aber so ist es.

Ach — in jener Wohnung passierte auch eine scheußliche Geschichte. Ich war den ganzen Nachmittag zu Hause gewesen. Es war kalt. Ich hatte Feuer gemacht. Luddy kam in der Regel gegen 17.30 Uhr nach Hause. Ich setzte mich in die Badewanne. Dann hörte ich Luddy kommen.

»Hallo.« — »Hallo.«

Plötzlich hörte ich: »Kate! Kate! Schnell, komm!«

Seine Stimme war so, daß ich sofort aus der Wanne sprang. Ich rannte ins Zimmer. Luddy stand in Flammen — eine Flammenspur zum Kamin. Die Kerosinkanne in Luddys Hand brannte, und er konnte sie nicht fallen lassen. Ich war splitternackt. Ich schlug Luddy in den Magen, riß ihn zu Boden, griff nach einer Decke, erstickte die Flammen an Luddys Körper und schlug ihm die Kerosinkanne aus seiner armen Hand. — Dann schrie ich gellend: »*Feuer!*«

Das ganze Haus war von Männern bewohnt. Einer nach dem anderen kam angerannt, und sie löschten das Feuer. Ich richtete mich auf. Luddy brannte nicht mehr — die Vorderseite seiner Anzugjacke und seiner Hose. Er war offensichtlich hereingekommen, hatte Holz in das Feuer gelegt, dann die Kerosinkanne genommen, etwas davon auf das Feuer gegossen und eine Explosion ausgelöst. Daraufhin war er zurückgesprungen und hatte dabei seine Vorderseite und den Boden mit Kerosin bespritzt.

Ich war immer noch splitternackt, hatte es aber vergessen und erklärte allen, was zu tun sei, als plötzlich ein junger Mann hereinkam,

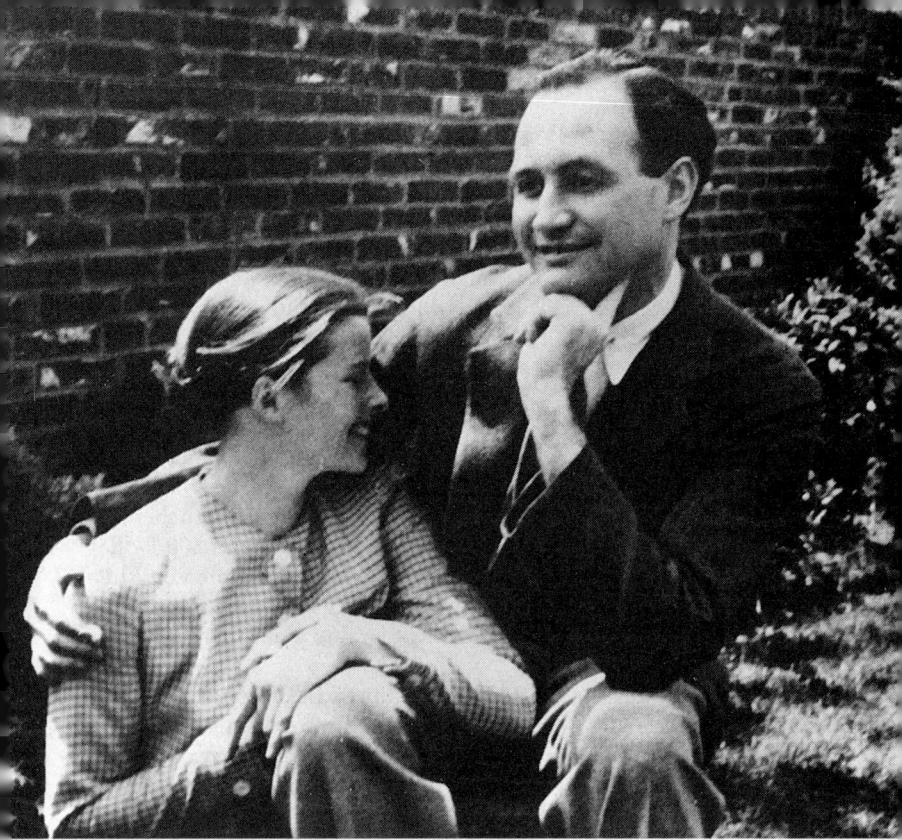

Luddy und ich

um zu helfen, und wie angewurzelt stehenblieb. Ich stürzte ins Badezimmer.

»Oh! Entschuldigen Sie...«

Luddy überstand alles gut. Er hatte Verbrennungen dritten Grades,
aber er war nicht ernsthaft in Gefahr.

Ein entsetzliches Erlebnis!

Meine erste Reise nach Hollywood

Es sah nicht danach aus, daß *The Warrior's Husband* noch lange gespielt werden würde. Im März war Premiere gewesen. Was nun? Henry Hull hatte mich gebeten, Ende Juni 1932 eine Woche lang mit ihm in Ossining im Repertoirestück *The Bride The Sun Shines On* zu spielen. Ich hatte ihm zugesagt.

Dann kam ein Mann in meine Garderobe und bot mir 500 Dollar für einen Auftritt in Philadelphia, wo die *Elektra* mit Blanche Yurka als Elektra gespielt wurde. Katherine Alexander sollte die eine griechische Chorstimme sein, ich die andere. Ziemlich hochgestochen, die ganze Sache. Stokowski dirigierte das Orchester — und 500 Dollar! Die Inszenierung sollte am Sonntag in der Musikakademie von Philadelphia gezeigt werden. Meine teure Hilfe Lily bestand darauf mitzukommen. Ich wollte das eigentlich nicht, traute mich aber nicht, nein zu sagen.

Während unserer Zugfahrt dorthin schlug ich Katherine Alexander vor, sich im Bellevue-Stratfort mit mir ein Zimmer zu teilen. Sie war einverstanden. Ich kannte sie kaum, nur vom Grüßen her.

Wir gingen zum Theater, um zu proben und unser Make-up abzustimmen. Das erledigten Madame Daykarhanova und Akim Tamiroff — stark griechisch stilisiert. Auf mich wirkte alles völlig unorganisiert. Ich konnte gar nicht glauben, daß es wirklich stattfinden würde. Dann kehrten wir ins Hotelzimmer zurück. Katherine sagte, daß sie noch einmal fort müsse. Ich bot ihr an, sie zu begleiten. Doch sie lehnte ab und wollte allein gehen.

Später erfuhr ich, daß man auch ihr 500 Dollar angeboten hatte. Als sie dann ins Theater kam, roch sie den Braten. Deshalb ging sie noch einmal hin und erklärte, daß sie nicht auftreten werde, wenn man ihr die Gage nicht im voraus bezahle. Sie bekam ihr Geld. Ich war nicht so schlau. Ich kam gar nicht auf den Gedanken, daß womöglich kein Geld da war.

Wir spielten das Stück. Blanche Yurka kniete ständig auf dem Boden, wobei ihre Hände sehr schmutzig wurden. Dann bedeckte sie sich mit ihnen das Gesicht, so daß es im Laufe der Vorstellung immer schwärzer wurde. Doch nicht nur ihr Gesicht — auch ihr Kostüm, alles. Schließlich war es vorbei. Man versprach mir, das Geld zu überweisen. Ich bezahlte Lily. Doch die 500 Dollar Gage für eine einzige Vorstellung blieben ein Traum.

David Selznick und George Cukor suchten nach jemandem, der in Clemence Danes *Eine Scheidung* die Sydney Fairfield spielen konnte. Eine New Yorker Agentin namens Miriam Howell, die für Leland Hayward und damit für The American Play Company arbeitete, kam zu mir. Ob ich bereit sei, Probeaufnahmen für die Rolle zu machen? Sehr gern, sagte ich. Es war eine wunderbare Rolle. Außerdem spielte John Barrymore mit. Die Agentin zeigte mir die Testszene, und ich erklärte ihr, daß ich lieber etwas aus *Holiday* spielen wolle. Sie waren einverstanden. Ich fand ihre Szene nicht besonders gut. Außerdem war ich der Ansicht, daß es für sie ziemlich verwirrend und langweilig sein müsse, wenn sie sich die gleiche Szene wieder und wieder mit verschiedenen Mädchen anschauen mußten. Ich bat Alan Campbell, für die Probeaufnahme mit mir gemeinsam zu spielen. Ich erklärte ihm, daß er sich nicht die Mühe machen brauche, die Szene zu lernen, weil er mit dem Rücken zum Publikum in einem Ohrensessel sitzen werde und ablesen könne. Ich hatte gehört, daß bei Tests gelegentlich die Leute eine Rolle bekamen, die eigentlich nur als Stichwortlieferanten fungieren sollten. Das wollte ich natürlich nicht.

Alan Campbell war ein guter Freund von mir, ein Schauspieler, ein einfühlsamer und unaufdringlicher Zeitgenosse. Er heiratete später Dorothy Parker. Sie war froh, ihn zu haben. Ich auch. Er hatte keine Einwände gegen die Probeaufnahmen, saß im Ohrensessel und beruhigte mich.

Ein Mann namens Eddie Senz schminkte mich. Ich hatte das Gefühl, mit Schmiere bedeckt zu sein — sehr weiß — sehr dick — knallrote Lippen — und Mengen von Schminke auf den Augen.

Miriam Howell war auch da, und wir beide besprachen, wie die Szene gedreht werden sollte. Es war jene Szene aus *Holiday*, in der Linda Seton hört, wie ihr Vater die Verlobung ihrer Schwester mit Johnny Case ankündigt. Danach kam eine Szene mit ihrem Bruder. Sie hört ihm zu, während sie ein Glas in der Hand hält. Sehr langsam senkt sie das Glas und stellt es auf den Boden.

Linda: Wie ist das, wenn man betrunken ist, Neddy?
Neddy: Wie betrunken?
Linda: Volltrunken...

Ich konnte die Szene in- und auswendig, da ich sechs Monate lang die Zweitbesetzung für diese Rolle gewesen war. Da ich fürchtete, sehr aufgeregt zu sein, wollte ich kein Textmaterial verwenden, das mich leicht ins Stolpern hätte bringen können.

Nachdem die Szene abgedreht war, nahm ich das kunstvolle Make-up ab und legte das Make-up auf, das ich im Theater trug. Ich fand, daß so mehr von mir übrigblieb. Außerdem kämmte ich mein Haar straff zurück, wie im täglichen Leben. Ich war entschlossen, mir selbst treu zu bleiben. Ein paar Tage später sah ich die Probeaufnahme. Ja, die ist nicht schlecht, dachte ich.

Ich sah sie zehn Jahre später noch einmal. Es war herzzerreißend. So schrecklich bemüht; außerdem sah ich mit meinem eigenen Make-up und den straff zurückgekämmten Haaren idiotisch aus. Ich hatte geglaubt, sehr lässig zu wirken. — Weniger lässig konnte man gar nicht sein. Es war — und das stimmte ja auch —, als sehne sich ein Kind verzweifelt danach, zum Film zu dürfen. Aus den Augen schimmerte die Wahrheit hervor. Die Probeaufnahme ist inzwischen verschwunden.

Ich rief Paramount an und teilte Mr. Salsbury mit, daß ich für RKO Probeaufnahmen gemacht hatte. Ob sie wollten, daß ich auch eine für sie machte. Ja, sagten sie, ob ich sie mit einem Ausschnitt aus *The Warrior's Husband* drehen wolle. Das machte ich und war nicht besonders gut. Aber ich hatte mein Versprechen gehalten.

Die Aufnahmen für Paramount befinden sich in der UCLA-Sammlung der Denkwürdigkeiten. Es war ein schwacher Stoff für Probeaufnahmen. Ich habe sie eben einfach gemacht. Als ich sie mir Jahre später anschaute, sprang kein Funke über — kein bißchen Leben.

George Cukor, der in *Eine Scheidung* Regie führen sollte, gefiel die Art, wie ich bei meinen Probeaufnahmen mein Glas absetzte, als die Verlobung verkündet wurde. Man bot mir die Rolle der Sydney Fairfield an. Jahre später erzählte mir Larry Olivier, daß seine erste Frau, Jill Esmond, auch einen Leinwandtest für *Eine Scheidung* gemacht hatte. Sie waren furchtbar enttäuscht, als ich die Rolle bekam.

Dann kamen die Verhandlungen mit Selznick. Er bot 500 Dollar die Woche, dann 750, dann 1000, dann 1250 und schließlich 1500; diese Zahl hatte ich mir zum Ziel gesetzt. Er hatte mir 1250 Dollar und eine Garantiezeit von vier Wochen geboten. Ich stimmte bei 1500 Dollar und einer dreiwöchigen Garantiezeit zu. Außerdem bestand ich auf einer Theaterklausel und einem Mitspracherecht bei der Auswahl der Stoffe. Auf jeden Fall sollte man sich meine Meinung zu den Filmstoffen anhören. Wenn ich erfolgreich war, dann war dies für sie ein höchst unvorteilhafter Vertrag.

The Warrior's Husband wurde abgesetzt. Ich bestand darauf, noch vor meinem Ausstieg meiner Verpflichtung in *The Bride the Sun Shines On* nachkommen zu können. Wir spielten eine Woche lang in einem winzigen Theater in Ossining. Am Ende jener Woche erzählte mir Henry Hull, daß sich der Leiter am Donnerstag mit der Kasse davongemacht habe. Was noch da war, hatte er in seinem Hut. Er gab mir meinen Anteil, und ich fuhr zum Bahnhof von Harmon, um mit dem Twentieth Century nach Chicago und von dort mit dem Super Chief nach Los Angeles zu fahren und mein Glück zu suchen. Meine Freundin Laura Harding beschloß mitzukommen. Das würde lustig werden und war für mich natürlich eine feine Sache.

Laura saß mit ihrem ganzen Plunder bereits im Zug — und meinen hatte sie auch gleich mitgebracht. Sie hatte außerdem zwei Hunde bei sich — Jamie, einen Scotch-, und Twig, einen Shelbourne-Terrier.

Über Laura Barney Harding muß ich Ihnen einiges erzählen. Sie war die erste richtige Freundin, die ich in New York fand. Wie bereits erwähnt, lernte ich sie bei Frances Robinson-Duff kennen. Auch sie trainierte ihre Stimme — und hoffte auf eine Theaterkarriere. Sie trat schon seit einigen Jahren in New York auf. Ihr Vater war J. Horace Harding, ein Finanzfachmann. Sie wohnte mit ihren Eltern in der Fifth Avenue 955. Damals hatte sie gerade ein Engagement als Zweitbesetzung, und im Sommer zuvor war sie als Schauspielschülerin nach Stockbridge gegangen. Sie war sehr witzig, hatte gern Menschen um sich und kam mit den anderen Schauspielern gut klar.

In Lauras erstem Jahr in Stockbridge war auch James Cagney dort. Er erzählte später von jener Party, die Laury für all die kleinen Leute gegeben hatte, die in jenem Sommer in Stockbridge gewesen waren. Fünf Uhr in der Fifth Avenue 955. Er sagte, daß er und seine Frau zu Fuß durch die ganze Stadt gelaufen wären, um in die Fifth Avenue zu kommen. Dann fand er Nummer 955. Er konnte es nicht glauben. Ein riesiges Steingebäude. Das konnte es nicht sein. — Doch. Das war Nummer 955, eines der »Totenhäuser«. Seine Freunde von der East Side nannten sie »Totenhäuser«, weil diese Häuser immer abgedunkelt und düster waren, wenn sie an warmen Tagen in den Central Park zum Spielen gingen.

Eingeschüchtert läutete er. Park, der Butler — einsfünfundachtzig, formelle Kleidung — öffnete die Tür:

»Guten Tag, Sir. Wenn Sie bitte diese Treppe hinaufgehen würden.«

Cagney und seine Frau folgten ihm die Treppe hinauf — erst an einem, dann an noch einem El Greco vorbei. Sie kamen in den zweiten Stock und hörten Stimmen.

»Und wen darf ich bitte melden, Sir?«

Cagney sah ihn zunächst schweigend an und ging dann an ihm vorbei. »Einfach noch einen Schmierenkomödianten«, meinte Cagney schließlich, während er an Park vorüberzog und auf die Stimmen zuging.

Laura erzählte mir eine herrliche Geschichte über die Zeit, in der sie in New York allmählich bekannter wurde und begann, auf die Partys zu gehen. Da sie eigentlich nicht zum inneren Kreis von New York gehörte — ihre Familie stammte aus Philadelphia —, wurde sie gelegentlich zu Festen eingeladen, aber zu keinem der Dinner, die vorher gegeben wurden. Eines Abends ließ sie sich von Sailor (ihrem Chauffeur) zu einer Party fahren. Der Vordersitz ihres Wagens war nicht überdacht. Aber für den Fall, daß es regnete, konnte man ein Dach draufsetzen. Sie stieg voller Unbehagen aus und hoffte, ohne Begleitung nicht allzu kläglich zu wirken. Zu Sailor sagte sie, sie werde vermutlich gleich wieder zurück sein. Es war 22.30 Uhr.

Als sie die Party verließ, war es 4.30 Uhr. Der Wagen stand noch immer vor der Tür. Sailor schlief auf dem Vordersitz. Inzwischen war ein wenig Schnee gefallen, der seine Mütze und deren Schirm bedeckte. Er hatte die ganze Nacht dort auf sie gewartet.

Laura und ich sahen einander sehr häufig. Sie wußte genau, was gerade angesagt war, und ich bekam durch sie einiges mit. Die Vuitton-Koffer — die Mode — wo man einkauft — was man kaufen muß.

Ich bekam kleine Engagements. Laura übernahm für irgend jemanden in einer Gilde-Inszenierung die Zweitbesetzung. Sie nahm ihre Karriere nicht sehr ernst. Für sie war es nur ein Zeitvertreib.

Die Leute in Hollywood klatschten über Laura und mich, aber ich wußte nichts davon. Wir aßen in dem Restaurant auf dem Studiogelände zu Mittag. Wenn man das Restaurant betrat, war linker Hand ein Friseurgeschäft, in dem es ein Telefon gab. Eines Tages ging Laura hinein, um mich anzurufen. Sie wurde immer wieder gefragt: »Wer spricht denn da?« bis Laura schließlich sagte: »Ach, sagen Sie ihr, ihr Ehemann!«

Der Regisseur Mark Sandrich, der sich gerade die Haare schneiden ließ, hörte dies und war absolut schockiert. Jahre später erzählte er mir, es könne sein, daß er für das äußerst hartnäckige Gerücht, wir seien Lesbierinnen, verantwortlich war. Auf jeden Fall ging das Gerede los, und selbst in New York verbreitete es sich im Eiltempo.

Nach etwa zwei Jahren kehrte Laura nach New York zurück. Sie arbeitete als Agentin für Leland Hayward, der inzwischen mein Liebhaber geworden war. Wir verbrachten herrliche Zeiten miteinander, und Laura blieb mir ein Leben lang eine gute Freundin.

Also wie bereits gesagt, hatte sich Laura entschlossen, mit mir zu kommen, als es an der Zeit war, für *Eine Scheidung* nach Kalifornien zu gehen. Ich war noch nicht viel in Amerika herumgekommen. Ich war einige Male in Europa gewesen und von Bryn Mawr aus ein wenig herumgefahren. Aber den Westen kannte ich überhaupt nicht. Wir verbrachten einen Tag in Chicago, wo wir uns im Blackstone Hotel ein Zimmer nahmen und uns genüßlich das herrliche Museum — The Art Institute — ansahen.

Zum Glück konnten wir unser Gepäck in unserem Abteil zurücklassen, da Billie Burke und Ziegfeld, der sehr krank war, sowie deren Tochter Pat, im Zug waren. Billie sollte in *Eine Scheidung* meine Mutter spielen. Das wußte ich zu diesem Zeitpunkt noch nicht. Wegen Ziegfelds Krankheit sollte unser Waggon durch Chicago rangiert und dann an den Super Chief angehängt werden. Ich weiß noch, daß ich ein oder zwei Blicke in ihren Salon werfen konnte. Überall waren ganz besondere Überzüge angebracht: an den Wänden, den Sesseln, an jedem Gegenstand im Raum. In meinen Augen war das außerordentlicher Luxus. Aber »das gehörte sich so«. Genauso wie sich Louis-Vuitton-Koffer gehörten. Es gab damals zahlreiche gesellschaftliche Zwänge, deren Einhaltung ein eindeutiges Anzeichen dafür war, daß man wußte, wie man sich zu benehmen hatte.

Laura Harding wußte über diese Dinge bestens Bescheid. Ich lernte sie von ihr. Die Babykissen und -decken, um den Salon behaglich zu gestalten. Sie hatte das Land bis Santa Barbara in einem Privatwaggon durchquert. Damit übertraf sie alles mir Bekannte bei weitem. Ich kam aus einer mittelgroßen Stadt — Hartfort eben. Und mit Luxusartikeln kannte ich mich nicht gerade besonders gut aus.

Wir verließen Chicago und hatten eine sehr aufregende Reise, Film zu arbeiten. An jeder Haltestelle, an der es möglich war, stiegen wir mit den Hunden aus und gingen am Bahnsteig auf und ab. Das Abendessen nahmen wir im Speisewagen, Frühstück und Mittagessen in unserem Abteil ein. Ich sah zum Fenster hinaus. Damals gab es noch keine Klimaanlagen, deshalb öffneten wir sehr häufig die Fenster. War es draußen scheußlich, schlossen wir sie. Wenn es schwül wurde, öffneten wir sie wieder. An diesem Tag, dem ersten nach unserer Abreise aus Chicago, schaute ich aus dem geschlossenen Fenster:

Kate: Schau mal — die Mondsichel!
Laura: Nein, nicht durchs Glas ansehen. Das bringt Unglück!

Wir liefen aus dem Abteil durch den Zug bis zur hinteren Plattform, um dort den Mond über meine linke Schulter anzuschauen, nicht durch Glas. Wir öffneten die Tür, um auf die Plattform zu kommen.

Oh — irgend etwas war in meinem Auge.

Da war tatsächlich etwas in meinem Auge. Einiges sogar. Winzige Stücke von dem Stahlgeländer. Es waren drei. Sie saßen im weißen Teil meines linken Auges. Bei jedem Lidschlag scheuerten sie am Innern meines oberen Lids. Da saßen sie und bewegten sich nicht. — Ein unangenehmer Zwischenfall.

Ich war zu Elizabeth Hawes, der teuersten Designerin New Yorks, gegangen, um mir ein passendes Kostüm machen zu lassen, in dem ich in Kalifornien aus dem Zug steigen konnte. Es war ein grob geripptes Seidenkostüm in einem Blaugrau nach Art der Quäker. Der Rock war glockig und sehr lang. Die Jacke glich mit ihren Schößen eher einer Reiterjacke des 19. Jahrhunderts. Die Bluse hatte einen hohen Rüschenkragen. Und der Hut! Hach!

Dieser Hut war eine Art graublaue Strohschüssel, die umgekehrt auf meinem Kopf saß. Ich hatte langes, zu dichten Locken gedrehtes Haar. Irgend jemand nannte das mal »à la concierge«. Die Abwaschschüssel saß oben drauf — ein wenig steif und mehr als nur ein bißchen exzentrisch. Aber es war sehr teuer gewesen, das ganze Ensemble, und ich setzte großes Vertrauen darein. Dazu Handschuhe, Tasche, Schuhe: dunkelmarin.

Es war, das ist mir jetzt klar, kaum das geeignete Kostüm für meine Ankunft in Pasadena am vierten Juli, wo um die fünfundvierzig Grad herrschten. Ein Sweatshirt und eine alte weiße Hose wären angemessener gewesen.

Als wir in Pasadena ankamen — ich in meinem Kostüm, mein linkes Auge unter meiner Waschschüssel flammendrot, das andere Auge aus Solidarität mindestens rosa: eine Qual —, herrschte eine brütende Hitze.

Wir fuhren langsam auf Pasadena zu, an meinen ersten Orangen und Grapefruits vorbei. Limonen, die Sonne — damals kein Smog. Der herrliche Duft der Orangenblüten. Und die sehr, sehr trockene Erde. Meine sehr, sehr roten Augen. Wir fuhren in den Bahnhof ein.

Laura: Gütiger Himmel.
Kate: Warum?
Laura: Das ist Leland Hayward.
Kate: Ja, er ist mein Agent.
Laura: Oberhirsch.

Laura Harding

Kate: Was?
Laura: Als ich in die New Yorker Gesellschaft eingeführt wurde. Auf den Partys. Aalglatt — Oberhirsch. Na, wunderbar.

Leland Hayward erwartete uns mit einem kleinen, schwergewichtigen Mann. Sie unterhielten sich. Später erfuhr ich, was sie sagten:
»Welche?«
»Die mit dem komischen Hut.«
»Du machst Witze — dafür 1500 Dollar...«
»Sie ist ein Original.«
»Sag bloß. Was trinkt die denn? Schau dir doch mal ihre Augen an.«

»Hallo, hier sind wir. Reichen Sie die Taschen heraus — gut so.«

»Das hier ist Myron Selznick, Ihr anderer Agent.«

»Laura Harding...«

»Ach, ja. Hallo. — Lange her. — Komisch, Sie hier wiederzusehen. Gebt mir die Kontrollabschnitte. Oh, gut, alle auf einmal. Dort steht der Wagen — der graue Rolls. Jackson, das sind die Koffer. Wir haben einen Kombi dabei. Der fährt die Koffer ins Hotel.«

»Schauen Sie, ich habe etwas im Auge. Kennen Sie einen Arzt, der...«

Leland fuhr fort: »Nun, die sind sicher ganz begierig darauf, Sie kennenzulernen. Wir fahren direkt zu RKO. Cukor erwartete Sie schon. Selznick auch. Sie wollen gleich nach den Kostüm- und Leinwandproben anfangen.«

»Wir sind da. Gut. Ich werde vorn sitzen.«

Und los ging's. Die Unterhaltung war gespreizt. Myron, der sich bemühte, besonders freundlich zu sein, sagte:

»Wie ich hörte, sind Sie Golferin...«

»Ja.«

»Ah, dann könnten wir ja vielleicht einmal zusammen spielen.«

Du lieber Himmel, dachte ich, mit dem golfen...?

Und Myron dachte: »Ich bete zu Gott, daß sie nein sagt. Aber wenigstens habe ich es versucht. Was für ein... Also, wirklich, so was wie die ist mir noch nicht untergekommen. Sie sieht aus wie eine Leiche. Was David wohl sagen wird? Zum Teufel! Was wird er wohl tun...«

»Das ist wirklich sehr freundlich von Ihnen, aber ich glaube nicht, daß ich viel Zeit zum Golfen haben werde. Außerdem sticht die Sonne hier offenbar sehr heiß herunter und... Kennt einer von Ihnen einen Augen...«

»Wenn Sie dafür Zeit finden könnten, würde ich mich wirklich sehr freuen...«

»Ja, vielen Dank — aber...«

»Ich weiß noch, wo wir uns kennengelernt haben. Das war...«

Die Unterhaltung drehte sich nun um New York — um die Einführungspartys. Und schon nach kurzer Zeit fuhren wir auf das Studiogelände von RKO.

George Cukors Büro: klein, ein wenig dunkel, Erdgeschoß. Cukor selbst war ungewöhnlich: fettleibig, mittelgroß, ein Energiebündel, schnell, intelligent.

»Nun, ist das nicht prima? Mal sehen... Ja... Nein... Sollen wir...« Er musterte mich, musterte Laura...

»Wir haben ein paar Skizzen von den Kleidern, die Sie tragen werden.«

»Ach ja?«

»Wo sind... Lassen Sie mich... Ja — hier sind...«

Ich nahm die Entwürfe. Es waren drei oder vier. Hyperelegant. Irgendwie hatte ich mir viel eher so etwas wie Tweed und Pullover vorgestellt. Instinktiv erhielt ich meinen Selbstschutz aufrecht, indem ich sie ohne große Regung durchsah.

»Tja — hm, ich weiß nicht, ob ein guterzogenes englisches Mädchen so etwas tragen würde...«

George schaute mir in die Augen. In seinen funkelte es.

»Und was halten Sie von dem, was Sie da tragen?«

Ah, ich seh' schon: Du bist ein gefährlicher Gegner. Was sag' ich jetzt am besten? — Nichts. Lieber...

»Ich finde, es ist...« Dann mußte ich lachen.

»Würde es Ihnen etwas ausmachen, diesen Hut abzunehmen?«

Ich nahm ihn ab. Mein Haar war heiß und filzig.

»Hm ja. Ist es sehr lang? Nein. — Es ist gerade lang genug zum Hochstecken. Sehr viele. Sehr schön. Hätten Sie was dagegen, sie abzuschneiden?«

»Rufen Sie Jo Ann an und fragen Sie, ob sie herunterkommen kann.«

»Wer ist Jo Ann?«

»Sie ist die Chef-Friseuse. Jo Ann St. Auger. Oder wir gehen besser hoch.«

Ein Mann erschien in der Tür — in den Fünfzigern und offensichtlich Barrymore. Höflich meinte er:

»Ach, Sie sind da.«

Er sah mich intensiv an.

»Zu viele Leute hier. Kommen Sie mit in den Flur. Ich möchte Ihnen etwas sagen.«

»Gehen Sie«, kam es von George.

Ich trat mit ihm in den Flur hinaus. Er lächelte. Er war sehr herzlich — sehr persönlich.

»Das war eine wunderbare Probeaufnahme. Sie werden ein großer Star.«

Dann fixierte er meine Augen und griff in seine Tasche, aus der er eine kleine Flasche hervorholte. Er deutete auf seine eigenen Augen und zeigte ein verständnisvolles Lächeln. Sehr vertraulich.

»Ich habe dasselbe Problem. Versuchen Sie's damit — zwei Tropfen, in jedes Auge.«

»Mr. Barrymore, ich habe etwas im Auge. Das habe ich schon seit drei...«

»Ja, meine Liebe, ich weiß. — Versuchen Sie's.«

Damit verschwand er. Ich ging ins Büro zurück.

»Sie kennen nicht durch einen glücklichen Zufall einen Augena...«

»Gut. Wir sollten nun zu David hochgehen — und dann schneiden wir Ihr Haar ab.«

George führte uns hin, und wir lernten Selznick kennen, der beschäftigt war und nur immer »gut — gut« sagte. Dann gingen wir zum anderen Ende des Studiogeländes, wo die Frisur- und Make-up-Abteilungen waren.

Mein Haar wurde schnell abgeschnitten, so kurz, daß man es gerade noch eindrehen konnte. Der Chef der Maske war nicht da. Zurück also zu Cukors Büro. Es war spät.

»Dann bis morgen. Um neun. Wir machen... ich werde Sie anrufen.«

»Kennen Sie zufällig einen Augenarzt? Ich habe etwas in meinem...«

Aber da war niemand mehr. George und seine Begleiter waren fort. Sie waren alle verschwunden.

Der Tag war vorüber. Laura und ich verließen das Büro. Draußen auf der Straße stand ein Mann.

»Entschuldigen Sie bitte. Kennen Sie zufällig einen Augenarzt? Ich habe etwas in meinem Auge.«

»Du meine Güte, ja. Das haben Sie. Wissen Sie, ich bin Arzt.«

»Sie sind ein — Augen...«

»Nein, ich bin Chirurg. Ich bin neu hier. Aus New York. Aber ich habe eine Praxis. Sie ist...«

Er nahm einen Zettel aus seiner Tasche.

»Ich glaube, sie ist in Wilshire.«

»Ich — wir kennen die Stadt überhaupt nicht.«

»Ich habe einen Wagen. Ich weiß nicht, ob ich sie finde. Aber versuchen wir's doch mal.«

»Danke. Glauben Sie, Sie kriegen es raus?«

»Ich kann's versuchen. Mein Name ist Sam Hirshfield.«

»Ich bin Katherine Hepburn — Laura Harding.«

Wir stiegen in seinen Wagen und fuhren davon — fanden Wilshire — fanden seine Praxis. Ich legte mich auf seinen Behandlungstisch. Er träufelte Tropfen in mein Auge. Und er fischte darin herum. Doch schon bald gab er auf und sagte: »Wir brauchen einen Augenspezialisten. Ich habe nicht die richtigen Instrumente.«

Myron Selznick   *David Selznick*

George Cukor, Oliver Mersel und ich

Er telefonierte. Ich wußte nicht, wer er war. Ein Arzt hätte gewußt, wer er war. Wen zum Teufel würde er aufgabeln? Endlich fand er eine Ärztin, die noch in ihrer Praxis war. Ja, sie werde uns empfangen. Wir fuhren in die Stadtmitte von Los Angeles. Er parkte den Wagen.

Sie schaute es sich an. Drei Stahlspäne waren eingelagert. Ich konnte hören, wie sie gegen ihr Messer klickten. Sie bekam sie heraus, grub sie heraus. Das Weiße meines Auges bewegte sich ruckartig, wie Zelluloid. Dann legte sie eine Binde über mein Auge. Gab mir ein paar Tabletten.

»Wenn die Betäubung nachläßt, kann es sehr weh tun.«

Der freundliche Arzt fuhr uns den ganzen Weg bis zum Elysee Hotel. Für den Zimmerservice war es zu spät. Sie ließen zwei Hühnersalat-Sandwiches holen. Und wir gingen zu Bett.

Am nächsten Morgen ging ich mit einer Augenbinde ins Studio. Natürlich konnte ich keine Probeaufnahmen machen. Und ohnehin mußten zuerst Fragen des Make-ups, der Frisur und der Kleidung geklärt werden.

Und hier sind sie:
die ersten fünf Filme

Eine Scheidung

Eine Scheidung war mein erster Film. John Barrymore spielte meinen Vater, Billie Burke meine Mutter, Elizabeth Patterson meine Tante und David Manners meinen Verehrer. — George Cukor führte Regie.

In der ersten Szene, die wir drehten, gibt meine Mutter eine Party. Ich schwebte in einem langen, weißen Kleid die Treppe hinunter — direkt in David Manners' Arme. Nach mir kam Laura Harding. Sie stolperte, und die Szene mußte noch einmal gedreht werden. George tobte.

Ach du meine Güte — habe ich etwa vergessen, Ihnen die Geschichte von unserem zweiten Tag in Hollywood zu erzählen?

Da war ein Mann namens Carlton Burke — Pferdenarren ein Begriff und ein Verehrer von Laura. Er hatte ein Haus für uns angemietet — das heißt, er hatte ein sehr hübsches kleines Haus in Franklin Canyon für uns reserviert. Wir fuhren hin, um es uns anzuschauen. Das Haus gefiel uns. Es war bescheiden, aber freundlich und lag sehr schön.

Dort lernten wir Carty Burke kennen. Er war in Begleitung einer Mrs. Fairbanks. Diese Mrs. Fairbanks lud uns für Samstag abend zum Essen ein. Ich wollte nicht sagen, daß ich nie zu Dinners gehe, und wechselte einfach das Thema. In Wahrheit dachte ich: Die macht keinen besonders interessanten Eindruck, fangen wir also gar nicht erst damit an.

Als Carty und Mrs. Fairbanks wegfuhren, fragte mich Laura in ziemlich scharfem Ton:

»Weißt du, wer das war?«

»Meinst du Mrs. Fairbanks?«

»Ja. Das ist Mary Pickford.«

»O mein Gott!«

Zum Glück rief sie uns kurz darauf an und lud uns noch einmal ein, und ich nahm in meiner Freude all meinen Charme zusammen und sagte:

»Eine Scheidung«, hier mit David Manners

»Oh, wie reizend. — Selbstverständlich. — Wie nett von Ihnen, sich diese Mühe mit uns...«

Also zogen wir uns fein an und fuhren zu Pickfair. — Können Sie sich das vorstellen? Pickfair — in unserer ersten Woche im Filmland. Ich saß neben Fairbanks, Laura neben Mary. Carty Burke war auch da. Wir sahen uns einen Film an. — Er war sehr amüsant. Die große Zeit. Sie war bezaubernd.

Wir wurden nie wieder eingeladen. Haben Sie das gehört? Nie wieder.

Ich habe meine Lektion gelernt. Bloß vorsichtig sein, was man zu wem sagt. Es könnte sein, daß man nicht weiß, wen man vor sich hat.

Wie ich Cukor und Barrymore kennenlernte, habe ich Ihnen bereits erzählt. Die Dreharbeiten begannen schon bald. Wir machten schnell die nötigen Tests mit den Frisuren und dem Make-up und stellten die Kostüme zusammen. Es war geplant, alle Barrymore-Szenen zuerst und den Rest des Films ohne ihn zu drehen. — Er war teuer.

Wir begannen mit der besagten Party-Sequenz, damit die ganze Dekoration ausgeleuchtet werden konnte. Dann fingen wir mit Barrymores Szenen an. Die este zeigte seine Ankunft. Er hatte gerade die Irrenanstalt verlassen und kam nun in sein Haus zurück.

Ich beobachtete ihn. Ich war im Wohnzimmer, als er die Tür öffnete. Er ging zum Kaminsims. Suchte er nach seinen Pfeifen? Er stöberte herum. Ich stand dicht vor der Kamera und beobachtete jede seiner Bewegungen. Mir liefen die Tränen herunter, als mir klar wurde, daß er mein Vater sein mußte. Außerdem ging mir voller Erstaunen und Verwunderung auf, daß dies tatsächlich Barrymore war — der große Barrymore —, und daß er miserabel spielte. Ich war entsetzt.

Als die Szene abgedreht war, kam Barrymore zu mir und sah mich eindringlich an. Dann ging er zu George und sagte, daß er sie noch einmal drehen wolle. Ich glaube, er wußte, daß das mein großer Augenblick war, und er wollte mich nicht hängenlassen.

Wir begannen von vorn. Er war umwerfend. So traurig. So ergreifend. Voller Verzweiflung. Und ohne großes Getue.

Was für ein merkwürdiger Mann. Voller Charme. Ein wunderbarer Schauspieler. Eine edle Seele — mit einer unbändigen Leidenschaft für das andere Geschlecht, wobei es ihm völlig egal war, ob er Erfolg hatte oder nicht. So, als hätte es nichts mit ihm persönlich zu tun.

Eines Tages bat er mich in seine Garderobe. Ich ging hin, klopfte an die Tür. Er rief: »Herein!« Ich folgte der Aufforderung. Und da war er, lag auf seiner Couch und war — wie soll ich sagen — recht spär-

lich bekleidet. Ich muß völlig verblüfft dreingeschaut haben. Stille
trat ein. Dann hantierte er hastig mit Decken herum.

»Oh. Tut mir leid. Bis später.«

Ich ging. Herrje, was für ein seltsamer Auftritt.

Trotzdem war er nach dieser kleinen Schwäche, oder wie immer
man es nennen will, ein Engel. Sein wichtigstes Ziel schien nun zu
sein, mir zu einem erfolgreichen Einstieg zu verhelfen. In den vielen
Szenen, in denen wir zusammen spielten, lenkte er mein Gesicht
immer in Richtung Kamera. Er war reizend, er war witzig — und spielen konnte er ohnehin. Man mußte schon viel Glück haben, um solch
eine Chance geboten zu bekommen.

Die lustigste Begebenheit bei den Dreharbeiten ereignete sich bei
einer Frühstücksszene, bei der Billie Burke am Kopfende des Tisches
saß, ich neben ihr und Elizabeth Patterson am anderen Ende. Ich
bekam die Szene einfach nicht so hin, wie George sie haben wollte.
Wir drehten sie über zwanzigmal. Da ich ein Neuling im Geschäft
war, war mir nicht klar, daß ich jedesmal wieder frühstücken mußte
— und die beiden anderen Damen auch. Stellen Sie sich vor — zwanzigmal frühstücken! Ich fragte mich dauernd, weshalb Elizabeth Patterson so kühl zu mir war. Jahre später sagte sie es mir.

Die Dreharbeiten zu *Eine Scheidung* dauerten etwa fünf Wochen.
Drei mit Barrymore, der Rest mit uns anderen. Nachdem *Eine Scheidung* abgedreht war, fuhren Luddy und ich nach Europa. Für den Fall,
daß sie mich anriefen und mir sagten, daß ich eingeschlagen hatte,
ging ich zu Schiaparelli und kaufte mir ein Kostüm, mit dem ich von
Bord gehen konnte. Seine Farbe war eine Mischung aus Rotbraun und
Aubergine. Ein dreiviertellanger Blazer, ein Rock, eine Bluse und ein
Strickhut mit einem Zwei-links-zwei-rechts-Muster. Sehr unkompliziert zu tragen. In Wien erfuhr ich, daß ich groß eingeschlagen hatte,
also war ich gerüstet. Das war meine erste französische Garderobe.

In Santa Barbara fand eine Voraufführung des Films statt, die eine
sehr positive Resonanz hatte. Als wir definitiv wußten, daß der Film
ein Erfolg war, tauschten Luddy und ich unsere Zwischendeck-Tickets
gegen Tickets erster Klasse ein. Davor war ich immer in der niedrigsten Klasse im vorderen Teil des Schiffs gereist, denn da ich ohnehin
immer seekrank war, war ich der Meinung, daß sich eine Fahrt erster
Klasse nicht lohne.

Ich hatte wirklich Glück, in diesem Film zu spielen. Die Rolle stellte
mich sehr wirkungsvoll ins Rampenlicht.

»Eine Scheidung« — rechts John Barrymore

Ihr großes Erlebnis

Dorothy Arzner: eine beliebte Regisseurin. Sie hatte schon viele Filme gedreht, war sehr gut. Es machte Spaß, diesen Film zu drehen, aber außergewöhnliche Vorfälle gab es nicht. Die Geschichte einer Fliegerin und ihrer Romanze mit einem berühmten Mann.

Heute wundert man sich über eine Regisseurin, aber damals erschien es mir als nichts Besonderes. Einige der besten Cutter im Geschäft waren Frauen. Dorothy war sehr bekannt und hatte in etlichen sehr erfolgreichen Filmen Regie geführt. Sie trug Hosen. Ich auch. Unsere Zusammenarbeit verlief angenehm. Das Drehbuch war ein wenig altmodisch, und der Film wurde kein großer Erfolg. Colin Clive spielte den Mann.

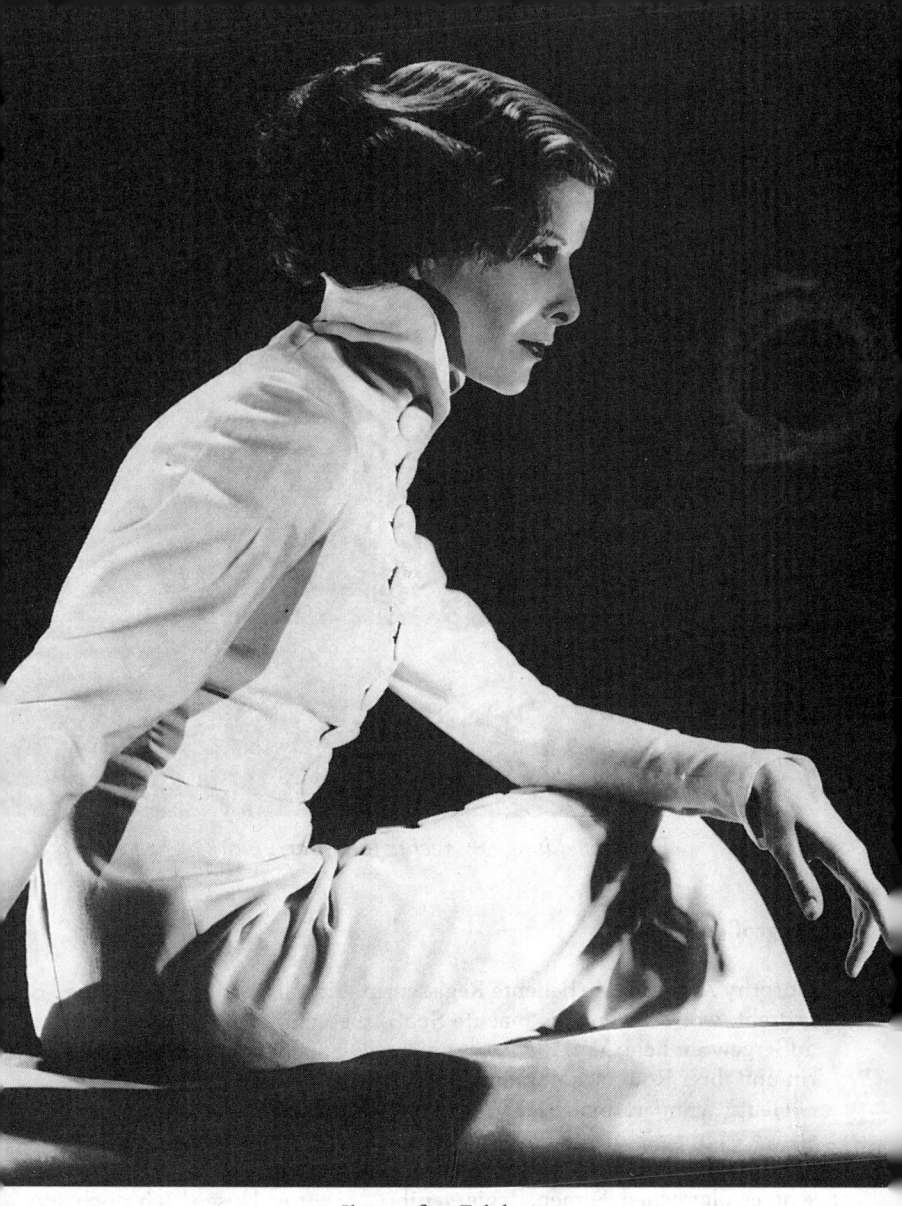

»Ihr großes Erlebnis«

Morgenrot des Ruhms

Ich ging in Pandro Bermans Büro, sah das Drehbuch auf seinem Schreibtisch, nahm es und begann, darin zu lesen. Ich war hingerissen und rief meine Freundin Laura Harding an. Sie kam und las es ebenfalls. Joe Akins hatte es geschrieben. Laura war wie ich fasziniert. Ich ging zu Pandro und sagte, daß ich mitspielen wolle. Er sagte nein. Man wolle Connie Bennett haben. Ich sagte: »Nein — mich!« Ich setzte mich durch.

Regie führte Lowell Sherman, der in der Originalversion, die unter dem Titel *Was kostet Hollywood?* lief, an der Seite Connie Bennetts die Hauptrolle gespielt hatte. Ein ausgezeichneter Film.

Ich hatte Ruth Gordon in dem Stück *A Church Mouse* gesehen. Sie hatte hervorragend gespielt, und ich konnte mir vorstellen, in *Morgenrot des Ruhms* genau so zu spielen — mit monotoner Stimme und alles um mich herum beobachtend. »Mein Name ist Eva Lovelace — L-O-V-E-L-A-C-E...« — das »lace« habe ich drangehängt — »Rauchen Sie? Ich schon.« — Die Rolle war traumhaft.

Mein erster Oscar. Ich konnte es gar nicht glauben! 1933 wurde der Oscar noch nicht lange vergeben. Ich glaube, damals saßen nur fünf Leute in der Jury. — Doug Fairbanks jun. und Adolphe Menjou spielten übrigens auch mit. Doug und ich spielten in dem Film die Balkonszene aus *Romeo und Julia* — in historischen Kostümen. Als wir die Szene, die später geschnitten wurde, drehten, sahen Mary Pickford und Doug sen. zu. Sie können sich gar nicht vorstellen, wie aufgeregt ich war. Die Dreharbeiten zu diesem Film dauerten siebzehn Tage.

Vier Schwestern

Einer meiner Lieblingsfilme. Regie führte wieder George Cukor. Es gab etliche Drehbuchentwürfe. Doch sie waren alle mittelmäßig. Genaugenommen sogar schlecht. Das änderte sich erst, als Sarah Mason und Victor Heerman engagiert wurden. Meiner unmaßgeblichen Meinung nach schrieben die beiden ein hervorragendes Drehbuch. Einfach, aufrichtig und naiv, aber glaubwürdig. Der Unterschied zwischen diesem Drehbuch und seinen Vorläufern war erstaunlich. Sie fanden das Buch überzeugend. Genau wie ich.

Die Mädchen. Die Gesamtsituation. Joan Bennett spielte die Amy. Sie war damals sichtlich schwanger. Frances Dee spielte Meg, Jean Parker die Beth, Paul Lukas den Professor Bhaer und Douglass Montgomery Lorrie. Spring Byington war Marme.

Die Ausstattungen waren sehr schön — Hobe Erwin, ein sehr be-

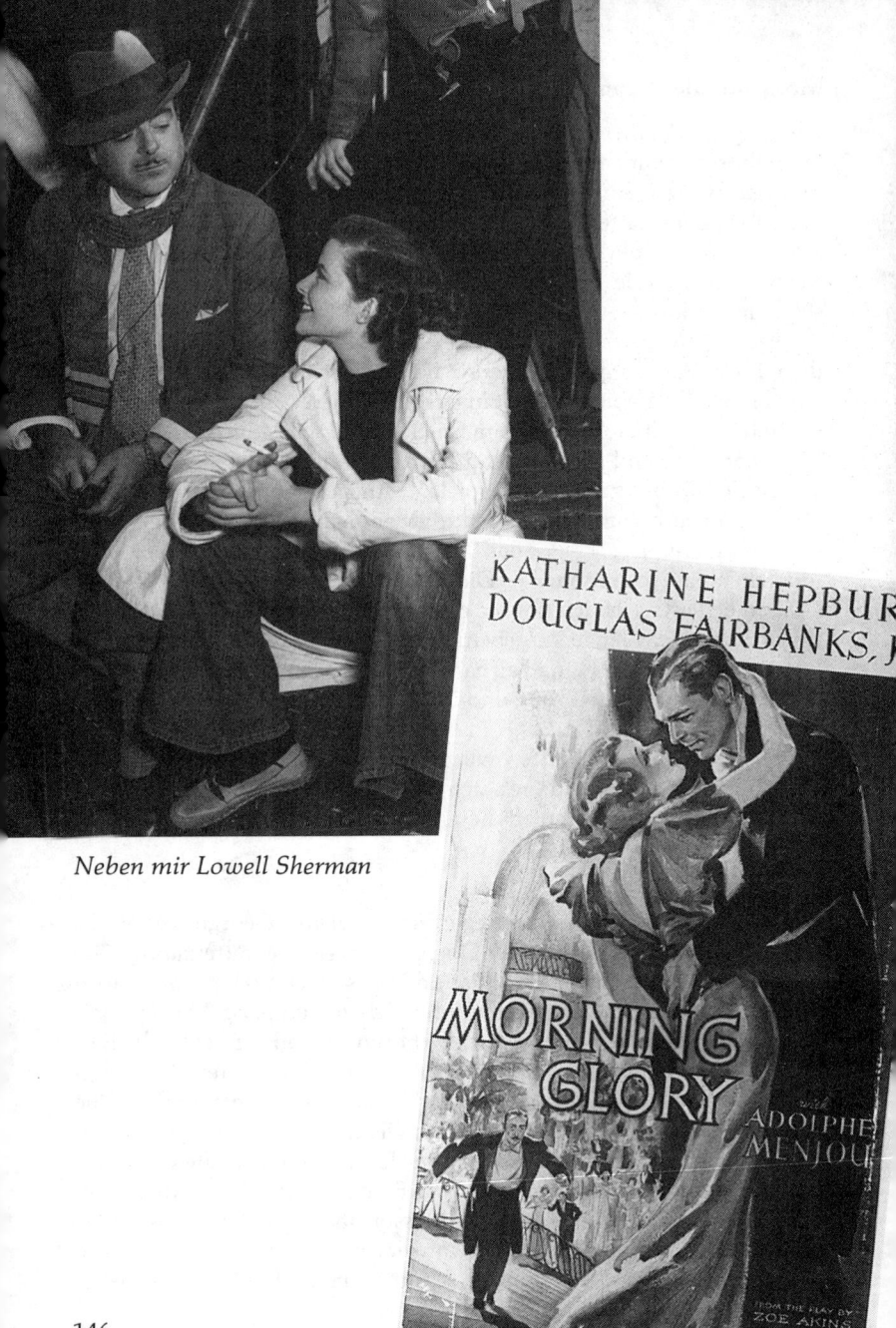

Neben mir Lowell Sherman

KATHARINE HEPBUR
DOUGLAS FAIRBANKS, J

MORNING
GLORY

ADOLPHE
MENJOU

FROM THE PLAY BY
ZOE AKINS
DIRECTED BY
LOWELL SHERMAN

»Vier Schwestern«

kannter Dekorateur aus New York, hatte sie entworfen. Man konnte
kaum einen Unterschied zu den Originalen aus Massachusetts erkennen. Das Haus und jenes von Mr. Lawrence wurden in einem Tal aufgebaut. Henry Stephenson spielte Mr. Lawrence. Es war aufregend.

Als wir die lange Sequenz drehten, in der Beth starb und alle — ich
ganz besonders — weinten, hatten wir Probleme mit dem Ton. Es war
furchtbar. Wir mußten wegen des Tons ständig von vorn beginnen —
schrecklich. Schließlich wurde mir schlecht, so daß wir erst am nächsten Tag weitermachen konnten.

Eines Tages bekamen wir Besuch von Tallulah Bankhead. Sie war
eng mit Cukor befreundet. Er ließ ihr ein paar Schnellkopien zeigen.
Sie war begeistert und kam mit verweinten Augen zurück. Das war
sehr befriedigend.

Die Arbeit an diesem Film war himmlisch — George Cukor war der
ideale Mann. Es gelang ihm, die Atmosphäre perfekt einzufangen.
Genauso hatte ich meine Jugend erlebt.

»Spitfire«

»Spitfire«

Bergweltmentalität à la Südstaaten. Schäm dich, Kathy.

Anschließend ging ich nach New York, um in dem Stück *The Lake* aufzutreten. Schäm dich gleich noch einmal, Kathy.

Das war nichts.

Meine Rückkehr nach New York

Mit *Eine Scheidung, Ihr großes Erlebnis, Morgenrot des Ruhms, Vier Schwestern* und *Spitfire* hatte ich einen Senkrechtstart vollzogen. Ich hatte sie alle innerhalb eines Jahres gedreht. Vielmehr innerhalb von eineinhalb Jahren. Sieben Monate des Jahres 1932, 1933 fast ganz. Ich hatte sogar einen Oscar bekommen. Dann kam *The Lake*.

Diesen nächsten Schritt — ich nenne es einmal so — werde ich Ihnen wohl erklären müssen. Ich war ziemlich von mir eingenommen, wie Sie sich vorstellen können. Mein großer Erfolg in Kalifornien. Und jetzt wieder in New York. Ich stand nun auf — ja — auf sicheren Beinen.

Meine Beziehungen zu früheren Freunden hatten sich verändert. — Jetzt stand ich erst einmal ganz weit oben. Von nun an mußte man mit mir rechnen. Es sind die anderen, die einen in diese Position bringen. Sie sehen zu einem auf. Und man selbst versucht so zu tun, als bemerke man diese Veränderung gar nicht.

Ich war der Ansicht, daß wir in New York nun mehr Platz brauchten. Luddy und ich fanden das Haus, in dem ich jetzt wieder lebe. Wir mieteten es möbliert — für 100 Dollar im Monat. Wir zogen ein und nahmen die wenigen Möbel mit, die wir hatten. Etwa 1937 kaufte ich das Haus für 27500 Dollar. Ich hatte Glück. Die Schuyler Smiths holten ihre Möbel ab, von denen wir im Laufe der Jahre ohnehin die meisten weggestellt hatten.

Im obersten Stock ließ ich eine Wand versetzen, um ein großes Gästezimmer einrichten zu können. Und im Erdgeschoß ließ ich eine Toilette einbauen; außerdem — ja — in meinem Schlafzimmer einen offenen Kamin. Der dafür notwendige Schornstein war bereits vorhanden.

Ich habe noch alles weiß getüncht, und das ist auch schon alles, was je daran verändert wurde. Das Haus ist bequem und behaglich; seine Vorderseite liegt nach Süden und war immer sonnendurchflutet. Heute nehmen mir die Wolkenkratzer in der nächsten Straße viel Licht — schade. Aber es ist ruhig und günstig gelegen, es gehört mir, und ich mag es.

An den Auszug der Schuyler Smiths kann ich mich kaum noch erin-

Das Haus in der 49sten Straße

nern. Jedenfalls ließen sie nur ein silbernes Tablett für Visitenkarten zurück, das auf einem Tisch an der Haustür steht, außerdem einen sehr hübschen Wohnzimmersessel. Ich glaube, sie hatten nach all der Zeit vergessen, was ihnen eigentlich gehörte.

Luddy unterstützte mich in meiner Karriere rückhaltlos. Die Tatsache, daß ich mit *Art and Mrs. Bottle* und *The Warrior's Husband* einen Weg einschlug, der mich zwangsläufig von ihm entfernte, erwähnte er nicht einmal. Er umsorgte mich. Ich benutzte seinen Wagen. Seine Wohnung war bezaubernd. Er verlegte seinen Arbeitsplatz nach New York, weil dies für mich praktischer war. Er entwikkelte ein System der automatischen Lohnüberweisung für festangestellte Mitarbeiter, das er an große Firmen verkaufte.

Als ich Luddy dann allerdings am 4. Juli 1932 verließ und nach Hollywood ging, war dies der Anfang vom Ende unserer Ehe, wie sich später herausstellte.

Was im Himmel hätte ich ohne Luddy nur angefangen! Er war mein Beschützer. Ich hätte mich in dieser großen Stadt sehr geängstigt, ich wäre verdorrt und gestorben. Luddy wollte nur mich, und ich wollte natürlich nur ein großer Filmstar werden.

Jetzt, wo ich das schreibe, entsetzt es mich, was für ein Schwein ich war. Dies wird deutlich, wenn ich Ihnen erzähle, daß ich Luddys Geld nahm und ihm sein Herz brach, während meine Schwester Peg sein Blut bekam. So sah die Wahrheit aus.

Das war 1942, als Peg in Washington D.C. ihre Zwillinge bekam. Sie war wasserkrank, und ihr Körper speicherte immer mehr Flüssigkeit und schwoll an. Sie kam gerade noch rechtzeitig ins Krankenhaus. Sie war so aufgedunsen, daß sie nicht mehr in ihre Kleider oder Schuhe paßte. Doch da es in einem kontinuierlichen Prozeß so weit gekommen war, hatte sie sich daran gewöhnt. Dann spürte sie, daß das Baby bald kommen würde. Ihr Mann war der gleichen Ansicht, und so suchten sie im Branchenbuch nach einem Arzt, der bereit war, zu ihnen nach Hause auf ihre Farm zu kommen. Sie fanden aber keinen. Also machten sie sich auf den Weg ins Krankenhaus. Doch der Wagen hatte einen Platten, und sie fuhren auf der Felge. Sie wußten nicht, wo in Washington D.C. das Krankenhaus genau lag. Außerdem herrschte Berufsverkehr. Irgendwie fanden sie es dann aber doch. Es stellte sich heraus, daß Zwillinge unterwegs waren und daß Peg in einer ziemlich schlechten Verfassung war.

Damals hatte Luddy dort geschäftlich zu tun. Er erfuhr von ihren Schwierigkeiten. Wir waren zwar geschieden, aber er gehörte einfach zur Familie. Nun, und er hatte auch die richtige Blutgruppe. »Ja, natürlich. Nehmen Sie mir Blut ab«, sagte er. Das geschah. Alles lief glatt, aber sie verschütteten einen Teil. Dann traten sie in ihrer Eile auch noch hinein. Das war zuviel für Luddy. Er fiel in Ohnmacht. — Dies ist die Geschichte, wie meine Schwester Luddys Blut bekam. Es ist schon eine ganze Weile her.

Der liebe Luddy. Er holte mich immer vom Zug oder vom Flughafen ab, wenn ich aus Hollywood zurückkam. Er fuhr mich nach Fenwick oder nach Hartford. Wir lebten getrennt. Dann wurden wir im mexikanischen Yucatán geschieden. Ich fand die Scheidung nicht gerade gut, aber sie schaffte klare Verhältnisse.

Luddy zog in eine andere Wohnung. Er erwies mir auch weiterhin jeden nur denkbaren Gefallen. Ich kann nicht erwarten, daß Sie das glauben, aber Anfang 1941, als ich schon mit Spencer zusammen war, sagte Spencer zu mir:

»Warum läßt du Luddy nicht los? Warum hörst du nicht auf, ihn auszunutzen?«

Ich war sprachlos. Dann dachte ich nach. Und endlich benutzte ich das, was ich an Verstand oder an Einfühlungsvermögen hatte. Ich hörte auf, ihn auszunutzen.

Nach etwa sechs Monaten heiratete er wieder. Er hatte zwei Kinder — ein Mädchen und einen Jungen. Fünfundzwanzig Jahre später starb seine Frau.

Luddy wurde krank. Spence war 1967 gestorben. Ich schaute immer wieder bei Luddy vorbei, um zu sehen, wie es ihm ging. Schließlich versuchte ich, ihm zu helfen. Er kam für einige Zeit nach Fenwick. Dann stellte man inoperablen Krebs bei ihm fest. Er mußte ständig ins Krankenhaus und wurde zusehends schwächer. Ich gab mir die größte Mühe, ihm einen Teil der Liebe, Güte und außerordentlichen Selbstlosigkeit zurückzugeben, die er mir erwiesen hatte.

Ist überhaupt deutlich geworden, wie sehr ich ihm den Anfang meines Aufstiegs verdanke? Grenzenlose Großzügigkeit — kein Gängelband — geben, geben und nochmals geben. Danke, lieber Luddy.

O je, die scheußlichste Geschichte habe ich noch gar nicht erzählt. Hören Sie sich das an. Ich habe von ihm verlangt, daß er seinen Namen von Ludlow Ogden Smith in S. Ogden Ludlow änderte. Ich wollte nicht Smith heißen. Das fand ich niederdrückend. Kate Smith. — Igitt!

Ihnen ist hoffentlich klar, daß mir all das erst jetzt wieder in Erinnerung kommt. Ich schaue zurück und versuche, der Wahrheit auf die Spur zu kommen. Den Beweggründen für mein Verhalten. Ich glaube nicht, daß ich so kaltblütig war, wie es sich jetzt vielleicht anhört. Das hoffe ich wenigstens. Aber es ist wohl so, daß ich ein fürchterliches Schwein war. Mein Ziel war *ich, ich* und noch mal *ich.* Immer, egal, ob es gerade auf- oder abwärts ging.

Luddy, der mit dem Erfinder Thomas Edison verwandt war, hatte selbst eine wissenschaftliche Ader und war eigentlich selbst ein Erfinder. Er hatte eine Viktrola erfunden, die Platten wechseln konnte, sie aber nicht patentieren lassen. Luddy fand es nicht gut, daß die Platten im Plattenspieler übereinander gestapelt wurden, weil er glaubte, dies könne sie beschädigen. Bald darauf kam ein Plattenwechsler auf den Markt. Luddy reagierte eigenartig. Es schien ihm nichts auszumachen. Ich war außer mir.

Er liebte Musik über alles, deshalb hatten wir auch überall im Haus Lautsprecher. Die Klangqualität war sagenhaft. Wenn seine Freunde sich aufwendige Musikgeräte zulegten, verlangten sie immer, daß Luddy zu ihnen in die Wohnung kam, um die Klangqualität zu prüfen. Er hatte ein bemerkenswertes Gehör.

Luddy konnte alles in Gang bringen — mein Leben — den Wagen — die Heizung — und dies und jenes. Er war Schreiner, Mechaniker, Klempner. Einfach wunderbar. Aber das wichtigste, und zwar von Anfang an, war, daß er — wie soll ich es sagen — daß er da war. Er war immer da. Wie niemand sonst. Wie soll ich Ihnen nur meine Beziehung zu Luddy beschreiben? Wir standen uns wirklich sehr nahe. Er war wie Mutter und Dad. Er war da. Er war wie die Luft zum Atmen. Mein Freund.

Ich konnte ihn um alles bitten. Er sagte nie nein. So etwas gibt es nur sehr selten. Bedingungslose Liebe.

The Lake

E iner meiner... Eigentlich wollte ich »Freunde« schreiben, aber
bei Jed Harris konnte man sich nie sicher sein. Jed war Mitte der
Zwanziger bis Anfang der Dreißiger einer der erfolgreichsten
Produzenten am Broadway. Er landete unzählige Hits:

1926	*Broadway*
1927	*Coquette*
1927	*The Royal Family*
1928	*The Front Page*
1930	*Uncle Vanya*
1933	*The Green Bay Tree*

Sie alle waren Megahits. Er verdiente Millionen. Danach steckte er bis
1938, bis *Our Town,* in einer Flaute.

Als ich zum erstenmal nach New York kam, stand er auf dem Höhe-
punkt seines Erfolgs. Anfang der Dreißiger chauffierte ich ihn immer
in meinem Wagen herum, bis ich 1932 nach Hollywood ging. Als ich
1933 wieder nach New York zurückkehrte, war *ich* die Erfolgreiche
und hatte für *Morgenrot des Ruhms* bereits einen Oscar erhalten.

Je mehr sein Erfolg nachließ, um so erfolgreicher wurde ich. Es sah
so aus, als würde mir einfach alles gelingen. Und offenbar glaubte ich,
daß ich Jed wieder zum Erfolg verhelfen könnte, wenn ich mit ihm
The Lake machte.

Nun, es geschah folgendes:

Obwohl seine Karriere als Broadway-Produzent ins Trudeln geraten war, waren seine Selbsteinschätzung und sein Verhalten mir gegenüber so, als sei er noch immer der Größte. Bescheidenheit war
nicht seine Sache.

Er behandelte einen, als sei man minderwertig. Zudem kannte ich
ihn noch aus einer Zeit, als ich auf der Erfolgsleiter eindeutig viele
Stufen unter ihm stand. Nun war die Situation umgekehrt — aber
weder Jed noch ich konnten das zugeben. Er war das Genie, und ich
war die Einfältige, die einfach nur Glück gehabt hatte.

Als ich wieder in New York war, meldete ich mich bei ihm.

»Oh — wie geht es dir?« fragte er. »Ich wollte dich auch schon anrufen.

Ich habe ein Stück, in dem du vielleicht gern mitmachen würdest. Ich schicke es dir.«

Es war *The Lake* von Dorothy Massingham. Ich ging mit einer völlig falschen Einstellung an das Stück heran. Ich weiß nicht mehr, wie ich es einschätzte — ob ich es für eine abendfüllende Theaterunterhaltung hielt. Ich glaube, ich wollte Jed unbedingt helfen. Ich wage kaum, dies zu schreiben, aber ich glaubte einfach, daß er wieder auf die Beine kommen würde, wenn ich in diesem Stück mitspielte. Ich glaubte, daß ihm seine Lage sehr unangenehm sei und daß ich ihm jetzt, wo ich »wichtig« und eine Art Idol war, wieder zu seinem alten Ansehen verhelfen könne. Ich weiß nicht, wie ich so dumm sein konnte. Ich hatte wirklich eine eigenartige Beziehung zu Jed.

Das erstemal war ich ihm begegnet, als ich mich in seinem Büro um ein Engagement bemühte. Jimmy Schute, mit dem ich befreundet war, war damals sein Sekretär. Irgendwie fand Jed heraus, daß ich einen Wagen hatte, und ab da wurde ich als eine Art Chauffeuse recht nützlich für ihn. Als Schauspielerin hatte er mich gar nicht wahrgenommen.

Bei den Damen genoß er trotz seines finsteren Aussehens beträchtliches Ansehen. Laurence Olivier sagte einmal, er habe sich Jed zum Vorbild genommen, als er Richard III. — eine furchterregende Erscheinung — spielte. Daß sich Jed für mich interessierte, dafür gab es nicht das geringste Anzeichen. Soweit ich das beurteilen konnte, war ich für ihn einfach das Mädchen mit dem Wagen.

Eines Tages fragte mich Jed:

»Warum hast du mich nie nach Fenwick eingeladen?«

»Himmel, Jed — Fenwick würde dir doch gar nicht gefallen!«

»Woher willst du das wissen?«

»Ich werde mal mit Mutter reden.«

Also sprach ich mit Mutter, und sie meinte: »Bitte — gern.«

Wenn ich im Osten war, fuhr ich jedes Wochenende nach Fenwick — meist am Freitag. Und Luddy, mein Ex-Mann, mein lieber Freund, kam meist am Samstag. An dem Wochenende, das ich mit Jed dort verbrachte, fuhren wir auch am Freitag hin. Es war ein vergnügliches Wochenende — Golf, spazierengehen, unterhalten. Luddy fuhr am Sonntagabend zurück. Jed und ich wollten erst am Montag losfahren. Am Sonntagabend kam meine Mutter zu mir ins Schlafzimmer:

»Hör mal, ich glaube, Jed weiß gar nicht, daß Luddy dein Mann ist.«

»War«, korrigierte ich.

»Gut«, meinte Mutter.

Jed Harris

Am nächsten Morgen frühstückten Mutter und Jed allein auf der Veranda. Jeder aß, wann es ihm gefiel.

Mutter: »Wie finden Sie denn Kaths Mann?«

Jed: »Ihren wen?«

Mutter: »Luddy.«

Nun trat eine ziemlich lange Pause ein, dann wechselte Jed das Thema. Etwa eine Stunde später brachen wir — Jed und ich — nach New York auf. Bis wir New Haven erreichten, sprach er kein Wort.

Jed: »Warum hast du mir nicht gesagt, daß du verheiratet bist?«

KH: »Warum sollte ich, Jed. — Ich weiß doch auch nicht, ob du verheiratet bist. Ich habe es nie für wichtig gehalten. Welchen Unterschied würde es denn machen?«

Jed sah mich sehr lange sehr nachdenklich wie aus einem sehr weit entfernten Land an. »Verstehe«, sagte er dann und sprach von etwas anderem.

Jed: »Was hältst du von *The Lake*?«

KH: »Ich bin mir nicht ganz sicher. Glaubst du, ich könnte...«

Jed: »Um Himmels willen, Kate. — Wenn ich nicht der Meinung wäre, du könntest es... Wieviel die Woche willst du denn?«

KH: »Du liebe Güte, Jed, ich habe nicht die leiseste Ahnung...«

Jed: »Wie wäre es mit 500 Dollar pro Woche?«

Das war ein mageres Angebot. Stargagen lagen zwischen 1000 und 2500 Dollar die Woche.

KH: »Tja, wie...«

Jed: »Okay. Abgemacht.«

Das war der Anfang von *The Lake*.

Ein echtes Desaster. Blanche Bates und Frances Starr — große Stars. Colin Clive — ein Star. Und ich — eine Eintagsfliege. Mein Name stand über allen anderen.

Ich hatte Jed gebeten, mich nicht zur Hauptattraktion zu machen. Und wenn doch, dann sollte er wenigstens die erfahreneren Darstellerinnen vor mir nennen. Ich bat ihn nicht darum, weil ich lieb und selbstlos war. Ich hielt es einfach für gerecht. Und ich wußte auch, daß diese beiden Damen überaus beliebt waren und daß ich keine Sympathien gewinnen würde, wenn ich sie von den ersten Plätzen verdrängte: Für wen hält sie sich eigentlich?

Aber Jed glaubte, daß ich die Attraktion sei und daß die Leute wegen mir kommen würden. Und deshalb sollte ich an oberster Stelle genannt werden. So kam es auch. Ich hielt meinen Kopf hin. Und das war dumm von mir.

Die Proben begannen im Martin Beck, 45ste Straße, westlich des

Broadway. Es war groß, aber wir waren zuversichtlich. Wir würden es füllen. Ohne weiteres. Darüber machten wir uns keine Sorgen. Auf die Nähe der anderen Theater waren wir nicht angewiesen.

Tony Miner führte Regie. Voller Begeisterung gab ich mein Bestes. Doch mein Bestes war keine sehr verläßliche Größe. Ich war Mitte Zwanzig. Ganz schön übertrieben hatte man mich die neue Duse — oder Bernhardt — genannt.

Ich wußte zwar, daß ich all diese Lobgesänge nicht ganz verdiente, aber irgend etwas Besonderes hatte ich wohl schon. Aber was, darüber war ich mir nicht klar. Und wenn es darauf ankam, fühlte ich mich unsicher. Ich meine, beim Schauspielen. Und das war wirklich gefährlich. Ich konnte sie zum Lachen bringen. Zum Weinen. Aber die Atmosphäre mußte hundertprozentig stimmen. Beim Filmen war das nicht weiter schlimm. Aber auf der Bühne war es eine Katastrophe.

Nach einer Woche feuerte Jed Tony. Helen Hayes, die ich kaum kannte, schickte mir einen kurzen Brief, in dem sie mir riet: »Unter Jeds Regie dürfen Sie nicht arbeiten. Er zerstört Ihr Selbstvertrauen.« Aber ich war jung. Ich war einzigartig. »Du kommst mit allen zurecht«, sagte ich mir. Ich befolgte ihren Rat nicht.

Warum Jed Tony Miner feuerte, habe ich nie herausbekommen. Ich vermute, er wollte ganz einfach selbst Regie führen. Tony hatte mir Sicherheit gegeben. Das taten auch die anderen Schauspieler. Sie waren freundlich zu mir. Heute weiß ich natürlich, daß sie allmählich ahnten, was ihnen bevorstand. Von Beginn an schien Jed vor allem ein Ziel zu verfolgen: mein Selbstvertrauen — mein wichtigstes Kapital — zu zerstören. Oder ihm gefiel das, was ich machte, einfach nicht. Wandte ich mich nach rechts, sagte er: »Nach links.« Gestikulierte ich mit der einen Hand, sagte er: »Mach's mit der anderen.« Ich saß, und er sagte: »Stehen.« Das machte mich fertig.

Auf der Bühne stand ein Klavier, mit der Tastatur zum Publikum. Ich kann nicht Klavier spielen. Ich bin so sehr Rechtshänderin, daß meine linke Hand fast verkümmert ist. Ich mühte mich ab. Die Szene war überaus wichtig. Sehr gefühlvoll. Ich mußte darin Klavier spielen. Ich kam mir wie eine Idiotin vor. Und das war ich auch.

»Ich kann der Musik mit meinen Händen nicht folgen — außerdem bringt es mich raus, wenn meine Hände über die Tastatur gleiten und gleichzeitig die Musik aus dem Off zu hören ist. Ich kann mich so nicht konzentrieren, Jed, und deshalb kann ich auch die Szene nicht spielen. Ich denke immer nur daran, daß ich nicht Klavier spielen kann. Und das Publikum wird auch denken: ›Die kann nicht Klavier spielen.‹«

Jed meinte nur: »Helen Hayes hat mir zuliebe Klavier spielen gelernt.«

»Meine Güte«, dachte ich, »ich könnte nicht einmal für den lieben Gott Klavier spielen lernen.«

Ich weinte. Jed tröstete mich. Und die Quälerei begann von vorn. Den Kollegen war das sehr unangenehm.

Jed war bestimmt nicht dumm. Aber ich frage mich bis zum heutigen Tag, was er damit bezweckte, eine kleine Anfängerin, die versuchte — nein, die darum kämpfte —, in ihre viel zu großen Schuhe hineinzuwachsen, so zu erschüttern, daß sie nicht mehr zu gebrauchen war.

In der Londoner Inszenierung von *The Lake* hatte Marie Ney gespielt. Tyrone Guthrie hatte die Regie geführt. Das Stück handelt von einer Frau, die spät heiratet, Ende Zwanzig. Auf der Auffahrt zu ihrem Haus kommt — unmittelbar nach der Trauungszeremonie — der Wagen, in dem die Frischvermählten sitzen, ins Schleudern und überschlägt sich. Er stürzt in den See, und der Bräutigam wird unter dem Wagen eingeklemmt. Er ertrinkt. Sehr dramatisch. Da der treue Bräutigam tot ist, liegt der schwache, verheiratete Mann, mit dem sie ihr Spielchen getrieben hat, wieder auf der Lauer. Quintessenz:

»Die Kallas blühen wieder. Was für eigenartige Blumen. Ich trug sie bei meiner Hochzeit. Und nun lege ich sie hier im Andenken an einen Toten nieder.«

Howard Greer aus Hollywood war für meine Kostüme zuständig, Jeanie Barton für meine Frisur — auch sie kam aus Hollywood. Cecilia, meine Hilfe bei den Dreharbeiten, umsorgte mich auch hier. Sie alle waren auf Hollywood geeicht. Mit der Unmittelbarkeit des Theaters, wo Ursache und Wirkung fast gleichzeitig eintreten, hatten sie keine Erfahrungen. In Hollywood wartet man auf den Schauspieler. Im Theater wird auf niemanden gewartet. Der Zug fährt einfach ab. Meine Helfer bewegten sich also auf unbekanntem Terrain. Sie fühlten sich alle unwohl. Und außerdem war es im Osten kalt.

Ich hatte einen Stadtwagen Marke Lincoln und einen Chauffeur, Charles Newhill. Charles arbeitete schon seit meinen frühesten New Yorker Tagen für mich. Seine Vorfahren waren teils Deutsche, teils Italiener; ein paar Iren waren auch dabei. Er war sehr jung aus Amsterdam, New York, in die große Stadt übergesiedelt, hatte weiche, braune Augen und ein gutes Herz. Dreiundvierzig Jahre lang arbeitete er für mich. Wenn ich in Kalifornien war, versorgte er mein Haus und die Gäste, die in meinem Haus — damals wie heute — kamen und gingen.

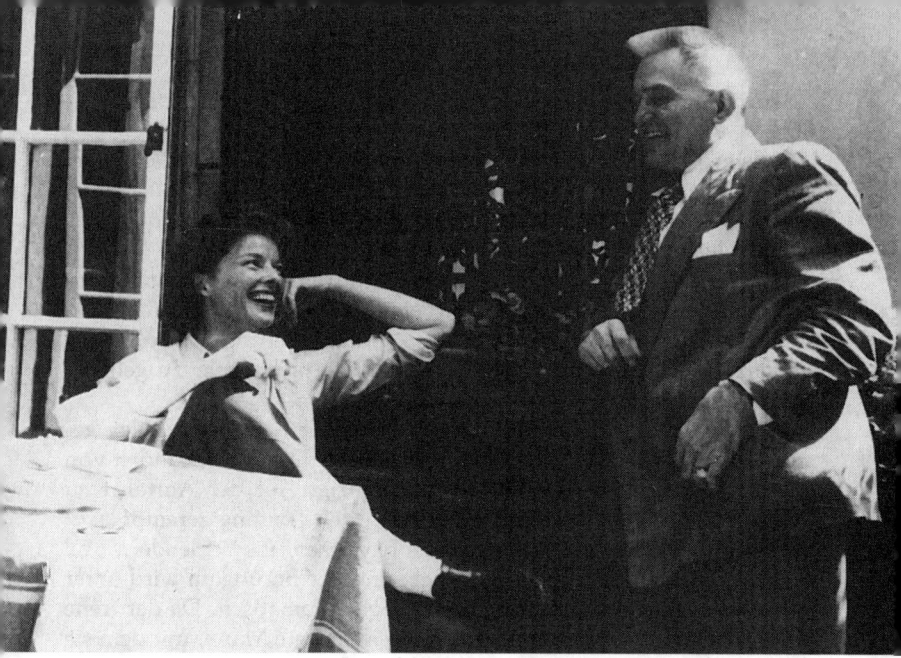

Ich mit meinem Chauffeur, Charles Newhill

Er kam früh und blieb lange. Machte mir das Frühstück. Trug es zwei Treppen hoch. Die Zeit verging. Charles spürte sein Alter immer stärker. Die Treppen wurden steiler und steiler für ihn. Er quälte sich. Ich tat so, als wollte ich die Morgenzeitung lesen. »Wo ich schon mal unten bin, kann ich das Tablett ja selbst hochtragen.« Dann: »Lassen Sie es mich machen — dann habe ich ein bißchen Bewegung.« Schließlich meldete er sich für ein paar Tage krank, eine Erkältung. »Ich wollte Sie nicht anstecken.« Seine Krankheiten häuften sich, und zuletzt kam er überhaupt nicht mehr. Ich sah regelmäßig nach ihm. Dann starb er. Es war sehr traurig für mich. Wir waren die besten Freunde. Er half mir. Ich half ihm. Wir hatten ein schönes Leben miteinander.

Er war ein Engel. Egal, wie groß der Mißerfolg war, er sagte immer: »Ich weiß nicht, Miß Hepburn. Die lieben Sie einfach. Ich kann nichts anderes sagen. Ich höre, was die anderen sagen. Sie sind die Größte.« Diese herzerwärmenden Lügen. Sie machen einem Mut. Diese Lügner, die einen lieben und beschützen. In guten wie in schlechten Zeiten. Bis daß der Tod uns scheide. Was für ein Glück ich doch hatte. Guter Charles. Er war meine Stütze.

Zurück zum Geschäft.

Die Premiere fand in Washington statt. Wir wollten nur eine Woche dort bleiben. Ich hatte im Hay Adams gebucht, Zimmernummer 375−378. Ich ging mit Laura Harding zur Rezeption. Wir meldeten uns an:

»Leopold Stokowski wohnt auch hier«, sagte man mir.

»Oh«, meinte ich, ziemlich aufgeregt. (Ich hatte ihn bereits einmal getroffen.) »Wo...«

»Zimmer 238.«

»Hm − wie interessant.«

Wir gingen zum Aufzug, stiegen ein. Und im gleichen Augenblick betrat ihn kein anderer als Leopold Stokowski.

»Was machen Sie denn so?« fragte er.

»Ich spiele in einem Stück«, sagte ich.

»Ja, das weiß ich«, sagte er. »Vielleicht könnten wir zusammen zu Abend essen?«

»Ja, gern«, meinte ich.

»Gut«, sagte er. »Ich rufe Sie an. Welche Zimmernummer haben Sie?«

»238«, antwortete ich.

Erst trat eine lange Pause ein, dann lächelte er.

»Das ist meine Zimmernummer«, sagte Stokowski.

»Ich meine 375.«

»Ja − natürlich.«

Und weg war er.

Laura und ich kicherten. Wir fanden es zum Schreien. Und eines Abends aß ich mit ihm auf einer Jacht auf dem Potomac zu Abend. Es war die Jacht von John Hays Hammond.

Premiere. Ich hatte Angst. Mein Selbstvertrauen war immer schwächer geworden. Dabei war Selbstvertrauen alles, was ich hatte. Unter idealen Umständen und Bedingungen konnte ich auf eine naive und ungekünstelte Art lachen oder weinen. Aber mich im Zustand höchster Angst zur Konzentration zu zwingen, das schaffte ich noch nicht. Wie eine Schlafwandlerin brachte ich im National Theatre in Washington D. C., das bis auf den letzten Platz ausverkauft war, das Stück hinter mich. Ein paar Szenen saßen. Aber die meisten gingen daneben. Ich spürte förmlich, wie die Aufmerksamkeit des Publikums zunehmend abebbte. Die Bewegungen stimmten, aber sie waren ausdruckslos − freudlos. Ich gab mir Mühe, aber ich war zu gehemmt.

Als es vorbei war, tobte das Publikum. Das amerikanische Publikum ist sehr freundlich. Es entsprach zwar nicht ganz ihren Erwartungen, dieses neue Wunder. Aber vielleicht täuschte man sich ja auch. Und was soll's, sie ist jung und aufwendig hergerichtet. Seien wir nett zu ihr und klatschen.

Jed kam in meine Garderobe. Er blieb im Türrahmen stehen, warf mir eine Kußhand zu und sagte:

»Perfekt — da ist nichts mehr zu verbessern.«

»Nichts mehr?« fragte ich ihn verständnislos.

»Nein. Kein Proben mehr. Nächste Woche spielen wir in New York.«

Ich war wie betäubt.

»Können wir das nicht noch ein bißchen hinausschieben, bis ich mich sicherer fühle?«

»Nicht nötig.«

Dann ging er.

Am nächsten Morgen erschienen die Kritiken. Man erzählte mir, daß sie keineswegs schlecht waren. Ich lese sie nicht. Ich sehe einfach

Franklin Delano Roosevelt und ich

keinen Sinn darin. Wenn sie erscheinen, ist es ohnehin zu spät, um noch irgend etwas zu ändern. Aber natürlich bekomme ich den allgemeinen Tenor mit: gut — schlecht — großartig. In diesem Fall war ich der Ansicht, daß es die Kritiker einfach gut mit uns meinten. Aber vielleicht wollten sie auch das neue Wunderkind nicht demontieren. Mein Verstand sagte mir, daß ich nicht überzeugend gespielt hatte. Ich steigerte mich in ein immer stärkeres Katastrophengefühl hinein und wurde immer schlechter. Doch in New York gingen die Karten weg wie warme Semmeln.

Ich hatte auch angenehme Erlebnisse. Präsident Roosevelt lud mich zum Tee ein. Natürlich war das ein Befehl. Ich kaufte mir einen Hut. Ein Kleid hatte ich. Charles und ich fuhren fünf Minuten vor der Zeit am Tor des Weißen Hauses vor. Wir warteten. Schauten ständig auf die Uhr. Eine Minute vor der Zeit fuhren wir hinein. Irgend jemand öffnete die Wagentür. Ich stieg aus und war vor Aufregung wie gelähmt.

Die vordere Eingangstür des Weißen Hauses öffnete sich. Meiner Erinnerung nach erschien ungefähr drei Stufen über mir ein Mann in einem Morgenmantel. Ich ging mit ausgestreckter Hand nach oben. — Lieber freundlich als förmlich sein.

»Ich bin der Türhüter«, sagte er.

Und ohne meine ausgestreckte Hand zurückzuziehen, sagte ich: »Guten Tag.«

Er lächelte. Ich folgte ihm in einen kleinen Raum — einen sehr kleinen Raum. Heute kommt es mir so vor, als sei er für seine Breite außerordentlich lang gewesen. Dann sagte man mir, Präsident Roosevelt werde in wenigen Minuten kommen.

Er kam. Ich kann Ihnen beim besten Willen nicht sagen, ob er in einem Rollstuhl saß oder nicht. Ich glaube, er ging an Krücken und hatte einen Helfer bei sich, der sofort ging, als wir uns hingesetzt hatten. Aber das ist ja eigentlich unwichtig. Da war er nun. Diese kraftvolle und faszinierende Persönlichkeit. Er sagte, daß es ihm leid tue, mich nicht in dem Stück gesehen zu haben. Daß er sich aber einige meiner Filme angeschaut habe und wolle, daß ich mir die Verfilmung einer Kurzgeschichte von Kipling durch den Kopf gehen lasse. Welche er meinte, weiß ich nicht mehr, aber es war eine seiner Lieblingsgeschichten. Dann fragte er nach meiner Mutter und ihrer Freundin Jo Bennett, deren Schwiegersohn Warm Springs geplant und gebaut hatte. Er hieß Tombs. Ich fragte ihn, wie er sich all die Namen merken könne.

»Das ist meine Aufgabe«, sagte er, »und ich bemühe mich auch

»The Lake«

Colin Clive

164

SELL-OUT

KATHERINE

darum. Wenn ich jemanden treffe, sage ich: Sie sind Mr. Jones. Das ist Ihre Frau — Mrs. Jones. Ich sehe sie mir an. Ich nehme sie in mich auf und präge sie mir ein. Und beim nächsten Mal sage ich: Ach, guten Tag, Mr. Jones. Wie geht es Ihnen? Und wie geht es Mrs. Jones? — Das macht einen guten Eindruck.«

Ganz bestimmt. Ich habe es in Boston ausprobiert.

»Sie sind Mr. Smith — und Sie sind Mrs. Smith...«

Nachdenken, sich konzentrieren. — Immer wieder vergesse ich, das zu tun.

Dieser Besuch war die einzige angenehme Erinnerung an jene Woche in Washington. Der Präsident schien alle Zeit der Welt zu haben. Ich befürchtete schon, zu lange zu bleiben.

»Wie weiß ich, wann ich gehen soll, Herr Präsident?«

»Darüber brauchen Sie sich keine Sorgen zu machen, Kathy. Sie bleiben hier sitzen, bis ich gehe. Wenn ich gegangen bin, gehen Sie auch.«

Er war ein Charmeur. Herzlich. Amüsant. Er erzählte mir, wie er im Ersten Weltkrieg für die Liberty Bonds geworben und sich dabei so sehr in Begeisterung geredet hatte, daß er von dem Stuhl, auf dem er stand, fiel und direkt auf Marie Dresslers Schoß landete.

Der Besuch war ein Vergnügen. Franklin Delano Roosevelt hatte einen unglaublichen Charme und die Gabe zu lachen. Und das ist eine große Gabe. Sie erleichtert einem das Leben.

Zurück zu *The Lake*: Es war ein langsamer Gang zum Schafott. Wir brachten Washington hinter uns. Wir kehrten nach New York zurück. Ich wünschte mir ständig, tot umzufallen. Aber dieser Wunsch ging nicht in Erfüllung. Wir probten kein einziges Mal mehr. Vielleicht hatte Jed inzwischen das Gefühl, daß er mir zu viele Regieanweisungen gegeben hatte. Vielleicht wollte er mir nun die Möglichkeit geben, meinen eigenen Weg wiederzufinden. Aber zu diesem Zeitpunkt hatte ich bereits jede Orientierung verloren. Er — Jed — ließ sich nicht mehr blicken, zumindest nicht bei mir. Ich hatte nicht die geringste Chance, meinen Weg wiederzufinden. Der Pfad war zugewachsen. Ohne Anleitung ging gar nichts mehr. Ich war orientierungslos.

Unaufhaltsam rückten sie näher: Kostümprobe, Premierenabend. Zum Glück hielt ich durch. Mein Stichwort fiel. Ich taumelte auf die Bühne und durch den ganzen Premierenabend. Es war absolut grauenhaft. Wie ein Automat. Meine Stimme wurde immer höher. Ich betete. Und betete. Und betete. Es half nichts. Ich machte nur immer weiter und weiter und weiter. Ich starb nicht. Ich lebte. Und ich war mir meines jämmerlichen Auftritts voll bewußt.

Meine Familie war natürlich mit an der Front, auch meine wesentlich jüngeren Schwestern. Noël Coward saß direkt hinter meiner Schwester Peg, die damals ein schönes junges Mädchen war. Angeblich sagte er:»Kate sollte so aussehen wir ihre Schwester, aber das tut sie nicht.«

Noël kam hinter die Bühne. Diesmal sagte er:»Du hast es vermasselt. Aber das passiert jedem von uns. Sie werden dich jetzt in die Pfanne hauen. Aber gib nicht auf. Du wirst deinen Weg schon machen.«

Ich wurde tatsächlich in die Pfanne gehauen. Ich wurde zur unvermeidlichen Zielscheibe der New Yorker Kritik, und Dorothy Parker resümierte:»Gehen Sie ins Martin Beck und schauen Sie sich an, wie K.H. die Gefühlsskala von A bis B runterspielt.

Von ihrer Garderobe führt zu jedem Eingang ein roter Teppich. Und diese Teppiche sind abgeschirmt, so daß keiner K.H. sehen kann. Aber wer will das schon?« — Dorothy Parker hatte recht.

Die Kartenverkäufe fielen auf etwa 1200 Dollar pro Woche. Durch den Vorverkauf war zumindest eine zehnwöchige Spielzeit gesichert. Und langsam sah es so aus, als würde das Stück danach auslaufen. Denn wer nur ein bißchen Verstand hatte, kaufte sich keine Karte mehr. Die, die bereits verkauft waren, konnten nicht zurückgegeben werden. Damit waren die Produktionskosten, die nicht hoch waren, abgedeckt.

Nun mußte ich versuchen, auch unter Beschuß zu spielen. Und ein Star zu sein. Bis dahin konnte ich keins von beiden. Ich hatte die Nerven verloren. Ich hatte gejammert. Ich war durchgefallen. Ich hatte die Erwartungen enttäuscht. Und ich hatte allen erzählt, daß es mir schlechtgehe, daß ich Angst habe und ratlos sei. Mit zunehmendem Alter wird einem aber immer klarer, daß man nicht weiterkommt, wenn man seine Angelegenheiten nicht selbst in die Hand nimmt.

Nach dem Schock des Premierenabends stellten wir uns alle auf ein baldiges Ende ein. Die Leute kamen noch aus Neugier oder aus ähnlichen Motiven, aber ihre Zahl schwand zusehends. Langsam fing ich mich wieder. Wenigstens war ich klug genug, um zu wissen, wer die Hauptschuld an diesem Reinfall trug: *ich.* Jed hatte sicherlich schon bessere Arbeit geliefert. Aber mein Beitrag war einfach eine Schande.

Eines Abends kam eine Frau zu mir in die Garderobe. Sehr groß. Sehr dick.

»Ich bin Susan Steele«, sagte sie. »Ich bin Sängerin. Ich glaube, ich kann Ihnen helfen.«

»Ja, wenn Sie mir helfen können, gern. Ich kann Hilfe brauchen. Wann fangen wir an?«

»Sofort«, sagte sie.

Wir fuhren zu mir und unterhielten uns über Stimmprobleme. Am nächsten Tag arbeiteten wir an den Szenen, die mir das meiste Kopfzerbrechen bereiteten. Und an meiner Stimme, immer wieder an meiner Stimme. Und an meiner Ausstrahlung. Man darf nicht wie ein Opferlamm wirken.

Sie kam nun jeden Abend zur Aufführung. Ganz allmählich fand ich aus diesem angstbesetzten Schwebezustand heraus. Ich bekam mich wieder besser unter Kontrolle. Die Panik schwand, und ich fühlte mich langsam wieder als Schauspielerin. Es fing sogar an, mir Spaß zu machen.

Die Leute kamen zu mir und sagten: »Sie sind ja gar nicht so schlecht. Sie haben mich zum Weinen gebracht.«

Nach und nach stellte sich mein Selbstbewußtsein wieder ein. Es war aufregend. Und es ist auch aufregend, was wir alles aus uns herausholen können, wenn wir uns darum bemühen. Ich gewann meinen Stolz zurück und half mir nicht mehr mit Ausflüchten. Ich versuchte, mich selbst als Verantwortliche für eine Gruppe zu sehen, nicht als armes Ding, das sein Bestes gegeben hatte und ungerecht behandelt worden war.

Es war ausgesprochen faszinierend. Ich konzentrierte mich ganz darauf, in dieser Rolle so gut wie nur möglich zu sein, sie in den Griff zu kriegen. Susan saß jeden Abend und bei jeder Matinee im Publikum.

Anschließend fuhren wir zu mir nach Hause und besprachen, an welchen Stellen ich gut gewesen war und an welchen nicht. Wir arbeiteten an meiner Stimme. Wie man sich entspannt. — Es half, ich wurde besser.

Jed kam, soviel ich weiß, nie mehr an den Schauplatz des Verbrechens zurück. Die Kollegen unterstützten mich, obwohl ich sie hatte hängenlassen, indem ich im entscheidenden Augenblick schlecht war. Aber sie unterstützten mich. Sie waren sehr wohlwollend — eben Schauspieler.

Diejenigen, welche die Premiere gesehen hatten und nun noch einmal kamen, waren angetan. Und natürlich war auch ich angetan.

Ich wurde zur Schauspielerin; ich lernte, ein *Star* zu sein.

Etwa in der dritten Woche der Laufzeit kam Joe Glick, der Manager unserer Truppe, in meine Garderobe und sagte: »Wir gehen nach Chicago.«

Ich traute meinen Ohren nicht.

»Was?«

»Jed will das Stück in Chicago zeigen.«

»Aber es gefällt ihnen doch nicht. Und ich gefalle ihnen bestimmt auch nicht. Und Jeds Arbeit gefällt ihnen sicher ebensowenig. Außerdem haben wir die Kosten eingespielt. Warum also?«

Joe zuckte mit den Schultern. »Geld.«

»Ach so.«

Joe verließ meine Garderobe. Ihm fiel nichts mehr ein. Und mir auch nicht.

Ich fuhr nach Hause. Was sollte ich tun? In New York hatte ich mich lächerlich gemacht. Aber weshalb sollte man das durch eine Tournee in alle Welt hinausposaunen?

Irgendeine gute Seele schickte mir einen Ausschnitt aus der Titelseite einer Chicagoer Tageszeitung: »Das Chicagoer Publikum hat das Pech, sich Katherine Hepburn in *The Lake* anschauen zu müssen.«

Etwa eine Woche lang zerbrach ich mir darüber den Kopf. Dann rief ich Jed eines Nachts um drei Uhr zu Hause an. Seit der Premiere hatte ich ihn nicht mehr zu Gesicht bekommen.

»Jed?«

»Ja.«

»Hier ist Kate.«

»Oh.«

Schweigen.

»Ich verstehe ja, daß du uns auf Tournee schicken möchtest. Nach Chicago.«

»Ja.«

»Aber warum, Jed? Sie haben mich fertiggemacht — und dich doch auch, wenn wir ehrlich sind. Warum also nach…«

Wir wurden unterbrochen. Dann meinte Jed:

»An dir interessiert mich nur das Geld, das du mir einbringst, meine Liebe.«

Ganz schön offen, dachte ich.

»Wieviel?«

»Wieviel hast du?«

Ich griff nach meinem Ordner, der im Bücherregal neben meinem Bett stand.

»Ich habe 13 675 Dollar und 75 Cent auf der Chase National Bank.«

»Das genügt mir.«

»Ich schicke dir morgen einen Scheck.«

Das war's. Ich schickte ihm den Scheck. Und als die Einnahmen so weit zurückgingen, daß kein Profit mehr heraussprang, stellten wir das Stück ein.

Ich sah Jed erst Jahre später während eines Theaterbesuchs wieder.

»Hallo, Kate.«

»Wer...«

»Jed Harris.«

»Ach. Hallo, Jed.«

Wieder ein paar Jahre später kam er nach Hollywood und bat Myron Selznick, ihm bei der Arbeitssuche behilflich zu sein. Myron meinte: »Da sind Sie an den Falschen geraten. Ich bin Kate Hepburns Agent.«

»Oh«, meinte Jed.

»Sie mag Sie nicht.«

»Weshalb?« fragte Jed.

»Sie haben ihr ihr ganzes Geld abverlangt, damit sie aus *The Lake* herauskam.«

»Ich wußte gar nicht, daß sie deswegen böse war.«

»Das war sie aber«, sagte Myron.

»Ich werde ihr einen Scheck schicken.«

Myron streckte seine Hand aus:

»Den können Sie mir geben.«

Also bekam ich ihn zurück. Allerdings habe ich den Scheck nie eingelöst. Ich habe ihn zerrissen. Trauriges Geld.

Ich hatte eine Menge dazugelernt. Das hoffte ich wenigstens. Das nächstemal würde ich es niemandem mehr erzählen, wenn ich Angst hatte. Die Hand am Ruder sollte hart wie Stein werden. Und selbst wenn das Schiff sinken sollte – ein Kapitän geht mit seinem Schiff unter. Aber er lamentiert nicht. Er gibt einfach stillschweigend sein Bestes.

Das war eigentlich alles. – Doch halt, es ereignete sich noch ein Vorfall, Jahre später: Leland Hayward, mein damaliger Agent – ja, Sie haben recht, er war auch mein Liebhaber –, also Leland traf Jahre später vor einem Theater in Philadelphia Jed. Jed hielt ihn an, sah ihm in die Augen und sagte:

»Weißt du, Leland, ich habe versucht, Katherine Hepburn zu zerstören.«

Leland sah ihn eindringlich an: »Das ist dir aber nicht gelungen, nicht wahr, Jed? Schönen Tag noch.«

Dann ging Leland weiter.

3

George Cukor

»Heute abend nichts, Johanna. Ich gehe zu George. Du weißt schon, George Cukor, der Filmregisseur.« Er war mein Freund. Als ich nach Hollywood kam, war er auch erst ein paar Jahre dort. Er war 1929 gekommen, ich 1932. Er hatte mich für *Eine Scheidung* als Sydney, Barrymores naive Tochter, engagiert.

George hatte sich sofort ein Haus gekauft — einen bescheidenen Bungalow am Cordell Drive, in den Hügeln oberhalb des Sunset Boulevard. George war erfolgreich, und sein Anwesen wuchs. Und wuchs. Und wuchs. Erst sein Grundstück um einige Hektar. Dann sein Haus.

Es stand am Fuße eines Hügels. Das heißt, genaugenommen stand es auf einer Ebene, doch gleich hinter dem Haus richtete sich ein Hügel steil auf. Das Grundstück auf der Ebene dehnte sich immer weiter nach Süden aus. Cukor machte einen großen Garten daraus. Eine Miß Yak pflanzte Bäume, Blumen und Gras. Außerdem gab es dort einen langgestreckten Swimming-pool und einen breiten Weg zu einer Art Aussichtspunkt mit Marmorsäulen. In der Nähe des Pools war unter einer mit Wein bewachsenen Laube ein offener Kamin. Dort aßen wir an heißen Tagen. Umschlossen war das Ganze mit einer hohen Backsteinmauer, die sich am Cordell Drive entlangzog.

Etwas hügelabwärts standen ein Gärtnerhaus und eine Weinlaube. Hier wurden später drei kleine Häuser gebaut. — Eines davon bewohnte Spencer.

Zu diesem Zeitpunkt war das Haus von George längst über seine frühere Küche-Eßzimmer-Wohnzimmer-zwei-Schlafzimmer-ein-Bad-Dimension hinausgewachsen. Und warum auch nicht? — Nach *Vier Schwestern*, *Was kostet Hollywood* (das Original von *Ein Stern geht auf*) mit Constance Bennett und Lowell Sherman, *David Copperfield* und *Dinner um acht* usw.

Das Wohnzimmer wurde nach Süden erweitert. Ein großes Fenster gab den Blick auf die Terrasse frei, die aufgeschüttet worden war und nun höher als der übrige Garten lag. Der Vordereingang führte durch die Backsteinmauer und über eine Treppe zur Terrasse hoch, die zum eigentlichen Wohngeschoß gehörte. Das Wohnzimmer war sehr konventionell — ziemlich steif. Ich erinnere mich noch an die Ankunft dreier wunderschöner Sessel aus dem Whitelaw Reid Castle. Im gleichen Zimmer hing auch ein bezauberndes Pastell von Renoir über dem Kamin: eine Dame mit Regenschirm. Rechts davon eine Landschaft von Grant Wood. Ich hatte es aus der Walker Gallery in New York kommen lassen. George fand es hinreißend, deshalb nahm er es an. In diesem Zimmer tranken wir bei förmlichen Anlässen Tee.

Das alte Eßzimmer wurde um etwa drei Meter höher. Es war dunkel, und man konnte die Decke nur noch ahnen, da die Beleuchtung ausschließlich aus Kerzenlicht bestand. Da man kaum etwas sehen konnte, boten wir alle einen herrlichen Anblick. Das Porzellan, die Tischdecken, das Silber, das Glas (natürlich Kristallglas) — alles glänzte, war erlesen, eine Wonne. George selbst hatte die einzelnen Stücke bei allen möglichen Gelegenheiten zusammengekauft. Er liebte seine Schätze. Sie waren sein Traum, sein Kindertraum — jener Es-war-einmal-Traum. Er war Wirklichkeit geworden — der Prinz, die Prinzessin. Ich ritt auf einem großen weißen Hengst.

Die Blumen in der Mitte des Tisches waren immer zu hoch. Ich schlich mich vor dem Essen stets hinein und schnitt sie, wenn ich konnte, ab, damit wir einander sehen konnten. Ich saß meist am falschen Ende des Tisches. Dort schloß ich Freundschaft mit Irene Selznick. Genau wie ich war sie eine von Georges Getreuen. Das Essen war wunderbar, die Tischgesellschaft die beste.

Als ich eines Abends bei ihnen zum Essen eingeladen war, wurde als Dessert ein herrlicher Kuchen hereingebracht — mit siebzig Kerzen. Judy Garland stand da und sang mit der ihr eigenen ruhigen und anrührenden Stimme:

>>Happy birthday to you,
Happy birthday to you,
Happy birthday dear Ethel,
Happy...«

Ethel Barrymore feierte ihren siebzigsten Geburtstag. Wir weinten vor Freude und Rührung oder was immer es war. Es war romantisch. Dieser Lichterglanz. Und diese Selznick-Brice-Judy-Spencer-Peck-Walpole-Maugham-Atmosphäre.

Bei einem meiner ersten Besuche bei George gab es als Nachspeise Käsekuchen. Ich fand ihn widerlich, aber natürlich aß ich ihn. Schluk-

Im Gespräch mit George Cukor

ken, schlucken — nur ja nicht atmen, schlucken. »O Kate, er schmeckt dir! Prima! Komm, Myrtle, gib Miß Hepburn noch ein Stück.« »O nein — nein!« Aber ich bekam noch ein Stück, und ich aß es. Nach jenem Abend noch mehrere Jahre lang. Ja, jahrelang, immer wenn ich zum Abendessen kam: »Du bekommst deinen Lieblingskuchen.« — Schließlich sagte ich ihnen doch die Wahrheit.

Sie bewohnten nun kein kleines Haus mehr. Es war eine Menge zu tun: die große Vorratskammer, eine große Küche, ein Herd mit acht Herdplatten, zwei Kühlschränke, ein Waschraum — und die Hintertreppe, die zu drei luxuriösen Bedienstetenzimmern und einem Bad führte. Eines der ursprünglichen Schlafzimmer wurde zum Büro umfunktioniert. In das andere kam die Bibliothek. Wenn wir ungezwungen zusammensaßen, dann in diesem Raum, in den noch ein offener Kamin eingebaut wurde. George hatte eine großartige Büchersammlung. Auf einem Tisch — ganz beiläufig — ein signiertes Foto von John F. Kennedy und Jackie — von Maugham — von Spencer. Sogar eine kleine Statuette, die mich als Kleopatra darstellte. O ja, ich war auch da. Ich bekam zwar immer wieder einen anderen Platz, aber das war okay. Ich gehörte zur Familie.

Und nun kommen die großen Veränderungen:

Die Südwand zur Bibliothek reißen wir ein. Wir bauen eine elegante, aber kleine Eingangshalle, dann auch einen neuen Vordereingang. Den Mantel oder Hut wirft man auf einen viktorianischen Stuhl, der wie ein Pilz aussieht, oder man hängt seinen Mantel in einen Schrank oder nimmt sich einen Drink — gegenüber befindet sich eine kleine Bar.

Aber wenn man etwas wirklich Aufregendes sehen möchte, wende man sich nach rechts (nach Süden) und betrete den berühmten ovalen Raum. Mit Leder verkleidete Wände, hohe Decke, indirekte Beleuchtung, die Decke und Wände voneinander abhebt. Ja, das ist ein Braque. Und das ein Matisse. Nicht zu vergessen die anderen — es waren etwa fünf — große Gemälde. Der Braque hing über dem Kamin, und im Kamin brannte kein Feuer, sondern dort lag ein riesiger, spitzer Kristallquarz, ein Geschenk von George Hoyningen-Huene.

Am anderen Ende war in einen runden Glaserker ein Sofa eingepaßt. Ein monumentales, dick gepolstertes Sitzmöbel. Davor stand ein Tisch, der das Kapitell einer korinthischen Säule als Sockel hatte. Auf diesem Sockel lag eine Marmorplatte, auf der man seine Drinks abstellen konnte, wenn der Arm bis dorthin reichte. Auf der gegenüberliegenden Seite des Glaserkers und des Sofas standen einige

An Ethel Barrymores siebzigstem Geburtstag: Sam Colt,
George Cukor, Constance Collier, Billy Burke und ich

Sessel, auf jeder Seite des korinthischen Überrests zwei oder drei.
Dort nahmen wir bei großen Anlässen unsere Drinks. Hier purzelten
wir alle durcheinander, zumal man so tief saß, daß man überhaupt
nicht mehr hochkam. Strawinsky, Ethel Barrymore, Edith Sitwell, die
Goldwyns, Hugh Walpole, Somerset Maugham, Sir Osbert Sitwell,
Groucho Marx, Ina Claire, Gregory Peck, Fanny Brice, Judy Garland, Natascha Paley, Larry Olivier, Vivien Leigh, Noël Willman —
nicht zu vergessen Gar Kanin und Ruth Gordon — also alles, was
Rang und Namen hatte.

Einmal war ich auf diesem Sofa zwischen Strawinsky und Groucho
Marx eingepfercht. Ich wollte mich mit Strawinsky über die australischen Leierschwänze unterhalten. Ob er sie gehört habe.

»Sei still, Groucho.« Nun, er hatte versucht, sie zu hören, er war
nach Melbourne und nach Sherbrooke Forest gefahren und hatte ge-

175

lauscht, aber — »Sei still, Groucho!« — er hatte nichts gehört. Der Klang hätte ihm gefallen. Er hatte eine Symphonie im Kopf. Doch die Vögel waren still. Für mich sangen sie ohne Unterlaß. Welch eine Verschwendung! Armer Groucho, er wollte sich unterhalten, und ich wollte Strawinsky zuhören, der die Leierschwänze hatte singen hören wollen, die es aber vorzogen, nicht zu singen. Ach, das Leben.

Wir gehen weiter und halten uns weiterhin südlich. Die Tür, die am anderen Ende der Eingangshalle lag, führte in Georges Räume. Wohnzimmer, Schlafgemach, weißes Marmorbad und an den Wänden unzählige Garbos, Ingrids, Viviens, Gladys Coopers, Großmutter, Großvater, Mutter, Vater (sie waren hinreißend, ich kannte sie gut), George als Baby, als Junge. Zwei Porträts von Natascha Paley und mir, die Beaton gemalt hatte. Alle sehr behaglich und intim.

Auf der linken Seite der Halle ging eine Treppe nach unten, die von oben bis unten von Briefen, Zeichnungen und Gemälden eingerahmt war. Sogar eins von meinen Gemälden hängt da: »Der Stuhl«. Im unteren Stockwerk ist das Gästezimmer — ein großes Bett, ein großer Schrank, viel Licht, Schalen mit wunderschönen Seifen, Bonbonnieren, Fruchtkörbe, die neuesten Bücher, Zeitschriften, wunderschöne Bettwäsche, Decken, Steppdecken, Kissen — Ruhe, wenn man frühstücken will. Immer, wenn ich in der Stadt war, war das mein Zimmer. George kam immer um halb sieben zum Frühstück herunter.

Dieses Haus ist eine reine Freude: edel, wunderschön und aufregend. Ein prachtvoller Palast aus gegerbtem Leder, poliertem Holz, hohen Decken und Silber und Gold, einfach allem. Und wir unterhielten uns bestens. Wir lachten und genossen das Leben.

Danke, George Cukor, du lieber Freund, es war wunderbar. Du fehlst uns. Deine klaren Gedanken, die nie von Alkohol oder von Tabletten vernebelt waren. Du hast einfach nur mit all deiner Kraft deine Träume zu verwirklichen versucht.

Ich habe Ihnen George Cukors Haus beschrieben, und ich finde, ich sollte Ihnen jetzt noch etwas über George Cukor als Regisseur sagen. Ich habe mit George einige Filme gedreht. *Eine Scheidung, Vier Schwestern, Sylvia Scarlett, Die Schwester der Braut, Die Nacht vor der Hochzeit, Hüter der Flamme / Die ganze Wahrheit, Ehekrieg, Pat und Mike, Das Korn ist grün, Liebe in der Dämmerung.*

Er hat eine außerordentlich erfolgreiche Karriere gemacht, und trotzdem wird er nur selten unter den sogenannten großen Regisseuren aufgeführt: John Huston, George Stevens, John Ford, Willy Wyler, Billy Wilder, Hitchcock. — Ich glaube, ich weiß inzwischen, warum. Er war in erster Linie ein Schauspieler-Regisseur. Er wollte vor allem die Schauspieler ins rechte Licht rücken. Er inszenierte die Geschichte aus der Perspektive der Hauptfiguren.

Als ich *Eine Scheidung* mit ihm drehte, wollte er *mich* beim Publikum groß rausbringen: Ich, wie ich die Treppe hinuntereile und mich in David Manners Arme werfe; ich, wie ich mich auf den Boden werfe; ich, wie ich mich in Barrymores Arme werfe. Damit wollte er nur suggerieren: Ist sie nicht großartig?

Er konzentrierte sich auf die Schauspieler. Er stellte sie in den Mittelpunkt. John Ford hingegen kümmerte sich hauptsächlich um die Handlung. Ich drehte *Maria von Schottland* mit ihm. Als er feststellte, daß die Geschichte zu schwach war, verlor er völlig das Interesse daran.

Auch Hustons Hauptinteresse galt wohl der Handlung. Das soll nicht heißen, daß die Schauspieler diesen Männern egal waren. Das heißt nur, daß sie sich als Regisseure stärker in den Vordergrund rückten. Wenn sie Interviews gaben, sprachen sie zum Beispiel weit mehr über sich selbst als über die Schauspieler – über ihren Arbeitsstil und darüber, wie sie sich einer Geschichte und ihrer Verfilmung näherten.

George hat nie in diesen Kategorien gedacht. Seine Aufmerksamkeit galt den Schauspielern. Für ihn waren die Schauspieler die Geschichte, deshalb hatten sie in Georges Filmen auch immer beeindruckende Auftritte. In seinen Interviews sprach er hauptsächlich von den glänzenden Schauspielerleistungen; folglich legte der Interviewer in seiner Besprechung mehr Gewicht auf die Schauspieler. Damit stieg unser Ansehen, aber nicht das von George. Ich bin mir nicht ganz sicher, ob ich recht habe. Aber ich glaube schon.

Wenn er sich mit einem Pressevertreter über seine Filme unterhielt, dann sprach er immer über das, was ihn am meisten interessierte – die schauspielerischen Leistungen. Folglich schrieb der Journalist hinterher über die Schauspieler. Er war durch seine Zeit bei der Rochester Stock Company geprägt. Damals, als die darstellerischen Leistungen mehr als alles andere zählten und Schauspieler noch starke Persönlichkeiten waren, konnte man das Publikum nur dann anlocken, wenn man sie entsprechend hervorhob.

George Cukor gab mir mein erstes Filmengagement – 1932. Ich habe Ihnen schon erzählt, wie ich mit Laura Harding nach Hollywood fuhr und wie ich George kennenlernte. Er war wirklich fett – knapp einen Meter siebzig groß und über zweihundert Pfund schwer. Er war ein Energiebündel, voller Tatkraft und sehr humorvoll. Er hat mich damals völlig richtig beurteilt – eine sogenannte Dame, ein wenig versnobt und durch und durch unsicher. Ich habe mir auch ein Urteil über ihn gebildet. Sehr intelligent, eine spitze Zunge und viel Sinn für Humor.

Von Beginn unserer Freundschaft an — und sie begann mit *Eine Scheidung* — lud er mich sonntags zum Mittagessen zu sich nach Hause ein. Und da mich Laura damals meist begleitete, lud er selbstverständlich auch sie ein — und auch sie wurden gute Freunde.

Zu jener Zeit ereignete sich eine lustige Geschichte. Margaret Mitchell schickte mir das Manuskript von *Vom Winde verweht*. Ich las es und fand es faszinierend. Ich lieh es Pandro Berman, Produzent und Chef von RKO, der es seinem Assistenten zu lesen gab. Joe Sistrom, der Assistent, fand die Rolle sehr unsympathisch und glaubte, sie würde meiner Karriere schaden. Inzwischen hatten natürlich auch andere das Manuskript gelesen. Ich fuhr zu David Selznicks Haus, um dort seinen Bruder Myron abzuholen, den ich nach Arrowhead bringen sollte, wo er das Wochenende verbringen wollte. Auf mein Klingeln öffnete David die Tür. Er hielt *Vom Winde verweht* in der Hand. Ich sagte: »Du brauchst es gar nicht zu lesen, David — kauf es einfach.«

David las es, kaufte es und engagierte natürlich George als Regisseur. Aber George fand, ich sei nicht der richtige Typ für die Scarlett, deshalb machten sie sich auf die Suche nach einer noch unbekannten Schauspielerin. Nach monatelangem Suchen fragten sie mich, ob ich bereit sei, Probeaufnahmen zu machen. Zu diesem Zeitpunkt glaubte ich, sie seien gezwungen, mich zu nehmen, weil sie die Dreharbeiten zu einem bestimmten Termin beginnen mußten oder anderenfalls die Rechte an dem Stoff verlieren würden. Ich ahnte aber auch, daß ich keine ideale Lösung wäre. Zugleich wußte ich, daß sie mich nach einer Probeaufnahme zwar verpflichten, aber weiterhin nach einer Unbekannten suchen und mich fallenlassen würden, sobald sie eine gefunden hätten.

Schließlich einigten wir uns darauf, daß ich meine endgültige Zusage erst einen Tag vor Drehbeginn geben würde. Da Walter Plunkett schon oft Kostüme für mich angefertigt hatte, hätte ich sehr schnell einsteigen können. Das war sehr klug von mir, denn man fand Vivien Leigh, die mich aus dem Rennen geworfen hätte, worüber ich sehr unglücklich gewesen wäre. George erlebte das gleiche wie ich. Er hat mir nie gesagt, warum David ihm die Regie von *Vom Winde verweht* entzog — ich habe ihn auch nie danach gefragt.

Bei *Die Frau, von der man spricht*, in dem Spencer und ich unter der Regie von George Stevens spielten, mußte ich Cukor beibringen, daß dieses Drehbuch von einem echten Macho verfilmt werden müsse, weil die Geschichte aus männlicher Sicht — und nicht aus weiblicher — erzählt werden müsse. Ich bin mir sicher, daß George sehr enttäuscht war.

Es gab nur noch eine Episode, die unsere Freundschaft hätte gefährden können. Das war, als sie mich aus *Reisen mit meiner Tante* feuerten und Maggie Smith die Rolle gaben. George Cukor wollte die Regie niederlegen, weil er der Ansicht war, das sei *unser* Film. Ich überzeugte ihn aber davon, daß das überhaupt nichts bringen würde und daß er nicht aus seinem Regievertrag aussteigen solle, weil dies einiges kosten würde. Man hatte mich gefeuert, weil man glaubte, ich halte das Unternehmen auf. Das stimmte — ich hielt es auf, weil ich der Ansicht war, das Drehbuch könne noch einige Verbesserungen vertragen. Ich hatte recht — der Film wurde kein Erfolg.

Als es mit George langsam zu Ende ging, besuchte ich ihn täglich, wenn ich in Kalifornien war. Wir waren eine eingeschworene Clique, die immer gemeinsam zu Abend aß. Zu dieser Clique gehörte auch Frances Goldwyn, die mit George schon befreundet war, als er noch in Rochester seine große Repertoiretruppe leitete. Sam Goldwyn war tot. Ich holte Frances vorher immer zu Hause ab und brachte sie abends wieder zurück. Ihr ging es damals nicht besonders gut. George mochte sie sehr. Daß sie sich damals entschieden hatte, Sam zu heiraten, ging auch auf Georges Einfluß zurück. Ich habe mich oft gefragt, ob sie nicht auch mit ihm geliebäugelt hatte. Jetzt liegt George neben Frances im Goldwyn-Grab.

So begann unsere enge Freundschaft: George mochte mich, und ich mochte ihn. Von Anfang an. Wir waren beide in der Lage, bei Dingen, die dem anderen wichtig waren, zurückzustecken. Vom ersten Tag unserer Freundschaft bis zu seinem Tod kamen wir gut miteinander aus.

George Cukor war mein bester Freund in Kalifornien. Wir haben viele Filme zusammen gedreht — es war immer schön. Offenbar hatten wir die gleichen Grundwerte. Wir arbeiteten beide sehr gern in unserem geliebten Metier und bewunderten einander. Er war gern Unterhalter, und ich war immer sehr gern sein Gast. In der ersten Zeit unserer Freundschaft war er sehr verschwenderisch — im Laufe der Zeit wurde die Gruppe immer kleiner. Er vermietete Spence eines der drei Häuser, die auf seinem Grund standen, und als Spence starb, mietete ich es noch ungefähr zehn Jahre lang. Es war, als wären wir zusammen aufgewachsen. Totale Übereinstimmung. Der gleiche liberale Standpunkt — das gleiche Empfinden für Gut und Böse.

Er fehlt mir.

Leland

Leland Hayward war ein bezaubernder Mensch. Er war ein einflußreicher Theateragent und in Hollywood Partner von Myron Selznick. Er war amüsant. Er war unkompliziert. Er war unbekümmert. Klammerte sich nicht an Prinzipien. Liebte die Frauen und segelte genüßlich und entspannt von einer Insel zur anderen. Ich lernte ihn am Tag meiner Ankunft in Hollywood kennen, aber offenbar machte er da noch keinen Eindruck auf mich oder umgekehrt.

Miriam Howell arbeitete bei Leland. Als ich in *The Warrior's Husband* spielte, sprach sie mich an. Ich sollte Probeaufnahmen für *Eine Scheidung* machen. Daß ich die Rolle bekam, wissen Sie ja bereits. Ich drehte diesen Film und dann einen nach dem anderen. Ich erlebte einen kometenhaften Aufstieg.

Und Kometen faszinierten Leland. Er mich nun auch. Es dauerte nicht lange, bis wir... Nun, es dauerte nicht lange, bis wir... Sie wissen schon. Auf einem der Bilder bin ich mit ihm zu sehen. Es wurde oft mit der Unterschrift »K. H. und Ludlow Ogden Smith« abgedruckt. Aber in Wirklichkeit sind Leland und ich zu sehen. Das war 1933 oder 1934.

Anfang der dreißiger Jahre beschlossen Luddy und ich, uns zu trennen. Ich spürte, daß ich vor dem Eintritt in eine neue Welt stand, in eine Welt, zu der Luddy keine Beziehung haben würde. Eigentlich weiß ich gar nicht, ob Luddy und ich je darüber gesprochen haben. Rückblickend sehe ich mein Verhalten mit Entsetzen. Ich schaute in die Zukunft, und zwar nicht in *unsere*, sondern eindeutig in *meine* Zukunft. Ich hatte die erste Sprosse der Erfolgsleiter erklommen und hatte offensichtlich die Absicht, ganz nach oben zu klettern. Luddy beschwerte sich nicht darüber. Er unternahm einfach alles, um mir auf meinem Weg zu helfen. Damals war mir anscheinend überhaupt nicht klar, wie selbstsüchtig ich war.

Wir hatten uns getrennt. Ob wir uns nun scheiden ließen oder nicht, war mir völlig egal, da ich mir sicher war, daß ich nie wieder heiraten würde. Aber ich wollte aus Luddy keinen »betrogenen Ehemann« machen. Ich wußte, daß ich irgendwo hinmußte, wo man schnell geschieden wird. Laura Harding und ich fuhren nach Yucatán. Und waren gleich wieder zurück.

Mir ging schnell auf, daß ich ideal zu Leland paßte. Ich aß gern zu Hause und ging früh zu Bett. Er aß gern auswärts und ging spät zu Bett. Wenn ich zu Abend aß, nahm er nur einen Drink und zog dann los. Um Mitternacht war er zurück. Eine ideale Beziehung. Wir waren froh, daß jeder von uns seiner Wege gehen konnte. Unsere Freundschaft war außerordentlich unproblematisch. Er war meine Quelle für all die pikanten Informationen über die Welt, in der wir lebten. Ich mußte überhaupt nichts dafür tun, den neuesten Klatsch zu erfahren. Herrlich. Außerdem hatte Leland ein Zimmer im Beverly Hills Hotel und / oder im Beverly Wilshire Hotel.

Leland freundete sich auch mit meiner Mutter an. Sie kamen gut miteinander aus. Aber das war nichts Ungewöhnliches, denn — wie Sie inzwischen sicher mitbekommen haben — alle fanden meine Mutter faszinierend. Und warum auch nicht. Sie war tatsächlich faszinierend. Gott sei Dank mochte er auch Laura.

Wir — Laura und ich — waren inzwischen aus dem Haus in Franklin Canyon ausgezogen und hatten eines in Coldwater Canyon bezogen. Nun hatten wir einen Swimmingpool und einen Tennisplatz und ein ziemlich großes Grundstück. Wenn Leland da war, brachte er immer einige Leute mit, aber das war ganz lustig. Wir bildeten uns ein, daß es in unserem Haus spuke. Mein Bruder Dick kam zu Besuch und meinte, daß er jemanden kommen gespürt habe, der dann am Fußende seines Betts stehengeblieben sei und ihn beobachtet habe. Wir hörten seltsame Geräusche. Das Haus war ganz eigenartig in einen Hügel hineingebaut, so daß das große Schlafzimmer vom Wohnzimmer aus gesehen zwar höher, aber doch im Erdgeschoß lag.

In diesem Haus ereignete sich einmal eine lustige Geschichte. Laura war krank geworden und mußte ins Krankenhaus. Dort hatte sie einen kleinen Flirt mit einem sehr attraktiven jungen Arzt. Als ich von den Dreharbeiten für *Spitfire* zurückkam — wir hatten vor Ort gedreht —, luden wir den jungen Arzt zum Abendessen ein. Es gab Artischocken — eine unserer Lieblingsspeisen. Man muß ein Blatt abreißen und es in heiße Butter tauchen. Der Arzt war darüber ein wenig verblüfft und bekleckerte sein Kinn mit Butter.

Wir sprachen über ein hochgestochenes Thema, doch ich konnte meine Augen nicht von dem Butterfleck auf seinem Kinn losreißen. Schließlich rutschte es mir raus: »Ja, natürlich glaube ich an Gott — Sie haben Butter auf Ihrem Kinn —, aber vielleicht meine ich mit dem Begriff Gott etwas ganz anderes als...«

Er war starr vor Entsetzen, wischte sich das Kinn ab, brach gleich nach dem Essen auf und ward nie wieder gesehen.

Der Mann auf diesem Foto ist nicht, wie es so oft heißt,
Ludlow Ogden Smith, sondern Leland Hayward

Zu dieser Zeit waren Leland und ich wie ein altes Ehepaar. Er war unbeschwert. Er genoß das Leben — das Essen — die Liebe. Wir lachten. Wir machten jederzeit, was wir wollten. Ich ging mit anderen Leuten Tennis spielen und golfen. Er mochte beides nicht. Er liebte sein Agentenleben. Das Leben war leicht und heiter. Ich war glücklich. Ich hatte einen Geliebten. Ich hatte meine Karriere. Leland wollte mich heiraten, aber ich wollte auf keinen Fall heiraten.

1934 zogen Laura und ich dann in das Haus von Fred Niblo, das ganz oben am Angelo Drive, oberhalb von Benedict Canyon lag. Fred Niblo hatte in *Ben Hur* — der Stummfilmfassung, die ein großer Erfolg war — Regie geführt. Später erwarb Jules Stein das Haus, und heute gehört es Murdoch. Die Lage war herrlich. Wir zahlten damals 1000 Dollar im Monat — ein wirklich luxuriöses Haus mit Pool und Tennisplatz.

Außer unserem stand dort oben nur noch ein weiteres Haus — das von Frances Marion. Sie hatte Fred Thomson geheiratet und war eine sehr erfolgreiche Drehbuchautorin. Er wurde ein großer Westernstar.

Das Haus stand zum Verkauf. Das Haus, in dem ich wohnte, stand auch zum Verkauf — für 25 000 Dollar. Ich hätte diese beiden Anwesen sehr günstig kaufen können. Sie umfaßten insgesamt hundertsechzig Hektar Boden. Dieser Berg hätte so leicht mir gehören können. Dad, der mein Geld verwaltete, ist nie nach Hollywood gekommen. Aber ich bezweifle, daß er an Immobilien interessiert gewesen wäre. Er versuchte, soviel Geld wie möglich anzulegen, damit ich ein gesichertes Auskommen hätte, wenn alles den Bach hinuntergehen und er nicht mehr sein sollte. Daß seine Tochter Filmstar war, vermittelte ihm offenbar kein Gefühl der Sicherheit.

Ich fand mein Leben himmlisch. Immer wieder passierten amüsante Dinge. Ich weiß noch, als eines Tages George Cukor mit einem Freund vorbeischaute. Sie wollten sich das Haus ansehen. Ich machte das Licht im Wohnzimmer an, und da sahen wir vor dem offenen Kamin eine große, schlafende Schlange. »O Gott«, rief ich, »eine Klapperschlange!«

George und sein Freund nahmen Reißaus. Ich öffnete die französischen Glastüren nach draußen, damit die Schlange hinauskam, und schloß sämtliche Türen, die ins Innere des Hauses führten. Und da Klapperschlangen sehr kluge Tiere sind, verschwand sie und kehrte in ihr Zuhause in den umliegenden Wäldern zurück.

Ein anderes Mal, kurz nachdem ich in das Haus eingezogen war, kamen George Cukor und die Garbo vorbei. Sie hatte von dem Haus erfahren und wollte es sich anschauen. Ich führte sie herum. Wir gingen nach oben, und ich zeigte ihr das Schlafzimmer. Sie ging zu meinem Bett. Im Bett zeichnete sich ein Huckel ab (es war wohl eine Wärmflasche), sie sah mich an, tätschelte den Huckel und seufzte:

»Ich habe auch eine. Was ist bloß mit uns los?«

Eines Tages unternahm ich mit meinen drei Hunden einen Spaziergang — mit Mica, einem Cockerspaniel; Button, einem französischen Pudel; und Peter, einem schwarzen Cocker. Wir kamen an Frances Marions Haus vorbei. Zu dieser Zeit bewohnte sie es allein. Sie ging auf mich zu und erzählte mir folgende Geschichte:

»Stell dir vor, was hier gerade passiert ist. Ist dir auf deinem Weg hierher so ein komischer alter Dodge begegnet?«

»Ja — ein brauner Dodge. Ein alter Mann saß am Steuer und eine fette Frau neben ihm.«

»Das sind sie! Ich kann es kaum glauben, was da abgelaufen ist: Ich saß auf der kleinen Wohnzimmerterrasse, als es klingelte. Ich ging zur Tür. Da stand diese Dame (ich nenne sie nur zögernd so), die du in diesem Dodge auf dem Vordersitz gesehen hast.

Mit Laura Harding bei der Heimkehr aus Mexiko

›Tag‹, sagte sie in einem unangenehmen Ton, und ihre Stimme war auch nicht angenehmer. ›Ist das hier zu verkaufen?‹

›Ja, das ist es‹, antwortete ich voller Widerwillen.

›Wir haben die Ställe an der anderen Straße da unten gesehen. Sehr gut — eine Menge Ställe. Ich möcht's mir anschaun.‹

Sie wandte sich an den Mann im Dodge: ›Kommste, Hon?‹

›Ne — schau du. Ich les' Zeitung.‹

›Okay — los‹, sagte sie zu mir. Und ich zeigte ihr fassungslos das Haus. Wir gingen von Zimmer zu Zimmer. Sie sah sich kaum etwas richtig an.

›In Ordnung.‹

›Was... Wo... Sie... Gehen wir auf die Terrasse hinaus.‹

Ich wies ihr den Weg. ›Sie ist... Oh — da entlang.‹ Dann führte ich sie in die Küche.

›Gut, in Ordnung. Das reicht. Wo ist die Haus...‹ Mit Freuden führte ich sie zur Haustür. Ihr Mann saß noch immer im Wagen.

›Gefällt's dir, Honey?‹

›Ja — ganz gut.‹ Dann fragte er: ›Wieviel?‹

Völlig verblüfft antwortete ich: ›Es kostet 695 000 Dollar.‹

›Nehmen Sie einen Scheck?‹

Die haben das Haus ganz nebenbei gekauft, diese beiden mit dem Dodge. Die haben das Haus ganz nebenbei gekauft.«

Sie zeigte mir den Scheck.

Offenbar waren diese Leute in Texas auf Öl gestoßen. Sie hatten eine Tochter, die gern ritt. Sie waren die Straße entlanggefahren, die zu den vielen Ställen führte, in denen Fred Thomson seine Pferde untergebracht hatte.

Sie wohnten zwei Jahre in dem Haus und haben nie Steuern gezahlt. Dann sind sie ausgezogen. Sie mußten das Haus wegen ihrer Steuerschulden verkaufen — für ganze 70 000 Dollar. Ich hätte es leicht kaufen können. Ich war ganz schön dumm.

Das Leben mit Leland verlief problemlos. Es war einfach — wie soll ich es Ihnen beschreiben? Es war völlig unproblematisch. Für alles fand sich eine Lösung. Etwas anderes als Glück kannten wir gar nicht. Es war, als erlebten wir eine herrliche Überraschung nach der anderen. Das Leben kam uns so einfach vor. Ich kann mich an keinen einzigen Streit erinnern. Wir genossen nur — genossen, genossen. Fast vier Jahre lang.

Dann mußte Leland an die Ostküste. Er hatte eine Klientin — Edna Ferber —, und Margaret Sullavan trat in Edna Ferbers *Stage Door* auf. Edna war schon lange Lelands Klientin.

Mit Peter, Button und Mica

Ich sehe noch alles vor mir. Das Stück war ein Hit. Maggie war ein Hit. Alles war wunderbar. Er fand sie hinreißend. Er wollte sie als Klientin. Und das erreichte er am schnellsten, wenn er sie ganz zu der Seinen machte. Und das tat er. Freude heißt leben. Leben heißt Freude. Und ich war so weit weg von ihm, daß ich für ihn irgendwie unwirklich wurde.

Sie war dort. Er war dort, mit ihr. Genieße den Augenblick! Das taten sie. Und plötzlich war er mit Maggie verheiratet und gründete eine Familie, und ich wurde zu einer Art Traum. Viele Jahre danach versuchte er, mir das Ganze zu erklären, aber er schaffte es nicht — genausowenig, wie ich erklären konnte, weshalb ich ihn nicht hatte heiraten wollen.

Auf jeden Fall bekam ich ein Telegramm, aus dem ich erfuhr, daß er und Maggie geheiratet hatten. Ich war sprachlos. Was sollte das!

Während der Tournee mit »Jane Eyre« — auf der Flucht vor den Fans

Nein, das ist nicht nett — nicht fair! Ich rief Mutter in Hartford an. Ich war außer mir. Weinte. Was fiel ihm ein? Wie gemein!

»Aber du wolltest ihn nicht, Kath. Vielleicht wollte er einfach heiraten. Der arme Kerl. Du kannst ihm keinen Vorwurf machen. Es ist deine Schuld. Du mußt ihnen ein Telegramm schicken. Sei kein Spielverderber. Es ist wirklich deine Schuld.«

Das war kein sehr tröstliches Gespräch. Ich schickte den beiden ein Telegramm, weinte aber trotzdem weiter und jammerte und klagte. George Cukor meinte dazu nur: »Kate, was ist denn los? Du hättest ihn doch heiraten können, wenn du gewollt hättest. Aber du wolltest nicht.«

»Sprich nicht so. Was soll ich denn tun?« Und solange ich Zuhörer hatte, jammerte ich weiter. Natürlich hatte Mutter recht. Ich vermute, sie hat Leland geraten, sein Glück zu genießen und sich wegen mir keine Gedanken zu machen.

Da mir nichts anderes übrigblieb, ging auch ich meiner Wege. Ich glaube, daß ich noch nicht einmal etwas daraus lernte. Sie hatten drei Kinder und trennten sich nach ziemlich kurzer Zeit. Dann heiratete er Slim Hawks. Danach heiratete er Pamela Churchill. Als Leland schließlich krank wurde und im Sterben lag, rief sie mich an und sagte:

»Leland stirbt. Er hat Sie mehr als irgend jemanden sonst geliebt. Würden Sie zu ihm kommen? Er ist im...«

Ich fuhr zu ihm. Ich hatte ihn in all den Jahren nur ein- oder zweimal gesehen, vielleicht auch öfter. Er war ein witziger Bursche. Ich glaube, er fand Frauen wirklich faszinierend. Ich freute mich darüber, daß er mich offenbar mochte, aber ich glaube, Pamela hat seine Gefühle für mich überschätzt. Als er Rückschau hielt, dachte er vermutlich an die Zeit, als er noch ein junger Mann war. Wir waren beide jung, und ich hatte ihn nicht geheiratet, deshalb blieb ihm nur die Erinnerung an die hinreißende Liebesaffäre mit mir — ohne das Gefühl, je durch eine Ehe an mich gekettet gewesen zu sein.

Ich gehörte auch nicht zu denen, die sich unbedingt einen Mann zum Heiraten schnappen wollten. Ich wollte nicht heiraten. Mir gefiel der Gedanke, nur mir zu gehören. Selbst als ich mit Spencer Tracy zusammenlebte — und wir waren sechsundzwanzig Jahre zusammen, er und ich — dachten wir nie ans Heiraten, und wir haben auch nie darüber gesprochen. Er war verheiratet, und mir lag nichts daran.

Wahrscheinlich glaubte Leland, mit uns könne es immer so weitergehen. Ich mochte ihn und genoß seine Gesellschaft. So locker. So lustig. Wenige Menschen sind so, finden Sie nicht auch? Es war, als wenn man an einem heißen Tag Eis ißt. Eine Wonne. Und dann noch jung zu sein.

Was soll ich über Leland sagen? Er ist wirklich durchs Leben getanzt. Verstehen Sie, was ich damit sagen will? Und wir lernten uns zu einer Zeit kennen, als für uns beide noch alles herrlich und lustig und aufregend und absolut ungetrübt war. Wie haben wir uns miteinander amüsiert! O ja — amüsiert.

Ihn zu kennen, war Glück.

Howard Hughes

Ich muß nun wieder ein wenig zurückgehen und Ihnen erzählen, was sich während der Dreharbeiten zu *Sylvia Scarlett* ereignet hat. Wir drehten diesen Film unter der Regie von George Cukor. Cary Grant spielte die männliche Hauptrolle und Edmund Gwenn meinen Vater. Ein großer Teil wurde vor Ort, in der Nähe des kalifornischen Trancas Beach gedreht. George und ich veranstalteten abwechselnd üppige Picknicks. Das Essen ließen wir von zu Hause kommen. Mittagessen für fünfzehn bis zwanzig Leute. Wir hatten einen langen Tisch, und Louis und Ranghild Prysing und Johanna Madsen, meine Haushälterin, brachten das Essen mit dem Geländewagen: Suppe — heiß oder kalt —, Salate, ein warmes Hauptgericht, Eis. Es war phantastisch.

Eines Tages kreiste ein Flugzeug über unseren Köpfen, kreiste und landete dann auf einem nahegelegenen Feld — zu nahe. — Wer das wohl sein mochte? Wer zum Teufel würde...

Cary Grant stieß einen Pfiff aus: »Das ist mein Freund Howard Hughes.«

Ich war etwas bestürzt, weil ich das Gerücht vernommen hatte, daß Hughes mich gern kennenlernen wolle. Und offenbar hatte er sich das so vorgestellt. Ich warf Cary einen giftigen Blick zu, dann machten wir uns alle ans Essen. Ich sah Howard nicht einmal an. So eine Unverfrorenheit!

Der nächste Schritt. Ich spielte im Bel-Air Country Club mit den Profis Golf. Wir spielten auf neun Loch und waren am siebten. Dann hörten wir ein Flugzeug. Howard landete unmittelbar über uns, nahm seine Schläger aus dem Flugzeug und spielte bis zum neunten Loch mit uns weiter. Er mußte einen Lastwagen kommen und das Flugzeug auseinandernehmen lassen, da es anders nicht mehr vom Golfplatz heruntergekommen wäre. Ich fand ihn ganz schön unverschämt. Die Clubleitung tobte. Doch Howard Hughes ließ sich überhaupt nicht beeindrucken. Wir spielten bis zum Neuner, danach fragte ich ihn: »Kann ich Sie irgendwohin bringen?« Er meinte ja, und ich fuhr ihn zum Beverly Hills Hotel.

Als nächstes — zwei Monate später — las ich in der Zeitung, daß Howard in Boston sei. Ich trat im Bostoner Colonial Theatre in *Jane*

Eyre, einem Stück von Helen Jerome, auf. Ich war im Ritz abgestiegen. Und Howard quartierte sich ebenfalls dort ein.

Ich war wohl ein wenig einsam, denn nach der Vorstellung aßen wir an jenem Tag zum erstenmal gemeinsam zu Abend. Wieder ein Beweis dafür, daß sich Hartnäckigkeit auszahlt. Am nächsten Tag aßen wir wieder gemeinsam — dadurch...

Howard Hughes war ein merkwürdiger Bursche. Er hatte Charakter und wußte wirklich viel, aber er war schwerhörig, wirklich ziemlich schwerhörig, und war offenbar nicht in der Lage zu sagen: »Sprich bitte lauter. Ich bin schwerhörig.« Wenn er dann von mehr als nur einer Person umgeben war, bekam er von der Unterhaltung nur wenig mit. Das war tragisch. Aber er war unfähig, sich zu ändern. Ich hatte einen guten Freund namens Russell Davenport, der auch schwerhörig war. Aber der sagte einfach: »Sprich bitte lauter — ich bin schwerhörig.« Darin liegt bei jeder Behinderung die eigentliche Tragödie. Man muß etwas sagen. Es eingestehen. Es ist niemandem peinlich, wenn er es erfährt. Jeder ist einfach nur froh, daß er nicht selber schwerhörig ist. Ich glaube, diese Schwäche hat Howards Leben langsam, aber sicher zerstört und ihn zu einem ziemlich komischen Kauz gemacht.

Er begleitete uns auf unserer Tournee. Wir spielten in Chicago. Ich wohnte im Ambassador Hotel. Howard nahm sich dort auch eine Suite. Ja, im selben Stock. Ja, natürlich haben Sie recht — es war unvermeidlich. Die Zeitungen brachten uns in ihre Schlagzeilen: »Hughes und Hepburn heiraten heute.« Ich konnte mich in dieser Stadt nicht unbeobachtet bewegen. Meine Räume waren im zehnten oder elften Stock. Eines Tages schwang ich mich auf die Feuerleiter und wollte sie hinunterklettern, um nur ja nicht durch die Hotelhalle zu müssen. Ich kam bis zum zweiten Stock und stand plötzlich vor einer dieser Querleitern, auf denen man gehen muß, bis sie durch die Gewichtsverlagerung nach unten kippen. Ich ging also auf ihr weiter, doch sie senkte sich nicht nach unten. Ich mußte umkehren und die ganzen Stockwerke wieder hochklettern, um in mein Zimmer zu kommen.

Howard begleitete uns weiterhin — Detroit, Cleveland, Chicago. Er regelte sein Leben per Telefon, weil er so alles hören konnte. Schließlich war die Tournee zu Ende. Wir kehrten nach Kalifornien zurück, und ich zog zu ihm, in sein Haus, das direkt an den Golfplatz des Wilshire Country Club grenzte. Howard hatte eine Hausangestellte namens Beatrice Dowler. Sie war eine gute Köchin. Von ihr weiß ich, daß man bei bestimmten Gästen den Tisch mit dem billigen

Howard, ich und sein Flugzeug

Porzellan und den billigen Gläsern deckte, damit sie (Beatrice) es nach dem Essen zerschlagen und wegwerfen konnte.

Mir leuchtete das nicht ein. Ich sagte einmal zu Howard: »Wenn du dir deine Freunde ein wenig sorgfältiger auswählen würdest, bräuchtest du nicht soviel Porzellan zu zerschlagen.«

Wir wohnten also an der Muirfield Road. Neben Beatrice kümmerten sich noch meine Köchin Ranghild und ihr Mann, Louis Prysing, um uns. Außerdem mein Hausmädchen Johanna Madsen.

Howard war ein ausgezeichneter Golfspieler. Ich war auch ziemlich gut. Ich habe immer sehr viel gespielt, wie Sie bereits wissen, aber wir beide hatten eine ganz unterschiedliche Auffassung von diesem Spiel. Ich spielte zum Vergnügen und um der Bewegung willen. Howard spielte, um noch besser zu werden. Er war langsam. Er mußte immer Übungsschläge machen. Ich hatte am Schluß meistens ein Loch Vorsprung vor ihm. Ich beobachtete den Himmel, genoß die Blumen, die Entspannung. Er war darüber äußerst erbost:

»Du könntest so eine gute Golferin sein, wenn du nur ein wenig üben würdest.«

Ich dachte dann immer: »Und mit dir könnte es so viel Spaß machen, wenn du nur nicht so langsam wärst.«

Wir ließen uns treiben. Jeder in seinem eigenen Tempo. Howard hatte beschlossen, um die Welt zu fliegen. Er war ein ausgezeichneter Pilot und wußte alles, was es über Flugzeuge zu wissen gab. Er wollte von Long Island aus losfliegen. Wir waren nach New York geflogen und wohnten im Apartment meiner Freundin Laura Harding, das an der 52sten Straße lag. Mein Haus an der 49sten Straße war von Journalisten belagert, die wußten, daß irgend etwas Aufregendes bevorstand.

Wir verließen die 52ste Straße sehr früh und fuhren auf dem Highway zu der Startbahn, wo sein Flugzeug bereit stand. Charles Newhill, mein Chauffeur, saß am Steuer. Wir fuhren mit meinem Lincoln. Charles war ein Engel, aber er konnte ganz schön aufbrausen. Plötzlich hörten wir hinter uns eine Polizeisirene. Ich kurbelte das Zwischenfenster herunter: »Charles, bleib ruhig. Nimm den Strafzettel entgegen — nimm alles hin. Er soll nicht merken, daß H. H. bei uns ist!«

Charles blieb ruhig und nahm den Strafzettel entgegen. Und der Polizist sah nicht ein einziges Mal in das Hintere des Wagens. Wir fuhren weiter.

Der Plan war, daß ich ihn an der Landebahn absetzen und dann zurück in die Wohnung fahren sollte. Er wollte mich auf dem laufen-

Mit Howard beim Golfspielen in Fenwick

den halten. Dann rief Howard an und erklärte mir, daß es irgendein Problem mit dem Flugzeug gebe und daß es repariert werden müsse.. Das werde etwa sechs Stunden dauern. Er klang sehr ruhig. Ganze Horden von Menschen umlagerten den Flughafen und wollten zuschauen. Er nahm es gelassen hin. Es war nichts Neues für ihn, daß gelegentlich etwas nicht funktionierte und daß er es reparieren lassen mußte. Schließlich flog er ab und brach alle Rekorde. Er meldete sich von den verschiedensten Orten. Es war richtig aufregend.

Wir führten ein sehr angenehmes Leben. Hin und wieder flog ich an die Ostküste, um meine Familie zu besuchen. Ich erinnere mich, daß ich mich einmal bereits von Howard verabschiedet hatte. Ich fuhr zum Flughafen. Saß schon im startbereiten Flugzeug, das

Howards Jacht
»The Southern Cross«

Gepäck war bereits an Bord. Da kam ein Mann in Uniform auf mich zu und sagte:

»Sie dürfen nicht fliegen.«

»Was?« fragte ich.

»Sie dürfen nicht fliegen. Mr. Hughes sagt, daß Sie nicht fliegen dürfen. Wir bekommen schlechtes Wetter.«

Sprachlos und empört stieg ich aus dem Flugzeug. Überließ die anderen Passagiere ihrem Schicksal. Natürlich war alles in Ordnung — nichts ist passiert. Das war ein recht eigenartiges Erlebnis.

Ich flog mit Howard überall hin, durchquerte das ganze Land — dahin, dorthin. Howard brachte mir das Fliegen bei. Einmal bin ich unter der Brücke an der 59sten Straße gestartet. Und eines Tages flogen wir von Fenwick aus nach Newport, um uns die Bootsrennen anzuschauen. Ich glaubte, Qualm zu riechen.

»Ich rieche Qualm«, sagte ich.

»Was glaubst du denn, was ich rieche?«

Wir flogen nach New London, Connecticut, und löschten das Feuer. Aufregend war es jedenfalls immer.

Wenn wir mit einem Wasserflugzeug flogen, landeten wir bei großer Hitze machmal mitten im Sund von Long Island, ankerten das Flugzeug, zogen uns aus und sprangen von den Tragflächen aus nackt ins Wasser. Das war herrlich.

Meine Familie war von Howard wenig angetan. Das lag vor allem daran, daß er ununterbrochen am Telefon hing. Und das Telefon stand im Eßzimmer. Da wir eine große Familie waren, hatten wir auch ständig Besuch. Lange Telefongespräche störten die Atmosphäre.

Luddy war übrigens auch immer da. Vor allem auf dem Golfplatz. Und ständig hatte er seine Filmkamera dabei. Howard konnte das nicht ausstehen und machte ihm Vorwürfe. Da ließ Dad eine inzwischen berühmte Bemerkung fallen:

»Howard, Luddy hat schon Jahre, bevor du zu uns gekommen bist, Bilder von uns allen gemacht, und er wird sie auch noch machen, wenn du nicht mehr kommst. Er gehört zur Familie. Spiel weiter. Du brauchst ein Siebener-Eisen.«

In seiner Wut setzte er die Kugel fast zwei Meter vom Flaggenstock entfernt ins Gras. Er war ein guter Golfspieler. Versenkte sie im zweiten Anlauf. In seiner bedrängten Lage nicht schlecht. Selbstbeherrscht.

In dieser Phase lag meine Karriere fast auf Grund. Damals kam die Etikettierung als »Kassengift« auf. Die unabhängigen Kinobesitzer wollten mich und Marlene Dietrich und Joan Crawford loswerden.

»Holiday« — *mit Cary Grant*

Offenbar hatte man sie gezwungen, unsere Filme zu zeigen, damit sie auch die bekamen, die sie wirklich wollten.

Eigentlich taten sie mir leid. Ich hatte einige sehr schlechte Filme gemacht: *Sylvia Scarlett, Ein aufsässiges Mädchen, Qualitiy Street, Break of Hearts*. Aber auch einige gute: *Alice Adams* (mit Fred McMurray), *Bühneneingang* (mit Ginger Rogers), *Leoparden küßt man nicht* (mit Cary Grant), *Die Schwester der Braut* (ebenfalls mit Cary Grant).

Die letzteren vier waren gute Filme, doch offenbar hatte ich durch die vier schlechten davor meine Zugkraft verloren. Für *Die Schwester der Braut* hatte mich RKO ausgeliehen, weil sie mich loswerden wollten, nachdem ich es abgelehnt hatte, in *Mother Carey's Chickens* zu spielen. Wir einigten uns darauf, daß ich ihnen 75 000 Dollar zahle und sie mich dafür für *Die Schwester der Braut* an Columbia ausleihen. Harry Cohn von Columbia hatte mir 150 000 Dollar geboten.

Etwa zur gleichen Zeit kam ich in den Ruf, das schlimmste Kassengift zu sein. Bei den unabhängigen Kinobesitzern rangierte ich auf der Liste der Kassengifte ganz oben. Ich war wirklich sehr tief gefallen.

Angesichts all dieser Negativwerbung stand Harry Cohn mit *Die Schwester der Braut* dumm da. Armer Harry. Er überlegte, ob er nicht gerichtlich gegen einen dieser Artikel mit der Überschrift: »Was ist nur mit Katherine Hepburn los?« vorgehen solle. Ich riet ihm ab: »Seien Sie lieber vorsichtig! Vielleicht schlagen die dann erst richtig los.«

Danach beschloß ich, an die Ostküste zurückzukehren, um Theater zu spielen oder irgend etwas anderes zu machen. Paramount hatte mir ein Drehbuch geschickt und mir 10 000 Dollar Gage geboten. Nach 150 000 Dollar ein ganz schöner Abstieg. Ich rief sie an. Bedankte mich vielmals. Erklärte ihnen, daß das mein einziges Angebot sei. Daß es mir sehr leid tue, aber daß das Drehbuch mir nicht gefalle.

Howard war darüber sehr verärgert. Er wollte unbedingt, daß ich dieses Angebot von Paramount annahm. Ich war der Ansicht, das sei ein großer Fehler. Für ihn spielte es immer eine große Rolle, wie andere über ihn redeten. Er glaubte, ich sei durch meinen Mißerfolg verletzt, aber so war es nicht. Auf jeden Fall ging er mir nicht so nahe, daß er meine Handlungsweise bestimmte. Meiner Ansicht nach lag H. H. falsch. Und er glaubte das gleiche von mir.

Wir waren wirklich ein seltsames Paar, Howard und ich. Ich glaube, daß er in mir etwas widerstrebend eine sehr geeignete Begleiterin sah. Und ich glaube, daß auch ich ihn als Begleiter für außerordentlich passend hielt. Unter den Männern, die noch zu haben waren, war er die allererste Wahl — und ich unter den Frauen. Wir waren ein schillerndes Paar. Es erschien uns einfach logisch, zusammen zu sein, aber wir waren uns wohl zu ähnlich, zumindest sehe ich das heute so. Er kam aus dem richtigen Milieu. Ich auch. Wir waren beide in guten Verhältnissen aufgewachsen. Wir hatten beide den heftigen Drang, berühmt zu sein. Das war unsere hervorstechende Charakterschwäche. Leute, die berühmt sein möchten, sind echte Einzelgänger. Zumindest sollten sie es sein.

Natürlich war ich schrecklich verliebt in ihn. Und ich glaube, er auch in mich. Aber als die Frage: »Was nun?« zu klären war, ging ich an die Ostküste, und er blieb an der Westküste. Wir waren drei Jahre zusammen gewesen. Der Ehrgeiz siegte über die Liebe — oder war es Sympathie?

Ich riet meinen Haushaltshilfen (Louis und Ranghild Prysing und Johanna Madsen), bei H.H. zu bleiben. »Bei ihm wird es euch viel besser gehen als bei mir.« Sie befolgten meinen Rat und blieben bei H.H. Das war Ende 1937, Anfang 1938.

Ich befand mich in einer recht merkwürdigen Lage. Sicher, ich hatte einige langweilige Filme gemacht. Aber danach hatte ich vier wirklich gute Filme gedreht, die nur nicht besonders erfolgreich waren. Sie waren keine Flops, aber sie fanden auch nicht den Anklang, den sie vedient hätten. Aus diesem Grunde hatte ich das Gefühl, einen Tapetenwechsel zu brauchen.

Wenn ich so zurückschaue, dann wird mir klar, daß ich meinem Beruf den Vorzug gegeben und mein Privatleben zurückgestellt habe. Ich wollte Howard nicht heiraten. Ich mochte ihn. Er war intelligent und interessant, und auch sein Leben war interessant, aber offensichtlich ging mir mein Mißerfolg nicht mehr aus dem Kopf. Mich beschäftigte die Frage, ob sich das noch einmal ändern ließ.

Ich fuhr nach Fenwick, wo alles blühte. Es war Juni, und das Wetter war himmlisch. Man konnte jederzeit Golfen, Schwimmen oder Segeln. Die Familie war komplett versammelt, und wir hatten viel Spaß miteinander. Wir führten endlose Gespräche und trieben viel Sport. Niemand wußte etwas von meiner mißlichen Lage, deshalb sprachen wir auch nie darüber. Natürlich registrierte Dad, daß kein Geld mehr hereinkam, aber da er eine Theater- und Filmkarriere ohnehin für ein Lotteriespiel hielt, überraschte ihn diese plötzliche Flaute nicht.

Eines Tages läutete das Telefon, und Philip Barry aus Maine meldete sich:

»Ich habe eine Idee und möchte mit dir darüber sprechen.«

»Gern«, sagte ich. »Ich bin in Fenwick. Du kannst jederzeit kommen... Gut... Morgen geht's... Ja, zum Tee. Schön.«

Er kam. Wie schon erwähnt, hatten wir häufig Gäste zum Tee, und Phil fragte schließlich:

»Können wir nicht woanders hingehen? Ich möchte unter vier Augen mit dir sprechen.«

Wir gingen zum Pier und setzten uns hin. Phil eröffnete mir, daß er zwei Stoffideen habe: Bei der einen handelte es sich um eine Vater-Tochter-Beziehung, bei der zweiten um *Die Nacht vor der Hochzeit.* Die zweite überzeugte mich mehr.

Phil fuhr ab und schickte mir ein paar Wochen später den Entwurf des ersten Akts. Ich las ihn und war begeistert. Das war fast genauso wie damals bei uns.

Ich rief Howard an und erzählte ihm, daß ich ein tolles neues Projekt hatte. Howard meinte: »Du mußt noch vor der Premiere die Filmrechte kaufen.« Und er kaufte für mich die Filmrechte an *Die Nacht vor der Hochzeit,* die dann tatsächlich auch die Grundlage für meinen späteren Erfolg bildeten. — Ich glaube, wir mochten einander wirklich, aber irgendwie...

Am nächsten Tag schickte uns der liebe Gott den großen Wirbelsturm des Jahres 1938, der das Haus in Fenwick zerstörte. Howard sorgte dafür, daß wir per Flugzeug mit Trinkwasser versorgt wurden — und plötzlich spürte ich, daß Howard und ich ab jetzt nur noch Freunde waren, kein Liebespaar mehr. Aus Liebe war Wasser geworden. Klares Wasser. Aber Wasser.

Howard und ich, wir paßten einfach gut zusammen. Ich bewunderte seinen Mut und sein Durchhaltevermögen. Und er bewunderte mich offenbar auch. Da ich eine durchdringende Stimme habe, konnte er mich gut verstehen. Ich fühlte mich wohl mit ihm, weil er genau wie ich gern zu Hause blieb. Wenn ich unsere Beziehung rückblickend betrachte, habe ich den Eindruck, daß wir sie beide ziemlich nüchtern sahen. Er konnte tun und lassen, was er wollte. Und als ich beschloß, wieder an die Ostküste zu ziehen, dachte er wahrscheinlich: »Ich will nicht an der Ostküste leben. Ich werde schon jemanden finden, der an der Westküste bleibt.« Daß wir nicht geheiratet haben, war gut — der Ansicht war ich immer. Denn wenn zwei Menschen daran gewöhnt sind, ihrer eigenen Wege zu gehen, sollten sie sich auch nicht zusammentun.

Er war immer ein guter Freund. Sein Arzt, Lawrence Chaffin, war auch mein Arzt. Genau wie ich war er der Ansicht, daß Howard letztlich an seiner Schwerhörigkeit starb. Howard hatte einen schweren

Unfall mit dem Flugzeug gehabt, dessen Folgen ihm unerträgliche Schmerzen bereiteten. Um sie aushalten zu können, bekam er Morphium, und Howard fand diese Wirklichkeitsferne schließlich angenehmer als den ewigen Lebenskampf. Man kann ihm keinen Vorwurf machen, aber es war doch sehr traurig. Er war ein bemerkenswerter Mann.

Red Hammond und ich in den Überresten unseres Hauses

Der Wirbelsturm

Ja — dieser Wirbelsturm 1938.
Der Wirbelsturm im Jahr 1938 war ein echtes Abenteuer. Daß wir damals gerade in Fenwick waren, sagte ich bereits. Es war ein unglaubliches Ereignis. Am Morgen — es war Ende September — waren die meisten Bewohner nach Hartford zurückgefahren, und ihre Häuser lagen mehr oder weniger verlassen und verriegelt da. Weil ich auch im Winter schwimme, hört für mich die Saison nie auf. Eigentlich gefiel es uns dort immer am besten, wenn es beinahe ausgestorben war.

Ich weiß noch, daß ich gegen acht Uhr morgens zum Schwimmen ging. Die Stimmung war herrlich. Das Wasser stand niedrig, der Gezeitenwechsel stand kurz bevor. Die Luft war klar, mit einer leichten Brise. Auch die Farben waren klar. Ich kehrte ins Haus zurück und frühstückte. Ging wieder nach draußen. Inzwischen wehte ein beständiger Wind, der aber sehr angenehm war.

Ich beschloß, zum Golfspielen zu gehen. Jack (»Red«) Hammond war im Juli auf ein Wochenende vorbeigekommen, und jetzt, Ende September, war er immer noch bei uns. Wir verstanden uns gut. Er war ein guter Golfer und ein recht versierter Tennisspieler, genau wie ich. Das machte natürlich Spaß.

Ach ja, über Reds Vater, Richter Hammond, gibt es eine wunderbare Geschichte, die ich Ihnen erzählen muß. Er war in Boston allein ins Theater gegangen. Als sich der Vorhang hob, stellte er fest, daß vor ihm eine Frau saß, die ihren Hut aufbehalten hatte. Sie hatte offenbar nicht die Absicht, ihn abzunehmen.

Schließlich tippte er ihr auf die Schulter und sagte: »Entschuldigen Sie bitte, könnten Sie vielleicht Ihren Hut absetzen? Ich kann nichts...«

Sie signalisierte ihm mit einer heftigen Handbewegung, daß er sie in Ruhe lassen solle.

Was nun? Was sollte er tun?

Er nahm seinen eigenen Hut und setzte ihn auf. Einen Zylinder. Sofort begannen die Leute hinter ihm zu zischeln:

»Nehmen Sie Ihren Hut ab!«

»Nehmen Sie Ihren Hut ab!«

Die Frau vor dem Richter nahm daraufhin endlich ihren Hut ab. Auch der Richter setzte seinen nun mit Freuden wieder ab. — Er muß ein ziemlich gewitzter Richter gewesen sein, finden Sie nicht auch?

Doch zurück zum Wirbelsturm von 1938.

Red und ich gingen also zum Golfspielen. Ich bemerkte, daß der Wind inzwischen ganz schön stark geworden war. Bei Par drei, am neunten, gelang mir ein sehr schöner Schlag, sehr hoch, und es sah so aus, als sei er direkt im Grün gelandet. Aber als wir dort ankamen, fanden wir den Ball nicht. Wo war er bloß? Ich war sicher — Donnerwetter! — Schau! Im Loch. — Ich hatte ihn mit einem Schlag versenkt. Stellen Sie sich das vor! Es war auf jeden Fall mein persönlicher Rekord. Wir gingen hocherfreut nach Hause. Wir wollten noch einmal Schwimmen gehen. Die Flut war schon halb hoch, und langsam entwickelten sich richtige Wellen. »Der Wind bläst ziemlich kräftig«, sagte ich zu Jack. »Du kannst dich dagegenlehnen und fällst nicht um.«

Wir sprangen in die Wellen. — Es war die reinste Wonne! Wir hatten alle Mühe, uns aufrecht zu halten. Das Wasser war herrlich, und wir blieben ziemlich lange. Als wir rausgingen und uns anzogen, merkten wir, das die Atmosphäre immer spannungsgeladener wurde. Der Sand wurde aufgewirbelt und biß in die Haut, wenn man ihn abbekam.

Ich dachte an meinen frischlackierten Wagen und beschloß, Charles, meinem Chauffeur, zu sagen, daß er ihn lieber nach Saybrook in eine Garage fahren sollte. Charles fuhr mit dem Lincoln los. Er fuhr über Cornfield Point, doch der Wind war inzwischen so heftig geworden, daß Charles, der seit dem Ersten Weltkrieg unter einer Kriegsneurose litt, solche Angst bekam, daß er zu irgendeinem Haus fuhr und dort das Ende des Sturms abwartete.

Nach dem zweiten Schwimmausflug war uns klar, daß sich etwas ganz Besonderes ereignen werde. Mutter war da. Fanny, die Köchin, war auch da. Außerdem mein Bruder Dick sowie Jack Hammond und ich. Einer von Frank Burtons Männer kam, um die Jalousien zur Veranda hin zu sichern. Sie hatten sich aufgebläht wie ein Petticoat. Er nagelte sie fest. Da flog plötzlich der Wagen, mit dem er aus Saybrook gekommen war, durch die Luft. Der Wind wirbelte ihn hoch und schleuderte ihn in die Lagune. Es war ein ganz normales Auto, kein Kleinwagen. — Er wurde einfach vom Wind hochgehoben. — Was ging hier vor?

Dann hörten wir ein Ächzen und einen Knall, und der große

Waschtrakt auf der Rückseite des Hauses fiel in sich zusammen. Der Wind schien doppelt so stark wie vorher, und die Flut schwappte über die Schutzmauer und überflutete den Rasen. Das Haus, ein großes, altes Holzhaus, das um 1870 erbaut worden war, erzitterte wie ein Blatt. Fenster wurden hinausgeblasen oder eingesaugt. Zwei der Kamine waren eingestürzt.

Das Haus stand auf Ziegelpfeilern, die etwa einen Meter hoch waren, und da Dad diese Ziegelpfeiler erst kurz zuvor inspiziert hatte, war Mutter davon überzeugt, daß das Haus fest wie ein Fels sei. Dick konnte sie dann doch noch davon überzeugen, daß es höchste Zeit war, das Haus zu verlassen. Wir beschlossen, dies durch das nach Westen gelegene Eßzimmerfenster zu tun und über ein Feld zu einem höhergelegenen Gelände zu laufen. Wir fanden ein Tau, dann kletterten einer nach dem anderen − Mutter, Fanny, ich, Red − aus dem Fenster und wurde von Dick empfangen, der ungefähr einen halben Meter tief im Wasser stand. Dick führte uns an dem Tau über das Feld. Das Wasser hatte eine ziemlich starke Strömung, und der Wind blies heftig. Wir liefen an der Nordseite des Brainard-Hauses vorbei und kamen schließlich auf höhergelegenes Gelände und aus dem Wasser.

Als wir uns umdrehten und zum Haus hinüberblickten − seit unserem Aufbruch waren ungefähr fünfzehn Minuten vergangen −, sahen wir, wie unser Haus sich langsam drehte und nach Nordosten davontrieb − in Richtung des Bachs, der in die Lagune floß. Es segelte einfach davon − leicht wie eine Feder − und dort, wo das Haus mehr als ein halbes Jahrhundert lang gestanden hatte, war plötzlich nichts mehr. Unser Haus, das uns seit etwa dreißig Jahren gehörte, samt all unserer Habseligkeiten − einfach weg. Seht, dort wohnen wir. − He, was ist denn da los?

Wir stemmten die Tür eines hochgelegenen Hauses (des Riverside Inn) auf, damit Mutter und Fanny dem Wind nicht länger ausgesetzt waren. Dann schauten wir in allen Häusern, die noch bewohnt waren, nach, ob noch irgendwo ein Feuer brannte, sei es im Herd oder im Kamin. Wir löschten sie, sehr zum Ärger der betroffenen Köche. Aber die Gefahr, die Feuer bei solch einem Wind für eine ganz und gar aus Holzhäusern bestehende Kolonie darstellt, war beträchtlich.

Der Sturm legte sich langsam, die Flut ging zurück, das Wasser floß ab, und der Wind wurde immer schwächer. Es wurde dunkel. Wir schliefen im Riverside.

Dann kam der Morgen. Red und ich wachten in der Morgendämmerung auf und schauten uns um. Irgendwie hatte ich gehofft, daß unser Haus wieder zur Vernunft gekommen und an seinen Platz zurückgekehrt sei. Doch da täuschte ich mich. Unser Grundstück war leer. Wir gingen zum Grundstück der Brainards. Das Haus stand auch nicht mehr an seiner ursprünglichen Stelle, und die Rückwand war eingedrückt. Wir kamen zu unserem Grundstück. Flach wie ein Pfannkuchen. Aufrecht stand überhaupt nichts mehr. Nur eine Badewanne im schiefen Winkel und eine Toilette. Das Haus war mit allen Badezimmern verschwunden — ganz einfach verschwunden.

Zum Glück hatten wir meinen Lincoln — das wissen Sie ja bereits — und zwei weitere Wagen in höher gelegene Regionen gefahren, als uns langsam klarwurde, daß die Geschichte gefährlich werden konnte. Wir setzten uns in einen der Wagen und fuhren über eine kurvenreiche Straße zur Telefongesellschaft in Saybrook, um von dort aus Dad in Hartford anzurufen. Wir kamen durch. Dads erste Worte waren: »Ist eure Mutter wohlauf?«

»Ja, Daddy, es geht ihr gut. Es geht uns allen gut. Aber vom Haus ist nichts mehr übrig.«

»Vermutlich wart ihr nicht so schlau, noch schnell ein Zündholz reinzuwerfen, ehe es verschwand. Ich habe nämlich eine Feuerversicherung.«

Wir fuhren zu unserem Grundstück zurück. Ein komisches Gefühl. Was war nur aus den Sachen geworden? Dem Silber. Was war aus all dem Silber geworden, das wir im Eßzimmer hatten? Im Eßzimmer hatten wir ein massives Sideboard gehabt, und in einer seiner großen, tiefen Schubladen war das Silber aufbewahrt worden. Mutters Teeservice auch. Diese schweren Stücke waren wahrscheinlich irgendwo im Boden versunken.

Wir begannen zu graben. Und ob Sie es glauben oder nicht, wir gruben tatsächlich 85 plattgedrückte silberne Stücke aus und das komplette Teeservice.

Dann organisierten wir ein paar Blöcke und fingen mit der Planung unseres gegenwärtigen Hauses an — es steht an der gleichen Stelle wie das alte. Wir machten allerdings einen Fehler. Wir hoben es nur um einen Meter an. Wir hätten es aber um drei Meter anheben sollen. — Ich hoffe, daß sich das gleiche nicht noch einmal ereignet.

Unser früheres Haus war noch etwa fünfhundert Meter bachabwärts gewandert und dann an einer Steinbrücke hängengeblieben — ungefähr hundert Meter vor der Flußmündung. Das obere Stockwerk war strohtrocken geblieben. Dicks Schriftstücke lagen noch neben der Schreibmaschine. Die stand ganz gerade da, mit eingespanntem Papier!

Mein Bruder Dick erzählte, daß er, nachdem er uns alle in Sicherheit gebracht hatte, zum alten Moore-Cottage gegangen sei. Dort habe er ein Fenster aufgestemmt, sei in den obersten Stock gestiegen und habe über die Lagune hinweg zugeschaut, wie sich unser Haus sachte auf die rechte Biegung zubewegte. Die dem Wasser zugewandte Seite des Hauses habe sich von Süden nach Norden gedreht, dann sei es ganz ruhig über den Sumpf geglitten und genauso ruhig und würdevoll den Bach hinunter — so, als mache es einen Nachmittagsspaziergang.

L. B. Mayer

Wir waren Freunde, L. B. Mayer und ich. Er war der Chef von Metro-Goldwyn-Mayer. Ich mochte ihn, und er mochte mich. Ich habe ihm einige Besitztümer verkauft. Er ließ mir viele Freiheiten, und ich zollte ihm eine Menge Respekt. L. B. hatte eine recht romantische Einstellung zum Filmgeschäft und zum Studiosystem. Ich auch. Damals war es herrlich, in diesem Geschäft zu arbeiten.

L. B. Mayer war ein erstaunlicher Mann. Obwohl er keine richtige Schulausbildung hatte, wußte er weit mehr als die meisten von jenen, die lange zur Schule gegangen waren. L. B. hatte einen Riecher für das Geschäft. Er war eine Unternehmerpersönlichkeit vom alten Schlag. Ihm war klar, daß man vor einem Künstler Ehrfurcht haben muß, und er spürte, daß Judy Garland irgend etwas hatte, was er nicht wirklich verstand. Über das, was Judy Garland widerfahren ist, hört man schreckliche Geschichten. Als ihr psychischer Niedergang einsetzte, kam Mayer zu mir. Er fragte mich. »Kennen Sie Judy Garland?«

Ich antwortete ihm: »Kaum. Eigentlich gar nicht.«

Er sagte: »Sie ist in einer fürchterlichen Verfassung. Sie hat uns Millionen von Dollar eingebracht. Da sollten wir ihr helfen. Glauben Sie, Sie könnten irgend etwas tun? Wären Sie bereit, sie zu besuchen und mit ihr zu sprechen?«

Offenbar dachte er, ich könne ihr helfen. Ich glaube, er ist auch deshalb auf mich zugekommen, weil er spürte, daß ich ihn mochte.

Mein Kontakt zu Mayer kam eigentlich erst zustande, als sich meine Karriere, wie bereits erwähnt, ihrem Ende zu nähern schien und mein Marktwert um etwa hundertfünfzig Prozent gesunken war. Ich las das Drehbuch von Paramount und sagte:

»Vielen Dank, aber das Drehbuch gefällt mir wirklich nicht. Aber ich bin Ihnen für das Angebot dankbar, da ich sonst keine mehr bekommen habe.«

Ich fuhr an die Ostküste. Phil Barry schrieb *Die Nacht vor der Hochzeit*. Hughes erwarb die Filmrechte für mich. Neun Monate lang wußte das kein Mensch. Natürlich hätten viele Damen sie gerne erworben. Ich sagte zu Harold Freedman: »Verraten Sie niemandem, daß ich sie besitze.« Er war einer der wenigen Männer auf der Welt, die den Mund halten können. Er war Literaturagent.

Irgendwann wurde den Leuten dann klar, daß ich bei dieser Sache irgendeine wichtigere Rolle spielte. Eines Abends begegnete ich Mayer. Norma Shearer war bei ihm. Er sagte:»Ich würde gern mit Ihnen sprechen.«

»Gut«, sagte ich.

»Kann ich bei Ihnen vorbeikommen?« fragte er mich.

»Nein, Mr. Mayer, ich werde bei Ihnen vorbeikommen«, antwortete ich.

Ich suchte ihn also in seinem Büro auf, wo er mir erklärte, daß er die Rechte gern kaufen würde. Er fragte mich:»Möchten Sie die Hauptrolle spielen?«

Ich sagte:»Ja, das möchte ich.«

Daraufhin er:»Gut. Wir möchten, daß Sie sie spielen.«

Er fand für jeden Gesprächspartner den richtigen Ton und verhielt sich auch mir gegenüber sehr geschickt und wußte genau, wie er mich behandeln mußte. Er sagte Dinge, die mir wirklich schmeichelten. Schließlich sagte ich:

»Sie schmeicheln mir, Mr. Mayer. Ich weiß zwar, daß Sie das nicht ohne Hintergedanken tun, aber ich fühle mich trotzdem geschmeichelt. Darin liegt die wahre Kunst.«

Dann fragte er mich, wieviel ich verlange, und ich sagte es ihm. Ich erklärte ihm, daß ich dabei keinen Gewinn mache. Ich fuhr fort: »Mich interessiert nur, mit wem ich spiele, weil man behauptet hat, ich sei Kassengift. Ich möchte über die Besetzung entscheiden.«

Er fragte:»Wen möchten Sie denn haben?«

Ich meinte:»Geben Sie mir Tracy und Gable.«

Er:»Ich glaube nicht, daß sie mitmachen.«

Daraufhin ich:»Das habe ich mir auch schon überlegt, aber fragen Sie sie doch mal.«

»Gut, ich frage sie.«

Er fragte sie, und beide lehnten ab. Daraufhin meinte er:»Sie können Jimmy Stewart haben, der ist nämlich bei uns unter Vertrag.« Und er fügte hinzu:»Ich stelle Ihnen 150 000 Dollar zur Verfügung, mit denen können Sie sich holen, wen Sie wollen oder kriegen können. Sie engagieren sie. Sie dürfen auch den Regisseur bestimmen.«

Ich sagte:»Ich möchte, daß George Cukor Regie führt.«

Er:»In Ordnung.«

Für die 150 000 Dollar bekamen wir für drei Wochen Cary Grant.

Er sagte zu, verlangte aber, daß er vor mir genannt wurde. »Okay«, meinte ich, »das ist kein Problem.« Seine Gage stiftete er dem Roten Kreuz. Er stand uns für drei oder vier Wochen zur Verfügung. Er durfte sich aussuchen, welche Rolle er spielen wollte, die andere übernahm Jimmy Stewart. Übrigens erhielt Jimmy für seine Rolle den Oscar.

Das Ganze war sehr raffiniert. Mayer hatte im Umgang mit Künstlern einfach ein enormes Fingerspitzengefühl. Er war weder dumm noch ungehobelt. Er war sehr feinfühlig und außerordentlich anständig. Ich hatte sehr viel mit Mayer zu tun, und ich kann nur sagen, daß er der anständigste Mensch war, dem ich je begegnet bin.

Wir arbeiteten auch weiterhin zusammen. Als nächstes kam *Die Frau, von der man spricht*. Ich schickte Joe Mankiewicz, dem Produzenten von *Die Nacht vor der Hochzeit*, den Entwurf. »Lies es innerhalb von vierundzwanzig Stunden, und wenn du Interesse daran hast, komme ich sofort«, sagte ich zu ihm. Die Idee zu *Die Frau, von der man spricht* stammte ursprünglich von Garson Kanin. Sein Bruder Mike Kanin und Ring Lardner jun. übernahmen sie dann. Garson war damals gerade beim Militär.

Der Entwurf umfaßte achtundsiebzig Seiten. Einige Szenen waren bereits ausgearbeitet, doch vollständig war er noch nicht. Die Namen der Autoren standen nicht darauf. Ich erklärte: »Ich will Spencer Tracy, oder ich verkaufe es dem Studio nicht.«

Mankiewicz rief zurück und erklärte mir, daß er es großartig finde. Er war der Ansicht, daß die Rolle für Spencer ideal sei, und das war sie auch. Ich kannte Spencer damals noch nicht.

Ich machte mich sofort auf den Weg und ging zu Mayer, um mit ihm zu sprechen. Er fragte mich: »Wieviel verlangen Sie dafür« Ich sagte es ihm. Er fragte: »Wer hat es geschrieben?«

»Mr. Mayer, das kann ich Ihnen nicht sagen«, antwortete ich. Und fügte hinzu: »Das und das verlange ich für den Autor und das und das für mich. Wir machen halbe-halbe. Zwei Summen. Jeweils 125 000 Dollar.«

»Wir würden Ihnen auch mehr geben, aber ich will den Namen der Autoren wissen«, beharrte er.

»Mr. Mayer, ich kann Ihnen den Namen der Autoren nicht verraten, und Sie werden sie auch auf einem anderen Weg nicht herausfinden. Das ist unmöglich«, antwortete ich ihm.

»Geschäfte dieser Art mag ich nicht«, erklärte er.

Ich merkte, daß er kurz davor stand, mein Angebot abzulehnen. Deshalb sagte ich: »Es ist übrigens nicht zu verkaufen. Ich wollte ein-

Philip Barry *Garson Kanin*

Joe Mankiewicz

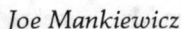

fach nur wissen, wie groß Ihr Interesse ist. Die Rolle würde sich hervorragend für Spencer eignen. Wenn Sie später das fertige Drehbuch sehen möchten, gern. Das Drehbuch ist dann zu verkaufen.« Ich machte einen Rückzieher, weil ich weiß, was geschieht, wenn einer der Mächtigen nein sagt. Man durfte nicht zuviel, aber auch nicht zuwenig verlangen. Man mußte sich überlegen, was sie zu zahlen bereit sein könnten, und dann genau diese Summe verlangen und sie bekommen.

Damals wußte ich noch nicht, in welchen Problemen sie mit *Die Wildnis ruft* steckten. Die Dreharbeiten — mit Spencer — fanden in Florida statt. Die Kameraleute hatten große Schwierigkeiten wegen der Insekten auf den Objektiven. Sie mußten die Dreharbeiten abblasen, und Spencer, der einer ihrer großen Stars war, war nun ohne Beschäftigung. Wenn ich das gewußt hätte, hätte ich dreimal soviel verlangt. Aber ich hielt mich damals für ungeheuer schlau. Ich hätte vermutlich mehr herausgeholt, wenn ich mehr über das Filmgeschäft gewußt hätte.

Auf jeden Fall stellten wir das Drehbuch fertig und schickten es ihnen. Spencer las es und fand es großartig. Ich hatte verlangt, daß diesmal George Stevens die Regie übernahm. Mit Mayer habe ich über diese Sache nicht mehr gesprochen. Er schickte mich zu einem der anderen Bosse, und da war mir klar, daß sie es nehmen würden. Von da an machte ich keinen Mucks mehr.

Ich schloß meinen Vertrag mit ihnen selbst ab, und Mayer sagte, daß er sehr zufrieden sei. Ich sagte, daß auch ich zufrieden sei. Dann fragte ich: »Ist es Ihnen recht, wenn ich Ihrem Rechtsanwalt meinen Vertrag zur Durchsicht gebe? Ich weiß ja, daß Sie mich nicht beschummeln.« Von da an ging ihr Anwalt meine Verträge immer durch. So sahen meine Geschäfte mit Metro aus. Und sie beschummelten mich tatsächlich nicht.

Wir hatten eine Art Vereinbarung, derzufolge ich alles zuerst ihnen anzubieten hatte. Sie lief für ungefähr drei Jahre. Wir schlossen sie nach *Die Frau, von der man spricht. Zu klug für die Liebe* haben sie auch über mich bekommen. Ich habe ihnen viele Angebote gemacht, und die Vertragsverhandlungen habe immer ich mit Mayer geführt. Zum Glück war ich mit Garson Kanin eng befreundet, und er hatte viele gute Ideen für Spencer und mich.

Dann hielt ich meine Rede über die Zensur, die eigentlich dazu gedacht war, Henry Wallace vorzustellen, der im Präsidentschaftswahlkampf gegen Harry Truman antrat. Aber genaugenommen hielt ich eine Rede gegen die Zensur. Wir erlebten schwere Zeiten. Wir schrieben das Jahr 1947, und das House Committee on Unamerican Activities (Senatsausschuß für unamerikanische Aktivitäten) arbeitete auf Hochtouren. Viele verloren ihre Arbeit. Eigentlich sollte Edward G. Robinson diese Rede halten, aber ich dachte: »Das mache lieber ich. Er ist Jude und steht politisch ziemlich links von der Mitte und ist diesem Ausschuß daher sicher verdächtig. Meine Vorfahren stammen von der ›Mayflower‹. Mir können sie nichts anhängen. Ich war noch nie in meinem Leben Mitglied irgendeiner Organisation. Ich halte die Rede.«

Die Schlagzeilen und Artikel, in denen dann gegen mich losgezogen wurde, waren absolut bösartig. Ich reagierte überhaupt nicht auf sie, und das Studio verlangte von mir, daß ich in einer Stellungnahme meinen politischen Standort darlegte. Ich schrieb etwas, das jeden den Job gekostet hätte: die Wahrheit. Daß wir seit jeher das Recht auf eine freie Meinungsäußerung haben — früher, heute und immerdar. Und daß uns niemand dieses Recht nehmen kann. Es wurde nie wieder darüber gesprochen.

Mayer ließ mich kommen und fragte mich: »Katharine, warum haben Sie diese Rede gehalten?«

»Mr. Mayer, ich war der Ansicht, daß jemand diese Rede halten müsse und daß dieser Jemand ich sei. Ich finde, wir sind in einer absurden Lage, die keiner mehr kontrollieren kann. Da werden Leute an den Pranger gestellt, die sich dergleichen nicht leisten können. Aber ich kann es mir leisten.«

Ich hatte soeben einen Film fertiggedreht, in dem ich der große Star war. *Clara Schumanns große Liebe* hieß dieser Film, und man versuchte gerade, ihn zu verkaufen. Die American Legion und noch viele andere machten heftig Stimmung gegen mich.

»Mr. Mayer«, sagte ich, »ich mache Ihnen keinen Vorwurf, wenn Sie nun wütend sind. Sie müssen den Film mit mir in der Hauptrolle verkaufen, und Sie werden große Schwierigkeiten damit haben. Da ich bei Ihnen unter Vertrag stehe, habe ich Sie mit dieser Rede in eine überaus schwierige Lage gebracht. Ich sehe das genauso wie Sie. Aber wenn ich Sie gefragt hätte, ob ich diese Rede halten darf, hätten Sie es mir verboten. Seien wir doch ehrlich. Ich hätte sie auch gegen Ihr Verbot gehalten. Das hätte mich in eine sehr unangenehme Lage gebracht. Jetzt habe ich sie nun einmal gehalten. Andererseits wären Sie völlig im Recht, wenn Sie mir ab sofort meinen Wochenlohn nicht mehr zahlen würden, weil Sie mich nun möglicherweise in keinem Film mehr unterbringen können.«

»Das ist jetzt nicht unser Thema«, meinte er.

»Mr. Mayer«, entgegnete ich, »wir sollten aber darüber sprechen, weil ich etwas getan habe, was ein Angestellter einer großen Firma nicht tun darf. Wer den Anspruch auf eine wöchentliche Lohnzahlung hat, hat wahrscheinlich auch nicht das Recht, nackt auf die Straße zu rennen.«

Er sagte noch einmal: »Das ist jetzt nicht unser Thema.«

Schließlich verließ ich einfach das Büro. Er hatte mich ganz schön in Rage gebracht und sich geweigert, in irgendeiner Form auf die Sache einzugehen. Das war's.

Natürlich mißfiel ihm das Ganze. Er war Republikaner und hatte eine völlig andere Einstellung als ich. Der Führungsstil in diesen Firmen trug keinesfalls liberale Züge. Sie übernahmen für sämtliche Studioangestellte die totale Verantwortung. Doch ich habe immer gesagt, daß ich gern für Metro arbeitete, weil man dort wisse, was sich gehört. Und das stimmte auch. Bei ihnen ging es stilvoll zu. Sie zahlten weniger, aber dafür wurde man nie gezwungen, etwas zu tun, was man nicht tun wollte. Darüber hat es nie Streit gegeben. Er wollte uns nie zu etwas zwingen und drohte auch nie: »Dann bekommen Sie eben Ihr Geld nicht.« Sie setzten ihre Leute nicht unter Druck. Metro war — im schlechtesten wie im besten Sinne — eine patriarchalische Institution. Mayer hat mich nie zu etwas gezwungen, was ich nicht wollte.

Ich kann mich noch an eine Testvorführung von *Die Frau, von der man spricht* erinnern. Der Schluß des Films beruhte auf meinem Vorschlag, an den man sich — leider — gehalten hatte.

Am nächsten Tag begegnete ich Mayer auf dem Studiogelände. Er sagte:

»Die Vorschau war glänzend. Wir waren hingerissen. Ich bin stolz auf Sie.«

»Aber der Schluß ist miserabel.«

»Was wollen Sie damit sagen?« fragte er.

»Ich darf das sagen, Mr. Mayer«, antwortete ich ihm, »der Vorschlag zu diesem Schluß stammt nämlich von mir. Er ist nicht gut. Der Film fällt dadurch mächtig ab.«

»Was würde es wohl kosten, wenn man das noch hinbiegt?« fragte er.

»Das würde um die 150 000 Dollar kosten«, meinte ich.

»Okay, dann biegen wir's hin«, sagte er.

»Meinen Sie das ernst, Mr. Mayer? Wir stehen hier auf dem Studiogelände, und Sie sagen einfach: ›Los. Mir ist's recht. Ihr könnt noch mehr Geld für den Film ausgeben.‹«

Dagegen läßt sich doch nichts sagen. Ich bin mir sicher, daß die, die ein schlechtes Verhältnis zu ihm hatten, genau das Gegenteil erzählen. Ich kann nur von meinen eigenen Erfahrungen mit ihm sprechen. Einige dieser Erfahrungen haben ihn eine Menge Geld gekostet. Es war aber natürlich auch nicht alles Sonnenschein. Wir waren keine dicken Freunde. Ich sprach ihn immer mit »Mr. Mayer« an. Ich war eng mit Irene befreundet, aber das kam erst, als ich schon einige Zeit bei Metro war. Unser Verhältnis wurde nicht davon berührt, daß ich mit seiner Tochter befreundet war. Er schätzte mich, und ich schätzte ihn über alle Maßen.

Es sind auch einige unglückselige Dinge geschehen. Zum Beispiel diese Geschichte mit Judy Garland. In welchem Maß war er dafür verantwortlich? In welchem Maß war das Filmgeschäft dafür verantwortlich? Judy ist bestimmt nicht die einzige, die am Filmgeschäft zerbrochen ist. Nach dem Machtverfall der Studios sind sogar noch viel mehr daran zerbrochen. In diesem Geschäft wimmelt es von gequälten Seelen.

Ich glaube, Mayer hatte Verständnis für Judy Garlands Qualen. Auch für die von Robert Walker, dem Ehemann von Jennifer Jones. Er hatte Probleme mit dem Alkohol. So etwas ist keine Frage des Willens, und es ist bei Gott keine Sache, mit der man einfach so aufhören kann. Vielleicht schaffen Sie es oder ich. Aber andere schaffen es möglicherweise nicht. Es ist nicht immer einfach. Ich glaube, er versuchte, sich in die Lage anderer hineinzuversetzen, und er half ihnen, so gut er nur konnte.

Ich besuchte Judy und sprach mit ihr. Ich hätte bestimmt nichts ausrichten können. Wenn man jemandem helfen möchte, dann ist es mit zwei Stunden am Tag nicht getan. Dann muß man schon vierundzwanzig Stunden am Tag da sein. Genau das muß man auf sich nehmen, wenn man einen Menschen wieder aufrichten und ihm neuen Halt geben will.

Ich glaube, Judy war ein außerordentlich schwieriger Mensch. Zu dem Zeitpunkt, als alles über ihr zusammenbrach, war sie Ende Zwanzig, vielleicht war sie auch schon dreißig. Sie hatte immer sehr hart gearbeitet. Sie hatte intensiv gelebt. Sie war verbraucht. Dabei fällt diesen gepeinigten Menschen die Arbeit noch am leichtesten. Das Leben ist es, das ihnen Schwierigkeiten bereitet. Ich glaube, Mayer hatte das erkannt. Man kann sich fragen: »Warum hat er nicht früher etwas unternommen?« Aber ob er es hätte verhindern können? — Ich weiß es nicht. Ich weiß es wirklich nicht. Ich glaube nicht, daß Arbeit jemals jemanden zerstört hat. Ich meine ganz im Gegenteil, daß zu wenig Arbeit viel zerstörerischer ist. Das bringt einen nur auf schlechte Gedanken.

Mayer war ein begeisterungsfähiger Mensch, der sich leidenschaftlich für Menschen interessierte, die etwas auf die Beine stellen konnten. Er hatte Mut zum Risiko und engagierte sie. Er vertraute auf sein eigenes Urteil und wandte sich nie an andere, um zu fragen: »Was halten Sie davon?« Er sprang einfach ins kalte Wasser. Er war ein glänzender Geschäftsmann, ein großer Spieler, und er liebte das Filmgeschäft. Er liebte es einfach. Manchmal lachten die Leute ihn aus und machten sich wegen einiger Marotten über ihn lustig, aber er liebte das Filmgeschäft.

Ich glaube, Mayer, Goldwyn und Sol Hurok waren im Grunde ihres Herzens Idealisten. Aber auch Hal Wallis und einige andere vom alten Schlag. Sie waren glänzende Geschäftsmänner. Aber sie jagten auch ihrem Traum nach. Und sie hatten die Fähigkeit, ihn sich plastisch vorzustellen und ihn schließlich einzufangen. Sie hatten einen Blick für das Schöne und waren von ihm fasziniert. Hört sich das nicht wie ein Märchen an? Die Produzenten von damals waren eben einfach Romantiker.

Aber zum Teufel: Wir lesen doch alle selbst Märchen, oder nicht? Doch ist dadurch unsere Phantasie schon erschöpft? Wenn man von seinen Eltern, seinen Brüdern und Schwestern, seinen Freunden und dem Menschen, den man liebt, nicht jederzeit träumen kann, wenn man sie nur dann wahrnimmt, wenn sie aus Fleisch und Blut tatsächlich vor einem stehen, dann ist man ein armer Wicht. Man muß sich alles in seiner Phantasie vorstellen können. Ich glaube an Wunder. Andererseits glaube ich auch an unsere Verwurzelung im Hier und Jetzt und daran, daß unser Körper ernsthaft krank werden kann.

Aber wenn unser Geist nicht ebenfalls krank ist, können wir uns dagegen wehren und die Krankheit überwinden. Genau das haben wir den Tieren voraus.

Ich glaube, Mayer hatte diese Gabe. Man kann es für blödsinnig halten, den Geist der damaligen Zeit auf unsere heutigen Verhältnisse übertragen zu wollen. Man stand am Ende einer Epoche, und heute meint man, gegenüber damals Fortschritte gemacht zu haben. Allerdings habe ich da so meine Zweifel.

Mayer hatte ganz bestimmt auch seine schlechten Seiten. Wen er nicht mochte, den faßte er hart an. Mich mochte er zufällig, und ich mochte ihn. Er wußte es — genauso wie ich. Wir waren in vielen Dingen verschiedener Meinung. — Na und? Mir lag zum Beispiel viel daran, unter der Regie von George Cukor und zusammen mit der

Mit L. B. Mayer auf der Rennbahn von Santa Anita

Garbo in *Trauer muß Elektra tragen* zu spielen. Bei Mayer aber stießen wir auf taube Ohren. — Nun gut, er hörte sich das Ganze an. Ich
war dabei, wie Mrs. Frank ihm von der Handlung erzählte. Damals
war es üblich, daß sich die Studiobosse die Geschichten, die den Studios zur Verfilmung angeboten wurden, erzählen ließen. Ich war
immer der Ansicht, das sei idiotisch, bis ich Mrs. Frank zuhörte.
Zuvor hatte ich bei dem Gedanken lachen müssen, daß sie eine pro-
fessionelle Geschichtenerzählerin war. Aber ich hatte mich geirrt. Sie
war großartig. Als sie ihm von *Trauer muß Elektra tragen* erzählte,
lauschte ich ihr gebannt.

Mayer stand immer zu seiner Überzeugung. Das gefiel mir. Er blieb
seiner Linie treu, ob man nun seiner Meinung war oder nicht. Viele

221

Leute lehnen ab oder stimmen zu, aber man erfährt nicht, weshalb. Wenn man zu Mayer ging, bekam man eine Antwort oder Geld, oder das vorgetragene Anliegen wurde erfüllt — oder auch nicht. Man mußte nicht von Pontius zu Pilatus laufen. Er hatte keine Angst davor, eine eigene Entscheidung treffen zu müssen. Wenn man der Ansicht war, daß man für irgend etwas weitere zwei Millionen Dollar brauchte, und man konnte ihn überzeugen, dann bezahlte er sie.

Persönlich kannte ich ihn nicht gut. Die Arbeit war sein Leben. Als er nicht mehr arbeiten konnte, starb er innerlich. Er hatte sein ganzes Leben lang gearbeitet. Etwas anderes als Arbeit kannte er gar nicht. Aber nicht nur Mr. Mayer war so. Ich kann mit diesen Arbeitszeiten von neun bis fünf auch nichts anfangen. Dergleichen ist mir ein Rätsel. Meine Mutter sagte immer zu mir: »Vernachlässige bloß nicht die Aufgaben, die dir das Irrenhaus ersparen.« Wie recht sie hatte.

Für mich war Metro eine fabelhafte Schule, in der man keinen Abschluß machte. Es war wie in einem Stück von Tschechow. So behaglich und alles andere als ein Gefängnis. Wir waren unterbezahlt, dafür aber sehr behütet. Wenn man in Schwierigkeiten geriet, rief man Howard Strickling, den Chef der Publicity-Abteilung, an. Er kümmerte sich dann darum.

Ich hatte Mayer gern. Ich muß das einfach sagen. Churchill hatte eine besondere Ausstrahlung. Roosevelt hatte eine besondere Ausstrahlung. Mrs. Roosevelt hatte eine besondere Ausstrahlung. Aber es gibt auch Menschen in hohen Positionen, denen diese Ausstrahlung fehlt. Sie ist sehr hilfreich. Man kann der größte Dummkopf sein, aber mit einer angenehmen Ausstrahlung kann man die Öffentlichkeit dennoch für sich einnehmen. Mayers persönliche Ausstrahlung war möglicherweise nicht allzu groß. Nixon hatte große Probleme mit seiner Ausstrahlung. Ronald Reagan hingegen brauchte einfach nur mit seinen weit auseinanderstehenden Augen dazustehen. Er lächelte, und sein Gesicht hatte für die amerikanische Öffentlichkeit etwas Vertrautes. Auch Spencers kräftige irische Züge wirkten auf die Öffentlichkeit vertraut. Er war ein Mann, ein typischer Amerikaner mit irischen Vorfahren. So, wie man sich einen *Mann* eben vorstellt. Er war ein Vertrauter.

Und jetzt zu mir. Ich bin auch vertraut. Ich bin eine Vertraute geworden. Ich bin mir dessen vollkommen bewußt. Für viele Leute bin ich genauso selbstverständlich wie die Freiheitsstatue. Weil es mich schon so lange gibt. Viele haben sich ein Leben lang mit mir identifiziert. Und es gehört zur heutigen Zeit, einige der alten Schauspieler romantisch zu verklären.

Mit dem Charisma hat es eine eigenartige Bewandtnis. Wenn Sie mich fragen: Churchill hatte es und andere Leute oder Orte auch. Und wie sehr man sich auch abmüht — die Vaterfigur kann man nicht vom Sockel stoßen. Sie gehört ebenso zum Grundwesen des Menschen wie die Mutterfigur. Man kann sie bespucken, und doch kommt man nicht los von ihnen. Sie sind stark in uns ausgeprägt, weil wir ihrem Einfluß von Anfang aus ausgesetzt waren. Das gibt einem Halt.

Ich glaube nicht, daß das Studio je so etwas wie ein Image kreiert hat. Ich glaube, daß die Schauspieler sich ihr Image immer selbst geschaffen haben. Es ist Unsinn zu behaupten, daß man jede Rolle spielen kann. Man kann zwar jede Rolle spielen, aber man kann nicht in jeder glänzen. Man kann eben nicht alles gleich gut. Die Studios hatten damit wohl weniger zu tun. Bestimmt haben sie sich überlegt, mit welchem Schauspielertyp sie es jeweils zu tun hatten, aber sie konnten nicht umgekehrt irgend jemanden nehmen und ihn zu irgendeinem Typus machen. Auch Judy haben sie nicht »gemacht«. Durch ihre Art war klar, für welche Rollen sie am besten geeignet war. Daran hielten sie sich dann. Manchmal täuschten sie sich auch, aber ein Image konnten sie nicht erzeugen.

Wenn man Mayer jemanden zeigte, konnte er auf der Stelle: »Ja, auf jeden Fall« sagen. Mayer irrte sich gelegentlich, aber er hatte sehr viel öfter recht. Mayer scheute sich nicht zu sagen: »Das gefällt mir.« Er hatte keine Angst davor, einen Fehler zu machen. Das war eine schreckliche Krankheit. Er kam gar nicht auf die Idee, er könne sich täuschen, und so traf er seine Entscheidungen allein.

Ich glaube, Mayer wäre liebend gern ein geistreicher, charmanter, faszinierender Mensch gewesen. Er war bestimmt keine einzigartige Erscheinung. Im Grunde seines Herzens war er wohl ein bescheidener Mensch. Er versuchte immer, einen freundlichen Eindruck zu machen, und auch sein Büro war freundlich. Aber er hielt sich sicherlich nicht für umwerfend. Geistreich war er bestimmt nicht. Aber er war unterhaltsam. Er konnte herrliche Geschichten erzählen. Da fand ich ihn faszinierend. Ich verlangte aber auch gar nicht, daß er mich vom Stuhl riß. Mir reichte das, was er zu bieten hatte, vollauf.

Mayer war stets sehr entgegenkommend zu mir. Hätte ich Regie führen, etwas produzieren oder irgend etwas anderes auf dem Studiogelände machen wollen, er hätte es mir ermöglicht. Aber ich fahre immer eingleisig. Damals war ich Schauspielerin.

Sie sehen, daß Mayer zwar in politischer Hinsicht konservativ war, aber in geschäftlichen Dingen bestimmt nicht. Er war ungestüm. Er war romantisch. Und vor allem glaubte er an seine Sache.

Die Filme

A ls ich meine ersten Probeaufnahmen machte, fühlte ich mich vom ersten Augenblick an wohl. Es war aufregend, aber nicht furchteinflößend. Warum das so ist, weiß ich nicht. Ich finde es einfach angenehm. Vielleicht liegt das daran, daß kein Publikum da ist — und keine Kritiker, wenigstens während der Aufnahmen nicht. Außerdem antwortet einem die Kamera nicht. Es macht einfach Spaß.

Ich habe in dreiundvierzig Filmen mitgespielt. Als ich Hollywood verließ, glaubte ich, daß ich mich an die meisten Filme und an die Leute, mit denen ich vor der Kamera gestanden habe, noch würde erinnern können. Aber da habe ich mich getäuscht — ich bekomme sie nicht mehr zusammen. Es ist schon erstaunlich, weshalb manche Dinge haftenbleiben. Meist sind es irgendwelche besonderen Ereignisse, an die man sich wieder erinnert. — Jetzt zu denen, an die ich mich erinnern kann.

Alice Adams

George Stevens hat in vielen berühmten Filmen, darunter in *Giganten* und *Ein Platz an der Sonne* Regie geführt. Ich lernte ihn kennen, nachdem der Regieassistent Eddie Killy, der schon einige Male mit mir zusammengearbeitet hatte, ihn als Regisseur für *Alice Adams* vorschlug. George drehte damals gerade einen Film — welchen, weiß ich nicht mehr, jedenfalls war es ein Film, für den nur ein kleines Budget zur Verfügung stand. Eddie Killy arbeitete mit ihm zusammen und fand ihn sehr begabt. Er hatte bereits einige Wheeler & Woolsey-Komödien gedreht, und ich war der Ansicht, es könne *Alice Adams* nur guttun, wenn jemand Regie führte, der eine ordentliche Portion Humor hatte.

Ich drehte damals gerade mit Charles Boyer *Break of Hearts*. Ich sagte Eddie, daß ich Stevens gern kennenlernen würde, und eines späten Abends, als ich nach Beendigung der Dreharbeiten gerade auf dem Vordersitz meines Wagens Charles Boyer zu becircen versuchte — ohne Erfolg übrigens —, sah ich plötzlich ein Gesicht am Fenster.

»Ja?« fragte ich.

»Ich bin George Stevens.«

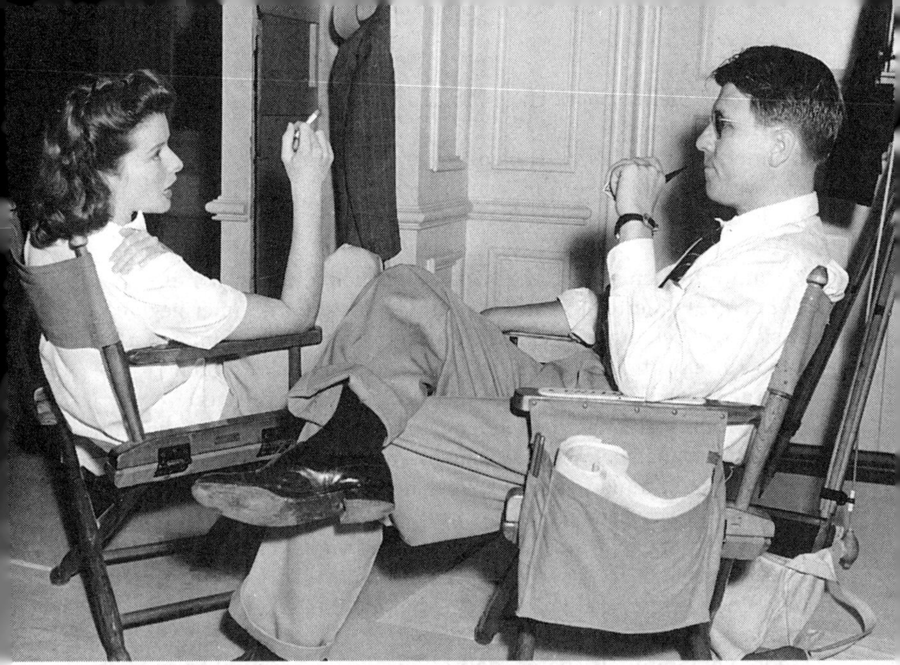

*»Alice Adams« — mit George Stevens · »Break of Hearts« —
mit Charles Boyer*

»Ach ja — gehen Sie doch in Pandro Bermans Büro. Ich komme in zehn Minuten nach.«

Können Sie sich das vorstellen?

Ein wenig peinlich berührt wandte ich mich wieder Boyer zu, entschuldigte mich und ging zu Bermans Büro hinauf, wo George bereits wartete.

Wir unterhielten uns. Ich hatte den Eindruck, daß ihn vor allem das *Drehbuch* faszinierte. Irgendwie hatte ich bis dahin immer geglaubt, daß sich die bekannten Regisseure eher wegen der Zusammenarbeit mit *mir* für ein Projekt interessierten, nicht wegen des Stoffs.

George Stevens wurde trotzdem für diesen Film engagiert.

Alice Adams ist eine Studie über eine junge Frau, die trotz ihrer ungünstigen finanziellen und sozialen Ausgangsposition verzweifelt nach oben zu kommen versucht, aber nicht die Chance hat.

Eines Sonntags kamen Stevens und Berman zu einer Drehbuchbesprechung zu mir ins Haus. George Stevens sagte kein einziges Wort. »Pandro«, meinte ich, nachdem er gegangen war, »ich glaube, wir haben einen großen Fehler gemacht. Ich glaube, er wußte gar nicht, worum es ging.«

George erzählte mir später, daß er zu diesem Zeitpunkt das Drehbuch noch gar nicht gelesen hatte, daß es aber sein großer Traum gewesen sei, mit mir zusammenzuarbeiten. Tatsächlich war er mit der Fertigstellung seines letzten Films so beschäftigt, daß er vor dem Treffen mit Pandro und mir keine Zeit gehabt hatte, es zu lesen. Kein Wunder, daß er mir ein wenig beschränkt vorkam.

Stevens war ein merkwürdiger Mensch — ein wirklich großartiger Regisseur. Vor allem in Komödien. Da er mit den großen Komikern zusammengearbeitet oder sie beobachtet hatte, kannte er sämtliche berühmte Nummern. Er wußte, was für eine Freude es ist, die Menschen zum Lachen zu bringen.

Wir hatten einige Drehbuchbesprechungen. Stevens sprach nie viel. Er hörte zu. Antwortete mit ja oder nein. Das Gespräch bestritten eindeutig Pandro und ich. Ich hatte den Eindruck, wir hätten uns da einen ziemlich eigenwilligen Regisseur ausgesucht.

Schließlich stellte er die Besetzung zusammen. Frankie Albertson in der Rolle des Bruders. (Ich fand, daß er im Vergleich zu mir doch etwas sehr durchschnittlich sei. Aber zum Glück traute ich es mich nicht zu sagen, denn es stellte sich heraus, daß er großartig war.) Fred Stone spielte den Vater, Ann Shoemaker die Mutter, Hattie McDaniel das Hausmädchen.

Wir begannen mit den Dreharbeiten. Ich hatte meine Kleider ausgesprochen günstig erstanden. Das einzige, das etwas teurer war, stammte von Hattie Carnegie. Es war das Party-Kleid. Damit es jede Eleganz verlor, dekorierte ich es mit schwarzen Schleifen — mein Haar auch.

Die Dreharbeiten verliefen ziemlich reibungslos, bis zu der Schlaf- zimmerszene nach dem Tanzabend, an dem ich als Mauerblümchen eine furchtbare Demütigung erlebte. Dem Roman zufolge (der meine Bibel war) ging ich nach Hause, zog mich mit letzter Kraft die Treppe hinauf und klopfte an die Schlafzimmertür meiner Eltern, um ihnen zu signalisieren: »Ich bin wieder da.« Dann ging ich in mein Zimmer, schloß die Tür, warf mich auf mein Bett und weinte und weinte.

Stevens kam zu mir und sagte: »Ich finde, es wäre interessanter, wenn Sie langsam zum Fenster gehen und hinausschauen würden. Das in Großaufnahme. Es regnet, und während Sie in den Regen sehen, steigen die Tränen in Ihren Augen auf und rinnen langsam über Ihre Wangen usw.«

Ich fand den Vorschlag ausgezeichnet. Aber da das Fenster nicht für Regenaufnahmen konstruiert worden war, spritzte kaltes Wasser herein und lief über meine Hände. Die Kälte auf meinen Armen und Händen irritierte mich so sehr, daß meine Tränen versiegten.

Was sollte ich tun? Ich bekam die Szene nicht hin, hielt es aber auch für sinnlos, George zu sagen warum, weil mir klar war, daß er nichts gegen das Wasser unternehmen konnte. Nach vier oder fünf Versu- chen ging ich schließlich zu ihm und sagte in ziemlich barschem Ton:

»Wissen Sie, das Problem ist, daß ich mich ganz darauf eingestellt hatte, mich aufs Bett zu werfen, und das ist...«

George konnte seinen Zorn kaum unterdrücken: »Möchten Sie, daß wir...«

Seine unvermittelte Wut und seine Heftigkeit wirkten befreiend auf mich, und ich sagte: »Also noch einmal.«

Und diesmal klappte es bestens — mit eiskalten Fingern und allem. Ich war begeistert.

»Das war doch gut, oder?«

»Ja, prima«, antwortete George, aber er war noch immer wütend. Ein paar Wochen später erklärte ich ihm, wo das Problem gelegen hatte. Er gestand mir, daß er kurz davor gewesen sei, die Regie hinzu- schmeißen.

George und ich blieben gute Freunde. Ich machte nur noch zwei Filme mit ihm: *Quality Street*, der war schlecht, und *Die Frau, von der man spricht*, mein erster Film mit Spencer Tracy — ein Riesener- folg.

Ich habe viel von ihm gelernt und viele Einzelszenen mit ihm durch-gesprochen. In *Zu klug für die Liebe* etwa mußte Spencer in einer Schlafwandlerszene zu mir ins Bett steigen.

»Nein, nicht so«, meinte George. »Wenn ein Mann in ein Bett steigt, in dem bereits eine Frau liegt, dann ist das etwas sehr Ernstes und Gefährliches. Du mußt das Bett verlassen — sagen wir mal, um eine Wärmflasche zu holen. Du gehst ins Bad, während Spence schlaf-wandelt und in das leere Bett kriecht. Das Publikum bricht sofort in Gelächter aus. Katharine kommt zurück und steigt auch ins Bett.«

Oh — oh — oh.

In solchen Fragen war Stevens ein Fachmann. Ich habe es immer be-dauert, daß er sein Talent in Filme wie *Giganten* oder *Ein Platz an der Sonne* investierte, auch wenn diese Filme sehr erfolgreich waren. Aber die Leute zum Lachen bringen...

Er kam oft nach New York und besuchte mich abends. An einen dieser Abende erinnere ich mich noch. Wir saßen vor dem Kamin. George trank ein wenig mehr als er vertrug. Ich legte immer wieder Holz nach. Plötzlich hörte ich es im Kamin donnern. Ich sprang auf, blieb aber ganz sachlich:

»George, im Kaminschacht brennt's. Ich rufe die Feuerwehr an. Du gehst inzwischen in die Küche hinunter, füllst einen Topf mit Wasser, bringst ihn hoch und löschst damit das Feuer auf der Kaminplatte. Ich steige aufs Dach und passe auf die Funken auf, die aus dem Schacht sprühen.«

Ich rannte nach oben. Als ich wieder nach unten kam, war die ganze Aufregung schon vorbei.

George erzählte mir, was geschehen war:

Er war in die Küche hinuntergegangen, hatte einen Topf gefunden und ihn mit Wasser gefüllt, als er plötzlich von der Haustür her ein Klopfen hörte. Er öffnete die Tür — den Topf hielt er noch immer in der Hand.

Sechs hünenhafte Männer — alle über einen Meter achtzig — kamen herein (George war ungefähr einen Meter siebzig).

Männer: Wo ist das Feuer?

George: Im Kamin.

Natürlich war es da, aber es klang ein bißchen dumm. Sie drängten George aus dem Weg und liefen die Treppe hinauf. George folgte ihnen mit seinem Topf.

Männer: Wo ist Katharine?

George: Auf dem Dach.

Alle sechs rannten die Treppe hoch. Als sie plötzlich auf dem Dach standen, kamen sie mir wie Riesen vor. Ich sagte: »Seien Sie bitte vorsichtig, sonst brechen Sie ein.«

Daraufhin hüpfte einer von ihnen hoch und runter.

»Oh, bitte nicht!«

Nachdem sie wieder fort waren (das Feuer war natürlich zuvor gelöscht worden), ging ich ins Wohnzimmer hinunter, wo George immer noch mit seinem Topf herumsaß. Ich erzählte ihm von dem Mann, der auf dem Dach herumgesprungen war. Er grinste:

»Wenn er durchgekracht wäre, wäre er direkt in meinem Topf gelandet.«

George war ein Spaßvogel.

»Sylvia Scarlett«

Sylvia Scarlett

Sylvia Scarlett — mit Cary Grant in der männlichen Hauptrolle — war eine echte Katastrophe. Es war unser erster gemeinsamer Film. Ein eigenartiges Erlebnis. Regie führte George Cukor. Während der Dreharbeiten begann ich mich zu fragen, was sich Cukor wohl dabei dachte. Ich fand es nicht stimmig — und lustig schon gar nicht.

Ich ließ mir die Haare abschneiden und spielte über Dreiviertel des Films einen Jungen. Brian Aherne spielte auch mit, und Edmund Gwenn spielte meinen Vater. Cary Grant vollbrachte in diesem Film eine grandiose schauspielerische Leistung. Er war in seinem Element — ein echter Cockney, ein wenig unverblümt und voller Übermut. Er besaß eine unglaubliche Energie, sein Lachen kam spontan und aus voller Kehle. Edmund Gwenn und ich fungierten als seine Stichwortgeber. Es war ein großartiges Projekt, doch es wollte nicht recht funktionieren. Die Zusammenarbeit mit Brian Aherne war langweilig.

Die Reaktionen auf den Film bei einer Testvorführung fielen katastrophal aus, und Pandro Berman, der Produzent, besuchte Cukor hinterher zu Hause. George und ich meinten: »Mach dir keine Sorgen, Pandro. Wir drehen noch einen für dich — kostenlos.«

Pandro sah uns böse an: »Laßt mich bitte in Ruhe!«

Maria von Schottland

Nach *Break of Hearts* kam *Maria von Schottland*. Diesmal führte John Ford Regie. Ich glaube, Pandro Berman war wieder der Produzent, es könnte aber auch Cliff Reid gewesen sein, der die meisten von Fords Filmen produziert hat, weil Ford gern mit Leuten zusammenarbeitete, die ihm nicht widersprachen.*

Ich habe mich nie für Maria interessiert. Ich fand sie immer ein bißchen dumm. Mir wäre es viel lieber gewesen, wenn wir ein Drehbuch über Elizabeth verfilmt hätten.

Frederick March spielte James Hepburn (Earl of Bothwell). Seine Frau Florence Eldridge spielte die Elizabeth. Das Drehbuch war nicht sonderlich spannend. Mir war nie ganz klar, weshalb John Ford die Regie übernommen hatte. Er war ein überaus interessanter Mann. Wir wurden Freunde und begegneten uns immer wieder einmal. Ich segelte auch auf seinem Schiff »The Araner«.

---

* K. H. täuscht sich nicht: Pandro Berman war der Produzent dieses Films, Anm. d. Übers.

Jedenfalls war John Ford einer unserer besten Regisseure. Als ich 1932 für *Eine Scheidung* nach Kalifornien kam, war er bei RKO unter Vertrag. Da das Studio sehr klein war, kannte man fast jeden zumindest vom Grüßen her. Alle bewunderten Ford, der einen außergewöhnlich guten Ruf besaß. Er hatte seine Standarddarsteller — alles Macho-Männer —, die er in seinen Filmen immer wieder unterbrachte, wenn es eine passende Rolle für sie gab. John Wayne war einer von ihnen. Ford hatte ihn entdeckt.

Diese Gruppe bestand aus sechs oder sieben Männern (auch Ward Bond gehörte dazu) — alle reichlich über einsachtzig. Sie unternahmen regelmäßig Segeltörns mit Johns Jacht, der »Araner« (meiner Erinnerung nach war sie etwa vierzig Meter lang) — einfach die kalifornische Küste entlang nach Mexiko, nur um sich dort vollaufen zu lassen. Dann fuhren sie zurück und nüchterten sich aus, und er drehte seinen nächsten Film, in dem er möglichst viele von ihnen unterbrachte. Er drehte zum Beispiel *Früchte des Zorns* mit Hank Fonda, *Höllenfahrt nach Santa Fé / Ringo* mit John Wayne und *Der Verräter* mit McLaglen.

Ford und ich freundeten uns sehr schnell an. Ich fand ihn faszinierend, aber unmöglich. Über sein Leben — daran gab es nicht den geringsten Zweifel — entschied nur er, und man war besser nicht zu oft anderer Meinung als er. Seine Bande, nennen wir sie mal so, bestand nur aus Männern — aber hin und wieder wurde auch ich zugelassen. Claire Trevor und Maureen O'Hara waren seine Lieblingsdarstellerinnen. Ich bin mir sicher, daß sie ihm nie widersprachen. Maureen war sehr schön. Er machte Filme, in denen eigentlich nur die Männer zählten, die Frauen waren bestenfalls zur Dekoration da.

Eines Tages suchte mich Cliff Reid auf und erzählte mir, daß sie Ford für irgendwelche Arbeiten an einem seiner Filme brauchten, daß Ford aber bei sich zu Hause in den Hollywood Hills gerade ein Saufgelage abhalte und sich weigere zu kommen. Ob ich helfen könne.

»Du lieber Himmel, Cliff, was kann ich denn da tun?«

»Hol ihn her und nüchtere ihn aus.«

»Aber — warum ich?«

Cliff antwortete, daß er es versucht, aber nichts erreicht habe. Also fuhr ich zu Fords Haus, und irgendwie gelang es mir, ihn in meinen Wagen zu bugsieren. Dann fuhr ich mit ihm zum RKO-Gelände, wo ich eine schöne große Garderobe hatte. Ich brachte ihn in meine Garderobe und konnte ihn dazu bewegen, eine mörderische Dosis Whisky mit Rizinusöl zu trinken.

Ich habe noch nie jemanden gesehen, dem es so elend ging. Es war schrecklich. Ich glaubte, er werde sterben. Und er glaubte auch, daß er sterben werde. Dann schlief er ein, und ich glaubte, er sei tot.

Nach ungefähr zwei Stunden wachte er wieder auf. Ich fuhr mit ihm zum Hollywood Athletic Club, und dort brachten sie ihn wieder auf die Beine. Ford erledigte die Arbeiten an seinem Film. Mein Gott, das werde ich nie vergessen. Ich hätte ihn beinahe umgebracht.

Eines Tages verließ Ford die Dreharbeiten und sagte zu mir: »Übernimm du in dieser Szene die Regie.« In Ordnung, antwortete ich, aber Freddie soll mit mir zusammenarbeiten. Freddie war einverstanden, und ich führte Regie in einer Szene, die in einem Turm spielte.

Ford hatte schlicht das Interesse an diesem Film verloren, der ein Flop wurde.

John hat mir das Leben gerettet. Als Königin Maria mußte ich natürlich im Damensitz reiten. Während einer Szene, in der ich im vollen Galopp gefilmt wurde, brüllte er plötzlich: »Duck dich, Kate!« Ich duckte mich und entging knapp einem Ast, der mich enthauptet hätte.

Wir blieben Freunde. Er war ein ungewöhnlicher Zeitgenosse mit einem legendären Ruf.

Diese Iren sind ein rauhes Volk. Als ich ihn zum letztenmal sah, lag er krank im Bett — er lag im Sterben. Ein rauher Bursche — liebte seine Freunde, haßte seine Feinde, liebte Irland, liebte das Filmgeschäft, liebte seine großen Erfolge, schwärmte für seine Fehlschläge. — Launisch, stur, gnadenlos, arrogant — und ein wunderbarer Freund.

Ach ja — ein gefährlicher Gegner.

Bühneneingang

Der Regisseur war Gregory La Cava. Ginger Rogers und ich spielten die Hauptrollen, außerdem bot RKO seine besten weiblichen Kräfte auf: Lucille Ball, Gail Patrick, Andrea Leeds, Eve Arden, Ann Miller.

Meine Karriere befand sich auf dem Tiefpunkt, und als wir mit den Dreharbeiten zu *Bühneneingang* begannen, fiel mir auf, daß ich in vielen Szenen nur eine Randfigur war, statt im Mittelpunkt zu stehen. Nachdem ich mir das ungefähr zwei Wochen mit angesehen hatte, ging ich zu Pandro Berman und fragte ihn: »Sag mal Pandro, findest du nicht...«

Er antwortete:

»Hör zu, Kate, sei froh, wenn du in einem erfolgreichen Film an sechster Stelle kommst.«

Ich nahm mir vor, mit La Cava zu sprechen:

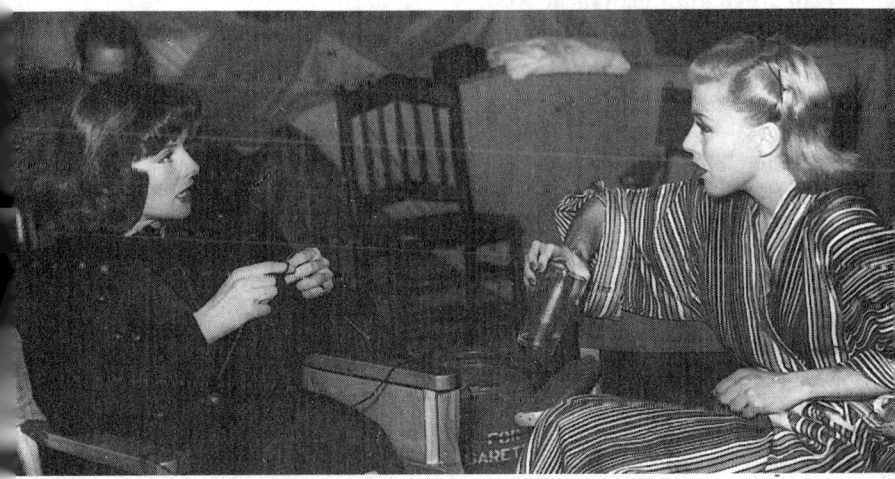

»Bühneneingang« — oben mit Constance Collier,
unten mit Ginger Rogers

»Diese Rolle, Gregory. Ich weiß nicht, wer ich bin. Wer bin ich, Gregory?«

»Du bist das personifizierte Fragezeichen.«

»Was soll das denn heißen?«

Er sah mich ernst an:

»Ich wäre froh, wenn ich es wüßte, Kate.«

Ich schwieg, bedankte mich und ging. Ich resignierte und hielt den Mund. Es hatte überhaupt keinen Sinn, noch irgend etwas zu La Cava zu sagen. Mir war klar, daß es nichts Langweiligeres gab als eine Schauspielerin, die sich auf dem absteigenden Ast befand und voller Selbstmitleid war.

Den Mund zu halten und mich fröhlich zu geben, war das Klügste, was ich je getan habe. La Cava bekam Mitleid mit mir, weil ich das reiche Mädchen spielen mußte, und übertrug mir den ganzen letzten Teil des Films.

Ich habe erst sehr viel später erfahren, daß Ginger Rogers in der ersten Testvorführung vor mir genannt wurde. Ich glaube, auch Ginger Rogers wußte nichts davon.

Am Ende dieser Testvorführung bekamen wir sehr viele Testkarten mit der Bemerkung zurück, dies sei der beste Film von Katharine Hepburn, und sie sei phantastisch. Es handelte sich um die Testkarten, die man dem Publikum am Ende einer Probevorführung gab, damit es seine Meinung über den Film draufschreiben konnte.

Dank dieser Karten wurde ich doch noch an erster Stelle genannt. Ich hatte Glück.

Leoparden küßt man nicht

1937 kam dann *Leoparden küßt man nicht.* Regie führte Howard Hawks, die Mitwirkenden waren Cary Grant, Charlie Ruggles, May Robson und der Leopard.

Das Drehbuch war sehr gut. Cary Grant spielte wunderbar. Ich war auch gut. Und der Leopard war ausgezeichnet.

Cary hatte sich immer geweigert, mit dem Leoparden zusammenzuarbeiten. Er konnte ihn nicht ausstehen. Als wir ihm einmal einen Streich spielen wollten, ließen wir durch den Abzugsschacht einen ausgestopften Leoparden in seine Garderobe fallen. Er rannte wie ein geölter Blitz davon.

Cary war in diesem Film unglaublich witzig. Er war etwas beleibter und sprudelte über vor Energie. Wir lachten von morgens bis abends. Hawks war auch witzig. Er kam meistens zu spät zur Arbeit. Cary

»Leoparden küßt man nicht« — hier mit Howard Hawks
und Cary Grant in einer Drehpause

und ich waren immer rechtzeitig da. Jeder steuerte noch einige Ideen
zum Drehbuch bei — was ihm gerade einfiel.

Naiv wie ich war, hatte ich kein bißchen Angst und drehte eine
Menge Szenen, in denen ich einfach mit dem Leoparden herumspa-
zierte. Olga Celeste, seine Dompteuse, hatte eine riesige Peitsche. Wir
waren im Käfig — Olga, ich und der Leopard, sonst niemand. Außer
uns betrat niemand den Käfig. Die Kamera und die Mikrofone waren
am Gitter angebracht.

In meiner ersten Szene lief ich in einem bodenlangen Negligé
herum. Ich sprach hektisch in ein Telefon hinein, das eine lange
Schnur hatte. Der Leopard folgte mir auf Schritt und Tritt und stupste
mich am Oberschenkel, der entsprechend einparfümiert worden war.
Ich tätschelte seinen Kopf. Die Szene klappte bestens. Dann zog ich
ein knielanges Kleid an, das am Rocksaum Verzierungen hatte. Sie
sollten die Metallstückchen verbergen, die angenäht worden waren,
damit der Rock schöner schwang. Aber — und jetzt kam, was

kommen mußte — kaum machte ich eine schwungvolle Drehung mit meinem Kleid, als der Leopard auch schon zum Sprung auf mich ansetzte. Olga ließ die Peitsche direkt auf seinen Kopf niedersausen. — Von da hatte ich einen gehörigen Respekt vor dem Leoparden.

Wir überzogen den Zeitplan um Längen. Das war mein letzter Film für RKO.

Erstaunlicherweise war dieser Film zunächst kein besonderer Erfolg. Heute gilt er als Klassiker. Aber ich glaube, das lag an mir — ich war nun mal als »Kassengift« abgestempelt, da lag das Problem.

Die Nacht vor der Hochzeit — Das Stück

Wer sollte die Produktion übernehmen?

Meine Wahl fiel auf die Theatergilde — Lawrence Langner, Terry Helburn. Ich fand sie am geeignetsten und glaubte auch, es ihnen schuldig zu sein.

Phil Barry lehnte das aber ab, weil er meinte, sie hätten sein letztes Stück verpfuscht. Doch ich gab nicht nach, und schließlich lenkte Phil ein — die Gilde also.

Ich wußte damals nicht, daß es der Gilde ausgesprochen schlecht ging. Genau wie Barry. Genau wie mir. Sie hatten einige schlimme Mißerfolge gehabt und befanden sich jetzt in einer Talsohle. Dafür wußte die Gilde ihrerseits nicht, wie es um meine Karriere bestellt war, und Barry auch nicht. Wir befanden uns alle drei in einer ziemlich verzweifelten Lage.

Wir mußten also etwas unternehmen. Ich wollte einen energischen und konventionellen Regisseur. Bob Sinclair hatte gerade in *Woman against Woman* Regie geführt. Ich wollte einen Regisseur, der nicht vor lauter Ehrfurcht vor mir in die Knie ging. Einen, der realistisch war und der mir exakte Grenzen steckte.

Für die Rolle des Reporters konnten wir Van Heflin gewinnen, Shirley Booth für die der Reporterin, und mir gelang es, Joe Cotton die Rolle des C. K. Dexter Haven schmackhaft zu machen. Er war die rechte Hand von Orson Welles, aber ich konnte ihm offenbar klarmachen, daß es an der Zeit war, auch einmal etwas allein zu tun. Anne Baxter sollte das zwölfjährige Mädchen spielen. Die Rolle ging aber wenig später an Lenore Lonergan, die zehn Jahre alt war und sich besser dafür eignete.

Die Besetzung war erstklassig. Jetzt mußte es nur noch losgehen. Aber wo war der dritte Akt?

Ich rief bei Phil an und erfuhr, daß er in Florida war. Zum Glück rief Phil dann mich an. Er erkundigte sich, wie es denn so laufe. Und glücklicherweise fragte ich ihn nicht gleich, wo zum Teufel denn der dritte Akt sei.

Ich sagte einfach: »Ach, bei uns ist nicht allzuviel los. Wir sehen uns die Schauspieler an, und wir haben einen guten Regisseur und versuchen, das Ganze so gut wie möglich vorzubereiten.«

Wir unterhielten uns noch ein wenig, dann beendeten wir das Gespräch. Vier Tage später bekamen wir den dritten Akt.

Können Sie sich das vorstellen? Später erfuhr ich von Phil, daß er vor lauter Angst, wir könnten vor ihm fertig sein, völlig blockiert gewesen sei. Nach unserem Telefongespräch sei er ganz ruhig geworden, und es sei nur so aus ihm herausgeströmt. Glück gehabt. — Normalerweise neige ich nämlich dazu, andere zu drängeln.

Die Nacht vor der Hochzeit war übrigens von Anfang an hitverdächtig. Ich selbst wäre mit dem Stück erst einmal ein Jahr auf Tournee gegangen. Aber Barry und die Gilde wollten die Uraufführung in New York zeigen.

In einem völlig verrückten Selbsttäuschungsversuch buchte ich am Abend vor der Premiere ein Zimmer im River Club und gab mir alle Mühe, mir vorzugaukeln, ich sei in Chicago und nichts Besonderes stehe an. Da war ich also nun in Chicago, und die Premiere fand im Shubert Theatre statt.

Ja — es wurde ein Erfolg.

Eine meiner liebsten Erinnerungen an dieses Stück ist eine Episode mit Lawrence Langner. Er kam eines Abends hinter die Bühne und sagte zu mir:

»Kate, ich glaube, die kleine Lenore Lonergan — wie soll ich sagen — ich habe den Eindruck, sie kopiert dich ein bißchen.«

»O nein, Lawrence. Das siehst du ganz falsch. Es ist genau andersherum — ich kopiere sie. Sie ist doch hinreißend, oder?«

Die Nacht vor der Hochzeit — Der Film

Die Verfilmung von *Die Nacht vor der Hochzeit* übernahm MGM (1939 / 40). Das Stück war 1939 uraufgeführt worden. Die Geschichte, wie ich es L. B. Mayer verkauft habe, kennen Sie ja schon.

Mayer hatte mir gesagt, daß ich Jimmy Stewart haben könne. Ich bekam auch Cary Grant. Er wollte den C. K. Dexter Haven spielen. Jimmy Stewart spielte den Reporter und Ruth Hussey die Reporterin, die auf der Bühne von Shirley Booth gespielt worden war. Virginia Weidler war die kleine Schwester. Die Rolle des Bruders wurde gestri-

»Die Nacht vor der Hochzeit«:
die Filmfassung

Im Gespräch
mit George Cukor

chen. Donald Ogden Stewart schrieb das Drehbuch. Regie sollte George Cukor führen.

MGM traf äußerst aufwendige Vorbereitungen. Die Kostüme waren von Adrian, man sorgte für erstklassige Dekorationen, das galt auch für die Musik, einfach für alles. In dem Drehbuch von Don Stewart ging nichts von dem verrückten Humor und der Qualität des Stücks verloren. Bei den Dreharbeiten ging es lustig zu wie immer bei Georges Filmen. Alle möglichen Leute statteten uns einen Besuch ab, auch Noël Coward, der Jimmy Stewart bei einer seiner großen Szenen zusah. Hinterher spendete er Jimmy ein großes Lob, worüber Jimmy sich natürlich sehr freute. Noël war immer großzügig mit seinem Lob.

George gab Jimmy und Cary wichtige Hilfestellungen. Und für mich war er ideal. Er war ein wunderbarer Regisseur, und dieser Stoff war ihm wie auf den Leib geschrieben. Es macht sehr viel Spaß, eine wirklich gute Komödie zu drehen. Wir wurden alle für den Oscar nominiert, und Jimmy erhielt sogar einen.

Die Frau, von der man spricht

Die Idee zu diesem Film stammte, wie bereits erzählt, von Garson Kanin, der zusammen mit seinem Bruder Mike Kanin und Ring Lardner jun. auch den ersten Entwurf geschrieben hatte. Garson zeigte mir diesen fünfundsiebzig Seiten umfassenden Entwurf, und ich rief Joe Mankiewicz in Kalifornien an, der für MGM *Die Nacht vor der Hochzeit* produziert hatte. Ob er bereit sei, den Entwurf zu lesen. Es sei ein Filmstoff für Spencer Tracy und mich. Und George Stevens solle der Regisseur sein. Joe versprach, den Entwurf zu lesen und mich zurückzurufen. Er las ihn. Er gefiel ihm. Joe sagte auch, daß das Studio daran interessiert sei. Ich sagte, ich werde nach Kalifornien kommen.

Ich rief meinen Freund George Cukor an, und er sagte mir, daß ich bei ihm wohnen könne. Garson, Ring und Mike waren bereits in Los Angeles — im Garden of Allah.*

Die Jungs — Ring und Mike — liehen mir einen Ford. Sie hatten ihn mir in die Auffahrt gestellt. Toll, wenn man einen Wagen bekommt und nichts dafür bezahlen muß.

Ich rief Garson an und fragte ihn, wer auf die Idee gekommen sei, Spencer Tracy für die männliche Hauptrolle vorzuschlagen. Ich hatte Spencer Tracy schon immer für einen großartigen Schauspieler gehal-

---

* legendäres Hotel am Sunset Boulevard, in dem die Hollywood-Stars in den dreißiger und vierziger Jahren auch berüchtigte Orgien feierten, Anm. d. Übers

»Die Frau, von
der man
spricht«:
der erste Film
mit Spencer

George Cukor,
Joe Mankiewicz
und ich bei einer
Besprechung

ten, doch als Garson laut überlegte, ob Spencer Tracy nicht ideal für die Hauptrolle sei, meinte ich: »Hm — ich weiß nicht. Ich bin mir nicht sicher, ob wir zusammenpassen. Wir sind so verschieden.«

Wie Garson mir erzählte, hat Spencer Tracy, als er ihm dieses Drehbuch vorschlug, für das er, Spencer Tracy, und Katharine Hepburn die Idealbesetzung wären, ebenfalls gemeint: »Wirklich? Meinst du, daß wir ein gutes Gespann wären? Wir sind doch — ziemlich verschieden.«

Daran kann ich mich natürlich überhaupt nicht mehr erinnern. Meiner Erinnerung nach habe ich damals gedacht, Spence sei in jeder Rolle erstklassig, und wir beide zusammen wären auch großartig. Doch Gar hat wahrscheinlich recht. Und ich bin nach Jahren der... — nennen Sie es, wie Sie wollen — so blind geworden, daß mein Gedächtnis mich trog.

Noch eine Geschichte über S. T.:

»Wie kann ich einen Film mit einer Frau drehen, die Dreck unter den Fingernägeln hat und deren sexuelle Neigungen nicht ganz eindeutig sind und die immer nur Hosen trägt?«

Wenig später sah er *Die Nacht vor der Hochzeit* und änderte seine Meinung.

Ob das nun richtig oder falsch war — wer wollte das entscheiden?

»Ehekrieg«: links Judy Holliday

Ehekrieg

Ehekrieg entstand ebenfalls nach einer Vorlage von Garson Kanin und Ruth Gordon und war für S. T. und mich ideal — wir spielen beide Rechtsanwälte. Er war ein Riesenerfolg, außerdem sehr spannend, weil Judy Holliday zum erstenmal auf der Leinwand zu sehen war.

Judy hatte in Garsons Stück *Born Yesterday* einen großen Erfolg gehabt. Als Columbia die Filmrechte kaufte, hoffte Judy natürlich, daß sie ihre Rolle auch in der Verfilmung würde spielen dürfen — doch der Chef der Columbia, Harry Cohn, war der Ansicht, daß man einen Filmstar einsetzen müsse. Judy war mit Spence, George Cukor, mir und den Kanins befreundet. Wir fanden, Judy müsse die Rolle unbedingt spielen. Wir, genauer gesagt Garson und ich, flogen an die Ostküste, um Judy dazu zu überreden, eine kleine Rolle in unserem Film zu spielen, durch die man Harry Cohn vorführen konnte, was in ihr steckte und wie sie aussah. Seltsamerweise sträubte sich Judy, diese kleine Rolle zu spielen. Sie glaubte, das würde sie eher zurückwerfen als vorwärtsbringen. Garson und ich strengten uns mächtig an, und schließlich hatten wir sie so weit — Make-up, Kostüme. Eine winzige Szene, dafür großartig. Ich immer mit dem Rücken zur Kamera, und ihr Gesicht dem Zuschauer zugewandt, in Großaufnahme.

Daß sie schließlich doch eingewilligt hatte, zahlte sich aus. Wir schickten Harry Cohn die Szene zu. Er war hingerissen und nahm sie unter Vertrag. Sie war überglücklich. Warum auch nicht. Sie war einzigartig, sehr talentiert.

Ich habe mich soeben mit Garson unterhalten, und der sagt, es sei allein meine Idee gewesen, Judy diese Rolle in *Ehekrieg* zu geben — ich hätte das für eine ideale Probeaufnahme gehalten. Glücklicherweise hatte ich mich nicht getäuscht.

African Queen

1950 war ich mit *Wie es euch gefällt* auf Tournee. Wir spielten in Los Angeles. Ich wohnte in Irene Mayer Selznicks Haus am Summit Drive. Ihr Butler hieß Farr, und seine Frau Ida war die Haushälterin. Die beiden waren Engel. Außerdem gab es dort noch die Köchin Emily. Sie war ziemlich temperamentvoll, und ich verbrachte täglich mindestens eine halbe Stunde damit, mit ihr über die Mahlzeiten zu sprechen. Sie war eine wunderbare Köchin. Von der Suppe bis zum Dessert — eine Wonne. Das war ein großes Glück für mich — ich esse nämlich für mein Leben gern.

Eines Tages schickte mir Sam Spiegel ein Buch von C. S. Forester zu. Ich las es. Was für eine Geschichte! Ich war begeistert. Huston und ich verabredeten uns. Sam Spiegel hatte gerade die Rechte an dem Buch gekauft. Sie waren sich noch nicht sicher, wen sie als männlichen Hauptdarsteller verpflichten sollten. Zunächst meinte John, es müsse ein Londoner sein, der ein waschechtes Cockney sprach. Aber dann verfielen sie auf Bogie, und mit seiner Persönlichkeit und seinem Gesicht konnte es einfach keiner aufnehmen. Sie machten ihn zum Kanadier. Können Sie sich einen anderen in dieser Rolle vorstellen? Er war die ideale Besetzung.

Ich habe bereits ein Buch über *African Queen* geschrieben. Eigentlich war es ja ein Buch über John Huston − für und wider ihn. Er war eine erstaunliche Persönlichkeit. Er hatte immer wieder plötzliche Eingebungen. Und diese Eingebungen waren brillant − zum Beispiel, als er mir riet, mich in meiner Rolle als Rosie an Eleanor Roosevelt zu orientieren, an dem immerwährenden Lächeln auf ihrem Gesicht, wenn sie verwundete Soldaten im Krankenhaus besuchte. Für sein Gefühl spielte ich die Rosie zu ernst, und da meine Mundwinkel sowieso nach unten gehen, wirkten die Szenen einfach zu finster. Da ich (als Rosie) die Schwester eines Pfarrers war, sollte ich mich allem und jedem mit einem hoffnungsvollen Ausdruck nähern. Einem Lächeln. Das war wirklich eine brillante Eingebung. Mit wenigen Worten hatte er mir genau erklärt, wie ich meine Rolle spielen sollte.

Meine Londoner Kontaktleute − Michael Benthall und Bobby Helpmann − hatten mir mitgeteilt, daß die einzige, die für die Fertigung der Kostüme in Frage komme, eine Doris Langley Moore sei. Sie hatte ein Kleidermuseum. John hatte zunächst an jemand anderen gedacht, aber ich erzählte ihm von Doris, und − wieder eine Eingebung − er nahm meinen Vorschlag sofort an.

Ich lernte sie kennen. Sie war sehr charmant und hatte alle möglichen Sorten von Petticoats und Unterwäsche. Sie war in Afrika aufgewachsen, deshalb war sie ein Glücksfall für uns. Sie erklärte uns, daß die Stoffe, die wir verwendeten, unbedingt für feuchte Hitze geeignet sein mußten. Sie sollten möglichst knitterarm sein, Schmutz durfte an ihnen nicht zu leicht sichtbar sein, und man sollte ihnen nicht ansehen können, ob sie naß oder trocken waren.

Soviel zu dem ersten Zusammentreffen von ihr, Huston und mir. Die Unterwäsche faszinierte Huston. Ich probierte alle möglichen in der Mitte geteilten Unterhosen durch, eine Unmenge Leibchen − und befürchtete, daß er mich am Ende im Film nichts als ein dünnes Hemdchen tragen lassen würde.

Mit Irene Mayer Selznick in Los Angeles

Ich bat immer wieder um das Drehbuch, aber es kam nichts. John flog mit Peter Viertel, der ihm beim Drehbuch helfen wollte, nach Afrika. Ich ahnte Böses, aber Bogie, der schon öfter mit Huston zusammengearbeitet hatte, meinte: »Mach dir keine Gedanken. Das macht er immer so.«

»Du meine Güte!« sagte ich.

»Du wirst schon sehen, es lohnt sich.«

Bogie blieb mir noch einige Zeit erhalten. Am Ende bekam er den Oscar.

Die Leute kommen noch immer in Scharen. Was will man mehr?

John Huston

Traum meines Lebens

Traum meines Lebens entstand nach dem Theaterstück *Time of the Cuckoo* von Arthur Laurents. Ich erhielt einen Anruf und erfuhr, daß David Lean Regie führen werde. Ob ich denn... Diesen Satz brauchten sie gar nicht erst zu Ende sprechen. Natürlich war ich an jedem Film interessiert, bei dem David Lean Regie führte.

Also sagte ich zu. Gedreht werden sollte in Venedig. Meine Freundin Constance Collier und Phyllis Wilbourn, ihre Sekretärin, sollten mich begleiten. Spencer wollte zur gleichen Zeit in den französischen Alpen *Der Berg der Versuchung* drehen. Das war natürlich ideal. Er hatte zu tun — ich hatte zu tun.

Wir fuhren nach Venedig — das Grand Hotel, die Kleider, die wir dort kaufen wollten. Auf der gleichen Insel, auf der das Studio war, fand ich ein Haus — auf Murano. Es hatte einen Tennisplatz und einen Swimmingpool. Zunächst einmal war ich sehr angetan. Wir zogen ein. Es war hoffnungslos. Constance und Phyllis, die Armen, waren völlig vom Leben abgeschnitten, das sie in Venedig natürlich mitbekommen hätten. Die Betten zeigten noch die tiefen Einbuchtungen, die die Vorbesitzer hinterlassen hatten. Die Treppe war steil und schmal, und das Treppengeländer bestand nur aus einem locker gespannten Seil. Da Constance Collier sehr kurzsichtig und etwas unsicher auf den Beinen war, war das natürlich fürchterlich — kurz, es war unmöglich.

Constance und Phyllis hatten überall Bekannte und führten ein sehr geselliges Dasein. Als ich sie auf diese seltsame Insel brachte, bekamen sie kein bißchen Leben mit. Sie war vom eigentlichen Venedig so weit entfernt, daß es hoffnungslos war. Ich weiß nicht, warum ich das nicht vorher gemerkt hatte. Aber schon nach vierundzwanzig Stunden war es mir klar, und ich fand ziemlich schnell eine Wohnung, die so schön war wie die andere primitiv.

Die Wohnung lag am Canal Grande, ziemlich genau gegenüber dem Gritti. Sie war mit wunderschönen Möbeln ausgestattet, erstreckte sich über zwei Stockwerke, hatte drei Schlafzimmer und drei Bäder. Sie lag im dritten Stock. Zur Wasserseite hinaus gab es einen herrlichen Garten, und das Personal war großartig — Koch, Butler, Haushälterin. Wir hatten sogar unsere eigene Gondel. Es gab nichts daran auszusetzen.

David wohnte im Gritti. Er arbeitete intensiv am Drehbuch. Er warf alles raus. Übrig blieb nur die Grundhandlung von einer schrecklich einsamen Sekretärin, die zwar schließlich Rossano Brazzi

Constance Collier,
Laura Harding und ich

»Traum meines Lebens«

David Lean und ich während der Dreharbeiten in Venedig

findet, ihn aber am Ende verläßt, um in die Vereinigten Staaten zurückzukehren. Es war die Geschichte einer Sekretärin, die in Venedig
Urlaub macht. Das Stück stammte von Arthur Laurents, das Drehbuch von David Lean. Ich weiß nicht, wem es in den Titeln zuge-

schrieben ist, aber David ist bei Drehbüchern immer sehr eigen und streicht alles, was ihn selbst nicht interessiert — deshalb müßte dieser Film eigentlich »David in Venedig« heißen. Es geht weniger um die berühmten Kunstschätze als vielmehr um einen Menschen und die Art, wie er während seines dreiwöchigen Urlaubs auf die Schönheiten und die Atmosphäre dieser außergewöhnlichen Stadt reagiert, eine Liebesbeziehung beginnt und dann mit dem Zug wieder abfährt.

Die Geschichte wird mit ganz einfachen Mitteln erzählt, vor allem in Straßenszenen und Szenen auf der Piazza San Marco. Wir drehten in sehr engen Gassen. Die Lichteinstrahlung veränderte sich in Minutenschnelle. Die Rolle war sehr gefühlsbetont, und ich sage Ihnen, ich mußte wirklich alles aus mir herausholen, um zeigen zu können, was David quasi auf Kommando sehen wollte. Aber es war unglaublich reizvoll. Und die Musik, die er auswählte, paßte hervorragend.

Es war faszinierend, mit David zu arbeiten. Ihm kam es aufs Wesentliche an. Er war sehr unkompliziert, sehr aufrichtig. Er erzählte Geschichten. Sie waren aus dem Leben gegriffen, und jeder konnte sie begreifen. Er erzählte sie bis ins letzte Detail. Er fotografierte, was er vor seinem geistigen Auge sah. Das ist eine ganz besondere Gabe. Mir schien, als absorbierte er Venedig ganz einfach. Es gehörte ihm. Fotografisch war er wirklich ungeheuer begabt. Er dachte deskriptiv. Seine Aufnahmen erzählten bereits die Geschichte. Er konnte sich unglaublich konzentrieren. Das hat einen sehr tiefen und bleibenden Eindruck bei mir hinterlassen. Er war in jedem Fall einer der interessantesten Regisseure, mit denen ich je zusammengearbeitet habe.

Er war jahrelang Cutter gewesen, bis er dann bei den Dreharbeiten zu *Kavalkade* neben Noël Coward so etwas wie ein Co-Regisseur wurde. Jeder Schauspieler mußte Lean genau die Darstellung liefern, die er verlangte, damit sie zu den Bildern paßte, die er vor seinem geistigen Auge sah. Dadurch sind all seine Filme wie aus einem Guß. Er malte seine Filme, und sie tragen eindeutig seine Handschrift.

Ich durfte mich glücklich schätzen, mit ihm zusammenzuarbeiten. Sehen Sie das nicht auch so?

David scheute keine Mühen. Noël Willman arbeitete in *Dr. Schiwago* mit ihm zusammen. In einer Szene mußten etwa dreihundert Kavallerie-Offiziere an einem Feld vorbeireiten. David stand da und starrte auf das Feld — starrte nur wortlos hinüber. Schließlich wandte er sich seinem Assistenten zu:

»Das ist langweilig — ich finde, es muß ein Feld aus roten Mohnblumen sein. Wir werden alle paar Zentimeter rote Mohnblumen in das Feld pflanzen. Schick die Kavallerie nach Hause. Sag dem Burschen an der Hotelecke, daß er...« Es dauerte drei Tage. Dann war es ein Mohnblumenfeld. Es war eine Sensation!

Für *Traum meines Lebens* wurde eine wilde Suche nach roten Kelchgläsern veranstaltet. Schließlich gab David bei einem Glasbläser sechs Gläser in etwas unterschiedlichen Rotschattierungen in Auftrag, damit alles exakt seinen Vorstellungen entsprach.

Aber zum Schluß empfand man die tiefe Befriedigung, daß man wirklich sein Bestes gegeben hatte. Davids Ziel war immer die absolute Perfektion.

Long Day's Journey into Night

Dieser Film war ein wunderbares Erlebnis. Sydney Lumet führte Regie, Ralph Richardson spielte die männliche Hauptrolle, und Jason Robards und Dean Stockwell spielten meine beiden Söhne. Das Bühnenstück ist glänzend geschrieben und die Rolle der Mutter mit so viel Einfühlungsvermögen entworfen, daß es wirklich eine Offenbarung war, sie zu spielen. Wir probten drei Wochen lang in einem großen Raum in der Second Avenue und studierten unsere Rollen ein, so daß wir bei den Dreharbeiten, die auf City Island stattfanden, sehr lange Szenen drehen konnten. Man kann nie besser sein als die Rolle. O'Neills Menschenkenntnis und seine Detailstudie über dieses Paar waren wirklich sagenhaft − man mußte nur nachdenken, sich konzentrieren und den Dialog lesen. Die Worte gaben mir eine große Sicherheit. Welch ein Erlebnis!

Nachdem der Film abgedreht war, feierten wir ein bescheidenes Fest − Essen und ein paar Musiker. Nach einer Weile kam Richardson zu mir − ich unterhielt mich gerade mit seiner Frau, Mu Forbes. Er forderte mich zum Tanzen auf.

»Ach, Ralph«, sagte ich, »ich habe seit Jahren nicht mehr getanzt.«

»Komm schon«, meinte seine Frau, »tanz mit ihm.«

Daraufhin tanzten Ralph und ich im Walzerschritt durch den ganzen Raum. Als die Musik zu Ende war, blieb Ralph stehen, trat einen kleinen Schritt von mir zurück − seine Hände blieben auf meinen Schultern − und sagte mit weicher Stimme, die höchste Verwunderung und Erstaunen zugleich verriet: »Ich muß schon sagen − du bist eine sehr attraktive Frau!«

»Long Day's Journey into Night«

Der Löwe im Winter

Spencer starb am 10. Juni 1967. In den sechziger Jahren hatte ich nicht viel gearbeitet. Nachdem er in Kalifornien gestorben war, fuhr ich mit Phyllis Wilbourn, die seit einiger Zeit meine Sekretärin war, nach Edgartown zu Martha's Vineyard. Wir wollten uns dort mit den Kanins, Gar und Ruth, treffen. Sie wohnten in einem Hotel in Edgartown. Wir auch. Es war eine hübsche Gegend, und wir unternahmen immer wieder Ausflüge zu herrlichen Stränden und kleinen Städten.

Eines Tages bekam ich ein Drehbuch zugeschickt — *Der Löwe im Winter* von James Goldman. Ich las es und fand es faszinierend. Phyllis las es auch und war der gleichen Meinung wie ich. Ich sagte zu. Peter O'Toole sollte den König spielen. Als Regisseur wünschte er sich einen Mann namens Anthony Harvey. Früher war er ein in London sehr gefragter Cutter gewesen. Joseph Levine war der Produzent. Die Dreharbeiten sollten in Südfrankreich stattfinden. Die Kostüme gab man in London bei Maggie Furse in Auftrag.

Peter besuchte mich und zeigte mir einen Kurzfilm, den Tony Harvey gedreht hatte: *The Dutchman.* Er war ausgezeichnet, und so war ich damit einverstanden, daß er Regie führte.

Wir probten im Londoner Haymarket Theater: mit meinen drei Söhnen — Richard, Henry, John —, die von Tony Hopkins, John Castle und Nigel Terry gespielt wurden, sowie mit Timothy Dalton als König von Frankreich.

Während wir in Südfrankreich in der Abtei von Mont Majour drehten, waren wir in einem sehr kleinen Hotel untergebracht. Fontvielle hieß das Städtchen. Es war eine herrliche Umgebung. Das kleine Hotel war bezaubernd, und das Essen, das man dort bekam, war ausgezeichnet.

Ganz in der Nähe waren einige Antiquitätengeschäfte, die nun in meinem New Yorker Haus gut vertreten sind.

Peter wohnte in einer anderen Stadt in der Nähe vom Drehort Mont Majour, einer sehr interessanten Abtei. Sie lag in einem hügeligen Gelände und bestand zum Teil nur noch aus Ruinen, doch hatten wir einige Trakte wieder aufgebaut. Sie war von einem hübschen Garten umgeben, und im Innern fanden wir einige große, sehr brauchbare Räume vor. Im Keller gab es noch ein paar Zellen.

Meine Garderobe richtete ich mir im obersten Stockwerk ein, direkt über dem Garten. Alle anderen waren an einer Art Eingang untergebracht, der von mir aus gesehen etwas weiter unten am Berg lag. Ich hatte mal wieder Glück gehabt.

*»Der Löwe im Winter« —
mit Tony Harvey*

Peter O'Toole

Wir hatten wie immer viel Spaß. Peter und ich hatten denselben Maskenbildner. Eines Tages mußte ich eine halbe Ewigkeit auf ihn warten. Schließlich machte ich mich auf die Suche nach ihm und ging den Hügel hinunter. Er war gerade mit Peter beschäftigt, der seinen Einsatz aber erst nach mir hatte.

»Was zum Teufel treibt ihr denn da?« fragte ich die beiden. »Er soll doch mich schminken. Ich spiele in der nächsten Szene.« Ich schnappte mir den Maskenbildner mitsamt seinem Schminkkasten. Peter verpaßte ich einen ordentlichen Schlag auf den Kopf, dann kletterten wir den Hügel zu meiner Garderobe hoch. Wir wollten gerade mit der Kellerszene beginnen, da kam kein anderer als Peter rein. Sein Kopf war lückenlos einbandagiert, er ging an Krücken und stöhnte fürchterlich. Sie sehen, wir haben uns wirklich amüsiert.

Es gab in dem Film eine großartige Szene, wie unser Schiff die Rhone hinunterfährt und zur Landung ansetzt. Der Wasserstand der Rhone war sehr hoch. Wir probten die Szene an einem Nachmittag, und am nächsten Morgen war der Steg, an dem wir anlegen wollten, total überflutet. Wir schossen mit großer Geschwindigkeit den Fluß hinunter. Ich hatte meine prächtigen Roben an. Ich blickte auf einen meiner Gefolgsleute, der in voller Rüstung steckte, und meinte:

»Ich hoffe, Sie haben das ganze Zeug, das Sie da tragen, aufgehakt. Sonst werden Sie, falls wir kentern, wie ein Stein auf den Grund sinken. Was mich betrifft, so kann ich mich all dieser edlen Gewänder leicht entledigen. Ich werde einfach wegtauchen und nackt zum Ufer schwimmen.«

Er bekam einen großen Schrecken, was man ihm nicht weiter verübeln kann. Jedenfalls war es aufregend, und die Szene sah hinterher im Kino wundervoll aus.

Für einige Szenen mußten wir gegen Ende der Dreharbeiten noch an andere Orte fahren, darunter nach Tarascon. Danach verließ ich das Team und reiste noch tiefer in den Süden Frankreichs, wo ich unter der Regie von Bryan Forbes *Die Irre von Chaillot* drehen sollte. Der arme Tony Harvey mußte wegen einer Hepatitis ins Krankenhaus. Er war sehr krank, doch er verließ das Bett und stellte den Film fertig. Er hat wirklich glänzende Arbeit geleistet. Ein hochbegabter Mann.

Mit Dynamit und frommen Sprüchen

John Wayne war der Held der dreißiger, vierziger und größtenteils auch der fünfziger Jahre. Bis die heruntergekommenen Kreaturen angekrochen kamen. Bis die Helden in den Sechzigern direkt in die Niederungen der Schwachen und Verkannten hinabstiegen. Bis die Frauen anfingen, mit dem Jungfräulichkeitsgetue aufzuräumen und eine geradezu pathetische Verachtung gegenüber der Treue an den Tag legten. Der Unisex kam auf. Die Haare wurden länger, und der Stolz schrumpfte. Nun waren die Antihelden und -heldinnen gefragt.

John Wayne hat das alles überstanden. Bis in die Siebziger hinein. Er war wie ein Baum, der immer Licht abbekommt, egal, wie zugewachsen der Dschungel unter ihm ist.

Bei ihm paßte alles zusammen: der große Kopf, die großen blauen Augen, das sandfarbene Haar, das zerfurchte Gesicht — geprägt vom Leben, vom Lachen und von seinem Charakter, nicht vom Alter allein. Die Nase nicht zu groß und nicht zu klein. Gesunde Zähne. Ein humorvolles Gesicht. Viel Sinn für Spaß und ein scharfer Verstand. Im Zorn gefährlich. Seine Schultern waren breit — sehr breit. Eine mächtige Brust — sehr mächtig. Wenn ich mich an ihn lehnte (was ich, ich gestehe es, so oft wie möglich tat — mehr als diese unschuldigen Vergnügen waren undenkbar) — ein herrliches Gefühl. Es war, als lehnte man sich an einen starken Baum. Diese großen Hände. Dagegen wirkten meine verschwindend klein, obwohl sie auch groß sind. Gut gewachsene Beine, schmale Hüften. — Der Körper eines echten Mannes.

Und worauf stand dieses phantastische Geschöpf? Auf zwei kleinen, zierlichen Füßen. Sie trugen diesen riesigen Aufbau, als habe er das Gewicht einer Feder. Sein Schritt war leicht, elastisch, tänzelnd. Schöne Füße.

Sehr wachsam, sehr präsent. Hörte zu. Konzentrierte sich. Pfiffiger Augenausdruck. Immer zum Lachen aufgelegt, auch bereit, über sich selbst zu lachen. Nie um eine Antwort verlegen. Risikofreudig. Lustig. Empörend. Verdorben. Hemmungslos. Rauhbeinig. Ein Charmeur, der um seinen Charme wußte und ihn gelegentlich gezielt einsetzte. Von beängstigender Genauigkeit. Ihm entging so leicht nichts.

Er war immer pünktlich, beherrschte stets seinen Text, brachte immer seine eigenen Vorstellungen mit ein. Ziemlich barsch zu Regisseuren, die ihre Hausaufgaben nicht gemacht hatten. Im Umgang mit seinen Schauspielerkollegen sehr besonnen. Sehr ungeduldig gegenüber jedem, der unfähig war. Versuchte gar nicht, das zu verhehlen.

In seinen politischen Ansichten war er ein Reaktionär. Er ging allein von seinen persönlichen Erfahrungen aus. In seinen ersten Jahren im Filmgeschäft war er von Leuten seines Schlages umgeben gewesen. Die sich im Alleingang nach oben gekämpft hatten. Harte Arbeiter. Unabhängig. So wie die Männer, die einst den Schienenweg durch

»Mit Dynamit und frommen Sprüchen« — *mit John Wayne*

unser Land freisprengten. Die in Neuland vordrangen. Leute, die lieber starben, als sich den Willen anderer aufzwingen zu lassen.

John Ford, der Wayne für den Film entdeckt hatte, war aus demselben Holz geschnitzt. Ein fanatischer Verteidiger seiner Unabhängigkeit. Für ängstlichere, abhängigere Menschen scheinen sie kein Verständnis gehabt zu haben. Selbst ist der Mann, war ihr Motto. Sie merkten offenbar nicht, daß auch sie nicht alles im Alleingang machten, daß sie starke Helfer hatten. Schutz wollten und brauchten sie nicht. Man ist für alles selbst verantwortlich. Und wenn etwas danebengeht, steckt man das eben weg. Das Leben hat Wayne einige herbe Schläge zugefügt. Er konnte sie wegstecken, das hat er bewiesen. Es mangelte ihm nicht an Selbstdisziplin. Er hatte nie Angst davor, auf eigenen Füßen zu stehen. Ob er nun rannte, tanzte, sprang, ging oder durchs Leben kroch. Er hat alles durchgemacht. Aber Mitleid — das wollte er nie.

Menschen, von denen er wußte, daß sie erheblich zu seinem Erfolg beigetragen hatten, war er in zärtlicher und respektvoller Dankbarkeit zugetan. Ähnlich seinen Bewunderern. Mit der Beantwortung der Fan-Post nahm er es immer sehr genau. Er war Realist genug, bei seinen Dreharbeiten die Presse zuzulassen. Auf Lob und Bewunderung reagierte er unkompliziert. Er zeigte sich hocherfreut, diese oder jene Ehrung oder Auszeichnung entgegennehmen zu dürfen. Ein einfacher Mann. Nichts von diesem ewig ums eigene Ich kreisenden Getue, mit dem manche — ich will jetzt keine Namen nennen — sich und andere quälen, wenn sie für eine darstellerische Leistung ausgezeichnet werden. Ich frage mich oft, ob wir uns deshalb so unangenehm benehmen, weil wir eigentlich der Ansicht sind, daß wir für jede Darstellung ausgezeichnet werden müßten und deswegen erst einmal ärgerlich sind. Wie ich schon sagte, er war ein ehrlicher und anständiger Mensch. Besonnen im Umgang mit Leuten, die ihn mit ihrer wilden Begeisterung bedrängten. Seinen Erfolg genoß er in umkomplizierter Freude. Genau wie Bogie. Für das Lob, mit dem man ihn überhäufte, war er aufrichtig dankbar. Ein wunderbarer, kindlich-naiver, offener Mensch.

Als Schauspieler zeichnete ihn eine besondere Gabe aus: seine einzigartige Natürlichkeit. Die findet man bei Filmstars, die eher durch Zufall zum Film kamen, häufiger. Gary Cooper besaß sie auch. Diese Unbefangenheit. Die Fähigkeit zu denken und zu fühlen. Als ob sie der Kamera den Hof machten. Eine sehr feinsinnige Methode, sich mitzuteilen, indem man die Kamera liebkost — und damit das Publikum. Ohne erkennbare Anstrengung. Ein Geheimnis, das nur sie kennen. Im Laufe der Jahre haben diese wahren Filmschauspieler eine Technik entwickelt, die an die der ausgebildeten Theaterschauspieler erinnert. Obwohl sie aus völlig verschiedenen Richtungen kommen, bewegen sie sich auf denselben Punkt zu. Der eine muß umlernen, der andere dazulernen. Die Darstellung muß absolut echt wirken. Damit das Publikum nicht das Gefühl hat, zuzusehen, sondern dabeizusein. Man darf nicht merken, daß gespielt wird. Wayne hatte ein wunderbares Gespür für die richtige Dosierung. Für verhaltene Bewegung. Für neue Varianten. Man konnte ganz spontan etwas Neues mit ihm ausprobieren. Er fing den Ball auf, lief los und spielte freudig, klug und ungehemmt mit ihm, daß es ein Vergnügen war, ihm zuzusehen. Seine schauspielerische Ausdruckskraft war genauso stark wie seine Persönlichkeit. Er war ein hervorragender Schauspieler, im besten Sinne des Wortes, weil man es ihm nämlich nie anmerkte.

Wer ein Baumwollhemd kauft, der möchte ein Baumwollhemd haben. Keines aus Nylon. Das bleibt zwar sauber, aber man schwitzt darin. Kein bügelfreies Hemd, das man dann doch bügeln muß. Einfach Baumwolle, keine Synthetiks. Gute, einfache, unverwüstliche Baumwolle. Genau das war John Wayne, auch für mich. Und wie Sie sehen, gefiel es mir.

»John Wayne ist tot.«

»Wer? John Wayne? Der Held?«

»Ja.«

»*Der* John Wayne — wirklich tot? Der aus *Höllenfahrt nach Santa Fé* und *Mit Dynamit und frommen Sprüchen*? Dieser großgewachsene Mann?«

»Er ist tot.«

»Das ist schrecklich.«

»Ja, schrecklich.«

»Aber er ist doch unersetzbar.«

»Stimmt.«

»Aber wie konnte er...?«

»Konnte was?«

»Sterben.«

»Du meinst, ob er nicht zu jenen gehört?«

»Zu welchen?«

»Na, zu den Unsterblichen...«

»Ja... Ja, doch... irgendwo da oben.«

Am goldenen See

Das Drehbuch war ein Theaterstück. Ich fuhr nach Wilmington, Delaware, um es in der Inszenierung von Noël Willman anzuschauen. (Er hatte in einigen Stücken, in denen ich aufgetreten war, Regie geführt, darunter in A Matter of Gravity.) Die Darsteller waren zwei Leute um die Fünfzig, die sich viel Mühe gaben, alt und etwas hinfällig zu wirken. Das Stück war gut. Ich bereitete bereits seine Verfilmung vor, als Jane Fonda die gleiche Idee hatte. Sie meinte, es sei ein ideales Projekt für ihren Vater Henry Fonda, sie selbst als Tochter und mich als Mutter. Ich war einverstanden. Daraufhin arrangierte sie alles.

Mark Rydell übernahm die Regie. Drehort war der Squam Lake in New Hampshire. Hank bewohnte das eine Haus der Meads, ich das Stammhaus. Das Haus, das man im Film sieht, gehörte ebenfalls den Meads und stand in einem Wald. Alle Häuser lagen am See und waren sehr hübsch.

Da ich am Wasser wohnte, konnte ich jeden Tag schwimmen, was ich morgens und abends auch tat. Es ist schon lustig. In meiner Kindheit wurde ich jeden Morgen in eine Wanne mit kaltem Wasser getaucht. Das mache ich heute noch — sommers wie winters. In Fenwick gehe ich über eine verschneite Wiese, und meine armen Füße frieren. Aber ich gehe hinein. Tauche ein. Schwimme ein paar Züge — eigentlich nur einen —, dann laufe ich wieder zurück. Die Außentreppe hinauf.

Auf jeden Fall war es ein großartiges Projekt, und es machte Spaß, daran zu arbeiten. Jane und Hank beschäftigten sich intensiv mit ihrer schwierigen Vater-Tochter-Beziehung und wollten ihre Schwierigkeiten durch diesen Film überwinden. Ein ehrgeiziger Vater und eine ehrgeizige Tochter lösen ihre Probleme zusammen mit einer ehrgeizigen Freundin. Es machte uns allen Spaß. Die Dreharbeiten verliefen in heiterer Atmosphäre. Jane hatte es gern, wenn ich ihr bei den Szenen, die sie mit ihrem Vater drehte, zusah. Ich habe nie ganz verstanden, weshalb.

Das Haus, in dem ich wohnte, hatte eine sehr dominierende Lage, und so sah ich Henry Fonda oft bei seinen abendlichen Spaziergängen unten an meinem Haus vorbeigehen. Ich fragte mich immer, worüber er wohl nachdenke. Er war ein guter Maler. Ich sah ihn nie in seinen Badesachen losgehen — er ging immer nur in würdevollem Schritt spazieren. Voll bekleidet, nicht hastig, nicht langsam — und Tausende von Meilen entfernt. Er war ein komischer Vogel. Ich hatte nie das Gefühl, ihn auch nur ein bißchen zu kennen. Er war nicht gesprächig und ich auch nicht.

»Am Goldenen See«: die Darsteller

Es ist eine komische Sache, wenn man mit jemandem dreht. Man gerät naturgemäß unvermittelt in eine sehr intime Beziehung zu einem anderen Menschen. Dann sind die Dreharbeiten beendet. Möglicherweise sieht man ihn nie wieder. Aber die Leute — ganz besonders solche, die Artikel oder Bücher schreiben — fragen immer: »Wie war sie oder er?« Und ich kann darauf keine Antwort geben. Ich kenne sie nicht, weiß auch nichts über sie. Ich frage mich, ob das auf alle Schauspieler zutrifft. Mein Vater hat mir immer geraten, keine persönlichen Beziehungen zu Kollegen anzuknüpfen. Ich bin seinem Rat gefolgt, aber wenn ich zurückschaue, frage ich mich, ob ich nicht bin wie er. Für oberflächliche Freundschaften bin ich nicht besonders geeignet.

Wenn man Mitglied einer großen Familie ist, findet sich immer einer, der mit einem Golf oder Tennis spielt, mit einem spazieren- oder ins Kino geht. Man muß sich seine Begleiter nicht erst suchen.

Zu Beginn der Dreharbeiten hatte ich Hank Spencers alten Hut geschenkt. Er war ein großer Fan von Spencer, und ich dachte, er würde sich darüber freuen. Als die Dreharbeiten abgeschlossen waren, schenkte er mir ein Gemälde mit drei Hüten — der von Spencer war in der Mitte. Es war bezaubernd, und ich war gerührt, weil er sich so viel Mühe gemacht hatte. Dann merkte ich, daß das Gemälde mich traurig machte — weil Spencer nicht mehr da war und Hank auch nicht. Deshalb schenkte ich es Ernest Thompson, der *Am goldenen See* geschrieben hatte. Das Stück war sein erster großer Erfolg.

Es war eine ausgezeichnete Studie über die Beziehung zwischen einem Mann und seiner Frau, die einander einfach sehr mögen. Hank und ich waren im richtigen Alter. Wir waren alt, und deshalb mußten wir uns keine große Mühe geben, alt zu wirken. Das Alter trifft einen ganz unerwartet. Plötzlich ist der Frühling vorbei. Mit Frühling meine ich die Spannkraft. Jetzt — im Alter — springt man nicht mehr vom Stuhl auf. Man erhebt sich. Das ist etwas ganz anderes. Henry hatte zum Zeitpunkt der Dreharbeiten seinen Frühling schon etwas länger hinter sich gelassen als ich, deshalb schlüpften wir problemlos in unsere neue Identität. Es war wunderbar, mit ihm zu spielen — er spielte sehr wahrhaftig, sehr natürlich. In der Szene, in der sein Verfall beginnt, rührte er mich zutiefst. Da spielte er nicht. Daß er den Oscar bekam, hat mich von Herzen gefreut. Ich glaube, es hat ihn sehr glücklich gemacht. Er hat in seiner Laufbahn einige großartige schauspielerische Leistungen vollbracht.

Auch seine Tochter war verdammt gut. Jane und ich genossen die Szenen, in denen wir gemeinsam spielten. In einer Szene mußte Jane vom Sprungbrett mit einem Rückwärtssalto ins Wasser springen. Es war die reine Folter für sie, als ich ihr androhte: »Wenn du es nicht kannst, meine Liebe, dann mache ich es. Das ist eine meiner Spezialitäten.« — Sie können sich sicher sein, daß sie selbst gesprungen ist.

Der Film war ein Erfolg...

Shakespeare

Ich stehe gern früh auf, weil ich am liebsten morgens und nachmittags arbeite. Abends gehe ich früh zu Bett. Doch um meine Karriere voranzutreiben, zwang ich mich, Theater zu spielen. Das bedeutete, am Abend zu arbeiten. Damit es nicht langweilig wurde, gingen wir auf Tournee, sobald die Einspielergebnisse eine bestimmte Zahl unterschritten hatten.

Dann hob Shakespeare sein häßliches Haupt.

Ende der vierziger Jahre entwickelte sich eine enge Freundschaft zwischen mir und Constance Collier. Constance war in England mit Shakespeare groß geworden. Sie studierte Shakespeare mit mir ein. Und nachdem mir das großen Spaß gemacht hatte, beschloß ich, in *Wie es euch gefällt* zu spielen.

Die Theatergilde war an dem Vorhaben interessiert, und mein Freund Michael Benthall — der damals der Chef des Old Vic in England war — übernahm die Regie. Dank der Bühnenbilder von James Bailey, einem Freund von Benthall, wurde es eine wunderschöne Inszenierung. Wir spielten im New Yorker Cort Theatre und brachten es auf hundertachtundvierzig ausverkaufte Vorstellungen. William Prince spielte den Orlando und Ernest Thesiger den Jacques. Er war grandios. Mit mir waren sie einverstanden. Einige Kritteleien, einiges Lob.

Wenn ich mir heute meine Kritiken ansehe, die ich damals nicht las, habe ich den Eindruck, die Rezensenten hatten ihre Probleme mit mir. In *Die Nacht vor der Hochzeit* hatte ich ihnen sehr gefallen, aber in Shakespeare — tja —, da war der allgemeine Tenor eher: »Die ist ganz schön unverfroren.« Ich kann dazu nichts sagen. Ich habe mich mit dem Text eingehend auseinandergesetzt und intensiv an mir gearbeitet. Constance war mir eine große Hilfe, und es war eine Herausforderung. Auf jeden Fall hat es mir Spaß gemacht.

Nachdem das Stück in New York abgesetzt worden war, traten wir eine Tournee durch ganz Amerika an. Wir machten große Kasse, und offenbar hat es sowohl dem Publikum als auch den Kritikern gefallen. Ich habe jedenfalls eine Menge dabei gelernt.

1952 spielte ich, wieder unter der Regie von Michael Benthall, in *The Millionairess*. Zehn Wochen lang zeigten wir es in London, legten

Auf der Bühne in Stratford, Connecticut

»Der Kaufmann von Venedig« — »Der Widerspenstigen Zähmung«

John Houseman,
Alfred Drake und ich

Im australischen Sydney.
Links: Robert Helpmann
und ich während unserer
Australien-Tournee

dann eine Sommerpause ein, um es danach weitere zehn Wochen in New York aufzuführen.

1955 studierte ich mit dem Ensemble des Old Vic — darunter Robert Helpmann — *Der Kaufmann von Venedig, Der Widerspensti-gen Zähmung* und *Maß für Maß* ein — wieder unter der Regie von Michael Benthall. Mit diesen Inszenierungen zogen wir sechs Monate lang durch Australien — Sydney, Melbourne, Adelaide, Perth und Brisbane. Es machte uns viel Spaß, und wir hatten viel Erfolg.

Australien faszinierte mich. Ein herrliches Klima — spazierenge-hen, schwimmen und wilde Blumen, von denen viele ganz anders aus-sahen als die, die es bei uns gibt. Ich sah mir so viel wie möglich an und würde gern noch einmal dorthin reisen. Wunderschöne Vögel — wunderschöne Tiere.

Ich habe mir all meine Rollen mit Constance Collier erarbeitet. Phyllis Wilbourn war damals bei ihr angestellt, und als Constance starb, war ich gerade mit dem Old Vic auf Australien-Tournee. Nach meiner Rückkehr beschloß Phyllis, in meine Dienste zu treten. Nach Emily Perkins, die nach Maine gegangen war, hatte ich keine Sekretä-rin mehr gehabt, die zugleich eine Art Vertraute war. Emily war eine großartige Köchin gewesen und hatte schon immer in Maine ein Re-staurant eröffnen wollen. Diesen Wunsch erfüllte sie sich. Etwa drei Jahre lang hatte sie viel Erfolg damit.

Danach spielte ich zwei Sommer an der Seite von John Houseman und Jack Landau in Stratford, Connecticut. 1957 inszenierten wir *Der Kaufmann von Venedig* (mit Morris Carnovksy) und *Viel Lärm um nichts* (mit Alfred Drake). In der zweiten Saison (1960) *Was ihr wollt* und *Antonius und Kleopatra.*

Ich bedaure noch heute, daß ich in New York nie in *Der Widerspen-stigen Zähmung* gespielt habe. Das war eine sehr schöne Inszenie-rung, und ich glaube, ich hatte für dieses Stück einen wirklich guten, neuen Interpretationsansatz: Daß Katharina ihrem Vater sehr zugetan ist, aber Schwierigkeiten hat, Petruchio ihre Gefühle zu vermitteln.

Meine Leistung in *Antonius und Kleopatra* fand ich auch gut. Robert Ryan spielte den Antonius — und sah natürlich sagenhaft gut aus. Welch ein Stück!

Auf jeden Fall machten mir diese Abenteuer sehr viel Spaß, und dem Publikum erging es zum Glück genauso, und es strömte in Scha-ren herbei — mehr Bestätigung kann man nicht finden. Ich hatte mich auf Neuland begeben und war darüber sehr froh.

Spencer

Spencer Tracy war ein hochkarätiger Star. Für seine Schauspielerkollegen ebenso wie für das Publikum. Seine große Gabe lag in seiner Klarheit, in seiner Unmittelbarkeit. Wer ihm eine Frage stellte, bekam auch eine Antwort. Kein Zögern, kein Herumgetue — eine einfache Antwort. Er sprach. Er hörte zu. Er war nicht sehr eloquent, nicht übermäßig gefühlvoll. Er war geradeheraus und absolut aufrichtig. Man glaubte ihm, was er sagte.

Nehmen wir zum Beispiel *Manuel*, in dem Spencer einen portugiesischen Fischer spielte. Für mich ist diese Darstellung eine seiner beeindruckendsten in seiner Laufbahn. Er überlegte sich, was er machen sollte, um diese Figur überzeugend zu charakterisieren — vielleicht mit einem Akzent sprechen — was nur?

Schließlich brachte er das Studio dazu, einen echten portugiesischen Fischer zu engagieren, damit er diesen einiges fragen konnte. Der portugiesische Experte kam. Setzte sich hin. Wirkte recht weltläufig, lächelte.

Spencer fragte ihn: »Wenn ich abends dem Meer ein Ständchen bringe, muß ich ein Lied über einen kleinen Fisch singen. Ich habe mich gefragt, wie dieser Bursche wohl spricht. Wie spricht er zum Beispiel das Wort ›Fisch‹ aus?«

»Fisch? F-I-S-C-H. Na, Fisch eben, Mr. Tracy. Ich meine...«

»Das heißt«, fragte Spence nach, »Sie würden nicht ›Fiesch‹ sagen?«

»Nein. Fisch ist Fisch — isch, nicht iesch, Mr. Tracy.«

Mit anderen Worten lief es genauso. Eine aussichtslose Unterhaltung.

Spencer sagte schließlich doch Fiesch. Es paßte zu dem Fischer mit dem dunklen, gelockten Haar, der Sohn und Enkelsohn von Fischern war. Dessen Leben auf dem Meer begann, der von einem gebrochenen Mast erschlagen wurde und der schließlich mit dem Meer ebenso eins wurde wie der Fisch, den er fing. Es war sein natürliches Grab.

Dann sah ich *Fury* — die Verwandlung eines guten Menschen in eine Bestie. In eine Furie mit dem Körper eines ganz normalen Menschen. Mit einem Körper, der plötzlich zu klein wird, ihn zu umschließen. Sein Körper wirkt wie ein Gefäß, eine Art Schachtel, in der alle denkbaren menschlichen Gefühlsregungen aufbewahrt werden. Seine Darstellung — eine Abstraktion, die Offenbarung einer Persönlichkeit — ist so beeindruckend, daß sie einer Grenzerfahrung gleicht, wie es etwa eine Geburt oder der Tod ist. Sie bedarf keiner äußerlichen Requisiten, keines Akzents, keines Make-ups. Mit anderen Worten: Die Erscheinung war kein Gestaltungsmittel. Er wurde ganz automatisch selbst zum Spiegel der Leidenschaften, die in ihm tobten. Für uns, das Publikum, hätte sein Gesicht durch Make-up oder andere Eingriffe stark an Ausdruckskraft verloren. Spencers Gesicht war seine Leinwand — und er bemalte sie mit magischer Kraft von innen heraus.

Eines der faszinierendsten Beispiele für diese einzigartige Gabe konnte man in *Dr. Jekyll und Mr. Hyde* sehen, seinem größten, aber einzigen echten Flop. Metro-Goldwyn-Mayer entschloß sich, diesen Film zu drehen, und engagierte Spencer Tracy dafür. Man überredete ihn, sich für die Rolle des Hyde stark zu schminken. Dazu bekam er eine Perücke, ein Gebiß — das übliche Zeug. Als Jack Barrymore die Rolle spielte, verlieh er seinem Kopf durch einen Aufsatz sogar ein eiförmiges Aussehen. Jack mochte so etwas. Fredric March auch. Die beiden fanden das witzig. Aber ist es das wirklich?

Nein. Für Spencer Tracy nicht. Das war nicht Tracys Stil. Es kam ihm idiotisch vor. Diese Requisiten waren ihm so peinlich, daß er in einer Limousine mit zugezogenen Vorhängen über das Studiogelände fuhr. Ingrid Bergman spielte das leichte Mädchen und wurde dafür ausgezeichnet. Lana Turner spielte die Dame. Dieser Film war einer der wenigen, für den Spencer schlechte Kritiken bekam.

Natürlich ist es sehr unangenehm, wenn man in einem großen Film eine berühmte Rolle spielt und in dieser Rolle versagt. Als ich Spence kennenlernte, sah man ihm an, daß ihm das im Kopf herumging. Da ich ihn nicht kannte, sah ich mir all seine Filme an, an die ich rankam, natürlich auch *Dr. Jekyll und Mr. Hyde.*

»Sehr interessant«, sagte ich.

»O nein. Nein — überhaupt nicht, miserabel ist er«, antwortete er. »So etwas kann ich einfach nicht. Es ist, als bastle man eine Puppe und versucht dann, ihr Leben einzuhauchen. Ich bin lieber selbst die Puppe und überzeuge — nein, zwinge die Leute zu glauben, daß ich genau das bin, was ich gerade sein möchte. Von innen nach außen — nicht von außen nach innen. Keine Schminke.

Aber jetzt ist es zu spät«, sagte er. »Als ich das erstemal von *Dr. Jekyll und Mr. Hyde* hörte, war ich begeistert. Die Geschichte hatte mich schon immer fasziniert und war für mich eine Geschichte über

Spencer Tracy

die zwei Gesichter eines Menschen. In Jekyll sah ich den hoch angesehenen Arzt — ein tadelloses Mitglied der Gesellschaft. Er hatte einem schönen Mädchen einen Heiratsantrag gemacht und wollte es bald heiraten. Aber dieser Mann hatte noch eine zweite Seite in sich. Hin und wieder begab sich dieser Jekyll auf Reisen. Verschwand einfach. Und durch Alkohol oder Drogen oder weiß Gott was wurde aus ihm — oder besser: verwandelte er sich in Mr. Hyde. Dann beging er in einer Stadt oder Gegend, in der ihn niemand kannte, entsetzliche Verbrechen. Das Gefühlsleben des Jekyll war offenbar hochgradig gestört. Das Mädchen war als seine Verlobte eine anständige Frau. Aber in seiner Phantasie wurde es zur Hure und paßte sich Mr. Hyde an. Nun war auch sie zu den niedrigsten Verhaltensweisen fähig.

Ich wollte, daß die beiden Mädchen von derselben Schauspielerin verkörpert wurden und die beiden Männer von mir.«

Dabei hatte er sich erstaunlicherweise mich in der Rolle des Mädchens vorgestellt. Zu jenem Zeitpunkt kannten wir uns noch gar nicht. Ich finde die Idee noch heute ungeheuer interessant. Schade, daß er sie nicht von seiner Vorstellung hatte überzeugen können. Es wäre aufregend und sehr modern gewesen.

Ich frage mich, wie er auf die Idee gekommen ist, *Jekyll und Hyde* so zu verfilmen. Diese Idee. — Ich mußte ständig darüber nachdenken. — Hatte dies bereits eine sehr persönliche Bedeutung?

Die Verwicklungen unserer Psyche scheinen unbegrenzt zu sein. Ich bißchen von dem, ein bißchen von jenem — umrühren, und das Ergebnis sind wir — meist ganz mit dem eigenen Ich verstrickt.

Der Schauspieler ist hier im Vorteil. Der perfekte Schauspieler — ich denke jetzt an S. T. — kann vor unseren Augen die Identität eines anderen annehmen. Ohne irgendwelche Requisiten; allein sein Zauber und die Intensität seiner Gedanken machen ihn zu einem anderen. Er brachte einen zum Lachen, machte einem Angst, brachte einen zum Weinen. Er überzeugte einen davon, daß er nicht er selbst war. Aber das machte ihn auch einsam. — Wer war er?

Ich habe es nie herausgefunden. Er hatte die Tür zu seinem Innern verschlossen. Ich weiß noch nicht einmal, ob wenigstens er selbst einen Schlüssel zu ihr hatte. Ich kann nur vermuten, daß sich im Innern dieses Raumes ein starker Motor befand, der vierundzwanzig Stunden pro Tag auf Hochtouren lief. Dieser Motor brachte einige bemerkenswerte Menschen hervor — ja, all diese unterschiedlichen Personen.

Ich werde Ihnen noch mehr über Spencer erzählen. Seien Sie nicht ungeduldig. Ich war es schließlich auch nicht.

4

Heldengedenktag

Zur Situation:
Ich spürte mal richtig meinen Rücken. Es war am Wochenende des Heldengedenktags, aber es war nicht der 30. O nein,
den eigentlichen Heldengedenktag gibt es nicht mehr. Das waren noch
Zeiten! Aber die sind nun vorbei. Wir begehen sämtliche Feiertage an
Wochenenden. In jenem Jahr fiel der 30. auf einen Freitag. Das wäre
ganz günstig gewesen, aber nein, sie wollten ihn auf einen Montag
legen. Damit umfaßte das damalige Heldengedenktags-Wochenende
die Tage 24./25./26. Und jenes Wochenende war es, das mich völlig
geschafft hat.

Wir fuhren am Mittag des 23. von New York los — David Lean,
seine erste Frau Sandy, meine Sekretärin Phyllis und ich. Es sollte ein
erholsames Wochenende werden. Sie stehen gern spät auf. Ich hoffte,
daß ich trotzdem früh würde zu Bett gehen können. Aber sie waren
ausgesprochen nett — unkompliziert und offen — und zugleich stark
und wild; außerdem war er der beste Filmregisseur der Welt. Auch
wußte er, wie man ein Soufflé zubereitet und wie man Fleisch brät.
Und dabei ließ er sich durch nichts — ich betone: durch nichts — ablenken. Er stand da, sah zu, fixierte es. Dabei ließ er sich nie aus der
Ruhe bringen. Er rührte sich nicht von der Stelle, bis ihm seine Nase
sagte, daß alles perfekt sei. Sein Ziel — bei der Arbeit wie im Spiel —
war immer: alles so gut wie möglich zu machen. Oder es lieber gleich
ganz sein lassen.

Ich weiß, wovon ich spreche, schließlich habe ich 1954 *Traum
meines Lebens* mit ihm gedreht. Eines Tages bekam Isa Miranda eine
Szene einfach nicht so hin, wie er sie sich vorgestellt hatte. Er wandte
sich an mich und sagte: »Versuch du's, Kate«, dann ging er drei Meter
von mir weg, drehte sich um und fixierte mich.

»Isa«, sagte ich. »Schau, so will er es haben...«

Jetzt klappte es.

Das haben wir gemeinsam: Wir geben nie auf. Wenn wir sagen, wir
werden dieses oder jenes erreichen, dann erreichen wir es auch. Wenn
wir uns vornehmen, einen Berg zu besteigen, dann besteigen wir ihn.

Noch einmal mit David Lean in Venedig

Und jetzt holen wir diese Pflanzen aus dem Kofferraum.

Ach du liebe Güte — ich habe ja ganz vergessen, Ihnen das zu erzählen. Wir waren in der Baumschule Grove in Clinton. John — er ist
dort der Chef —, John merkte schnell, wer hier das Sagen hatte:
David.

»Findest du nicht, daß Quitten sich gut machen würden, Kate? Ein
Hauch von Rot. Wie viele von denen haben Sie, John? Drei? Gut, die
nehmen wir.«

Sandy kam mit einem wunderschönen gelben Ginsterbusch.

»O ja«, rief David.

»O ja«, rief Kate. »Die nehmen wir.«

»Und wie wäre es damit?«

»O ja, die sind hübsch... Was ist das?« (Ich suchte nach dem Eti-
kett.)

»Das sind Zwergmispeln«, erklärte Sandy. Sie kannte alle Blumen beim Namen, auch die lateinische Version. Ich weiß sie zwar auch, aber nicht immer genau.

»Ja, stimmt«, meinte David, »die tragen im Herbst hübsche rote Beeren. Ich glaube...« (Er sprach mit John.)

»Nehmen wir doch von denen — ich würde sagen, sechs, einverstanden?«

»Prima«, sagte ich. Ich fand sie wirklich bezaubernd.

Dann kam Sandy mit einer entzückenden, richtig keck aussehenden Kiefer — wohl eine Zwergzüchtung.

»Die gefällt mir. Haben Sie da drei davon, John?« Er hatte drei. Er ließ sie kommen.

»Haben Sie Glyzinien?«

»Nein, die sind leider aus.«

»Ich hol' jetzt den Wagen, damit wir sie einladen können, ja?«

David und Sandy gingen in die Werkzeugabteilung. Sie kauften eine große und zwei kleine Forken und einen Spaten, um die Pflanzen einsetzen zu können. Als ich mit dem Wagen ankam, hatten sie bereits alles bezahlt.

Ich entdeckte einen kleinen, niedlich aussehenden Spaten. »Ich glaube...«

»Der ist nicht stabil genug«, sagte David.

»Aber handlich.«

»Aber nicht stabil genug«, sagte David noch einmal.

Ich kaufte ihn trotzdem. Er zerbrach schon beim Unkrautstechen. Keine Glanzleistung, Kath...

Ich hatte mich mitreißen lassen. Das kam nicht häufig vor, und deshalb fand ich es irgendwie amüsant. Ihnen machte es offenbar auch Freude. Immerhin hatte ich die Böschung an der Auffahrt schon seit zwei Jahren herrichten wollen. Aber ich hatte es nie getan. Mir fehlte einfach der Wille. Überall, wo man hinsah, war Unkraut, Unkraut und noch mal Unkraut. Außerdem: Welche Pflanzen sollte ich denn einsetzen?

Wir fuhren zum Haus zurück.

Der Truppenkommandeur kam mit einer Anordnung: »Wir bringen diese Pflanzen erst einmal in den Schatten. Und danach entfernen wir das Unkraut.«

Die Böschung fiel relativ steil ab. Eineinhalb Jahre zuvor hatte ich sie mit niedrigwachsenden Wacholdersträuchern bepflanzt. Sie waren ziemlich häßlich und wurden im Herbst rostrot. Kein besonders schöner Anblick. Am Fuß der Böschung lagen große Steine, die von der

Flut angeschwemmt worden waren und die Krümmung einer Bucht säumten. Wir bezeichneten das Ganze als Sumpf, Dad nannte es eine Lagune. Aber ich fand, daß es eher wie ein Sumpf aussah. Bei Stürmen, vor allem solchen, die von Norden kamen, stieg das Wasser an. Aus diesem Grund hatten wir die Straße höher gelegt und diese Böschung aufgeschüttet. Sie sollte einen deichartigen Schutz für das Haus bilden. Von der ursprünglichen Bepflanzung, die noch aus der Zeit vor dem Böschungsbau stammte, war nur noch eine vereinsamte Nantucket-Kiefer übriggeblieben.

Außer dem Wacholder wuchsen dort nur noch Unkraut, scheußliche Grasbüschel, Sauerampfer und Pampasgras. Wir fingen an zu graben. Wir gruben eine Ewigkeit. Sandy mit einer Gabel, David mit einer Gabel, ich mit einem Spaten. Wir zerrten und zogen, und mit vereinten Kräften gelang es uns, die zähen Graswurzeln zu lockern. Zerren, biegen, drehen, ziehen, mit dem Spaten graben, mit den Händen ziehen. — Eine Qual! Mein Rücken, meine Hüften, meine Finger, meine Füße — jedes Gelenk tat mir weh. — Wo war das Schmieröl? David legte auf dem einzigen Stuhl eine kurze Pause ein. Dabei erklärte er uns unablässig:

»Es hat überhaupt keinen Sinn, wenn man die Wurzel nicht zu fassen kriegt. Kaum dreht man sich um, wächst das Zeug schon weiter. O Kate, die hast du abgebrochen. Das ist schlecht. Es zahlt sich wirklich aus, wenn man tief gräbt und sie rausholt. Ganz langsam — du mußt mehr Geduld haben.«

David hatte in den Monaten davor immer in Hotels gewohnt und an der Schreibmaschine gesessen. Er war noch weniger in Form als ich. Ich glaube, wir waren ungefähr gleich alt. Er war willensstark und geduldig. Ich war willensstark und ungeduldig. Sandy war gute dreißig Jahre jünger als wir. Von unserer Erziehung und unserem Naturell her waren wir alle drei Menschen, die das, was sie begonnen hatten, auch zu Ende führen wollten. — Tu es, und zwar gleich.

Am Ende des ersten Tages hatten wir etwa elf Meter der Böschung beackert. Wir brachten eine Unkrautladung nach der anderen zur Müllkippe. Die war ungefähr dreihundert Meter weit weg und lag auf einer leichten Anhöhe. Wir arbeiteten mit dem schweren, großen Schubkarren. Es gab einen, mit dem ich lieber arbeitete, doch den hatte Mundy, mein Neffe, Dicks Sohn. Dick hatte auch den leichteren lieber. Aber ich machte ihm keinen Vorwurf daraus.

Aufhacken, nach dem Ausgraben aufheben, dann rausziehen. Ach, ich bin so müde. — Mein Rücken — meine Füße — meine Hände — meine Finger. Denk nicht dran. Einfach weitermachen, Kate.

Im Garten in Fenwick

David trieb uns an: »So, jetzt beginnen wir damit, die Pflanzen einzusetzen. Jetzt kommt Phase zwei. Wo sind die Quitten?«

»Soll ich...?«

»Nein, die pflanzt Sandy ein. Sie weiß genau, wie man das macht. Wie wär's damit, Kate. Ein bißchen Rot...«

Sandy arbeitete auf der Fläche, die wir vom Unkraut befreit hatten. Sie hob die Löcher — sehr tiefe — mit dem Spaten aus. David bestimmte, wo die Pflanzen am besten hinpaßten.

»Vielleicht sollten wir die drei gelben Ginstersträuche zusammenpflanzen — ein gelber Farbklecks...«

»Hast du Dünger da, Kate?«

»Ich hole ihn.« Ich ging zur Garage, holte den zwanzig Kilo schweren Düngersack, hievte ihn in den Schubkarren. Herrje, ich bin so müde — hören die denn nie mehr auf?

»Großartig, meine Liebe. Sandy wird ihn öffnen.«

»Nein, ich werde...« Ich ging ins Haus, um die Küchenschere zu holen. — Ich glaube, ich sterbe. — Mein Rücken...

»Das ist hervorragend, meine Liebe. — Nur die Ecke... Nein, laß es Sandy machen, sie weiß genau, wieviel. Weißt du, das ist der entscheidende Vorgang. Die sind eigentlich für den Blumentopf gedacht, deshalb muß man alle Kanten im Loch und auch den Boden glätten. Danach muß man den Rand des Wurzelballens etwas lockern, sobald man sie aus dem Topf nimmt. Allerdings muß man aufpassen, daß man den Wurzeln dabei nicht zu stark zusetzt. Man darf sie nur freilegen und etwas ausbreiten — genau. Jetzt noch ein bißchen drehen. So ist es gut. Ach ja, wenn du den Dünger reintust, vermisch ihn vorher gut mit Erde, damit die Wurzeln nicht durch den direkten Kontakt mit ihm verätzen.«

»Zum Teufel mit den Wurzeln!« fluchte ich in mich hinein. »Ich sterbe. Wen interessieren meine Wurzeln? Diese beiden sind wie Maschinen.«

»So, fertig. — Jetzt Wasser. — Können wir Wasser holen, um...?«

»Ich hole den Schlauch.« Ich ging ums Haus und holte sämtliche Gartenschläuche. Sie waren an unterschiedliche Wasserhähne angeschlossen, die wir rings um das Haus angebracht hatten. »Komm schon, Mädchen, wickle sie ab! — Ich bin so müde. — Nicht schlappmachen, Kleine — du bist müde, die sind müde — die ganze Welt ist müde — wickle sie ab.« Ich schleifte die Schläuche ums Haus herum und verband sie miteinander. Sie waren lang genug. Jetzt aufdrehen — nicht zu stark, nur...

»Dreh ab — dreh ab. Ich mach' es.« David kam zum Wasserhahn.

Bei der Gartenarbeit

»Schau mal, nur einen Tropfen — du möchtest sie doch nicht ersäufen. — Ist es so gut, meine Liebe?« rief er Sandy zu.

»Ja, gut so«, antwortete sie.

»Hör zu, meine Liebe, warum ruhst du dich nicht ein wenig aus. Wir machen das schon...«

»Nein, mir geht's gut. Ich möchte nur dieses Durcheinander weghaben...«

An irgendeinem Punkt hörten wir mittendrin auf, machten sauber und fuhren Einkaufen — noch mehr Pflanzen. Wir kauften noch zwei Glyzinien und irgendeinen Bodendecker namens Wurmgras und Efeu. In einem Anfall von Verzweiflung kaufte ich auch noch einige einjährige Pflanzen für mein Blumenbeet an der Vorderseite: Sweet William, ein hübsches Kirschrot, eine Spiräe. — Die konnte man leicht einsetzen. Und dann entdeckte ich ein paar sehr kräftig wirkende Pflanzen — irgendeine Melonenart. Ohne Brille konnte ich mich schwer entscheiden. Ich suchte mir vier raus.

»Was ist das?« fragte David.

»Melonen«, antwortete ich.

»Melonen?« fragte Sandy. »Was für welche?«

Ich hatte keine Ahnung. Gurken — Kürbis — Beutelmelone — Wassermelone? Ich fand sie nur groß und stark und vital. Außerdem hatte ich so etwas noch nie gepflanzt. »Ich hoffe, es ist eine Beutelmelone. Beutelmelonen gefallen mir.«

»Sie brauchen viel Pflege«, meinten sie.

Na schön. Ich konnte förmlich hören, wie sie dachten: »Beutelmelonen? Warum kauft sie sich Beutelmelonen? Wir sind doch mit der Böschung noch gar nicht fertig. Warum kann sie nicht bei einer Sache bleiben. — Wie unbesonnen! Oberflächlich, ungeduldig. — Eine schöne Gärtnerin!« — Sprachen sie es tatsächlich aus, oder war das nur mein schlechtes Gewissen?

Zurück also an den Spaten. Wir waren schon über die erste Kiefer hinausgelangt. Nun hatten wir noch weitere sechs Meter vor uns. Und natürlich wuchs auch unterhalb der Kiefer Unkraut... Inzwischen war ich völlig apathisch. »Weißt du, was du bist, Kate?« Ich bestand nur noch aus Schmerzen und Verzweiflung. »Du bist der Kuli in dieser Gruppe. Du bist ein unwissender, ahnungsloser Kretin. Du willst aufhören. Es ist dir egal, ob die Pflanzen es überstehen oder sterben. Oder wo und wie sie eingepflanzt werden.« Inzwischen war es windig geworden. Es blies vom Norden her direkt in unsere Gesichter. Ich kann froh sein, daß ich unterhalb dieser Kiefer bin — graben — ziehen — bücken. Ich sah auf. Eine Kiefernnadel steckte in meinem Auge — mitten im Auge. »O Gott«, dachte ich. »Ich bin so müde, ich kann nicht mal mehr blinzeln.«

»Das sieht wunderbar aus, meine Liebe. Dieser Baum hat wirklich eine schöne Form.«

Mir zuckte durch den Kopf: »Ist mir doch scheißegal, wie dieses Zeug geformt ist. Mir geht's um meine Form — und die ist miserabel.«

»Danke«, sagte ich. Dann sah ich ihn mir an. Der Baum war wirklich sehr schön.

»Sehr schön — nur noch sechs Meter«, meinte David.

Er hat mich durchschaut! Er will mich aufmuntern. Ob er das wirklich will? Ja, dachte ich, noch sechs Meter. Wenn ich das noch überlebe. Warum hörst du nicht auf, Kate — gib's doch einfach zu. Du bist völlig kaputt. Geh rein, nimm ein Bad und leg dich hin. — Nein, das mache ich nicht. Das läßt mein Stolz nicht zu. Ich bleibe hier draußen und kämpfe, entweder bis sie aufhören oder bis ich sterbe.

Aber sie werden nicht aufhören, meine Liebe. Sie werden das Unkraut rausreißen, die Pflanzen einsetzen — dazu den Efeu und die beiden Glyzinien. Und dann werden sie noch alles wässern. Das wird nie ein Ende nehmen, und du wirst sterben, und die schubsen dann deinen Körper aus dem Weg und machen ihre Arbeit zu Ende! Kath, Kath — wie kannst du nur. Sie sind doch deine lieben Freunde!

Noch eine Schubkarrenladung. Vollmachen. Zum Müllhaufen fahren. Ich war so müde, daß ich das verdammte Ding kaum vom Fleck brachte. Ich hörte nichts mehr, kämpfte mit aller Kraft darum, auf den Beinen zu bleiben. Ich kroch nur noch — ganz weit unten, völlig am Ende. Jetzt geht's ans Sterben — ich werde sterben...

Dann mußte ich lachen. Du armer alter Trottel — nur weil du nicht zugeben willst, daß du nicht mehr kannst. Das ist doch dein wahres Problem...

Ich bin genauso gut wie ihr! Das ist euer Problem. Aber du hast es mit zwei Leuten zu tun, die genauso verrückt sind wie du. Die machen bis zum Umfallen weiter. Und sie ist jung genug, um deine Enkelin zu sein. Du hast deinen Meister gefunden! Egal — reiß dich zusammen. Und nachdem ich wieder etwas zu Kräften gekommen war, kehrte ich mit meinem leeren Schubkarren zurück...

»Wo kommen denn die hin?«

Ich deutete auf die Zwergmispeln, die noch nicht eingepflanzt waren, und die drei neu hinzugekommenen weißen Ginstersträuche.

»Ich werde die Löcher graben.«

»Hör doch, warum läßt du das nicht Sandy machen — sie weiß genau, wie...«

»Ihr braucht meine Löcher ja nicht zu nehmen — ich will einfach...« Wurde ich jetzt patzig?

»Kate, du verlierst die Geduld. Wer ein guter Gärtner sein will, darf nicht ungeduldig werden. Man kann Gartenarbeit nur auf eine einzige Weise verrichten — auf die richtige... Findest du das nicht interessant, meine Liebe? Als wir *Traum meines Lebens* drehten, bist du nie ungeduldig geworden.«

Stimmt schon, dachte ich, ich bin tatsächlich ungeduldig. In dieser verdammten Sonne und in diesem verdammten Nordwind stehen und...

»So. Sollen wir den nun da einsetzen oder sollen wir sie lieber zu einer Gruppe verdichten? Und...«

»Was hältst du davon, David?« Das war Sandy.

Stimmt, ich bin ungeduldig. Ich bin außer mir. Ich kehre wieder zu meinem trogschleppenden Kulidasein zurück. Ich knöpfe mir dieses Wildgras — diese langen, rot-grün gesprenkelten Dinger mit ihren kilometerlangen Wurzeln vor — und den Sauerampfer auch. Genau! Geh zur Kiefer — es war die zweite Kiefer —, grab drei verdammte Löcher für den weißen Ginster, nur um... Ach, warum eigentlich? — Nur, um das Gefühl zu haben, daß es weitergeht. Grab schon! Ich arbeite jetzt mit einer großen Forke. Was ich da mache, ist jämmerlich, wirklich jämmerlich. Da kommt Sandy...

»Ich grabe das nur ein bißchen um, damit ein bißchen Luft dran kommt.«

David kam auch. »Ja, da machen sie sich sehr gut. Komm, Sandy, setzen wir sie ein.«

»Was müssen wir denn noch alles einsetzen?« fragte ich unter einem starken Kiefernast hervor. Herrgott, jetzt habe ich schon wieder eine Kiefernnadel im Auge. Meine Augen sind voller Schmutz und Kiefernnadeln und Stichwunden von den Nadeln. Jetzt werde ich auch noch blind.

Sandy mühte sich mit einer Pampasgraswurzel ab, bei der ich bereits aufgegeben hatte. »Da wirst du nie ans Wurzelende kommen, Sandy. Sie ist Teil eines ganzen Wurzelnetzes.«

Sie brach sie ab.

»Siehst du...«

»Versuch's noch einmal«, meinte David. Sie tat es. Die Wurzel brach wieder ab.

»Noch einmal«, sagte David. Sie versuchte es — und die Wurzel brach ein weiteres Mal ab.

»Es hat keinen Sinn«, meinte David. »Setzen wir jetzt die weißen ein. Bringen wir's hinter uns. Dieser Wind ist wirklich unangenehm, nicht wahr?«

Darf ich hoffen? Ist ein Ende in Sicht?

Sie berieten sich, bereiteten alles sorgfältig vor, glätteten, lockerten auf, holten die Pflanze aus ihrem Topf, legten die Wurzeln frei, mischten den Dünger unter — eine Pause...

David: »Die Erde besteht nur aus Sand und Steinen. Wir brauchen gute Erde.« Er sah mich an.

»Moment. – Ja, ich besorge welche. – Ich glaube, wir haben irgendwo einen Erdhaufen.«

»Ich komme mit«, sagte David. Ich ging mit ihm zu einem Erdhaufen. »Nein, das ist Dünger – meinst du nicht?«

Weiß der Himmel, dachte ich. Ich wußte, daß ich einen Blumentopf mit Amaryllis, Osterglocken und Narzissen mit guter Erde aufgefüllt hatte.

»Da drüben.«

»Ja, die ist gut.«

Ich fuhr mit meinen Händen hinein und lud soviel Erde in den Schubkarren, daß es für die drei Löcher reichte. Wir gingen zur Böschung zurück. Sandy behackte noch immer den Boden.

»Du bist genau wie ich«, sagte ich. »Du hörst nicht auf.«

»Ich weiß«, antwortete sie. »Wir sind verrückt. Wir müssen an den Stamm von diesem Baum ran.«

»Du kennst sicher den wahren Grund.«

»...Ja.«

»Konkurrenzdenken.«

»Ja.«

»Ich kann härter arbeiten als du.«

»Ja, aber ich werde ein wenig nachlässig.«

»Sag mir die Wahrheit.«

»Ja, nachlässig.«

»Das hoffe ich nicht.«

»Doch, ich arbeite nur noch oberflächlich. Ich lasse ein Stück Wurzel stehen – fertig. Ich wässere nicht ausreichend – ich mach's halt.«

David starrte mich ungläubig an.

»Aber Kate, es geht hier um grundlegende Dinge. Wir müssen die Natur überlisten. Zum Beispiel das Wässern – das mußt du sehr gründlich machen. Laß dich nicht dadurch täuschen, daß die Oberfläche feucht ist. Das reicht absolut nicht. Das führt nur dazu, daß sich die Wurzeln nach oben recken, um ein wenig Wasser abzukriegen, statt sich nach unten auszudehnen, um ans Grundwasser heranzukommen. Dann sollte man das Wässern lieber ganz sein lassen, denn dann besteht wenigstens noch die Chance, daß sie sich in die Tiefe vorarbeiten. Ersäufe die Pflanze nicht, aber gib ihr die Möglichkeit, all das aufzunehmen, was sie braucht. Wurzeln sind wie wir – man kann sie zu nichts zwingen. Man muß sie dazu bringen, für ihre eigene Zukunft zu arbeiten. Aber man muß sachte und sorgfältig für eine geeignete Umgebung sorgen.«

Es war Abend. Wir waren fertig. Es war vorbei. Ich nahm ein Bad, ging Schwimmen und dann sofort ins Bett. Und mir kam der Gedanke, daß ich die Wahrheit über mich selbst entdeckt hatte. Deine Eltern haben dir die besten Voraussetzungen geschaffen. Du wurdest in gute Erde gepflanzt — genährt — gewässert — sorgsam gepäppelt. Dann hat man dich ins Leben geschickt. Und du hattest Glück. Du hattest offensichtlich Erfolg. Aber hast du all die Möglichkeiten genutzt, die man dir mit auf den Weg gegeben hat? Nein, du warst nachlässig. Du bist den Dingen nicht auf den Grund gegangen. Du kannst dies nicht und das nicht, dabei hättest du es alles lernen können, wenn du dich drauf konzentriert hättest, hartnäckig gewesen und in die Tiefe gegangen wärst. Jetzt ist es ein bißchen spät dafür, aber du kannst daraus lernen — wenn du etwas machst, dann mach es richtig. Hol dieses Unkraut raus. Und geh mit den Pflanzen sorgfältig um.

Tja, das war die Geschichte, wie wir das Südufer des Sumpfs wieder auf Hochglanz brachten. Ich schickte David und seinem Requisiteur je eine Nachbildung davon. David freute sich sehr darüber.

Wenig später traf ich den Requisiteur in New York. Er war von der Nachbildung begeistert. Er meinte: »Ich kann Ihnen noch ein Beispiel dafür geben, daß und wie David immer versucht, seine Vorstellungen haargenau umzusetzen.

Wir haben einmal in Schottland gedreht — in einem großen, sehr bedeutenden Haus. In einer Szene fuhr ein Wagen nach dem anderen die Auffahrt hoch, dann kam ein herrlicher weißer Rolls-Royce. Sie spuckten ihre Fahrgäste aus und fuhren weiter.

›Hör zu‹, erklärte mir David, ›ich möchte, daß die beiden Rs auf den Radkappen genau senkrecht stehen, wenn der weiße Royce hält.‹«

»Und — taten sie das?«

»Natürlich taten sie das«, antwortete er. »Perfektion ist eben Perfektion.«

Ein Jahr darauf bekam ich Besuch:

»Hallo, seid ihr beiden wieder da? Die Böschung ist ein Gedicht. Ach, das ist... David, es ist wirklich wunderschön. — Die Quitten, der gelbe Ginster und der weiße, die Zwergkiefer, der Efeu und das Wurmgras — jedes für sich ein Gedicht. Jedesmal, wenn ich daran vorbeikomme, denke ich an euch — einfach hinreißend.

Was mit den Melonen ist? Was aus ihnen geworden ist? — Ach, ihr meint die Melonen. Ich habe nie herausbekommen, ob es wirklich welche waren. — Sie sind eingegangen.«

Willie Rose und sein Maserati

William Rose schrieb *Die feurige Isabella, Ladykillers* und einiges mehr. Er war ein wirklich begabter und geistreicher Mann. 1966 verfilmte Stanley Kramer William Roses neuestes Drehbuch: *Rat mal, wer zum Essen kommt.*

Spencer und ich sollten die Hauptrollen spielen. Meine Nichte Kathy Houghton spielte unsere Tochter. Im Drehbuch hieß sie Joey. Mir gefiel der Name nicht, deshalb bat ich Willie, ihn zu ändern.

Rose explodierte. Rief Kramer an. Sagte, daß er nach Jersey zurückkehre — daß Kramer Katharine Hepburn doch gleich als Drehbuchautorin angeben solle usw. usw.

Kramer rief mich an. Sagte mir klipp und klar, daß ich den Mund halten solle. Also hielt ich den Mund. — Das Ganze war idiotisch.

Während der Dreharbeiten freundete ich mich ganz allmählich ein wenig mit Willie an. Er war ein sehr amüsanter Mann um die Fünfzig, ein amerikanischer Schriftsteller, der in England lebte. Er hatte dort ein Haus — ein hübsches Steinhaus auf der Insel Jersey, das Ende des 16. Jahrhunderts erbaut worden war. (Er lebte dort, um die britischen Steuergesetze zu umgehen.) Er und seine Frau hatten sich getrennt. Willie war sehr oft bei den Dreharbeiten zugegen — dann reiste er wegen seines Visums nach Kanada, da er nur eine begrenzte Aufenthaltsgenehmigung für die USA hatte.

Spencer starb wenige Wochen, nachdem wir *Rat mal wer zum Essen kommt* fertiggedreht hatten.

Ich arbeitete an einem Buch von Margery Sharp — der Titel war *Martha* —, das ich zum Drehbuch umzuschreiben versuchte. Irene Selznick wollte es produzieren und half mir dabei. Regie sollte ich führen. Wir arbeiteten zunächst mit dem jungen Schriftsteller Jim Prideaux zusammen. Nach einiger Zeit meinte Irene allerdings, wir sollten lieber ohne Hilfe weiterschreiben, was wir dann auch taten.

Danach wollten wir nach London fahren, um Vanessa Redgraves dicke Schwester Lynn dazu zu überreden, die Hauptrolle zu spielen, die von einem wirklich dicken Mädchen gespielt werden mußte. Doch als wir in London eintrafen, mußten wir feststellen, daß Lynn nicht mehr dick war. Sie war nun richtig dürr.

Dicke, junge Schauspielerinnen sind äußerst schwer — genauge-

Willie Rose und Alec Guinness

nommen überhaupt nicht — aufzutreiben. Dann kam mir der Gedanke, daß Willie Rose ja ganz in der Nähe war. Vielleicht war er bereit, sich das Drehbuch anzuschauen. Irene wollte mitkommen.

Wir fuhren nach Jersey. Willie war in einem fürchterlichen Zustand. Er meinte, das Drehbuch sei unmöglich. Sagte es auch. Irene wiederum fand ihn unmöglich. Sie kehrte nach London zurück.

Ich machte mir große Sorgen um Willie, der jeden Tag viel zu viel trank. Ich glaubte, er sei entsetzlich einsam. Er erzählte ständig von einem Maserati, den er sich in Italien kaufen wollte. Er erzählte, daß einer der Kellner aus dem Restaurant, in dem er immer zu Abend esse, den Wagen für ihn abholen werde.

Ich fragte: »Wie wär's, wenn wir das machten? Warum fahren wir nicht hin und holen ihn ab?«

Das taten wir. Es machte Spaß, und ich überlegte mir, daß ich ein sehr lustiges Drehbuch über eine Schauspielerin schreiben könnte, die sich erst in einen jungen Schriftsteller verliebt, dann aber ein besseres Angebot erhält und ihm deshalb den Laufpaß gibt. Als es zehn Jahre später schlecht um ihre Karriere steht, besucht sie ihn in der Hoffnung, ihn zu einem Drehbuch für sie zu inspirieren. Bei dieser Gelegenheit unternehmen sie dann diese Reise, um einen Wagen abzuholen.

Das ist meine Version von unserer Reise:

Wir waren in London, um die nötigen Papiere für den Wagen ausstellen zu lassen. Im Konsulat hatten wir es mit einem überaus freundlichen Mann zu tun, was ich als gutes Omen nahm.

Nur, um dein Gedächtnis aufzufrischen, Willie — und um mich zu amüsieren. Obwohl ich natürlich keineswegs behaupten will, daß mein Gedächtnis es mit dem deinen aufnehmen kann.

Weißt du noch? Es war ein ziemlich turbulenter Tag. Wir fuhren mit David, meinem Chauffeur, und Phyllis zum Flughafen. Ich hatte ganz schön viel Gepäck bei mir. Du hattest meiner Erinnerung nach zwei große Koffer dabei. Ich einen Vuitton-Koffer und zwei seesackartige Taschen — auch von Vuitton. Und natürlich hatte ich auch meine beiden riesigen Handtaschen an der Schulter hängen. Du warst reizend, und ich dachte: Was für ein bezauberndes Wesen. So attraktiv, männlich und naiv. — Wie bitte?

Über Lautsprecher wurde bekanntgegeben, daß über Mailand ein Schneesturm tobe und daß wir aller Wahrscheinlichkeit nach entweder in Genua oder in Venedig landen würden.

O Gott, dachte ich. Ich kannte Genua nicht, dafür aber Venedig. Die Fahrt zum Flughafen nach Venedig war ein Graus. Und dann noch eine Werkstatt finden, wo man, mit einigem Glück, einen Wagen mieten konnte. Verflucht.

»Nein, nein«, sagte Willie. »Wir werden in Mailand landen. Ich bin absolut zuversichtlich!«

Du strecktest deinen Arm aus und nahmst meine Hand. Wir standen auf und gingen über den langen Korridor, um ins Flugzeug zu steigen.

Wir beide hatten wunderbare, glückliche Tage vor uns. Ich hatte ihn zu dieser Reise richtiggehend gezwungen. Ich fand, er solle seinen

Maserati selbst abholen — nur dann würde er wirklich ihm gehören. Es gab nur wenige Dinge, für die er sich interessierte — aber an Autos schien er einen Narren gefressen zu haben. Und dieses würde ihm nicht so viel bedeuten, wenn einer der Kellner es abholte. Und wenn er die Insel nicht verließ, würde er in seinem Metier nie wieder Fuß fassen können. »Auf meinem Grabstein soll einmal stehen: SCHRIFT-STELLER«, hatte er irgendwann einmal gesagt.

Und nun saßen wir im Flugzeug. Wir tranken ein Glas Champagner.

Willie war immer zuversichtlich. Und ich dachte, was für ein geistreicher, faszinierender Bursche er doch sei — so unerschütterlich und selbstbewußt. Wieder draußen in der Welt. — Großartig!

Ich versuchte ganz ernsthaft, diese Reise als abhängige Frau anzutreten.

Er war so intelligent, daß ich ihm bei Wortspielen — oder seinen Voraussagen zu beinahe sämtlichen Themen — mit Wonne zuhörte. Und wenn ich sage, ich hörte zu, dann stimmt das auch.

Eine seiner häufigsten Klagen war, daß ich in seine interessantesten Dialoge mit irgendwelchen unwichtigen Kommentaren platze und damit seinen Gedankenfluß unterbreche. — Eigentlich sollte ich das wirklich nicht sagen, aber *sein* Gedankenfluß schien mir der einzige Fluß zu sein, den wir je befuhren.

Nein, so sollte ich nicht über ihn denken oder reden. Schau ihn dir an. Er sieht wirklich sagenhaft aus. Entweder er schläft in dem Sitz neben mir, oder er zeichnet eine entsetzliche und beleidigende Karikatur, oder er fragt mich, weshalb ich keine Brille trage, wo ich doch offensichtlich nichts sehe. In deinem Alter braucht man eine Brille.

Aber momentan ist alles, was er tut, liebevoll und bezaubernd und heiter. Komischer Vogel. Er ist bestimmt unglaublich intelligent. Intellektuell steckt er mich in die Tasche. Das irritiert mich ein wenig, weil ich es gewohnt bin, für ziemlich intelligent gehalten zu werden. Er aber gibt mir fast ständig das Gefühl, dumm zu sein. Nur gelegentlich, wenn ich über ihn und seine Probleme spreche, gibt er zu, daß ich möglicherweise hin und wieder einen Gedanken habe, der es wert ist, daß man ihn sich anhört.

Wir sind über Mailand. Mein Gott, die Wolkendecke reißt auf. Wir landen. Willie, liebster Willie, du hast recht. Mein Gott, du hast das zweite Gesicht — du bist toll!

Wir sind gelandet. Der Gepäckträger nimmt unsere Taschen.

Auf dem Boden liegen tatsächlich fünfzehn Zentimeter Schnee, und es schneit immer noch. Es ist ungefähr 12.30 Uhr oder 13 Uhr. Meine

Italienischkenntnisse — wenn man sie so bezeichnen kann — bringen uns zum Avis-Mietwagen-Schalter, der im Mailänder Flughafen ganz einfach zu finden ist. Außerdem liegt der Flughafen direkt an der gut ausgebauten Schnellstraße nach Modena, wo die Maserati-Fabrik ist. Als Mittagessen habe ich Sandwiches und eine Flasche Wein aus unserer Unterkunft am Elm Place mitgebracht. Ich habe auch eine Straßenkarte und einen Blue Guide für Norditalien dabei.

Wir fahren los. Ich soll ihn lotsen.

Wohin jetzt? Unter der Brücke durch, dann bei der ersten Abzweigung nach links — dann rechts...

Willie: Hör mal, erzähl mir nichts von der Reise. Das hier zählt jetzt. Was mache ich jetzt? Wie muß ich jetzt fahren?

Kate: Bieg links ab.

Willie: Ich dachte, du hättest rechts gesagt.

Kate: Das habe ich, aber es war falsch. Du kannst nicht nach rechts abbiegen. Das ist gegen die Vorschriften. Bieg nach links ab. Nach ungefähr einer Meile fährst du wieder links ab und den ganzen Weg zurück und biegst dann, nach dem Flughafen, bei der ersten Gelegenheit rechts ab. Dann fährst du unter der Brücke durch und links weiter auf...

Willie: Ich blick' da nicht durch, und auf die Karte kann ich nicht schauen. Aber ich glaube, du erkennst ohne deine Brille auf der Karte auch nichts.

Kate: Ich habe dir gesagt, daß ich keine Brille habe. Ich sehe völlig normal.

Willie: Ich weiß...

Kate: Nach hundertfünfzig Metern links hoch.

Willie: Wo?

Kate: Da — da!

Willie: Aber das ist ja genau die entgegengesetzte Richtung.

Kate: Ich weiß. Genau da müssen wir auch hin — Zurück zum Flughafen, dann...

Willie: Erzähl mir keine lange Geschichte. Ich hoffe nur, du hast recht.

Kate: Ich habe recht.

Willie: Das hoffe ich.

Kate: Hab Vertrauen, mein Schatz.

Willie: War das nicht toll, wie die Wolkendecke aufgerissen ist und wir landen konnten?

Kate: Du bist genial.

Willie: Du glaubtest, wir müßten bis nach Venedig weiterfliegen.

Kate: Klar. Gott sei Dank hatte ich mich getäuscht.
Willie: Stimmt. Du hattest dich getäuscht.
Kate: Jawohl. Zum Glück.
Willie: Du bist ein hübsches Mädchen.
Kate: Danke.
Willie: Wofür. Für das Hübsch oder das Mädchen?
Kate: Jetzt paß aber auf. Sei nicht unhöflich.
Willie: Ich verstehe gar nicht, warum du wegen deines Alters Hemmungen hast.
Kate: Ich bin nun mal gehemmt.
Willie: Nein, ganz im Ernst. Wenn du einhundertfünfundzwanzig bist, bin ich einhundertvierzehn. Das ist gar kein so großer Unterschied.
Kate: Das werde ich nicht mehr erleben. Und du auch nicht.
Willie: Wenn wir wieder zusammenkommen, kannst du ja behaupten, daß sich dein Mann zu sehr, sehr späten Mädchen unwiderstehlich hingezogen fühlt.
Kate: Sehr witzig!
Willie: Bist du jetzt sauer?
Kate: Nein, glücklich.
Willie: Gib mir deine Hand. Darf ich das Radio anstellen?
Kate: Klar.
Willie: Zünde mir eine Zigarette an.
(Sie zündet ihm eine an.)
Kate: Möchtest du was zu essen?
Willie: Warum hast du mich nicht vor dem Rauchen gefragt?
Kate: Ich bin ein Dummkopf.
Willie: Was?
Kate: Ich sagte, ich bin ein Dummkopf.
Willie: Ach so.
Kate: An sich hättest du »aber nein« sagen müssen.
Willie: Wie lange brauchen wir?
Kate: Ich würde sagen, drei Stunden.
Willie: Nein, das kann nicht stimmen. Weißt du, auf dieser Straße darf man so schnell fahren, wie man will.
Kate: Woher weißt du das?
Willie: Ich war schon mal hier.
Kate: Ja?
Willie: Sogar schon einige Male. Ich mag Italien.
Kate: Allein?
Willie: Was meinst du mit »allein«?

Kate: Das ist doch eindeutig. Warst du allein unterwegs?

Willie: Nein, ich war mit...

Kate: Sag mir's nicht.

Willie: Warum nicht? Manchen Dingen muß man eben ins Auge sehen.

Kate: Oh — Dinge — gleich Mehrzahl?

Willie: Ich hoffe, du vergleichst jetzt nicht mein erbärmliches Leben mit deinem.

Kate: Willie.

Willie: Was?

Kate: Wie wär's mit ein bißchen Wein und einem Sandwich?

Willie: Okay. Während der Fahrt?

Kate: Natürlich. Der Wein ist offen. Ich habe zwei Gläser geklaut.

Willie: Danke. Sehr nett. Was hast du zu bieten?

Kate: Huhn. Rindfleisch.

Willie: Huhn.

Kate: Schmeckt's?

Willie: Prima. Du bist schön.

Kate: Du auch.

Willie: Ich habe immer gedacht, ich sei kein besonderer Anblick. Ein Durchschnittstyp.

Kate: Nein, du bist attraktiv. Ganz unabhängig von meinen Gefühlen für dich. Du hast ein tolles Gesicht. Ich schau' es gern an.

Willie: Du bist eine Spinnerin — rutsch rüber. Nein. Zu mir rüber.

Kate: Ist das nicht himmlisch?

Willie: Ganz bestimmt. (Er schaltet das Radio an.)

Randbezirke einer Stadt — Modena. — Ich glaube, wir sind auf der falschen Straße.

Kate: Dann kehren wir eben um.

Willie: Nein — wir fahren noch ein bißchen weiter.

Kate: Ich glaube, du vertust deine Zeit. Komm, frag diesen Jungen.

Willie: Wie zum Teufel soll ich ihn denn etwas fragen?

Kate: Ich mache das.

(Wir halten an.)

Perdoni, scusi. — Modena? Usine Maserati?

(Der Junge zeigt in Richtung der Straße, von der wir kommen, und spricht italienisch.)

Kate: Grazie.

Willie: Hast du verstanden, was er gesagt hat?

Kate: Eigentlich nicht. Aber du mußt auf jeden Fall umkehren.

Willie: Überlaß das Fahren bitte mir, ja?

Ich kehre da um, wo ich ohne Gefahr wenden kann.

(Inzwischen habe ich den Stadtplan von Modena gefunden. Da das Fabrikgelände nicht mehr abgebildet ist, kann ich seinen Standort nur ungefähr ausmachen.)

Kate: Fahr auf die Via...

(Wir fahren in eine verkehrsreiche Stadt hinein, sehen einen Polizisten.)

Kate: Halt an, ein Polizist!

Willie: Was hilft es, wenn wir anhalten und du doch nicht verstehst, was er sagt?

Kate: Wir werden genug verstehen.

Willie: Du vielleicht. Aber ich verstehe nicht ein einziges Wort.

Kate: Komm, halt einfach an. Warum willst du nicht? Wir haben doch nichts zu verlieren.

Willie: Nichts außer meinem Verstand.

Kate: Stopp! Werd nicht hysterisch, mein Sohn.

(Wir halten neben dem Polizisten an. Wir befinden uns auf einem kleinen Platz, auf dem ein grauenhafter Verkehr herrscht.)

Kate: Scusi, Usine Maserati?

(Ich gebe ihm den Stadtplan.)

Polizist: Si, Signora, dritto, e al primo semaforo, girate a destra — Via Marghetta. E poi dritto al ponte e di nuovo a destra. La fabbrica è alla destra. Avete capito.

Kate: Si, grazie tante. — Fahr weiter...

Willie (Zum Polizisten): Danke. — Merci.

Polizist: Niente, Signore.

(Sie fahren weiter.)

Willie: Was hat er gesagt?

Kate: Fahr einfach geradeaus...

Willie: Was hat er gesagt?

Kate: Nach der nächsten Ampel rechts — Via Marghetta...

Willie: Sag mir, wenn es soweit ist. — Ich kann ja nicht alles machen.

Kate: Rechts ab.

Willie: Bist du sicher?

Kate: Rechts ab. — Schau mal, die Kirche da. Hinreißend...

(Er sieht sie lange an.)

Mein Gott, was für großartige Künstler diese Italiener doch sind.

(Willie schaut hin.)

Da ist jetzt die Brücke, nach rechts. — Schau, Willie. Hinter dem Tor ist es. Wie heißt der Mann?

Willie: Signorelli.

(Sie fahren durch das Tor.)

Drei Uhr — ganz gut.

Kate: In dem kleinen Büro da ist ein Mann.

(Wir fahren durch ein Tor, dann durch ein zweites Tor. Es wirkt irgendwie verlassen. Schließlich gelangen wir in eine Art Innenhof, der auf beiden Seiten von Gebäuden umsäumt ist. Ein Pförtnerhäuschen steht auch da. Ich steige aus dem Auto und gehe hinein. Willie bleibt im Wagen. In dem winzigen Raum stehen ein Schreibtisch und mehrere Telefone. Da alles aus Glas ist, kann Willie uns sehen und wir ihn. Er steigt aus dem Fiat aus und nimmt seine Aktentasche mit den Unterlagen für den Wagen mit.)

Kate: Il Signor Signorelli per il Signor William Rose — un nuovo Maserati —

Pförtner: Si, Signora Rose. — Un momento.

Kate: No — il non la Signora. Oh, non è importante. Comprende?

(Der Pförtner beginnt herumzutelefonieren.)

Pförtner: Momento.

(Willie kommt mit den Papieren in das Häuschen.)

Pförtner: Signor — momento.

(Er geht hinaus.)

Kate: Ob hier wohl irgendwo eine Toilette ist?

Willie: Direkt hier ist bestimmt keine.

Kate: Mußt du nicht...

Willie: Nein.

Kate: Du bist mir ein schöner Reisebegleiter.

Willie: Ich habe halt keine schwache Blase.

Kate: Bei vier Stunden und einer Flasche Wein kann man wohl kaum von einer schwachen Blase sprechen.

Willie: Wir fragen Herrn Signorelli, wenn er kommt.

Kate: Laß nur. Ich löse meine Probleme selbst. Vergiß es einfach.

Willie: Ist es sehr dringend?

Kate: Nein, eigentlich nicht. War nur so eine Idee.

(Der Pförtner kommt mit einem Signor Retto zurück.)

Signor Retto: Signora. — Signor Rose...

(Wir reichen uns die Hände.)

Signor Signorelli telefoniert gerade. Wenn Sie bitte mit mir kommen. Wir werden uns erst Ihren Wagen anschauen, dann können wir uns um die Papiere kümmern. Der Testfahrer kann Ihnen zeigen, wie man mit dem Wagen umgeht. Wäre Madame so freundlich, so lange zu warten? Sie werden doch nicht naß?

Kate: Nein, nein — es regnet ja nur ganz leicht.

Willie: Alles in Ordnung, Schatz?

(Ich folge den beiden über den Hof in das Fabrikgebäude. Es ist ungefähr so groß wie eine schmale, aber lange Tonbühne.)

Signor Retto: Hier ist Ihr Wagen, Signore.

(Da steht er nun — ein umwerfender Anblick. Schon die Farbe: exakt wie von einem Château Lafite Rothschild, einem Rotwein, den er sehr gern trinkt.

Dies ist sein — der Kauf seines Lebens, der letzte Wink aus der Kindheit. Seine Farbe, er gehört ihm, gekauft mit *seinem* Geld, das er selbst verdient hat.

Sein Wagen. — Ein großer Augenblick in Willies Leben.)

Willie: Diese Räder habe ich nicht bestellt — ich habe Sportfelgen bestellt...

(Wir stehen da, der Testfahrer und der Mann, der uns herumgeführt hat, und Willie und ich und die Arbeiter, die uns zusehen. Dazu etliche Arbeiter an der Fertigungsstraße, die wissen wollen, was die Amerikaner wohl zu ihrem neuen Wagen sagen. Willie ist befangen und will nicht überschwenglich reagieren, deshalb äußert er Kritik. Wir öffnen den Kofferraum. Ich setze mich in den Wagen.)

Willie: Was ist nun mit den Rädern? Sie wirken so klotzig. Wie lange würde es dauern, sie auszutauschen?

Kate: Ich glaube...

(Willie wirft mir einen Blick zu. Der Testfahrer gestikuliert wild herum: Bloß nicht die Räder austauschen, Signore.)

Testfahrer: Va bene — è meglior.

Kate: Willie — er versucht, dir zu sagen... Der Mann meint, daß die Fahrsicherheit mit diesen Rädern größer ist. Probier sie doch mal aus. Wenn sie dir nicht zusagen, können sie dir immer noch die Sportfelgen nachschicken.

Ich saß während dieser ganzen Zeit im Wagen und stieß einen Bewunderungsruf nach dem anderen aus.

Als wir die eine Fertigungsstraße hinunter- und die andere hinaufgingen, sahen wir etliche andere Wagen. — Willie beschloß, die Reifen zu behalten.

Mittlerweile dämmerte es einigen Arbeitern, daß ich die sein könnte, die ich tatsächlich war — und ich versuchte, die freundliche Dame zu mimen: Ich sei sehr angetan von dem Wagen. — Ob ich ihnen erlaube, ein Foto zu machen? — Das sei nicht mein, sondern sein Wagen. Und außerdem mag ich nicht... — Gut, gut, Signora...

Wir verließen das Fabrikgebäude und gingen ins Büro hinauf. Signorelli hatte sein Gespräch beendet. Inzwischen wußten alle, wer ich war, und kamen vorbei, um einen Blick durch die Türe zu werfen — vor allem die Frauen. Eine von ihnen war sehr nett. Ich deutete an, daß ich »meine Hände waschen« wolle. Sie führte mich durch die Halle zur Toilette. Dieser Willie — jetzt, wo ich ihm sagen kann, wo sie ist, wird er auch auf die Toilette gehen. Aber er ist so stur, daß er nie danach gefragt hätte.

Ich unterhielt mich auf italienisch und gab zahllose Autogramme. Willie unternahm inzwischen eine Probefahrt. Schließlich waren die Papiere fertig. Wir entluden den Fiat und packten alles in den Maserati, und da es ziemlich schnell dunkel wurde, machten wir uns auf den Weg nach Florenz. Ich hatte die Karte und eine Lupe und eine helle Taschenlampe bei mir.

Kate: Er hat gesagt, wir sollen links abbiegen.

Willie: Rechts — links... Scheibenwischer — wollen mal sehen...
Blinker — Scheinwerfer — Bremse lösen. Die sitzt ziemlich straff...

Kate: Meinst du, es ist schwer, damit zu fahren?

Willie: Nein — sie sitzt nur straff... Wohin jetzt?

Kate: Geradeaus — einfach geradeaus. Er hat gesagt, wir könnten sie gar nicht übersehen. Gefällt er dir?

Willie: Die Farbe ist doch wirklich schön, findest du nicht?

Kate: Ja, wunderschön...

Willie: Dieses Weinrot...

Kate: Ja...

Willie: Aber durch die Räder wirkt er so wuchtig.

Kate: Mir gefallen sie.

Willie: Wirklich?

Kate: Ja — wegen der Bodenhaftung.

Willie: Ich fand, daß er mit den Sportfelgen leichter wirkt — nicht so auffällig.

Kate: Es hat wohl wenig Sinn, mit einem Wagen wie diesem nicht auffallen zu wollen.

Willie: Willst du damit sagen, er sei protzig...

Kate: Nein, das eigentlich nicht.

Willie: Eigentlich nicht — das heißt: eigentlich schon.

Kate: Willie — ich finde ihn wirklich traumhaft, und ich — ich überlege mir, ob ich mir nicht selbst einen zulege. Er ist so bequem, so...

Willie: Ist das die Autobahn?

Kate: Ja — bieg ab — okay. Und jetzt bis Florenz durchfahren.

Willie: Du könntest damit nicht fahren. Er ist ein ziemlich schweres Fahrzeug. Die Schaltung, die Pedale. Das ist ein Männerauto...

Kate: Und du bist ein Mann, Willie.

Willie: Er gefällt dir also wirklich?

Kate: Er und du.

Willie: Weißt du, als ich ihn bestellt habe, hatte ich ein unglaublich... Hm, wie soll ich sagen — ich hatte immer geglaubt, es wäre herrlich, einen... Ich habe mir immer vorgestellt, wie ich hinter dem Lenkrad sitze. — Verstehst du, was ich sagen will?

Kate: Ich glaube schon, Willie.

Willie: Du hältst mich für einen Dummkopf, stimmt's?

Kate: Ich finde dich wunderbar. Du gefällst mir. Schon der Anblick, wie du so hinter diesem Lenkrad sitzt...

Willie: Freust du dich, daß du mit mir mitgefahren bist?

Kate: Auf jeden Fall.

Willie: Wie weit ist es noch?

Kate: Also, wenn wir nach Florenz fahren, was ich für günstiger halte als Montecatini... Fahren wir nach Florenz, von da aus ist es leicht.

Willie: Du bist der Chef.

Kate: Himmel, was für eine schreckliche Nacht. Ich habe noch nie einen solchen Regen erlebt. Stört er dich nicht?

Willie: Eigentlich nicht...

Kate: Du nimmst es ganz schön gelassen.

Willie: Gib mir deine Hand.

Kate: Das macht doch richtig Spaß, nicht, Willie?

Willie: Ich versteh' nichts von Spaß. — Es ist interessant.

Kate: Du mußt richtig eintauchen. Tauch ein. — Was hast du schon zu verlieren.

Willie: Ich kann nicht schwimmen.

Kate: Ich werde dich retten.

Willie: Das bezweifle ich.

Kate: Du wirst mich retten.

Willie: Das ist wahrscheinlicher.

Kate: Ich gebe zu, daß das wahrscheinlicher ist, vor allem dann, wenn du dich an die Arbeit machst und ein Drehbuch für mich schreibst.

Willie: Bist du deshalb mitgekommen?

Kate: Wohl kaum. Ich konnte dich einfach nicht vergessen.

Willie: Hast du es versucht?

Kate: Du hast mich durchschaut, Willie. Bis hinab in die verruchten Abgründe meiner Seele.

Willie: Hast du eine Seele?

Kate: Herrschaft — du verschließt gerade die Tür vor mir, nicht wahr?

Willie: Ich sitze nicht gern im Zug. Ich erkälte mich zu leicht.

Kate: Danke.

Willie: Wie geht's weiter?

Kate: Wie meinst du das?

Willie: Welches Hotel in Florenz?

Kate: Meiner Erinnerung nach sind an diesem Platz — am Fluß — zwei. — Eines ist ziemlich ruhig.

Willie: Wie heißt es?

Kate: Wenn wir dort sind, finde ich es wieder.

Willie: Du kannst dich offenbar nie an etwas erinnern.

Kate: An dich erinnere ich mich...

Willie: Das erstaunt mich...

(Er fährt an den Straßenrand.)

Ich habe dich mit all meiner Kraft geliebt. Damals war ich noch fast ein Niemand. Aber ich liebte dich. — Schmerzlich.

Kate: Vielleicht zu schmerzlich.

Willie: Sei nicht gefühllos.

Kate: Ich bin nicht gefühllos, Willie. Ich bin doch hier. Ich bin enttäuscht worden, oder nicht?

Willie: Hör zu, Schatz, jeder ist enttäuscht. Aber das läßt sich in einem guten Drehbuch ändern.

Kate: Okay. — Ich weiß, was du meinst. Es ist wahr. Aber eben nur immer für Momente. Ich möchte mehr Sicherheit.

(Willie läßt den Motor an und fährt weiter.)

Willie: Vorübergehend ist die Linderung nur, wenn der Schmerz anhält. — Setz die Medizin ab und konsultiere deinen Arzt.

(Sie fahren schweigend weiter.)

Kate: Der Schmerz hält an.

Willie: Ich bin kein Arzt.

Kate: Du bist mein Arzt.

Willie: Ich frage mich... Ich frage mich, ob...

Kate: Da ist ein Hinweisschild. Florenz.

(Er sieht sie an: Ist es ihr so ganz egal, wie sein Satz zu Ende geht?)

Willie: Wo muß ich abbiegen?

Kate: Ich sag's dir schon. — Du wolltest sagen...

Willie: Ich weiß nicht mehr, was ich sagen wollte. — Offenbar hat es dich auch nicht im mindesten interessiert, sonst hättest du mich nicht unterbrochen.

Kate: Meine Güte, Liebling, ich habe dich nicht unterbrochen. — Das Schild...

Willie: Das Schild — was zum Teufel geht mich dieses Schild an!

Kate: Aber es war der Wegweiser nach Florenz. Dort werden wir doch übernachten.

Willie: Wer sagt das?

Kate: Aber Willie, wir haben doch beschlossen...

Willie: Was meinst du mit: wir? Du — du hast es — wie üblich — beschlossen...

Kate: Aber wir können doch nicht die ganze Nacht im Regen herumfahren.

Willie: Warum nicht? Wir sprachen doch gerade über uns. Und wie es weitergehen soll. Das stimmt doch, oder?

Kate: Ja, schon, aber...

Willie: Gut, dann sag mir einfach, was wir tun sollen. Diese ganzen Bubies, mit denen du herumgezogen bist, die werden sicher froh gewesen sein, wenn du ihnen genau gesagt hast, wo's langgeht.

Kate: Fahr rechts ab.

(Sie biegen rechts ab und fahren schweigend ins Zentrum von Florenz. Sie hat den Stadtplan — und ihre Taschenlampe und ihre Lupe.)

Willie: Wäre es nicht einfacher, wenn du eine Brille tragen würdest. Ich meine leichter, als mit so vielen... Ich weiß schon, daß du gut siehst, aber...

Kate: Nein, mich stören diese ganzen Utensilien nicht — und mit einer normalen Brille könnte ich diesen Plan sowieso nicht lesen.

Willie: Woher willst du das wissen?

Kate: Ich hab's versucht.

Willie: Ach, dann hast du ja eine Brille?

Kate: Ja — ich hab' eine. Ich setze sie nur nicht auf.

Willie: Vielleicht sind die Gläser zu schwach? Versuch's mal mit meiner...

Kate: Nein, es geht schon. — Danke... Bieg jetzt nach links ab...

Willie: Weißt du, wo wir hinfahren?

Kate: Ja, am Fluß entlang, bis wir auf eine Art Platz stoßen, dort sind dann zwei... Wir sind da, fahr rüber. — Da sind zwei Hotels... Das ist es — das Grand.

Willie: Sieht so aus, als würde es gerade renoviert werden.

Kate: Es ist das beste — und zur Flußseite hinaus werden wir auch nichts davon mitbekommen. — Außerdem ist es nur für eine Nacht.

(Wir fahren auf die andere Seite, wo einige Wagen parken, halten an. Der Page kommt sofort her, öffnet die Tür.)

Willie: Wo können wir den Wagen über Nacht lassen?

Page: Garage?

Willie: Ja — können Sie damit fahren?

Page: Signor! Er ist wunderschön!

Willie: Danke.

Kate: Nehmen Sie bitte das ganze Gepäck aus dem Kofferraum.

Page: Si, Signora.

(Der Page öffnet den Kofferraum, holt alles Gepäck heraus. Da kommt ein weiterer Page, trägt es hinein. Die Empfangshalle ist klein. Ich gehe zur Rezeption.)

Kate: Haben Sie zwei Zimmer mit Bad?

Empfangschef: Ah, Signora, wir sind sehr stolz darauf, Sie hier empfangen zu dürfen...

Kate: Vielen Dank.

Empfangschef: Sollen die Zimmer unmittelbar nebeneinander liegen?

Willie: Nein.

(Sie wirft ihm einen flüchtigen Blick zu.)

Kate: Nein — aber auch nicht zu weit auseinander. Und bitte schöne Zimmer.

(Stille Blicke von den Leuten an der Rezeption.)

Empfangschef: Die Pässe?

(Willie und Kate geben ihm die Pässe.)

Danke.

(Der Empfangschef nimmt ein dickes Bündel mit Schlüsseln. Sie betreten einen Aufzug, fahren hoch, halten an. Dann führt der Weg durch zwei lange Korridore. Sie betreten das erste Zimmer. — Es ist winzig.)

Kate: Das ist zu klein.

Empfangschef: Sie sind alle klein. — Vielleicht ein Doppelzimmer?

Kate: Ja, dann lieber Doppelzimmer. Zwei Doppelzimmer.

Empfangschef: Dann muß ich andere Schlüssel holen. Pardonne...

(Willie und Kate setzen sich im Gang auf eine Bank.)

Willie: Ich würde gern wissen, was die sich denken, wenn sie in den Pässen unser Alter sehen. (Lacht.) Darf ich etwas Böses sagen?

Kate: Warum nicht...

Willie: Wie wär's mit: Die Töchter der amerikanischen Revolution und die amerikanischen Pfadfinder waren schon immer zwei der angesehensten Institutionen in Amerika.

Kate: Wie kannst du nur, Willie? O Gott — wie schrecklich! Aber du bist irgendwie lustig. Ich frage mich, was die sich wohl denken...

Empfangschef: Signor, Signora...

(Er öffnet die nächste Tür.)

Kate: Ja, das ist viel besser — sehr schön.

Willie: Und jetzt noch eins für mich.

Empfangschef: Sie sind nicht miteinander verbunden, aber sie liegen nebeneinander.

Willie: Vielen Dank — ich gehe gleich hinein und mache mich ein wenig frisch.

(Nach wenigen Minuten kommt Willie in Kates Zimmer.)

Klopf! Klopf! Bei dir alles in Ordnung?

Kate: Komm herein. Ja, alles in Ordnung. Schau, hier ist ein Kühlschrank — mit Champagner.

Willie: Gib ihn mir.

Kate: Du mußt ja halbtot sein — bei dem Regen und in dem neuen Wagen...

Willie: Fast, ja.

Kate: Aber du bist sicher auch sehr zufrieden.

Willie: Ja, sehr.

Kate: Er ist so bequem, so außergewöhnlich.

Willie: Prost!

Kate: Prost!

Willie: Wir kommen ziemlich gut miteinander aus — keine Streitereien. Ich bin sehr glücklich. — Du auch?

Kate: Ja, ich bin sehr glücklich.

Willie: Wollen wir unten essen?

Kate: Ja, ich glaube, da ist das Essen besser.

(Wir gehen zum Essen hinunter und bekommen einen Tisch in einer Art Nische. Alles ist sehr hübsch. Danach gehen wir am Arno spazieren. Als wir wieder im Hotel sind, stehen wir vor meiner Tür.)

Willie: Gute Nacht, Schatz.

Kate (Ruft hinter ihm her): Soll ich dir deine Socken und deine Unterhose auswaschen?

Willie: Machst du Witze?

Das Zimmer war schön und hatte ein hübsches Bad. Ich wusch mir das Gesicht, packte meine Andenken aus: Spence — Mutter — Dad. Ich schaute sie lange an. Meine Leute. Zu denen ich gehörte. Und die zu mir gehörten. — Ich fragte mich, was ich hier überhaupt zu suchen hatte. Was wollte ich? Was wollte er? Wahrscheinlich waren wir beide vollkommen verzweifelt, weil wir nirgendwohin gehörten, immer allein waren und niemanden hatten, der sich um einen kümmerte.

Ich war noch besser dran als er. Ich hatte wenigstens den Schutz sehr, sehr guter Freunde. Er hatte eine Tochter, die er — wie jeden — auf Distanz hielt — aus Angst, verletzt zu werden.

In diesem Mann steckte ein unglaublicher Stolz. Er war irgendwann zutiefst verletzt worden. Aber wann? Als Schriftsteller hatte er immer viel Anerkennung erhalten. Schon vor *Die feurige Isabella.* Aber vielleicht nicht soviel, wie er verdient zu haben glaubte? Oder handelte es sich um übertriebene Eifersucht?

Auf jeden Fall wachte er eifersüchtig über seiner Arbeit — als sei er ein Neuling. Als ich den Namen »Joey« bekrittelte! Was war das für ein Auftritt!

Mehr Hochachtung als ich ihm entgegenbrachte, konnte man einem Mann nicht zuteil werden lassen. Wenn einer die Bezeichnung »Schriftsteller« verdiente, dann war das meiner Ansicht nach er. Keine Mätzchen. Nichts Billiges. Eine große, herausragende Begabung. Aber aus irgendeinem unbedeutenden Grund gefiel mir der Name Joey nicht. Wie sehr mußte einer von seiner Unsicherheit beherrscht sein, wenn er befürchtete, dahinter könne mehr stecken? Ich meinte genau, was ich sagte — mir gefiel der Name nicht. Natürlich war der Schaden durch dieses »Wir-werden-uns-etwas-einfallen-Lassen« entstanden — aber du meine Güte!

Ich fühlte mich wie eine Maus neben einem Riesen. — Aber fühlte sich dieser Riese in seinem Innersten nicht auch wie eine Maus? Er ist ganz einfach bemerkenswert. Und es ist ein Unglück, daß er daraus überhaupt keine Freude zieht — oder Selbstvertrauen. Was ist der Grund dafür?

Ich glaube nicht, daß jemand, der auch nur ein bißchen Feingefühl besitzt, immer mit dem Gefühl unterwegs ist, ganz groß zu sein. Aber bei ihm fragt man sich, was man sagen soll. Er ist der einzige Autor im Filmgeschäft, über den ich noch nie etwas Negatives gehört habe — überhaupt nichts. — Er wird ausnahmslos bewundert. Und für eine Frau, die dazu erzogen wurde, alles zu tun, damit sich andere Menschen — Kinder, Eltern, das Publikum, ganz zu schweigen vom anderen Geschlecht — wohl fühlen, ist die Begegnung mit einem Mann wie Willie eine große Herausforderung.

Wenn ich er wäre und genauso gut schreiben könnte wie er, käme ich mir vor wie ein kleiner Gott. Vermutlich fragt er sich immer wieder, ob ihm etwas Ähnliches noch einmal gelingen wird. Aber diese Frage stellt sich jeder, sei er nun ein Chirurg oder ein Musiker, und Alan J. Lerner, auch ein großer Fan von Willie, sprach von nichts anderem. Ich glaube, das Schriftstellerdasein ist qualvoll. Und da man immer älter und besser, aber auch genauer wird, wird es immer schwieriger.

Ich wünschte mir, ich könnte ihm ein wenig Auftrieb geben. — Aber das einzige, was ihm wirklich Auftrieb geben könnte, wäre ein Mensch, der ganz für ihn da ist und nur ihn liebt, damit er einen Rückhalt hat, der ihm Geborgenheit vermittelt. Und dann könnte er eines Tages wieder loslegen. Eigentlich kann er sich ja glücklich schätzen, daß sein Problem so und nicht anders aussieht, denn den meisten Menschen gelingt nie etwas ganz.

Ich habe herrlich geschlafen, obwohl der Wasserfall vor meinem Fenster einen fürchterlichen Lärm machte. Wir hatten vereinbart, gegen neun Uhr aufzubrechen. Ich sollte ihn anrufen oder umgekehrt. Ich bestellte ein großes Frühstück und studierte meine Straßenkarten. Das Telefon läutete:

Kate: Ja?... Hallo, Willie... Großartig... Prima... Hast du?... Neun Uhr, jawoll... Ich lasse die Tür offen... Soll ich schon mal das Auto holen lassen?... Gut.

Ich zog mich an, hinterlegte für das Zimmermädchen ein Trinkgeld, packte meine Sachen, öffnete meine Tür und stellte meine Taschen auf den Gang. Willie kam. Wir läuteten nach einem Pagen. Zahlten. — Er zahlte. Der Page verstaute das Gepäck im Wagen. Ich ging zu ihm und sagte:

Kate: Nein — diese Tasche kommt dahin und die da dorthin. Die hier bringen Sie dann da unter und...

(Willie und der Page wirken etwas verdutzt. Wir steigen in den Wagen.)

Willie: Wie müssen wir fahren?

Kate: Wir fahren genau den Weg, den wir gestern abend zu Fuß gegangen sind. Geradeaus, dann nach links und dann — wenn ich es dir sage — wieder nach links. Ich würde noch gern beim Baptisterium vorbeifahren und mir die Türen von Ghiberti anschauen. Die sind so herrlich und liegen außerdem direkt auf unserem Weg...

Willie: Oh.

Kate: Vielleicht können wir den Wagen abstellen und einen Rundgang machen.

Willie: Nein.

Kate: Gut, wir können auch einfach drum herumfahren.

Willie: Jetzt hör mal zu. Wir müssen diesen Wagen einschiffen. Er muß am Freitag in St. Malo sein. Es war verdammt schwer, das Ticket zu bekommen. Und mit einem andern Schiff geht es nicht. So sieht's aus, und wir haben einen weiten Weg vor uns.

Kate: Gut. Aber Willie, wir sind doch erst den zweiten Tag da. Heute ist Dienstag. Und so weit ist es doch gar nicht. Es sind nur einige hundert Kilometer.

Willie: Es sind genau tausendfünfhundert Kilometer, und das ist weit — wenigstens für mich. Schließlich fahre ich.

Kate: Okay, okay. Auf jeden Fall müssen wir diese Straße...

(Er wirft ihr einen Blick zu.)

Wir müssen wirklich so fahren. Die, die wir letzte Nacht am Fluß entlanggegangen sind, ist eine Einbahnstraße.

(Wir verabschieden uns von dem Pagen, dem Willie ein überreichliches Trinkgeld gibt, und fahren los. Die Straßen sind dicht befahren.)

Kate: Hier links.

Willie: Das ist eine Einbahnstraße.

Kate: O Gott. — Schön, dann geradeaus und die nächste links.

Willie: Es wäre recht hilfreich, wenn ich einen Lotsen hätte, der sehen kann. Du schaust ständig in diese Karten. Ich glaube, du weißt nicht einmal, in welchem Land du dich befindest. Und dann schickst du mich auch noch in falscher Richtung in eine Einbahnstraße.

Kate: Auf der Karte sieht man — ich meine, erkennt man nicht, in welche Fahrtrichtung die Straßen gesperrt sind. — Hier links. — Das ist richtig.

Willie: Kommen wir so dahin, wo du hin möchtest? Ich meine, damit du dir das anschauen kannst, was du dir anschauen willst?

Kate: Ich hoffe doch. Du bist lieb.

Willie: Es ist nur — du weißt ja, der Stadtverkehr.

Kate: Himmel, ja, ich weiß. Ich wäre ja ein Nervenbündel... Jetzt die rechte Abzweigung.

Willie: Ich bin gespannt, ob es wieder zu regnen beginnt.

Kate: Es sieht ganz danach aus...

(Wir erreichen den Platz.)

Fahr jetzt ganz langsam drum herum, vielleicht können wir ja kurz anhalten. Das ist das Baptisterium.

(Ich lese vor.)

Willie: Warum siehst du es dir nicht an? Du kannst ja hinterher etwas darüber lesen.

Kate: Das da sind die Türen.

Willie: Ich kann mich jetzt nicht umdrehen.

Kate: Das hier ist die Kirche. Fahr mal kurz da rein.

(Wir fahren auf einen Parkplatz und werden auf italienisch beschimpft.)

Willie: Halt — der ist reserviert. Für Busse oder so.

(Wir fahren wieder weg.)

Kate: Fahr noch mal genauso langsam um den Platz.

(Ich lese wieder vor.)

Willie: Du mußt nicht vorlesen. Ich habe das alles selbst schon gelesen. Gebaut ...

Kate: Donnerwetter — wie zum Teufel schaffst du das, und was mich noch viel mehr verblüfft, wie kannst du dir so was dann auch noch merken?

Willie: Ich konzentriere mich.

Kate: Getroffen.

Willie: Das kann man ja von dir nicht behaupten, oder?

Kate: Ich weiß nicht, Willie. Nach rechts jetzt. Ich werde wohl immer aufgeregt oder so was Ähnliches, und plötzlich ist alles aus meinem Kopf verschwunden. Ich behalte eher Eindrücke von Farben und Formen und Standorten. Ich finde überall wieder hin.

Willie: Das habe ich gemerkt.

Kate: Ach du. Aber das war doch interessant, oder?

Willie: Ja, umwerfend. Bist du sicher, daß wir auf der richtigen Straße sind?

Wir kamen ziemlich problemlos aus Florenz heraus und fuhren auf die Autobahn Richtung Pisa. Wir fuhren an Montecatini, dann an dem bezaubernden Lucca vorbei, doch wir sahen nichts davon, weil wir auf der Autobahn waren. Dann erreichten wir die Küste. Ich fand, wir sollten uns wenigstens Pisa anschauen, das nur wenige Kilometer südlich von unserer Küstenroute lag. Pisa ist wirklich besonders malerisch. — Es genügte ja, wenn wir uns nur ein wenig umsahen, wir konnten danach immer noch nach Norden weiterfahren.

Es begann ziemlich bald zu regnen, dann zu gießen. Da die Lkws in langen Kolonnen hintereinander fuhren, war es fast nicht möglich, sie zu überholen.

Willie: Bist du dir sicher, daß wir auf der richtigen Straße sind?

Kate: Ja — es gibt keine andere.

Willie: Ich kann nicht überholen. Das wäre zu gefährlich.

Kate: Tut mir leid. Ich sehe schon, wir hätten von Modena aus doch besser nach Norden fahren sollen.

Willie: Aber wie hätten wir das wissen können.

Kate: Ich bin schon mal auf dieser Straße gefahren. Es war genau die gleiche. Jetzt erinnere ich mich wieder.

Willie: Ach. — Mit wem denn?

Kate: Du liebe Güte — mit wem? Das weiß ich nicht mehr. (Sie fahren schweigend weiter.) Hat das Haus da drüben nicht eine herrliche Farbe?

Willie: Ja — herrlich. Willst du mir etwa erzählen, daß du nicht mehr weißt, wer bei dir war, als du das letzte Mal auf dieser Straße gefahren bist?

Kate: Na ja, ich vermute, es waren Mutter und Dad.

Willie: Ich kann es einfach nicht fassen, daß du zu mir gerade das gesagt hast, was du gerade zu mir gesagt hast.

Kate: Was zum Teufel ist denn falsch daran, wenn ich mit Mutter und Dad verreise?

Willie: Ich glaube, du schiebst deine Eltern nur vor. Du weißt haargenau, mit wem du unterwegs warst.

Kate: Willie — du täuschst dich.

Willie: Das glaubst du doch selbst nicht.

So fuhren wir dahin, erlebten Höhen und Tiefen. An Genua vorbei und dann die Südküste Frankreichs entlang — mit all ihren wunderbaren Flecken.

Unsere Unterhaltung war phasenweise nicht mehr so erfreulich wie am Anfang. Er war müde, und, wenn ich ehrlich bin, ich auch.

Wir erreichten unser letztes Etappenziel vor dem Fährschiff.

Kate: Sieht so aus, als könnte man hier gut essen.

Willie: Hör zu, ich bin völlig kaputt. Ich möchte nicht zu Abend essen. Ich möchte nur noch...

Kate: Was möchtest du nur noch?

Willie: Ich glaube nicht, daß du das wirklich wissen willst.

Kate: Doch, das will ich schon.

Willie: Hältst du das für klug? Dir könnte eines Tages ja einer die Wahrheit sagen.

Kate: Ich habe nichts dagegen.

Willie: Bist du sicher?

Kate: Ziemlich.

Willie: Als ich sagte, ich wolle nicht zu Abend essen, meinte ich das auch. Ich möchte nicht zu Abend essen. Ich will auf mein Zimmer — allein — und einfach nur meine Ruhe haben.

Kate: Aber dagegen ist doch nichts einzuwenden. Ich möchte genau das gleiche tun.

Willie: Ja?

Kate: Ja.

Willie: Gut. Tu, was dir gefällt. Laß dich nicht von mir aufhalten. Das kannst du ja besonders gut — tun, was dir gefällt.

Kate: Mein Gott, Willie, was bist du für ein...

Willie: Laß mich bitte einfach in Ruhe, geht das? Ich stelle jetzt hier den Wagen ab, und ich bin... Welche Gepäckstücke brauchst du?

Er parkte den Wagen, gab mir mein Gepäck und ging in das kleine Hotel, wo er Zimmer reserviert hatte. Ich wartete ein Weilchen, dann ging ich in mein Zimmer hoch.

Ach, das Leben, das Leben. Was nun? Hatte ich mit dieser Reise den richtigen Weg eingeschlagen? Komm, bestell dir was zu essen. Was für ein Schwein.

Erst nahm ich ein köstliches Essen zu mir, dann schlief ich himmlisch.

Klopf! Klopf! — Verdammt!

Ich öffnete die Tür.

Willie: Hallo, Schatz. Du siehst hübsch aus. Fertig zur Abreise?

Kate: Wie geht es den amerikanischen Pfadfindern denn heute morgen?

Das Korn ist grün

D as hätten wir hinter uns. Die Sache ist praktisch gelaufen. Jetzt sind sie wohl gerade am Schneiden. Und da ich an der Ostküste sitze und sie an der Westküste, werde ich zweifelsohne nur wenig Einfluß darauf nehmen können.

Ich bin wieder in Fenwick. Von meinem Bett aus kann ich über eine Sumpfgraswiese hinweg beobachten, wie die Sonne zwischen dem inneren und dem äußeren Leuchtturm aufgeht. Vögel kreisen am Himmel. Eine Silberreiher-Familie. Schwäne ziehen schreiend vorüber. Vereinzelt sind sogar Fischadler zu sehen. Ich stelle fest, daß sich der Weg der Sonne jetzt, wo der Winter naht, langsam nach Süden verlagert. Dieses Jahr konnte ich den Sonnenverlauf nicht beobachten, weil ich mich in London abgerackert habe. Aber ihr Aufstieg beginnt bereits südlich des inneren Leuchtturms. Die Zeit vergeht. Ja. Vergeude sie nicht.

Ich bin, wie ich bereits sagte, zurück. Meine Geschwister haben sich alle Fotos angeschaut. Dick kennt das Stück *Das Korn ist grün*. Die anderen haben noch nie davon gehört, aber sie geben sich Mühe. Auf den Fotos sieht man mich in meinen Kostümen aus der Zeit um 1890. Ich war richtig fein herausgeputzt, und ich fand, daß ich etwas dick darin wirkte. Und älter als ich dachte. Nun ja. Das kommt davon, wenn man sechs Maiskolben ißt. Nachdem wir von der Route 95 abgefahren waren, hatten wir uns bei der Farm der Viggiano damit eingedeckt. Mrs. Viggiano meinte: »Hier kriegen Sie wenigstens noch richtiges Korn.«

Mein Neffe Tor aß auch sechs Maiskolben. Dazu eine große Portion Mokkaeis und ein Riesenstück von Virginias Zucchinikuchen. Allein der Guß ist eine Wonne. Der Empfang war sehr freundlich. Dick hatte einen üppigen Schinken zubereitet und einen Makkaroni-Käse-Auflauf. Dazu servierte er einen Salat aus geschälten Karotten, Gartentomaten, knackigem Romana, Kopfsalat und frisch gehackter Petersilie. Jeder konnte sich bedienen. Ich machte das French Dressing, Dick seine eigene Soße aus Mayonnaise und Knoblauch.

Als wir bereits bei der Nachspeise waren, kamen Marion und El (Schwester und Schwager) mit ihrem Enkel Jason vorbei. Ob sie zum Essen eingeladen worden waren? Hätten wir auf sie warten sollen?

*Phyllis hilft mir bei den Dreharbeiten zu »Das Korn ist grün«
beim Ankleiden*

Aber es war ja immer noch genug übrig, und sie rückten ihre Stühle heran und aßen. Wir sind nun komplett. Meine Familie. Dick und sein Sohn Tor. Bob mit seiner Frau Sue. Marion mit ihrem Mann El. Peg mit ihrem Mann Tom. Die ganze Bande. Wir unterhielten uns über mich und schauten uns Fotos an.

»Du siehst großartig aus, Kathy.«

»Und was ist das? ...Ach, der Junge. Was ist das für ein Junge? ...Ach ja, natürlich.«

»Und das Mädchen. Welche Rolle spielte sie?«

Sie gaben sich Mühe, aber sie kannten sich in dem Metier überhaupt nicht aus. Daher dauerte es nicht lange, bis wir uns nicht mehr über mich und Wales unterhielten, sondern...

»Ich muß dir erzählen, was gleich nach deiner Abreise passiert ist.«

Aber sie freuten sich, mich zu sehen. Und ich freute mich, sie zu sehen. Ich ging Schwimmen und brannte mich an einer Qualle. Ich war wieder zu Hause.

»Hat denn noch niemand diese zerbrochene Fensterscheibe ausgewechselt? Lieber Himmel! Und wo ist der Bremspflock, der am Boden war? Die Tür knallt ja gegen den Tisch. Also, ich gehe jetzt ins Haushaltswarengeschäft, kaufe dort eine Glasscheibe und einen Pflock und repariere die Sachen.«

Im Haushaltswarenladen:

»Hallo, Kathy. Du bist zurück?«

»Ja. Eine Fensterscheibe 36 mal 20. Dünn.«

»Nein. Dieser Kitt ist besser. Da hast du dir ja ganz schön was vorgenommen, Kathy. Sei vorsichtig, wenn du das Glas herausnimmst. Es splittert.«

Er hatte recht. Es war eine fürchterliche Arbeit. Und ich brauchte drei Stunden dafür. Wer sagt da, daß Glaser überbezahlt sind? Und was sollte ich mit dieser Gittertür machen, die einfach nicht zublieb?

Ach, ich wollte Ihnen ja eigentlich von *Das Korn ist grün* erzählen. Wir verbrachten amüsante Tage dort drüben. Zuerst führte ich Tagebuch. Dann wurde alles so schlimm, daß ich mich nicht traute, es schriftlich festzuhalten.

George Cukor erzählte mir, daß wir die Möglichkeit hätten, das Stück von Emlyn Williams zu verfilmen. Er rief mich an:

»Kate, hier spricht George. Alan Shayne — der Chef von Warner TV — träumt davon, *Das Korn ist grün* mit dir zu verfilmen.«

»O George! ...Ja, George, ich habe es gelesen. Aber es ist doch schon zigmal umgesetzt worden. Und was ist mit all diesen unehelichen Kindern. Nein, nein. Ich bin eigentlich dagegen... Ja, natürlich

Jan Seymor

Mit George Cukor

lese ich es noch einmal, aber... Weißt du übrigens, daß jemand ein Musical daraus machen wollte? Aus den Bergarbeitern wurden schwarze Unterprivilegierte. Gräßlich. Es hat dann auch überhaupt nicht geklappt... Ja, selbstverständlich, ich lese es noch einmal... Ja, George. Ich weiß, daß ich dir alles verdanke... Nein, ich werde es nicht vergessen. Du sorgst schon dafür.«

Ich bekam das Stück und las es.

»Hallo, George. Ich habe es gelesen und finde es großartig. Es hat Kraft und strahlt Hoffnung aus... Ja. Außerdem handelt es vom Fortschritt, nicht vom Rückschritt. Von einem, der sein Leben selbst in die Hand nimmt, statt sich resigniert in seine ausweglose Lage zu fügen und sich ständig mit seiner unglücklichen Kindheit herauszureden. Es geht um die große, berauschende Freude, etwas wirklich Neues zu lernen und dieses Wissen dann auch zu nutzen. Damit weiterzukommen. Die Tür zum Leben aufzustoßen. Denn denen, die wirklich arbeiten wollen, öffnet das Leben unglaubliche Möglichkeiten... Ja, George... Ja, stimmt. Das Stück ist sehr gut. Und lustig. Gott, was habe ich gelacht, aber auch immer wieder geweint... Ja, wirklich, eine wunderbare Rolle. Die wäre wirklich etwas für mich. Ein echter Lichtblick: lebendig, nicht halb tot. Auch die Rolle des Jungen ist großartig, man muß nur den Richtigen für sie finden. Das junge Mädchen ist wirklich unerhört, und dabei sehr amüsant. Die Rollen sind wirklich alle gut, nicht wahr?

Nein. Nicht in Kalifornien. Wir müssen in Wales drehen... Ja, finde ich auch. Für die Rolle des Jungen brauchen wir ein neues Gesicht. Genau. Er muß ein Waliser sein. Die Außenaufnahmen können wir nur in Wales drehen... Nein, da kann man nicht mogeln. *African Queen* hat man schließlich auch in Afrika gedreht. Nur am eigentlichen Schauplatz kann man auch die ihm eigentümliche Atmosphäre einfangen. Die kann man nicht einfach nachstellen. Die Luft, die Hügel, das Licht, der Nebel, das weiche Wasser. Die Sprache, die ja sehr eigenwillig und schwer zu erfassen ist. Schon ihr Klang. Das Doppel-L. Man muß mit der Zunge zum Gaumen gehen und sie dort lassen. Und jetzt ›L‹ sagen. Oder das Doppel-D. Das spricht man fast so aus wie das TH. Aber man kriegt es nicht richtig hin, wenn man nicht dort geboren ist.

Und die Menschen erst: große Augen, stark, absolut geradlinig, unabhängig, sehr humorvoll. Und die Bergleute sind wirklich ein Schlag für sich. Ob das an der ständigen Gefahr liegt, der sie ausgesetzt sind? Vielleicht sind sie deshalb so einfach und offen?«

Wir beschlossen, das Projekt in Angriff zu nehmen. Cukor und ich reisten nach London, um die Rollen zu besetzen. Außerdem wollten wir nach Wales fahren, um geeignete Schauplätze auszukundschaften.

Die schwerste Aufgabe war, jemanden für die Rolle des Jungen — Morgan Evans — zu finden. Wenn wir den Richtigen nicht gefunden hätten, hätten wir das ganze Projekt streichen können. Die Rolle ist eine echte Herausforderung. Er entwickelt sich vom ahnungslosen achtzehnjährigen Bergarbeiter, der so gut wie überhaupt keine Ausbildung mitbekommen hat, zu einem jungen Mann, dem es gelingt, ein Stipendium für das Trinity College in Oxford zu gewinnen.

Wir brauchten also einen robusten Burschen, der Intelligenz und Energie ausstrahlte und dabei auch die Aufmerksamkeit des Publikums fesseln konnte. Er sollte ein einnehmendes Wesen und einen offenen Blick haben.

Man bekommt Vorschlagslisten. Auf ihnen findet man vor allem namhafte Schauspieler — bei ihnen zu einer Entscheidung zu kommen, ist kein Problem. Aber die Unbekannten muß man sich anschauen. Die Leute, die für die Besetzung zuständig sind, müssen mit sämtlichen Agenturen in Kontakt treten. Sie müssen aber auch die Schulen, die Colleges, die Kleinbühnen und die Repertoiretheater berücksichtigen, und die gibt es in rauhen Mengen. Außerdem sollte man auch an die denken, die gerade in die Stadt gekommen sind.

Wir bekamen eine Liste mit den Namen all derer, die für die Rolle des Morgan Evans in Frage kamen. Der erste Name auf der Liste war Ian Seymour. Ein Waliser, der gerade drei Wochen in London war. Er konnte drei Jahre Schauspielerfahrung in Wales nachweisen, und er hatte sowohl auf Walisisch als auch auf Englisch alle möglichen Rollen gespielt.

Es war der erste Tag unserer Suche. Ian Seymour kam zur Tür herein, und wir alle wären beinahe in Ohnmacht gefallen. Er war genau der richtige Typ: gut einsachtzig groß, dunkelbraunes Haar, weit auseinanderstehende, wunderschöne grüne Augen. Seine Stimme war angenehm. Wir hatten unseren Traumjungen gefunden. Er las uns seine Rolle vor. Und Wunder über Wunder, er schien auch noch ein guter Schauspieler zu sein. Wir waren überwältigt. Gleich der erste, der sich vorstellte, war der Richtige. Es war zu schön, um wahr zu sein.

Natürlich konnten wir ihn nicht auf der Stelle unter Vertrag nehmen. Das wäre zuviel des Guten gewesen. Wir schauten uns erst noch andere Kandidaten an, von denen drei in die engere Wahl kamen. Aber keiner war ein echter Konkurrent für Ian. Ich glaube, Cukor hätte ihn am liebsten schon am ersten Tag verpflichtet. Er sagte

Toyah Wilcox

immer wieder: »Der ist es. Warum sollen wir uns noch weiter umschauen?«

Aber ich möchte immer wissen, was sonst noch geboten wird. Deshalb ließen wir den armen Ian acht Wochen lang im ungewissen. Dann ließen wir ihn noch mal vorsprechen. Schließlich erhielt er die Zusage.

Für die Rolle des Mädchens entschieden wir uns für Toyah Wilcox. Sie war etwas über einsfünfzig groß. Schmale Taille. Großer Busen. Perlmuttfarbene Haut. Und ihre Augen...

Halt! Habe ich Ihnen schon von den Zähnen des Jungen erzählt? Es waren ganz einfach *Zähne*. Er sollte sie sich ziehen lassen und den Arabern verkaufen. Wirklich prächtig. Auf jeden Fall lagen auch Toyahs Augen weit auseinander und sprühten vor geheimen Gedanken. Verruchten Gedanken. Sie waren ein einziges Versprechen, sprühten aber auch vor Humor. Sie liebte das Leben und... sie las die Rolle mit mir. George und ich waren begeistert. Als ich dann von Georges Wohnung heimging, schoß mir allerdings ein Gedanke durch den Kopf.

Nebenbei bemerkt: George wohnte am Eaton Square 95 in einer Mietwohnung. Das Wohnzimmer war in Ordnung. Nicht groß, aber auch nicht klein. Schmutzige Polstermöbel. Zwei Fenster zum Platz hinaus. Zwei Schlafzimmer. Ein kleines Bad und eine kleine Toilette mit Waschbecken. In dem größeren Schlafzimmer waren zwei Fenster und genügend Schränke. Das Gebäude wurde gerade renoviert. Ein Chaos. Keine Teppiche. Die Wände abgekratzt. Ein ständiger Lärm. Der Aufzug war beinahe ununterbrochen in Betrieb, weil die Arbeiter laufend mit ihrem Kram rauf- und runterfuhren. Das Ganze kostete dreihundert Pfund pro Woche, also ungefähr sechshundert Dollar. In London zahlte man für alles horrende Preise.

Ich wohnte auch am Eaton Square. Nicht weit weg von George. In Bobby Helpmanns bezaubernder Wohnung, zu der auch ein großer Garten gehörte. Ich hatte eben Glück. Wenn ich in London war, wohnte ich immer dort und konnte mich frei bewegen. Konnte spazierengehen oder herumradeln.

Eigentlich wollte ich ja von meinem Gedanken erzählen, der mir auf dem Heimweg von George durch den Kopf schoß:

»Diese beiden jungen Leute, die wir uns gerade angeschaut haben, haben eine ganz schöne Anziehungskraft. Wer wird dich da noch beachten, Kathy?«

»Ach, Kate, du wirst hinreißend sein. Die Rolle ist dir auf den Leib geschrieben.«

Dabei fragte ich mich, was man wohl zu John Barrymore gesagt haben mochte, als er sich für *Eine Scheidung* verpflichtete. Oder zu Jane Cowl, als sie in *Art and Mrs. Bottle* mitspielte? Zusammen mit den Schauspielerinnen in den Jungmädchenrollen, die doch nur darauf warteten, nach dem Ruhm zu greifen. Jung sind sie, schön und voll unverbrauchter Kraft.

»Bist jetzt du dran, Kathy? Komm, was soll's. Das Stück ist großartig. Kein Zweifel. Daran solltest du jetzt denken. Aber tust du das auch, Kathy? Wirklich? Verdammt — ich bin doch keine Idiotin...«

Aber so ist das Leben. Man kämpft sich durch und hat großen Erfolg. Man kämpft sich weiter voran, und plötzlich zieht jemand an einem vorbei, der dann irgendwann wiederum von einem anderen überrundet wird. Die Zeit macht alle gleich.

Danach besetzten wir die anderen Rollen. Wir hatten uns Anna Massey als Miß Ronberry gewünscht; sie sagte zu. Patricia Hayes spielte Mrs. Watty, Artro Morris, ein Waliser, den Mr. Jones. Schließlich bekamen wir sogar Bill Fraser für die Rolle des Squire. Wir waren über jeden von ihnen froh. Soviel zur Besetzung.

Das Ganze hatte, vom Tag unserer Ankunft an, etliche Wochen in Anspruch genommen. Carmen Dillon, die für *Liebe in der Dämmerung* den Szenenaufbau arrangiert hatte, suchte in Wales nach Drehorten. Diese Frau hatte einen hervorragenden Geschmack, ein erstaunliches Wissen und eine große Vorstellungskraft. Sie war einzigartig und immer auf Perfektion aus. Wann immer es ging, holte sich George Carmen.

Ehe wir aus den Vereinigten Staaten abreisten, hatten wir noch die Leute für die diversen Schlüsselfunktionen — Kamera, Ton, Kostüme — verpflichtet. Unsere Wunschkandidaten zeigten alle großes Interesse an dem Projekt. Sie waren alte Freunde und Bekannte von George und mir. Mit allen hatten wir schon einmal zusammengearbeitet. Wir waren bester Laune.

Ich wußte, daß ich mich vom ersten Tag in London an um die Kostüme kümmern mußte. Zeit: 1890. Wir hatten einen ausgezeichneten Mann dafür gefunden, einen alten Freund. Und obendrein war er ein amüsanter Mensch. Er schickte mir zur Begrüßung einen wunderschönen Blumenstrauß. Auf der beiliegenden Karte erklärte er mir, daß er übers Wochenende verreist und telefonisch nicht erreichbar sei. Also rief ich ihn am Montag an.

»Hallo. Die Blumen sind wunderschön. Du bist reizend. Und ich freue mich so, daß du es übernimmst... Ob ich was nicht? Ob ich deinen Brief nicht erhalten habe? Nein. Keinen Brief. Was stand darin?... Was wirst du nicht?... Du wirst nicht mit uns zusammenarbeiten? Du hast einen anderen Auftrag angenommen? Was soll das heißen — was zum Teufel soll das heißen?... Du hast gedacht, daß wir nicht weitermachen würden? Aber weshalb hast du uns nicht angerufen? Wenn du ein besseres Angebot bekommen hast, weshalb hast du dann nicht einfach angerufen und gesagt: ›Kate, ich habe ein besseres Angebot.‹ Herrgott! Uns einfach sitzenzulassen — und das jetzt, mittendrin. — Du machst doch einen Witz? Du hattest monatelang Zeit. — Ich kann es gar nicht fassen... Ach. Du bist gar nicht auf die Idee gekommen zu telefonieren... Du weißt nicht, was du sagen sollst? Ich weiß es auch nicht. Tja, dem ist wohl nichts mehr hinzuzufügen. Dir fällt wahrscheinlich auch nichts mehr ein. Was für ein...

Aber wir sind doch Freunde. Du kannst deine Freunde doch nicht einfach hängenlassen. Ich kann das nicht akzeptieren. Es wäre doch so einfach gewesen, kurz anzurufen und zu sagen: ›Hör zu, Kate, ich habe ein tolles Angebot bekommen, das ich furchtbar gern annehmen würde. Hättest du etwas dagegen? Als Ersatz für mich kann ich dir den-und-den vorschlagen. Sie sind momentan frei. Ich habe mich erkundigt. Und der-und-der könnte sie nähen... und...‹

Natürlich wäre ich schwer enttäuscht gewesen. Aber ich hätte eingewilligt. Mir wäre ja gar nichts anderes übriggeblieben. Das gehört schließlich zu einer Freundschaft dazu. Aber uns einfach auf diese Weise hängenzulassen. In letzter Minute. Das kann nur ein Scherz sein. — Ich bin entsetzt, sprachlos. So verhält man sich einfach nicht...«

Aber eben doch. Jetzt hatten wir keinen Kostümdesigner, der die Kostüme nach den Entwürfen nähen würde.

Neil Hartley, unser Produzent, der schon häufig in England gearbeitet hatte, machte sich auf die Suche nach einem Ersatz. Er rief David Walker an, der für ihn — und für Tony Richardson — bereits die Kostüme für *Der Angriff der leichten Brigade* entworfen hatte. Walker wollte zunächst nicht mitmachen, sah aber ein, daß wir in der Tinte saßen. Wohl deshalb sagte er in einer schwachen Minute doch zu.

Für ihn wurde es hart. Keine Anprobenschneider. Schließlich konnte er Jean Hunneysett dazu bewegen, die gesamte Verantwortung für meine und die Garderobe von Anny Massey zu übernehmen. Für uns war das sehr gut. Aber die anderen. Damals wurden in London noch drei weitere Produktionen, die in der Zeit um 1890 spielten, hergestellt. Die Kostümverleihe waren weitgehend leergeräumt. Irgend etwas anfertigen zu lassen, vor allem Herrenkleidung, war aussichtslos. Wir versanken im Chaos. Es fehlte uns an der Zeit zum Nachdenken, zum Diskutieren, für die Auswahl der Stoffe und dafür, die Schwachstellen des anderen auszuloten. Damit meine ich vor allem meine Schwachstellen, die kaschiert werden mußten. Die Kragen wurden immer höher. Die Faltenwürfe mußten so arrangiert werden, daß sie körperliche Schwächen ausglichen. Man mußte sich erst einmal mit diesem Etwas, das ich darstellte, vertraut machen.

Einer unserer amüsantesten Tage: David Walker sollte in meine Wohnung kommen, um mit mir zu besprechen, welchen Kleidungsstil Miß Moffat im wesentlichen haben solle. Welche Farben. Welche Stoffe. Zu meinem leisen Entsetzen und meiner Überraschung kam er mit Miß Hunneysett an; sie sollte die Kleider nähen. Sie schien eine sehr freundliche, effiziente Frau zu sein. Sie nahm meine Maße ab. Dann öffnete sie eine recht eigenwillige Tasche und nahm ein sehr kleines Korsett heraus. Ich warf einen kurzen Blick auf dieses Korsett. Ungefähr fünfzig Zentimeter Taillenweite, schätzte ich. Sie sah mich kurz an.

Sie gab sich Mühe, ihre Bestürzung zu verbergen.

»Ich dachte, sie seien sehr... ähm. Wenn man Sie auf der Leinwand sieht, meint man, Sie hätten eine sehr schmale...«

Offensichtlich hatte sie mich in einigen Spätvorstellungen in Filmen gesehen, die dreißig oder vierzig Jahre alt waren. Achtundvierzig Zentimeter Taillenweite. Sie schnürte hastig das Rückteil des Korsetts auf, aber die Schnur war nicht lang genug für die Taillenweite, die sie nun vor sich sah.

»Wir probieren es mal an. – Nein. Eigentlich wäre es besser, wenn ich... Mal sehen... Tja... Miß Hepburn, wissen Sie, vielleicht brauchen Sie auch gar kein Korsett. Ähm... Soviel ich weiß, ziehen Sie Ihre Kostüme zwischen den einzelnen Szenen immer aus... Da wäre es doch ziemlich umständlich für Sie, wenn Sie...«

David Walker sprang zu Miß Hunneysetts Rettung bei.

»Am besten, Sie tragen Unterhemden. Wir werden die Unterhemden versteifen. Das ist viel besser als ein Korsett.«

»Ja, Sie werden Unterhemden tragen.«

»Aber mein Brustkorb«, wandte ich ein.

»Ja«, meinte er, »ich weiß. Ich weiß, was Sie sagen wollen. Hervorragend.«

Das war so komisch, daß man einfach lachen mußte. Als der Nachmittag vorüber war, fühlte ich mich wie eine Schöpfung von Henry Moore. Und was von Henry Moore kommt, läßt sich nicht in ein Korsett zwängen.

Dann traf ich mich mit der Maskenbildnerin Ann Brodie, und wir beide legten in meinem Badezimmer eine Art Probe-Make-up auf. Draußen war es regnerisch und dunkel. Das Licht war trübe. Meine Sehkraft ist ganz in Ordnung. Auf jeden Fall kann ich einen Mann von einem Hund unterscheiden, auch wenn mir Feinheiten garantiert entgehen. Wahrscheinlich dachte sie:

Dieses alte Mädchen hat sicher immer mit dicken Puderschichten gearbeitet und hat mit Neuerungen sicher nichts am Hut. Ich finde, sie hat damit immer gut ausgesehen. Warum also etwas an ihr verändern. Laß ihr ihre Freude. An einem bewährten Rezept experimentiert man nicht herum.

Ich mochte sie. Sie war freundlich. Kritische Situationen meisterte sie problemlos.

»Nein. Das sieht man gar nicht. Das wäre mir gar nicht aufgefallen, wenn Sie mich nicht darauf hingewiesen hätten.«

Ja, sie war wirklich freundlich.

Sie schlug einen Mann namens Ray Gow als Friseur vor. Es stellte sich heraus, daß er aus Haaren wirklich alles machen konnte. Und das findet man nur sehr selten. Wenn sich jemand mit einer Bürste an deinen Haaren zu schaffen macht, fühlt man sich... Ja, wie? Entweder voller Zuversicht oder verzweifelt. Ich erklärte ihm:

»Wenn Sie mir in Wales die Haare eindrehen — wie ich höre, regnet es dort andauernd. Und wir können George nicht warten lassen. Das mag er überhaupt nicht. Für Frisurprobleme hat er kein Verständnis. O nein, kein Spray. Meine Haare sind viel zu fein. Das Londoner Wasser ist hart wie Stahl. Ja, ich habe viele. Stecken Sie sie einfach hoch. Probieren Sie ein wenig damit herum. Aber achten Sie auf diese Haarbüschel an der Stirn.«

Er war großartig. Er verstand sein Handwerk. Außerdem wußte er über die Befürchtungen von Schauspielern Bescheid.

»Ah, ja, verstehe. Eine Bürste. Keinen Kamm. Kein Problem für mich. In die Haarspitzen Spucke. Dann ein wenig herumkneten. Beten.«

Auf dem Toilettentisch entdeckte er den Korb mit meinen Locken wicklern. Sie bestanden aus fest zusammengerolltem Zeitungspapier.

»Sind das da Ihre Lockenwickler? Mit solchen arbeite ich auch.«

»Wirklich?«

»Ja.«

»Sie sind der erste Mensch, von dem ich je gehört...«

»Ja, natürlich. Bessere gibt es nicht. Sie saugen das Wasser auf. Aber in diesem Fall sollten Ihre Haare glatt bleiben. Wo Sie doch Lehrerin und sehr nüchtern sind. Und in Wales ist das Wasser hervorragend. Weich. Ideal. Sie haben schönes Haar.«

»Danke.«

Wie Sie sehen, sind wir bestens miteinander klargekommen. Dank der Zeitungswickler, die wir nie verwendet haben.

Unser Designer David Walker hatte einen Assistenten. Bob Ringwood hieß er. Er sollte bei den Dreharbeiten vor Ort die gesamte Verantwortung übernehmen, was er auch tat. Und die Verantwortung war ganz schön groß. Dafür sorgen, daß alles paßt, es färben, dehnen, kleiner machen, verschmutzen, waschen, abgetragen aussehen lassen, einpacken, auspacken. Und alles in Nullkommanichts.

Für die Durchführung der Dreharbeiten hatten wir entsprechende Vereinbarungen mit einem Kameramann getroffen, mit dem wir schon einmal zusammengearbeitet hatten und der uns mitgeteilt hatte, daß er und seine beiden Assistenten, darunter sein Operator, uns zur Verfügung stünden. Es waren erstklassige Leute. In der Regel ist der Kameramann auch für die Beleuchtung zuständig. Der Operator führt die Kamera, mit der er den Schauspielern folgt und die Szene festhält. Der dritte Mann ist dafür verantwortlich, daß die Schärfe immer stimmt. Sehr wichtige Aufgaben, die viel Fingerspitzengefühl erfordern. Sie haben letztlich die Kontrolle darüber, wie man aussieht und wie einen das Publikum zu sehen bekommt. Selbstverständlich entscheidet der Regisseur, wie eine Szene gespielt werden muß, aber es ist die Aufgabe des Operators, sie mit viel feinem Gespür einzufangen. Wir waren überglücklich, in so guten Händen zu sein.

Zwei Wochen vor dem geplanten Drehbeginn rief mich dann mein lieber alter Freund, der Kameramann, an und meinte:

»Ich muß absagen.«

»Was!... Wie bitte?«

»Es geht nicht. Wir sind völlig erschöpft. Außerdem hat meine Tochter Sommerferien. Und meine Zähne... Wir sind einfach erschöpft.«

»Du lieber Himmel. Das ist wirklich die ungünstigste Zeit, um... Ich bin auch erschöpft. Die ganze Welt ist erschöpft. Was soll's? Wir fangen doch erst in zwei, vielleicht auch erst in drei Wochen an. Du kannst dich erholen...«

»Aber... Meine Tochter. Sie ist... Es sind ihre letzten Ferien, die sie zu Hause verbringt...«

»Deine Tochter? Aber das weißt du doch seit Monaten, daß... Ich kann's einfach nicht fassen, daß du uns im Stich lassen willst... Es ist zu spät.«

Auf Schauplatzsuche in Wales

Dann zu Phyllis, meiner Sekretärin gewandt, die neben mir am Telefon stand:

»Die letzten Ferien seiner Tochter... Ich glaub', ich werd' verrückt. Womöglich ist das hier mein letzter Film!«

Ich fuhr fort:

»Wenn du das so siehst, warum hast du uns dann nicht schon vor Wochen angerufen. Du hättest George oder mich so einfach erreichen können. Schon vor Wochen. Da hätten wir noch die Möglichkeit gehabt, jemand anderen zu finden...«

»Aber meine Agentin hat dir doch gesagt, daß...«

319

»Nein, das stimmt nicht. Deine Agentin hat mir erklärt, daß du dich erschöpft fühlst. Völlig erschöpft. Daß du viel zu tun hättest. Aber sie hat uns nicht gesagt, daß du uns hängenlassen wirst. Was fällt dir denn ein? Nur, weil du den Vertrag noch nicht unterschrieben hast. Ich will jetzt nicht mehr drüber reden. Es hat keinen Sinn. So etwas darf einfach nicht passieren. Ihr seid Freunde... Für mich ist das eine Sauerei, eine Verantwortungslosigkeit, eine...«

Ich legte auf. Was sollte es noch? Am nächsten Tag rief ich ihn dann an und erklärte ihm mit tonloser Stimme, daß ich es verstünde, wenn er und die beiden anderen nicht mitmachten. Man könne eben niemanden zu etwas zwingen, selbst dann nicht, wenn er einen Vertrag unterzeichnet hätte. Es ginge eben nicht.

Aber können Sie sich das vorstellen. Zum zweitenmal sitzengelassen zu werden? Von guten Freunden? Was wird bloß aus dieser Welt? Erst sagt man ja. Dann sagt man — und zwar viel zu spät — nein. Und der angebliche Freund bleibt auf der Strecke. Allein. Ohne Aussicht darauf, jemanden zu finden. — Glück! Komm schon, Glück. Tu was.

In der Londoner Filmwelt ging es damals zu wie in einem Bienenstock. Wir bemühten uns, bekamen aber nur Absagen. Dann setzte ich mich hin und überlegte. Teddy Scaife. Er war noch sehr jung gewesen, als er in *African Queen* unser zweiter Kameramann gewesen war. Jack Cardiff war damals der erste Kameramann. Scaife hatte viele Szenen mit Bogie und mir gedreht, als Cardiff erneut einen Malariaanfall bekam. Er hatte seit diesem Film noch sehr oft mit Huston zusammengearbeitet. Ein netter Mensch und ein ziemlicher Einzelgänger. Unabhängig. Und geistreich und amüsant. — Versucht es bei ihm. Das taten sie. Und Wunder über Wunder, er sagte zu. Er brachte einen hervorragenden Operator namens Herb Smith mit. Für die Schärfenkontrolle war Tony Breeze zuständig.

Für den Ton hatten wir einen ausgezeichneten Fachmann, Peter Handford, einen der besten seines Fachs. Außerdem Trevor Rutherford und Nick Flowers. Etwas anderes als Perfektion ließen sie gar nicht zu. So etwas gefällt mir.

Während dieser Zeit unternahmen Cukor und ich eine Reise nach Wales, um nach geeigneten Schauplätzen zu suchen. Wir wohnten in einem bezaubernden Hotel in Llangollen. Das liegt im Norden von Wales, an einem Fluß namens Dee. Wir schauten uns einige Bauernhöfe an, die etwa achtzig Kilometer westlich lagen. Ein herrliches Land. Regengüsse. In der Ferne Berge — Snowdonia. Einige der Bauernhöfe wirkten sehr primitiv. Die Gegend, nach der wir suchten, sollte möglichst keine Telegrafenmasten oder dergleichen aufweisen.

Schließlich entschieden wir uns für Carmen Dillons Vorschlag. Für ein Dorf, das Isybyty-Ifan hieß und durch das ein breiter Bach floß. Es war ziemlich schmucklos. Ganz in der Nähe lag ein Bauernhof — Hafod Ifan —, der dem National Trust gehörte und von einer Familie namens Hughes bewirtschaftet wurde. Ein Steinhaus am Hang eines hohen Hügels. Etliche langgestreckte, schöne Steinscheunen. Auf diesem Bauernhof wurde Viehzucht betrieben — Welsh Blacks — und sehr hart gearbeitet.

Carmen erklärte uns, wie sie das Gehöft durch einige Anbauten in eine geeignete Kulisse für unser Drehbuch verwandeln könne. Außerdem sei seine Nähe zum Dorf sehr nützlich. Wir sahen es am Abend eines langen Tages bei strömendem Regen, und unser Enthusiasmus hielt sich in Grenzen.

Von dort mußten wir nach Llangollen zurückfahren. Ins Royal Hotel. Wir aßen zu Abend und schliefen danach prächtig. Am nächsten Morgen fuhren wir in Richtung Osten, in die Stadt Wrexham. Ganz in der Nähe lag die Zeche Bersham. Wir wollten unserem Publikum zeigen, daß 1890 bereits zehn- und elfjährige Jungen zwölf Stunden pro Tag in der Kohlengrube arbeiteten. Mr. Owens, der Manager, war nicht da. Mr. Williams führte uns herum. Auf dem Gelände standen etliche Gebäude, die für unseren Zweck alt genug waren.

Gegen Ende unserer Besichtigung zogen wir alle Schutzkleidung, Handschuhe, Schutzhelme und Stiefel an (ich brauchte nur einen Schutzhelm, da meine Kleidung einschließlich meiner Schuhe robust genug war). Dann bestiegen wir einen Aufzug. Es war eine Art offener Förderkorb mit zwei Plattformen. Auf jeder Plattform konnten fünf Personen transportiert werden. Wer größer als einsfünfundsechzig war, konnte allerdings nicht aufrecht stehen. Es ging mehr als vierzig Meter in die pechschwarze Tiefe. Schnell und unter großem Getöse und Geklapper. Der Schacht war nur roh ausgehauen. Wir hielten an. Wir befanden uns in einem Tunnel. Das Licht war dammrig, und in der Mitte verliefen schmale Schienen. Der Tunnel war nahezu rund und ebenfalls nur grob ausgehauen. Der Boden war sehr holprig. Die Bergleute mußten drei Kilometer durch diesen Tunnel gehen, um zur eigentlichen Arbeitsstelle zu gelangen. Jeder trug eine Lampe und einen Detektor für ausströmendes Gas bei sich. (Wir auch.) Außerdem eine Gasmaske. Wir gingen nur bis zu dem Pausenraum der Männer. Einige Stühle standen dort. Es war duster. Und eigentlich war der Raum nichts anderes als noch ein Loch unter der Erde. Es herrschte ein ununterbrochener Zugwind, der einem ganz schön zu schaffen machte. Und man war sofort von oben bis unten mit feinem

Kohlenstaub bedeckt. Kalt war es auch. Der Grund, weshalb sie Kinder einsetzten, war der, daß einige Abbauplätze für ausgewachsene Männer zu eng und niedrig waren.

Als wir wieder nach oben fahren wollten, hörten wir eine herrliche Tenorstimme ein Lied singen. Die anderen stimmten nach und nach ein. Und das so tief unter der Erde. Man erklärte uns, daß viele dieser Lieder Hymnen seien. Können Sie sich das vorstellen? Er war auf eine eigenartige Weise sowohl bewegend als auch unheimlich. Unter solchen Umständen zu singen, unter der Erde, wo jede Schaufelbewegung zerstörerische Naturkräfte freisetzen konnte. Wer ist der Herr? Der Eine? Eine Hymne singen. Und der Klang war wunderschön. Er strömte in den Schacht hinaus. Eine schwere und gefährliche Arbeit, die tagtäglich eine ganz eigene Art von Mut erforderte. Die Bergleute wirkten — auch optisch — ganz anders als andere Männer. Und sie sind wohl auch ganz anders. Und trotzdem lustige Burschen. Dieses Lied. Solch ein Gegensatz zu der sie umgebenden Situation.

Als wir nach oben zurückkehrten, stellten wir fest, daß wir wirklich voller Kohlenstaub waren. Es war ziemlich schwer, ihn wieder loszuwerden.

Von der Mine aus fuhren wir nach Süden. Auf geradem Weg durch Wales. In der Mitte und im Süden ist das Land viel lieblicher. Etwas Geeigneteres als den Hof der Familie Hughes fanden wir aber nicht. Wir fuhren nach Cardiff und von dort aus gleich weiter in Richtung Osten, nach London. Ein langer, aber spannender Tag.

Nachdem Teddy Scaife, der Kameramann, uns zugesagt hatte, reisten wir noch einmal nach Wales. Inzwischen hatten die Hughes einen wunderschönen Blumengarten. Ein Gewächshaus. Einen herrlichen Rasen. Kiesel — statt der alten Schlammwege. Einige neue Kamine. Ein paar Erker, die aber optische Täuschungen waren. Es sah nun viel kultivierter aus. Und da es diesmal nur ein wenig neblig war und nicht in Strömen goß, fanden wir es sehr hübsch. Ich fragte Mrs. Hughes, ob ich meinen Frisiertisch und meine Kleider irgendwo bei ihr im Haus unterbringen könne. Sie war einverstanden. Darüber war ich sehr froh, denn sonst hätte ich einen Wohnwagen als Garderobe bekommen. Und diesen Wohnwagen hätte man mitten in ein Feld gestellt. Und jedesmal, wenn man herausgekommen wäre, hätte ich mich mit Schlamm bespritzt. Außerdem wackelt so ein Ding bei jeder Bewegung, die man darin macht. Und mit der Zeit würde mich sein Anblick — auch der Geruch — ziemlich deprimieren.

In dem nach Südwesten gelegenen Gästezimmer fand ich ideale Verhältnisse vor. Es lag im ersten Stock, das Bad war gleich nebenan.

Vor dem Kohlebergwerk in Wrexham

Meine Blusen lagen auf dem Bett. Meine Hüte hingen über den Bett-
pfosten. Meine Bänder, Schals, Handschuhe und Schleier lagen in
einer geschlossenen Schachtel auf dem Bett. Und trotzdem war auf
dem Bett noch immer genügend Platz für ein kleines Nickerchen. Die
Schuhe standen unter dem Bett. Und die Mäntel, Röcke und Unter-

hemden hingen auf einem Gestell vor meiner Tür im Flur draußen. Und das Beste war, wie sich herausstellte, daß ich von meinem Fenster aus alles beobachten konnte, was unten vorging. Es war also, kurz gesagt, einfach paradiesisch.

Viel mehr gibt es eigentlich nicht zu berichten. Sobald die Dreharbeiten anfangen, kommt es vor allem auf die Gesundheit und das Wetter und darauf an, ob man die richtige Besetzung und den richtigen Stab ausgesucht hat. Und natürlich darauf, daß das Drehbuch einen Sinn ergibt. Es geht außerdem auch um den eigenen Wert, darum, ob man es schaffen wird. Ich glaube, die meisten Menschen, die mit einer der Künste zu tun haben, fragen sich insgeheim immer wieder, ob sie wegen ihres Könnens da sind oder weil sie Glück hatten. Wenn sie überhaupt zum Nachdenken kommen.

An sich war ein Tag wie der andere. Das tägliche Pensum. Ich stand jeden Morgen um fünf Uhr auf und frühstückte ausgiebig. Ich stellte mein Frühstück selbst zusammen. Obst, Eier, Schinken, Hühnerleber, Toast, Marmelade, Kaffee. Stellte alles auf ein Tablett und ging damit zurück ins Bett. Die wunderbare Ruhe in den frühen Morgenstunden. Während ich aß und trank, studierte ich meine Rolle und dachte nach. Die Sonne ging auf. Man konnte es nur selten sehen, aber es wurde heller. Langsames Aufklaren des Nebels. Leichte Niederschläge. Ein himmlisches Klima für eine sommersprossige Haut. Dann ein kaltes Bad oder eine Dusche. Wenn ich früh genug fertig war, machte ich eine Radfahrt, bevor der Wagen kam. Gegen sieben ging es an die Arbeit. Wir drehten sechs Tage die Woche.

Phyllis und ich hatten ein kleines Haus in Capel Garmon, in der Nähe von Betws-y-Coed; das »W« spricht man wie ein »U« aus. Das Haus war dreihundert Jahre alt. Ein bildschöner offener Kamin im Wohnzimmer. Drei mächtige Schieferblöcke. In der Gegend gibt es zahlreiche Schieferbrüche.

Wir schmückten den Raum mit dekorativen Wollsträngen aus. Rot, blau, weiß und weißblau; ungefähr fünfzehn Zentimeter lang. Es gab viele interessante Wollfabriken zu besichtigen. Dort wurden alle möglichen Pullover, Hemden, Decken, Röcke, Hosen, Mäntel, Umhänge, Kappen, Hüte und Taschen hergestellt. Es tut einem hinterher immer leid, daß man nicht mehr gekauft hat. Schafe gab es in Hülle und Fülle.

Essen gab es auf einem Tablett vor dem Kamin. Sehr schön. Wenn ich nach Hause kam, wusch ich als erstes mein Haar. Ich habe das immer selbst gemacht. Das ist weniger lästig. Ich wasche es jeden Abend. Ich stecke es naß auf. Und während ich vor dem Feuer esse —

meist zwischen 19 Uhr und 19.15 Uhr —, wird es fast trocken. Manchmal gehe ich auch mit nassen Haaren ins Bett.

Ein Mann namens George Potter war unser Fahrer. Er war ein wahres Wunder, konnte einfach alles: schreinern, Elektrogeräte reparieren, klempnern. Seine Lebensfreude war richtig ansteckend. Die Gegend um Capel Garmon und unser Drehort waren traumhaft. Hügel, Täler, Himmel, Blumen, Felder, Steingehöfte, Scheunen, schmale Straßen, die von pink- bis lilafarbenen Fingerhüten umsäumt waren. Schafe, die an den Abhängen grasten — es gab einfach alles zu sehen. Die fernen Berge von Snowdonia, die im Nebel verschwanden und wieder auftauchten. An jedem Arbeitstag fuhren wir über eine andere Straße nach Hause. Sie dürfen mir glauben, wenn ich sage, es war berauschend. Die Luft — sauber und belebend. Das Wasser weich. Der weite Himmel. All das beflügelte die Seele. Die Schönheit des Lebens. Das Wunder.

Können Sie sich ein etwa sechzigköpfiges Filmteam vorstellen, das sich dreieinhalb Wochen lang vor und in Ihrem abgelegenen Bauernhaus tummelt? Sechs Tage die Woche? Die Hauptdarstellerin — ich —, die die Vorderseite des ersten Stocks bezieht? Leute, die sich in Ihrem Wohnzimmer aufwärmen? Die Nässe und der Schmutz, die hereingetragen werden? Eine Gruppe, die um sieben Uhr morgens ankommt und um sieben Uhr abends wieder geht?

Die Familie Hughes bestand aus Mr. und Mrs. Hughes, einer hochschwangeren Tochter, deren zweijährigem Sohn, der nur walisisch sprach, und aus dem Schwiegersohn, der Mr. Hughes in der Landwirtschaft half. Sie hatten sechs Schäferhunde, die nie aggressiv wurden, sondern immer zum Spielen aufgelegt waren. Wir bekamen Kaffee, Tee, herrlichen Johannisbeerkuchen. Und weil dieser Johannisbeerkuchen wirklich ein Gedicht war, hier das Rezept:

Man nehme 450 g bzw. 3¼ Tassen Mehl und vermische es mit Backpulver,
außerdem 300 g Margarine,
1¾ Tassen schwarze Johannisbeeren,
1 Tasse Zucker,
2 Eier, die man mit ein wenig Milch verrührt.

Nun würfle man die Margarine ins Mehl, gebe die trockenen Zutaten hinzu und verrühre alles miteinander. Anschließend rühre man die Eier und die Milch unter. Der Teig wird nun in eine Kuchenform gegeben, deren Rand mit eingefettetem Wachspapier ausgelegt ist. Die

Beim Radfahren

Oberfläche bestreue man mit braunem Zucker. Man schiebe den Kuchen auf der obersten Schiene in den Backofen und backe ihn bei 225 Grad 15 Minuten lang. Dann stelle man den Herd auf 180 Grad zurück und lasse den Kuchen weitere 95 Minuten backen.

Sonntags unternahmen wir immer lange Ausflüge und Spaziergänge in den Bergen. Oder wir fuhren ans Meer, picknickten. Oder es ging nach Bodnant Gardens. Wer gute Luft und alle möglichen Grünschattierungen liebt, der muß nach Wales fahren.

Die Dreharbeiten liefen mit der üblichen Mischung aus Qual und Freude ab. Dazu die ewige Frage: Gibst du wirklich dein Bestes? In einer der ersten Szenen des Films fahre ich — auf dem Weg zu dem Haus, das mir mein Onkel vererbt hat — mit dem Fahrrad über die Hügel. Wir mußten auf die Spitze eines steilen Hügels, damit man mich dabei filmen konnte, wie ich auf meinem Fahrrad aus dem Jahr 1890 (es war furchtbar unbeweglich und wog eine Tonne) den Hügel hinunterfahre. Dann mußten sie allerdings wegen des Sonneneinfalls noch einmal umziehen und beschlossen nun, mich dabei aufzunehmen, wie ich den Hügel hinauffahre. Das schaffte ich nicht. Deshalb sprang eine durchtrainierte, vierundzwanzigjährige Sportlerin für mich ein, die ein ausgezeichnetes Double war.

Ich empfand das als Demütigung. Beinahe hätte mich der Schlag getroffen. Aber ich schaffte es einfach nicht, diesen Hügel hochzufahren. Ich war erbost über dieses Versagen. Ich war immer in der Lage gewesen, meine Szenen selbst zu spielen. Aber in meinen Beinen war einfach nicht genug Kraft, um gerade mit dem schweren Rad den Hügel hochzufahren. Die anderen fanden meinen Ärger darüber, daß sie es konnte, ich aber nicht, albern. Aber so ist es nun einmal. Ich ärgere mich noch immer furchtbar. Diese verdammten alten Beine. Aber sie haben jene Aufnahme mit ihr nicht verwendet. Ich habe ihnen diese Idee ausgetrieben und ihnen gesagt, daß das ganze Unternehmen dadurch unter einem schlechten Stern stehen würde.

Am Tag darauf bekam ich eine lustige Episode mit. Jemand fragte einen anderen, der etwa in meinem Alter war: »Wie geht's?«

Antwort: »Gut — wenn Sie keine Einzelheiten erfahren wollen.«

So ist es doch, oder etwa nicht?

Als wir wieder in London waren, arbeiteten wir nur noch fünf Tage pro Woche. Das ist doch herrlich, finden Sie nicht auch? Die Arbeitsbedingungen im Lee-Brothers-Studio waren sehr angenehm. Ein neues Studio, das der Lee Electrics gehörte. Man baute mir eine Garderobe. Großartig. Fenster, die sich öffnen ließen. Geräumig. Bad, Dusche. Und alles, was man sich sonst noch an Bequemlichkeiten wünschen konnte. Ganz in Weiß gehalten. Und gleich neben der Halle, in der wir drehten.

Wir arbeiteten hart und schnell. Die Szenen waren lang und sehr dicht. Die Ausstattung war absolut perfekt. Die Mannschaft war engagiert, weil die Geschichte von Morgan Evans wahr und fesselnd ist. Es handelt sich dabei um einen jungen Mann, der den Riesenschritt von der Ahnungslosigkeit zu umfassendem Wissen vollzieht. Er stößt die Tür zu seinem Leben auf. Alles mit der Unterstützung seiner Lehrerin Miß Moffat — das bin ich —, die weiß, daß er es schaffen kann, wenn er nur durchhält. Die Geschichte ist amüsant und aufregend und reißt einen wirklich mit. Denn plötzlich wird einem klar, was für eine unglaubliche Chance bereits allein darin liegt, daß man lebt. Die damit verbundenen Möglichkeiten. Wenn man nicht aufgibt, kann man es wirklich schaffen. Also: nicht aufgeben — Sie können es schaffen. Erst wenn man aufgibt, hat man verloren.

5

Phyllis

Phyllis Wilbourn ist meine rechte Hand. Sie kam Mitte der fünfziger Jahre zu mir. Constance Collier, ihre Arbeitgeberin, war gestorben. Sie hatte etwa zwanzig Jahre lang für Constance gearbeitet. Seitdem ist sie bei mir. Wir sind beide über Achtzig. Sie ist etwas älter als ich und ein völlig selbstloser Mensch, der (ich muß Ihnen doch sagen, was mir im Augenblick zu ihr einfällt) für einen absolut selbstsüchtigen Menschen arbeitet.

Sie kann einfach alles, was für mich in all den Jahren ausgesprochen angenehm war. Sie ist eine ausgezeichnete Köchin. Sie findet für jeden den richtigen Ton — vom Präsidenten bis zum Türsteher. Sie nimmt nie Urlaub. Sie stärkt mir den Rücken. Und sie ist — wie soll ich sagen — sie ist für mich da. Hilft mir, leistet mir Gesellschaft, hält mir die Leute vom Hals, tut für andere Leute das, was eigentlich ich für andere Leute tun sollte.

Machen wir's kurz: Sie ist einzigartig. Sie ist ein Engel.

Mit Phyllis

Eine flüchtige Begegnung

Phyllis, Sarah (»Skate«) Forbes und ich verstauten unser Gepäck im Wagen. Wir wollten nach New York fahren. Es war ein Montagmorgen, ein schöner, lauer Tag wie schon die ganzen Spätwintertage zuvor. Wir brachen gegen 10 Uhr 30 auf, hielten kurz an einer Tankstelle und an einem Postamt und fuhren dann auf die Fünfundneunzig. Wir waren schon fast in Madison, als wir in der Ferne eine Frau sahen, die offenbar einen Reifen in ihrem Kofferraum verstaute. Ich hielt an und stieg aus. Skate auch. Phyllis stieg nicht aus, weil sie auf dem Rücksitz unter Blumen und Proviant begraben war. Skate und ich saßen vorn.

Kate: Haben Sie Probleme?
Frau: Ich habe einen Platten und weiß nicht, wie man einen Reifen wechselt.
Kate: Haben Sie einen Wagenheber?

Sie sah nach. Sie war äußerst schwer einzuschätzen, war ungefähr fünfunddreißig Jahre alt, hatte ungepflegtes Haar und wirkte ein wenig hilflos.

Ich hatte schon öfter mal einen Reifen gewechselt und wußte deshalb ungefähr, wie es ging. Außerdem bin ich ganz geschickt in solchen Dingen. Ich wußte auch, daß sonst niemand anhalten würde, um ihr zu helfen.

Skate suchte mit ihr nach dem Wagenheber. Ich inspizierte inzwischen die Stoßstange. In meinem Kopf ging's rund. Stoßstangenwinde — Stoßstangenwinde — Achsenwinde? — Nein, nein, diese Geschichten mit der Achsenwinde stammen noch aus den Kindertagen.

Sie kamen mit dem Hauptstück eines Wagenhebers an.

Kate: Ja. Dazu gibt es aber noch ein Unterteil — und eine Kurbel.

Skate fand das Unterteil. Sie gingen noch mal zum Kofferraum. Ich paßte inzwischen das Unterteil ein und schaute mir noch einmal die Stoßstange an. Der rechte Vorderreifen war platt. Ich setzte den Wagenheber dort an, wo ich glaubte, daß das Gleichgewicht am ehesten zu halten war. Himmel, ich dachte schon, die verdammte Karre rutsche mir davon. Wie... ich fuhr mit meiner Hand an der Stoßstange entlang. Ich fand, sie war ganz schön massiv.

Skate kam mit der Kurbel.

Kate: Ja, genau die. Jetzt würde ich nur noch gern wissen, wie ich den Wagenheber am besten unter der Stoßstange plaziere, damit er auch hält. Eine Gebrauchsanweisung wäre vielleicht ganz gut...

Frau: Ich habe eine Gebrauchsanweisung.

Skate ging wieder zum Kofferraum und fand sie.

Skate (mit lauter Stimme): Also... da muß irgendwo ein Loch sein...

Ich legte mich auf die Straße. Ah ja, da war ein Loch — ich hatte es gefunden. Gut. Jetzt stimmte alles. Die Kurbel paßte auch. Ich fand das Dingsda, mit dem man den Wagen nach unten oder oben befördert. Machte mich daran zu schaffen und pumpte den Wagen hoch. Plötzlich kam mir ein Gedanke:

Kate: Ist die Handbremse angezogen?

Frau: Ja.

Ich pumpte, und der Wagen hob sich. Alles bestens, dachte ich. Jetzt nur noch ein klein wenig höher, dann können wir den Reifen abmontieren. Gut — das hätten wir, der Reifen läßt sich einfach drehen. Dann nahm ich die Kurbel des Wagenhebers und stemmte mit ihr die Radkappe herunter, die die Muttern schützt, mit denen der Reifen festgeschraubt wird.

Gut, das hätten wir schon mal geschafft. Jetzt schrauben wir diese...

Ich versuchte, sie mit einem Schraubenschlüssel aufzuschrauben — wie gesagt, ich versuchte es. Mal schauen. In Uhrzeigerrichtung. Gegen den Uhrzeiger. — Egal wie, es rührte sich nichts. Dabei drehte sich ständig bei jedem Versuch dieser verdammte Reifen mit. Ach, du bist doch dumm. Du hast den Wagen ja viel zu hoch aufgebockt.

Die Mädels versuchten, den Reifen festzuhalten, damit er sich nicht mitdrehte — vergeblich. Ich ging zum Wagenheber, veränderte die Stellung der Hebevorrichtung und brachte dann die Kurbel wieder an. Ich pumpte, aber der Wagen senkte sich nicht — weiß der Himmel, warum. Da ich mir meine Dummheit immer noch nicht eingestehen wollte, überlegte ich, daß ich den Wagen nur dann wieder nach unten bekäme, wenn es mir gelänge, den Reifen zu wechseln, und wenn ich dann den Motor starten und rückwärts fahren würde. Ich mühte mich wieder an den Schrauben ab und wurde immer nervöser.

»Ich weiß nicht, ob wir es richtig machen. In welcher Richtung muß man drehen, um eine Mutter abzuschrauben?« Ich überlegte. So

herum — nein, anders herum. »Skate, hole doch aus meinem Toilettenkoffer eine Flasche heraus und schau, wie man sie aufschraubt.«
Skate schraubte eine Flasche auf. Gegen den Uhrzeigersinn.
»Jetzt versucht noch einmal, den Reifen festzuhalten.« Ich unternahm einen letzten verbissenen und verzweifelten Versuch, die Schrauben zu lockern. Sie versuchten, den Reifen festzuhalten. Wir schafften es nicht. Es war hoffnungslos.
»Wir brauchen Hilfe.«
Ich stellte mich auf die Fahrerseite des Wagens und hob meine Hand. Skate und die Frau taten das gleiche. Ein Mann nach dem anderen fuhr vorbei. Keiner machte auch nur die leisesten Anstalten anzuhalten. Ein Lastwagen fuhr in hohem Tempo vorüber. »Emanzipation«, dachte ich. »Wir wollten es ja so!«
In weiter Ferne tauchte noch ein Lastwagen auf...
Jetzt stellte ich mich mitten auf die Fahrbahn und hob beide Arme hoch. Der Lastwagenfahrer bremste und hielt etwa fünfzig Meter weiter an. Er stieg aus. — Ein junger, schlanker schwarzer Mann. Ich ging ihm entgegen.
»Ein Platten — wir kriegen die Muttern nicht auf und den Wagenheber nicht runter.«
»Kein Problem«, meinte er. »Die Handbremse ist gezogen...«
»Ja, mein Herr«, antwortete ich.
Er ließ den Wagenheber runter. Er hatte einen ganz anderen Bewegungsrhythmus und strahlte in allem, was er tat, eine große Sicherheit aus.
»Wie haben Sie...?«
»Sie müssen ihm nur einen kleinen Ruck geben, Ma'am, dann hoch oder runter.« (Er gestikulierte.)
»Ja«, sagte ich und dachte, ich habe ihm doch einen Ruck gegeben. Vielleicht habe ich einfach den Überblick verloren.
Jedenfalls montierte er den Reifen ab, und die Radbolzen kamen zum Vorschein. Dann bockte er den Wagen noch einmal auf und schraubte den neuen Reifen fest, der frei kreiste. Er steckte die Muttern wieder auf, hielt sie mit dem Schraubenschlüssel fest und drehte den Reifen, um sie festzuziehen. Großartig, hinreißend — wie ein Ballett. Eine schöne Sache, so ein Reifenwechsel — wenn man weiß, wie es geht. Schon das Zuschauen ist ein Genuß.
»Wissen Sie, Miß, Sie sehen genauso aus und hören sich genauso an wie...«
»Ich bin's«, sagte ich, während ich mich vorbeugte und ihn beobachtete.

Vor lauter Drehen hörte er mich nicht.

»...Katharine Hepburn.«

»Ja, ich bin es.«

»Sie sind wer?«

»Ich bin...«

Er stieß einen Pfiff aus, dann musterte er mich. Er pfiff ein zweites Mal.

»Nein... Nein, ich glaube nicht...«

»Ich bin...«

Noch ein Pfiff, dann lachte er.

»Ich kann's einfach nicht glauben.«

»Ich werde es Ihnen beweisen. Skate, hol doch bitte einen Brief aus diesem Poststapel, der auf dem Vordersitz unseres Wagens liegt.«

Wir zeigten ihm den Brief — der Name war deutlich zu lesen, es war eine Rechnung. Er mußte nun wohl überzeugt sein, aber so richtig glauben konnte er es noch immer nicht. Seine Symphonie aus Ohs und Ahs und Neins ging noch weiter, während er den platten Reifen in den Kofferraum legte.

»Ich werde es Ihnen beweisen. Geben Sie mir Ihre Adresse, dann schicke ich Ihnen ein Bild von mir.«

Er gab mir seine Adresse — Robert Chatman hieß er und kam aus Jersey.

Wir verabschiedeten uns. Er ging zu seinem Lastwagen und drehte sich noch einmal um.

»Auf Wiedersehen«, rief ich. »Ich bin Ihnen so dankbar!«

Er rief in den Wind: »Das gibt's nicht... Das glaub' ich nicht. Ich dachte an gar nichts, fuhr so vor mich hin und dann — die einzige und einzigartige Katharine Hepburn!«

Ich ging zu den Mädels zurück.

»Das gibt's einfach nicht«, murmelte ich. »Wir geben uns Mühe und kämpfen uns ab — umsonst. Wir versuchen verzweifelt, jemanden anzuhalten — umsonst. Und als wir gerade aufgeben wollen, kommt ein großer Lastwagen mit Anhänger daher — und er hält an — der einzige und einzigartige Gentleman.«

Ob man dieses Wort überhaupt noch verwenden darf?

Meine Stimme

Man findet nur selten die richtigen Worte, um zu erklären, weshalb man sich zutiefst verletzt fühlt. Meist handelt es sich um Banalitäten. Um kleine Sehnsüchte oder Dinge, auf die man stolz ist. Bei mir ist es zum Beispiel mein Gesang oder die Größe meiner Augen. Als ich noch ein Kind war, wünschte ich mir immer, daß einmal jemand zu mir sagen würde: »Du hast sehr schöne Augen.« Aber das hat nie jemand zu mir gesagt. Oder: »Was für eine schöne Stimme. Ich habe dich singen hören und ...«

Na ja, das mit dem Singen ist auch so eine Sache. Marcia Davenport, Russel Davenports Frau, hat sich *The Little Minister* angesehen und danach gefragt:

»War das deine Stimme, die da durch den Wald sang?«

»Ja — ja, Marcia, das war meine Stimme.«

Das 1935 oder 1936.

»Hm, ich finde, du solltest an ihr arbeiten.«

»Oh«, meinte ich.

»Ich bin nicht sehr musikalisch. Ich hatte mal Musikunterricht, damals, als ich noch Geige lernte. Zwei Jahre lang bei einem freundlichen Herrn. Monsieur Beauchemin hieß er. Ich glaube, damals war ich zehn oder zwölf Jahre alt. Ich ... Ich ... Na ja, ich war ziemlich schlecht. Ich bildete mir zwar ein, daß ich noch besser werden würde, aber dann ging's immer mehr bergab, bis ich schließlich aufgab. Ich konnte es einfach nicht.«

»Ich wollte damit nicht sagen, daß du wieder Geigenunterricht nehmen solltest. Ich meine deinen Gesang. Hattest du je Stimmunterricht?«

»Ja, schon. — Nein, Sprechunterricht.« Damit habe ich mich bei Frances Robinson-Duff abgemüht. Wie Sie sich erinnern werden, hatte sie ein System, bei dem man eine brennende Kerze anzublasen hatte, damit man über das Zwerchfell atmete. Immerhin hatte ich ihr Zwerchfell spüren können — aber mit meinem ging das nicht. Wir saßen da und bliesen herum. Das ging jahrelang so. Ich beklage mich nicht. Sie gab mir das schönste Geschenk, das ein Lehrer einem Schüler geben kann. Sie schenkte mir ihr Interesse, sie regte meine Phantasie an, und sie stärkte mein Selbstvertrauen. Aber über das Zwerch-

»The Millionairess« — *mit Robert Helpmann*

fell atmen konnte ich nicht. Und wenn ich spielte, versagte meine Stimme. Jahrelang.

Am schlimmsten war es bei *The Warrior's Husband* — und etwa zwanzig Jahre später in *The Millionairess.* In beiden Rollen mußte ich viel schreien. Als es mir 1932 in *The Warrior's Husband* zum erstenmal passierte, war das eine völlig neue Erfahrung für mich. Ich versuchte es mit einer sehr tiefen Stimmlage, um maskulin zu wirken. Schließlich wurde es so schlimm, daß ich mir ernsthaft überlegte, ob ich nicht einige Vorstellungen ausfallen lassen sollte. Dad schickte mich zu einem Hartforder Halsspezialisten namens Dr. William Dwyer. Er erklärte Dad, daß ich nie Karriere machen könne, weil meine Stimmbänder mit Knötchen übersät seien. Die Lage sei sehr ernst.

»Sagen Sie ihr das bloß nicht«, meinte Dad. »Kein Sterbenswörtchen.« Bill Dwyer hielt sich daran.

Das Stück wurde dann bald abgesetzt, und ich war bereits auf dem Sprung nach Hollywood, so daß die Knötchen wieder abheilen konnten.

The Lake war längst nicht so anstrengend. Hin und wieder hätte ich zwar beinahe den Verstand verloren, aber nicht meine Stimme. Auch bei *Jane Eyre, Zu klug für die Liebe* und *Wie es euch gefällt* gab es keine Probleme. Dann kam *The Millionairess*. Da sprach ich lauter und heftiger als es mir guttat und geriet prompt in Schwierigkeiten. Die Premiere hatte in London stattgefunden. Nach ungefähr sechs Wochen wurde ich heiser, und diese Heiserkeit wurde immer schlimmer. Schließlich sprach ich außerhalb der Bühne überhaupt nicht mehr. Schrieb nur noch Zettel.

Nachdem die Londoner Spielzeit vorbei war, wollten wir — nach einer mehrmonatigen Sommerpause — mit dem Stück nach Amerika gehen. Im Herbst fanden zwei öffentliche Proben statt. Meine Stimme versagte wieder. Nach zwei Aufführungen!

Lawrence Langner riet, die Premiere zu verschieben.

»Blödsinn«, war meine verzweifelte Reaktion. »Was bringt das? Entweder sterbe ich, oder ich sterbe eben nicht. Ich hatte den ganzen Sommer lang Pause. Was hilft es, wenn man sich etwas vormacht? Man muß weitermachen. Die Frage ist nur, wann das ›Aus‹ kommt.«

Die Premiere. In London hatte man uns gefeiert. In New York waren wir nach dem Vorverkauf für etwa zehn Wochen im voraus ausverkauft, und länger spielten wir auch nicht. Ich kämpfte mich durch die Premiere — halb erstickt. Es war schwierig. Die Besprechungen waren freundlich. Bei einer derart gedrosselten Stimme wirkten meine Auftritte natürlich nicht so fesselnd und hingebungsvoll, wie man es hätte erwarten können. Es kam zu wenig rüber. Darunter litt das Stück ebenso wie ich. Es steckte einfach keine Kraft dahinter. Dabei handelte das Stück von einer Frau, die sehr viel Kraft besitzt.

Was sollte ich bloß tun?

Ich ging zu einem Theaterarzt. Nur die wissen, daß man als Schauspieler unter allen Umständen weitermachen oder auf der Bühne sterben muß. »Tja, Miß Hepburn, Sie sind offenbar völlig am Ende. Warum nehmen Sie nicht einen Drink und entspannen sich ein wenig?«

»Meine Güte... einen Drink! Ich kann doch keinen Drink zu mir nehmen! Herrgott. Dann hätte ich ja keinen klaren Kopf mehr. Kennen Sie nicht irgend jemanden? Irgendeinen Lehrer, jemanden,

Alfred Dixon

ein Mittel? — Es geht doch um die ganze Truppe. Ich muß weitermachen. Es muß doch irgend etwas geben...«

»Nun, es gibt da einen Mann namens Alfred Dixon. Warum gehen
Sie nicht...«

Damals verbrachte ich meine Wochenenden im Columbia-Presby-
terian-Hospital und überlegte, ob ich aus dem Fenster springen sollte.

»Ich kann nicht...«

»Was hast du denn zu verlieren?« fragte Bobby.

»Schön, dann laß ihn kommen.«

Bobby Helpmann, Sir Robert, spielte in *The Millionairess* den
ägyptischen Arzt und war ein guter Freund von mir. Er brachte einen
Mann in mein Krankenhauszimmer, der weder groß noch klein war,
etwas stämmig und sehr dick. Er hatte einen großen Kopf, weit auseinanderstehende Augen und ein flächiges Gesicht. Ich saß ganz ver-

zweifelt im Bett und dachte: »Also der wird dir das Leben nicht retten...«

»Ich bin Alfred Dixon...«

»Ja. — Dann sagen Sie mir bitte, was Sie in einem Fall wie diesem raten? Was können Sie tun?«

Ich war sehr ablehnend, hatte keine Hoffnung. Er versuchte mir zu erklären, was seiner Meinung nach zu meiner extremen Heiserkeit geführt hatte und mit welcher Methode der Stimmbildung er arbeitete. Er erzählte irgend etwas über Hunde und ihr Hecheln.

»Heiliger Strohsack«, dachte ich. »Ich bin verzweifelt, wirklich verzweifelt, und du erzählst mir etwas von hechelnden Hunden. Ich will sterben. Ich will aus diesem Fenster springen und sterben. Er ist ein riesengroßer, aufgeblasener Dummkopf, und alles, was ich mir wünsche, ist, daß er geht und mich mit meinem Elend allein läßt.«

Ich konnte es kaum ertragen, ihm zuzuhören. Ich hatte keine Kraft mehr.

»Vielen Dank, ich lasse es mir durch den Kopf gehen.«

Er ging. Bobby blieb noch eine Weile. Da ich aber nicht sprechen konnte, ging er auch bald. Da saß ich nun und starrte ins Leere. Morgen würde eine neue Woche beginnen... eine Qual...

Ich verließ das Krankenhaus, um nach Hause zu fahren. Ich fühlte mich elend. Sehr, sehr elend... Was sollte ich bloß machen? Montag. Noch sechs Tage bis zum nächsten Sonntag. Dann dachte ich nach. Sei keine hysterische Ziege. Versuch's. Ich rief Alfred Dixon an.

»Ich hätte gern einen Termin. Jetzt, wenn es geht.«

»Okay — um 13 Uhr.«

»Ich komme zu Ihnen.«

Mach dir die Mühe. Geh zu ihm hin, damit du spürst, welche Atmosphäre ihn umgibt.

Ich fuhr in die 36ste Straße. Das Haus ist schäbig, fast verwahrlost, dachte ich abwehrend. Der Schüler, der vor mir dran war, ging gerade. Ich ging hinein. Er begann sofort mit einigen Übungen. Der Kerngedanke des Ganzen war, den Vagusnerv zu entlasten. Wenn man aufgeregt ist oder Angst hat, was bei Schauspielern fast ein Dauerzustand ist, ziehen sich Hals und Kehle zusammen und unterbrechen den natürlichen Atmungsweg, der vom Zwerchfell über eine entspannte Körperzone läuft. Ich dagegen hatte offenbar alles über den Rachen ablaufen lassen. Ich verstand sofort, worum es ihm ging. Ich bin mir sicher, daß die Duff mit ihrer verdammten Kerze im Prinzip aufs gleiche hinauswollte, aber damals war ich noch so selbstverliebt, daß ich mich auf so etwas kaum konzentrieren konnte. Jetzt, wo ich kurz vor dem Untergang stand, wurde mir klar, daß dies doch einen Sinn hatte. Die Anspannung ließ nun ein wenig nach. Ich blieb eine Stunde bei ihm. Anschließend fühlte ich mich besser.

Heute weiß ich, daß sich genaugenommen der Zustand meiner gereizten Stimmbänder nicht gebessert hatte. Aber meine Einstellung hatte sich verändert. Ich wartete nicht mehr angsterfüllt auf die Katastrophe, sondern suchte nun nach einem Weg — einem Schlupfloch — einem Strohhalm — einem Ausweg eben. Ich packte das Problem an, statt mich gehenzulassen. Ich schwamm mich frei. Zwar gegen die Strömung, aber ich kam vorwärts.

Ich ging jeden Tag zu ihm. Mir wurde vieles klarer. Zwar trat keine Besserung ein, aber es wurde auch nicht schlimmer. Und dann erkannte ich langsam, daß sich mein Zustand mit dieser Technik nicht verschlechtern würde. Ich konnte es unter Kontrolle bringen. Nicht es — mich. Und es gelang mir, den Status quo zu erhalten — mit viel Mühe. Ich hatte eine positive Einstellung. Ich hielt mich über Wasser. Und...

Aber jetzt zurück zu der eigentlichen Geschichte über Marcia Davenport und meinen Gesang. Sie fragte mich: »Warum nimmst du nicht Unterricht. Deine Stimme klingt angenehm.«

Sie können sich sicher vorstellen, wie sehr ich mich darüber gefreut habe. — Wie ich es denn angehen solle?

»Ich glaube, ich könnte Sam Chotzinoff dazu bewegen, dich als Schülerin anzunehmen.«

Er war ein sehr einflußreicher Musikkritiker und mit Pauline Heifetz verheiratet. Ich ging ein- oder zweimal die Woche zu ihm. Über seine Welt wußte ich nichts. Toscanini aß immer bei ihm zu Abend. — Toscanini! Chotzinoffs Kinder — zwei Jungen — belauschten mich oft beim Singen, und hin und wieder machten sie mir in feierlichem Tonfall Komplimente:

»Heute haben Sie gut gesungen, Miß Hepburn.«

An solchen Tagen verließ ich sein Haus mit dem Gefühl, ein musikalischer Mensch zu sein. Aber das hielt natürlich nicht lange an, weil ich eben doch nicht musikalisch bin. In *Zu klug für die Liebe*, dem Film, der nach dem Stück von Philip Barry und dem Drehbuch von Donald Ogden Stewart entstand, sang ich ein Lied: »Parlez-moi d'amour.« Nicht schlecht, aber auch nicht allzu gut. Warum bin ich bloß keine Sängerin? Ich kann mich förmlich sehen, wie ich loslege und herrliche Töne von mir gebe. Aber eben nur in meiner Phantasie. Warum nur, warum? — Eine Sperre. Ich kann es mir vorstellen, aber nicht umsetzen. Beim Tennisspielen ist es genauso. Oder beim Malen.

Warum nur? Mangelnde Begabung, das ist das Problem. Aber das kann man nur schwer schlucken.

Du bist einfach nicht gut genug, meine Liebe.

Wer sagt das?

Ich — dein Verstand.

Die Zeit verging, und ich dachte nicht mehr daran. Und was kam dann? Ich trat in *Coco* auf. Ich arbeitete und arbeitete und übte mit Sue Seton. Jeden Tag. Und diese Übungen halfen mir auch beim Sprechen. Sue Seton hatte bei Madame Sembrich Unterricht gehabt. Ähnlich wie bei Dixon sollte auch nach ihrem Konzept der Ton vom Zwerchfell durch einen entspannten Gang — nein, es war eher ein Schacht — zum Kopf transportiert werden. »Kopftöne« nannte sie Sue. »Spürst du die Vibrationen?« Ja, ja. Kopf, nicht Kehle. Die Kehle sollte aus dem Spiel bleiben. Vergiß die Kehle. Der Brustkorb, der obere Teil des Schädels — die zählen. Das schaffte ich.

Und ich wußte, das heißt ich spürte es mit meinem ganzen Körper, wann mein Einsatz kam und wie ich mich dem Orchester anzupassen hatte. Ich brauchte Bobby Dolan, den Dirigenten, kaum anzusehen. Und hinterher erklärten mir alle, wie phantastisch ich gewesen sei. Aber bitte, ich bin doch nicht dumm. Oh, ich könnte sie in der Luft zerreißen — ich meine das Publikum. Aber dieses Stimmchen — das bist du, Kate; das bist nun mal *du*. Willst du sie damit zerreißen, ja?

Wenn ich Ihnen nur meine Angstzustände beschreiben könnte — das Gefühl der Unzulänglichkeit, die nackte Angst, die mich jeden Abend befiel. Es war, als spiele man ohne Schläger Tennis. Oder sagen wir, mit einem Schläger ohne Bespannung. — Ohnmacht — und Angeberei.

Katie singt. — Nun, für mich war das ein einziges schlagendes Beispiel dafür, daß Katie *nicht* sang. Und das trotz der hingebungsvollen Unterstützung durch Sue Seton und der Übungen, die Lynn Masters — eine ehemalige Assistentin Dixons, der inzwischen gestorben war — in meiner Garderobe regelmäßig mit mir machte.

Für mich war das furchtbar. Da saß ich in meinem Loch und wartete auf meinen Auftritt. Sie saßen da draußen und warteten auch. Und sie hatten für ihre Eintrittskarten eine Menge Geld bezahlt. Sie hatten ein Anrecht auf erste Qualität, und dann kam ich mit meinem Gepiep se. Eine Maus, die die Pose eines Löwen einnimmt.

Ich schminkte mich, frisierte mein Haar, zog Schuhe und Kostüm an und setzte den Hut auf. Und dann saß ich da, mit wild pochendem Herzen... Entspannen — entspannen. — Sie erwarten doch nicht, daß du wie die Callas singst...

Nein, nein, du siehst das falsch. — *Ich* erwarte von mir, wie die Callas zu singen — wozu bin ich sonst da...?

Ich betete. Ich weinte. Ich machte meine Übungen. Ich betete: Hilf mir doch einer. — Und dann ging ich auf die Bühne hinaus. Bitte, lieber Gott...

Und wissen Sie was? Aus dem Zuschauerraum strömte mir Liebe entgegen. Wogen der Liebe und der Umarmung... Schon gut, Katie. — Auch wenn du nicht singen kannst, wir verstehen dich. — Wir hören dich, wir fühlen, wir kennen dich.

Auf diese Weise bewältigten wir das Problem gemeinsam. Ich wurde ein wenig besser — gut genug, um nicht sterben zu müssen. Ich arbeitete weiterhin mit Sue Seton zusammen, freute mich über meine großartige Rolle, und Lynn Masters kam wochenlang jeden Abend zum Einsingen. Ich verließ mich auf mein Können und gab nicht auf. Hinterher gingen wir sogar noch auf Tournee. Sie hat mir viel Spaß gemacht.

Was habe ich gesagt?

Soviel dazu, wie sehr manche Dinge einen auf die Palme bringen können, womit ich wieder beim Ausgangspunkt meiner Geschichte wäre.

Im Frühjahr 1979 erhielt ich einen Brief von einem Mann namens Ben Bagley. Er fragte mich, ob ich nicht Lust hätte, eine Schallplatte mit Cole-Porter-Songs rauszubringen.

Ich rief meine Freundin Sue Seton an.

»Kann ich bei dir vorbeikommen und mit dir reden?«

»Ja — komm nur.«

»Wann?«

»Gleich.«

Ich fuhr los.

Sue und ich arbeiteten von da an wieder jeden Tag zusammen. Wir — genaugenommen ich — wollten es soweit bringen, daß ich vor Ben Bagley und Arthur Siegel, der mich begleiten sollte, bestehen konnte. Siegel selbst ist nicht nur ein ausgezeichneter Musiker, sondern auch ein Sänger.

Ich wollte Cole Porters »Thank You So Much, Mrs. Lowsborough — Goodbye« einstudieren. Es liegt sozusagen voll auf meiner Linie. Bei zwei anderen Songs von Cole Porter — »The Queen of Terre Haute« und »A Woman's Career« — war ich der Ansicht, daß sie für mich nicht so gut geeignet waren. Vor allem für letzteren mußte man wirklich gut singen können. Als ich dann so neben Sues Piano stand, hatte ich den Eindruck, daß ich schon ein wenig besser geworden war.

— Oder fühlte ich mich einfach nur besser? — Oder lag es daran, daß
Sue, dieses wunderbare und einfühlsame Geschöpf, mich davon hatte
überzeugen können, daß ich inzwischen etwas besser sang? Da kam
jetzt wirklich ein wenig Klangvolumen. — Oder doch nicht? — Oder
doch?

Schließlich kam der Tag, an dem ich vorsingen mußte.

Wie oft hatte ich das schon hinter mich gebracht, diese — ich nenne
sie mal Gesangsproben. Genau das waren sie. Ich absolvierte sie wohl
deshalb, damit mein Arbeitgeber sich selbst ein Urteil bilden und mir
hinterher keinen Vorwurf machen konnte.

Mein erstes Vorsingen fand, soweit ich mich erinnern kann, ungefähr 1965 vor Ray Stark, Howard Dietz und noch jemandem statt. Sie
wollten, daß ich in der Musical-Version von *Mrs. 'arris Goes to Paris*
auftrat. Wir trafen uns in meinem Haus. Ich hatte mit Ruby Ward
geübt. Irgend jemand erzählte mir, daß sie auch mit Ethel Merman zusammengearbeitet hat. Ach, Ethel Merman. — Ist sie nicht großartig?
Warum bloß bin ich nicht so gut wie sie? Aber immerhin waren sie offenbar davon angetan, daß ich nach Noten singen konnte. Ich weiß
nicht mehr, was ich gesungen habe — aber es war sowieso egal, das
Projekt wurde nie verwirklicht.

Das nächste Mal sang ich Alan Jay Lerner vor. Das war 1969 oder
1970. Er saß am Klavier und ich sang »Näher, mein Gott, zu dir«.
Hymnen kann ich gut. Er meinte: »In Ordnung. Ich habe ein Manuskript über Coco Chanel...«

»Hör zu, Alan. Dir mag das ja gut genug sein, aber... Ich sage dir,
was ich tun möchte. Ich möchte mit jemandem zusammenarbeiten. —
Du mußt doch jemanden kennen, der...«

»Ja, ich kenne jemanden«, sagte er. »Roger Edens.«

»Wer ist das?«

»Er ist der Beste. — Judy Garland...«

»Würde er...?«

»Ja... Ja, ich glaube schon.«

Ich studierte mit Roger, der mit Alan befreundet war, ein paar
Songs ein. Roger war ein außergewöhnlicher Mensch. Er brachte an
deren — sofern sie dazu in der Lage waren — bei, wie man Songs interessant, fesselnd usw. darbietet. Er war ein Intellektueller, und er
war Realist. Wir feilten an »Miss Otis Regrets«, »Thank You So
Much, Mrs. Lowsborough — Goodbye« und »I've Grown Accusto-
med to Her Face« herum. Ich mühte mich ab. Roger war nicht leicht
zufriedenzustellen. Mir war klar, daß ich in seinen Augen kaum
besser als eine Niete war. Manchmal erfror unter seinem kalten Blick

mein gesamtes Innenleben. Andererseits fuhr ich hocherfreut nach Hause, wenn es ihm einmal, was selten vorkam, gefallen hatte.

Wir arbeiteten täglich etwa eine Stunde zusammen, hin und wieder auch etwas länger. »Wir werden jetzt eine Gesangsprobe arrangieren. Wir laden George Cukor, Shirley Burden und seine Frau, Flobelle Fairbanks, Gar Kanin und Ruth Gordon zum Abendessen ein. Wir veranstalten eine musikalische Soiree. Und wenn du das durchstehst, dann kannst du auch Alan vorsingen.«

»Ja«, sagte ich.

Der Abend rückte näher. Natürlich geriet ich in Panik. Ich erklärte Roger, daß wir zunächst den musikalischen Teil hinter uns bringen und dann erst essen sollten.

Genau so machten wir es. Er spielte, ich sang. Und diese lieben Menschen — alles sehr gute Freunde — nahmen es freundlich auf. Und Roger lächelte. Und ich glaube, er fand, daß ich im Rahmen meiner beschränkten Möglichkeiten mein Bestes gegeben hatte.

Danach sang ich natürlich noch Alan vor. Er war von Haus aus Enthusiast. Und er mimte den Enthusiasten. Wir einigten uns darauf, daß ich die Chance nutzen sollte — oder waren es Alan und Freddie Brisson, die die Chance nutzen sollten... Auf jeden Fall bekam ich die Rolle der Coco.

Dann noch ein Probesingen — für Ben Bagley. Diesmal saß Arthur Siegel am Flügel. Wie üblich war ich vor Nervosität außer mir. Aber die beiden waren ganz reizend und beeindruckt von Katharine Hepburn. Etwa so: »Ob sie das schafft. — Ja, warum denn nicht? Ist doch nicht schlecht.«

Als ich vor vielen Jahren mit Harvey Snodgrass im Beverly Hills Hotel Tennis spielte, hat er mich zu einer sehr wichtigen Erkenntnis gebracht.

»O Gott, Harvey. Ich halte es nicht aus, wenn diese Leute mir zuschauen.«

»Mach dir keine Gedanken, Kate, die bleiben nicht lange. Man muß schon völlig verrückt sein, um einem miesen Tennisspieler lange zuzuschauen.«

Er hatte zweifellos recht. Damals, als ich noch jung war, war ich eine mittelmäßige Tennisspielerin. Jetzt bin ich alt und habe eine künstliche Hüfte und spiele noch immer mittelmäßig Tennis. Allerdings bin ich heute interessanter, weil ich es noch immer versuche.

Mit dem Singen ist es genauso. Ich kann nicht singen, aber man versteht den Text. Oder nicht? Auf jeden Fall kann ich das besser als Tennisspielen.

Coco

BEN BAGLEY'S
CONTEMPORARY BROADWAY REVISITED

Katharine Hepburn

in alphabetical order

Alan Arkin
Kaye Ballard
Helen Gallagher
Anthony Perkins
John Reardon
Margaret Whiting

Vocal & Musical
Arrangements by
Dennis Deal

Cast & Material
Assembled &
Directed by
Ben Bagley

STEREO
PS 1371

BEN BAGLEY'S
COLE
PORTER
REVISITED
VOL. IV

Katharine Hepburn

in alphabetical order

Blossom Dearie
Helen Gallagher
Dolores Gray
Patrice Munsel
Arthur Siegel

Vocal & Musical
Arrangements by
Dennis Deal

Cast & Material
Assembled &
Directed by

Deshalb ihre Einstellung: »Ist doch nicht schlecht, oder?« Aber ich habe eine völlig andere Einstellung. — Diese ganze negativ gefaßte Anerkennung, dieses »Das-tut's-Schon«. Mir reicht das nicht.

Nun gut. Also ich nahm die Platte mit den drei Cole-Porter-Songs auf. Aber gerade durch das, was fehlt, ist sie für den Zuhörer kein besonders fesselndes Erlebnis.

Es ist wie beim Malen. Eine faszinierende Sache. Man malt ein Bild, und es sieht niederschmetternd aus, aber man hängt es an die Wand. Mit der Zeit stellt man fest, daß man seinen Anblick nicht mehr erträgt. Schließlich nimmt man es ab und hängt es in einem anderen Zimmer auf — in einem, in dem man sich nicht so oft aufhält. Und wenn irgend jemand fragt:

»Wer hat denn diese Lilien gemalt?« antwortet man beglückt: »Ich.«

Aber im tiefsten Innern weiß man Bescheid.

Die Platte sah in ihrer Hülle oder wie man das nennt ganz hübsch aus. Ich nahm sie mit nach Fenwick — für den großen runden Küchentisch, über dem die Tiffany-Lampe hängt. Ich legte die Schallplatte auf den Tisch, wo Dick sie einfach nicht übersehen konnte. Dick, mein Bruder, ist musikalisch.

Tja, ich muß Ihnen gestehen, daß die Platte tagelang einfach nur herumlag. Freitag, Samstag. Und schließlich, am Sonntag, fragte ich:

»Willst du dir die Platte nicht anhören?«

Dick: »Welche Platte?«

»Die, die da auf dem Tisch liegt.«

»Oh, Cole Porter. Ich kann Cole Porter nicht ausstehen.« Wie grausam! Ach, die Wunden, die das Leben schlägt! Völlig niedergeschmettert verließ ich die Küche. So ein Mistkerl — wie gemein du sein kannst... Ich wollte — genaugenommen...

Seine Freundin Virginia Harrington — die die Freundlichkeit in Person ist — war während unserer Unterhaltung in der Küche gewesen. Und plötzlich hörte ich — die Schallplatte. Sie wurde im Arbeitszimmer aufgelegt. Phyllis war auch dort. Dick nicht. Er war immer noch in der Küche. Wie konnte er nur so ein Schwein sein? Meine Songs, und er wollte sie nicht...

Ich stand im Gang und hörte zu. Ich hörte genau hin, und da wurde mir alles klar: Warum regst du dich so auf, Katharine? Du regst dich so auf, weil du merkst, daß es nicht das Wahre ist — das ist es. Es ist einfach nicht das Wahre.

Wenn du davon überzeugt gewesen wärst, daß es gut ist, wäre dir Dicks Reaktion völlig gleichgültig gewesen. Aber du kennst die Wahrheit. Er hat sie sich nicht anhören wollen, weil er sich einfach nicht traute. Was hätte er sagen sollen?

O Kate — das war das letzte Mal.

Tja, das sind die kleinen Dinge, die einen aus dem Häuschen bringen. Ich lachte über mich selbst, weil ich genau wußte, daß mein Katzenjammer nur davon herrührte, daß ich wieder einmal etwas gemacht hatte, das ich lediglich durchgeführt hatte, ohne es wirklich perfekt zu machen. Ach, das Leben...

Dann eben beim nächsten Mal. — Oder sollte ich besser sagen: im nächsten Leben?

Meine Augen

Beim Arzt

J a... Ja. Ich verstehe. Die Haut zieht sich zusammen und das Augenlid nach unten... Es ist keine senile Ektropie... Ja, ich verstehe. Um eine Ektropie handelt es sich schon. Ja... Das heißt... Also, das untere Lid hängt schlaff herunter. — Das heißt, es wird nach unten gezogen... Nach außen... Ja, die Schleimhaut ist freigelegt... Nein, sie tränen nicht. Halt, doch — wenn ich im Wind spazierengehe. Oder wenn es kalt ist. Ja, sie tränen... Ja, sie sind gerötet und brennen... Ungeschützt. Ja, ich verstehe... Ja, trocken... Ja, das kann einen schon aufregen. Sie wissen ja, sie brennen. Hm... Ja, Sir, natürlich regt einen das auf. Jetzt ist mir klar, daß... Ja, das weiß ich. Sie würden vom oberen Lid Haut entnehmen und sie unter dem unteren Lid einsetzen, damit die Haut nicht mehr so straff ist... Ja, die Hautfarbe weicht ein wenig ab, das ist mir klar... Ja, nur vorübergehend... Make-up. Aber normalerweise verwende ich kein Make-up... Tja, hin und wieder müssen wir eben von alten Gewohnheiten abgehen. Ja, ich nehme an, wir... Ach so... Sie würden lieber hinter dem Ohr ein Stück Haut rausnehmen. Verstehe. Die Haut ist dicker... fester. Ja, vollkommen klar.

Vielen Dank... ja.«

Phyllis und ich machten uns auf den Nachhauseweg.

Die Fahrt nach Hause

Ich verstehe nicht, weshalb man nicht einfach die Haut zur Seite hin straffen und das, was übrigbleibt, umnähen kann. Lieber Himmel, das ist wirklich gruselig.   Unter beiden Augen ein weißer Fleck. Man sieht aus wie ein Waschbär, der sich mit Resten aus der Mülltonne bekleckert hat. Und wie macht man es, daß das Lid weiter auf dem Auge aufliegt? Man sieht doch genug alte Männer, deren Lider herunterhängen. Senile Ektropie. Die haben doch genug Haut, und trotzdem hängt das Lid herunter.

Ich wünschte mir so sehr, ich hätte etwas mehr Vertrauen. — Gruselig. Augen.

Eine Besprechung

»Wie geht es Ihnen? ...Danke, Herr Doktor.

Nehmen Sie gleich hier Platz. Ja... gut. Oh, ich vermute, Sie würden lediglich von einer graduellen Verschlechterung sprechen. In meiner Familie waren rotgeränderte Augen ganz normal.

Sie wissen schon: sommersprossig, rothaarig. Als Kind hatte ich oft Gerstenkörner. Dann Ciliaten. Außerdem eine Staphylokokkeninfektion, die ich mir in den Kanälen von Venedig geholt habe...

Nein, ich bin darin geschwommen. Laut Drehbuch sollte ich während des Fotografierens rückwärts in einen Kanal fallen. Mit weit aufgerissenen Augen und offenem Mund. Ich bin dummerweise nicht auf die Idee gekommen, mir die Augen auszuwaschen. Natürlich habe ich hinterher ein Bad genommen... wirklich an alles gedacht. Aber nicht an die Augen. An alle anderen Körperöffnungen, nur nicht an die Augen. Am nächsten Morgen waren sie knallrot angelaufen. Nein, nicht die Lider, das Augenweiß.

Ich habe mich gefragt, weshalb Sie nicht einfach eine... ja, eine Falte... und hier an der Seite einschlagen... Das untere Lid ist ja eigentlich abgestorbenes Gewebe... und vielleicht... Sie sind nicht damit einverstanden. Verstehe... Ihrer Meinung nach ist eine Transplantation die einzige Möglichkeit. Also, das obere Lid an die Stelle des unteren verpflanzen... Ja, natürlich nur einen Teil davon. Oder ein Hautstück hinter dem Ohr herausschneiden und unter dem Auge einsetzen. Hm, ja... Verstehe... In meinem Alter ist es ja möglich, daß ich, sagen wir mal, noch ein paar Jahre vor mir habe. Und in dieser Zeit würde ich nur ungern wie ein Waschbär aussehen... Ja. Sie glauben, es sei einen Versuch wert... Hm, ja. Es besteht Hoffnung.

Hör zu, Phyllis, wir beide fahren nach Schottland. Mal sehen, was wir seiner Meinung nach im äußersten Fall riskieren können.«

Im Wagen

»Siehst du, wir sind schon in Schottland. In zwei Stunden sind wir in Glasgow. Er sagte, er könne es machen. Wir müßten allerdings einige Tage im Hotel wohnen. Wenn die Zeitungen etwas davon erfahren, werden sie natürlich verbreiten, daß ich mir das Gesicht liften lasse. Aber das ist das kleinste Problem. Es ist einen Versuch wert... Vorwärts.«

Orientierung

Das also ist Glasgow.

Hier wohnt er. Hier ist das Flughafen-Hotel und dort das Turnbury Lodge. Soweit ich weiß, liegt das Krankenhaus, in dem ich operiert werden soll, mitten in Glasgow. Ich versuche einmal, ob ich ihn telefonisch erreichen kann. Er hat mich ja nur ganz kurz gesehen.

Am Telefon

»Hallo... Ja. Doktor... Ich meine, Mr. Mustarde, bitte... Oh, das ist... Ja, ich bin... Wie geht es Ihnen, Sir? Wir sind gerade in Glasgow angekommen und haben auf dem Stadtplan gesehen, daß Sie ganz in der Nähe wohnen... Können wir vielleicht vorbeischauen, damit Sie mich noch einmal untersuchen... Gut... Ja, ich weiß, wo das ist... Nach Schwester Charles fragen... Ja, gut... Oh, ungefähr zwei Stunden. − Wissen Sie das nicht?... In Ordnung.«

Im Krankenhaus

»Sie glauben, das hilft... Verstehe. Nicht auf Dauer. Na, vielleicht doch. Vielleicht hält es doch... Der Mensch hofft, so lange er lebt... Sie operieren um acht Uhr das Baby... Mein Gott − was für eine Tragödie. Nur ein halbes Auge... Oh, Sie meinen, Sie nehmen die Hälfte des unteren Lids... Und nähen es an das halbierte obere Lid an, damit dieses wieder komplett ist. Und was dann?... Ein neues Unterlid machen... Dann ein Glasauge.

Dagegen ist meine Operation ja geradezu ein Kinderspiel, nicht? Ich will damit sagen, ich habe ein Auge... O ja. Und ich kann sehen... Auf jeden Fall! Ich habe auch nicht den geringsten Zweifel, daß ich meine physische Ausstattung bestens genutzt habe. Es ist alles nur eine Frage der Wartung. Und ich möchte als Verkaufsobjekt so lange wie nur möglich im Rennen bleiben. Schließlich bin ich in einem Metier, in dem man sich selbst verkauft. Und wenn ich knallrote Unterlider habe, wird das ein wenig schwierig. Außerdem brennen sie. Und ich mache mir meine Gedanken darüber − ja, sogar Sorgen... Auf jeden Fall finde ich, daß es einen Versuch wert ist. Wenn Sie glauben, es könnte gutgehen... Genau... Dann also bis morgen um elf.«

Im Hotel

»Komm, wir gehen hinein.« (Ich wende mich an meinen englischen Chauffeur:) »David, bringen Sie das Gepäck hinein und den Proviant auch.

Oh − das ist nicht übel. Dann hat die Lobby einen falschen Eindruck vermittelt. Ich nehme dieses Zimmer. Es hat eine Badewanne. Ich muß mir die Haare waschen. Das wird nämlich jetzt einige Tage — wenn nicht Wochen — nicht mehr möglich sein.«

Es gab kein warmes Abendessen, nur Sandwiches. Das war uns recht, denn die Sandwiches waren gut, und natürlich hatten wir auch einige Lebensmittel bei uns. Wenn wir die Fenster öffneten, hörten wir die Flugzeuge. Aber das war nicht schlimm. Für das Frühstück standen schon Kaffeemaschine, Wasser, Tee, Kaffee, Zucker, Milch, Brötchen und Butter bereit. Sehr verlockend.

Wir fuhren sehr früh ins Krankenhaus. Die Augenoperation, die Mustarde an dem kleinen Baby, einem Mädchen, vornahm, dauerte länger als geplant. Ich mußte mir immer wieder sagen: »Beklage dich nicht, schließlich standen dir eine ganze Zeit lang zwei Augen zur Verfügung.«

Ich ging ein wenig spazieren, dann wurden wir hereingerufen. Ich stieg die Treppe hinauf. Eine sehr hübsche kleine Privatklinik. Sie gingen mit mir in die Umkleideräume der Schwestern, wo ich meine Hose auszog, um sie nicht zu zerknittern, und natürlich meine Schuhe und meine Bluse. Ich bekam ein Nachthemd und die Anweisung, mir die Haare zurückzubinden und eine Haube aufzusetzen. Anschließend gingen wir den Flur entlang zum Operationssaal. Sehr hübsch alles. Ich legte mich auf den Operationstisch und wurde zugedeckt. Und weil er, wie er sagte, nicht wollte, daß ich herumfuchtele, wurden mir die Hände festgebunden.

»Das erleichtert mir das Operieren. Es wird nicht weh tun — wenigstens nicht sehr.«

Ich erhielt links von meinem linken Auge einen Nadelstich, der sich anfühlte, als durchdringe er meinen Schädel. — Puh!

»Die Betäubung.«

»Ja.«

»Sagen Sie mir jetzt bitte, ob Sie das spüren?«

»Hm, ja — nein — ich glaube, nicht.«

»Ich fange jetzt an.«

»Ja.«

Ich hörte, wie das Messer die Haut durchtrennte. Es war ein eigenartiges Gefühl. Ziemlich scheußlich. Dann spürte ich das Blut über die Wange laufen. Er — oder vermutlich eine der Schwestern — tupfte es weg. Offenbar hatte er ein gewisses Problem mit der Blutung, aber ich konnte das nur daraus schließen, daß sie es ständig abtupften. Das eine Auge war fertig. Das rechte war zwar nicht ganz so schlimm betroffen, mußte aber auch korrigiert werden.

Ein Stich!

»Oh.«

Und plötzlich war alles vorbei. Ich war fertig.

»Aufstehen?« fragte ich.

»Ja, ganz langsam. — Setzen Sie sich einen Augenblick hin.«

»Ich fühle mich gut.«

»O ja, das wird auch so bleiben.«

Ich stieg vom Operationstisch herunter und ging ein wenig umher...

»Ja, ich fühle mich wirklich gut. Ich fahre jetzt gleich zum Turnbury Lodge und lege mich ins Bett.«

»Wenn Sie über die Küstenstraße fahren, haben Sie einen schönen Ausblick.«

»Gut, dann fahren wir an der Küste entlang.«

»Ich werde vorbeikommen und nach Ihnen sehen.«

»Das ist nett. Danke.«

Ich ging wieder in das Umkleidezimmer und zog meine Schuhe, meine Hose und meine Bluse an. Danach ging ich zum Wagen und setzte mich neben David Lowe, unseren Chauffeur, auf den Vordersitz. Wir fuhren los.

Es war ein sehr heißer Tag. Die Sonne brannte durch die Windschutzscheibe herein. Meine Haut und meine Augen — genauer: die Hautschrumpfungen und das hängende Lid — verdankte ich der heißen kalifornischen Sonne, der ich beim Tennisspielen immer ausgesetzt war. Ansonsten habe ich mich nie in die Sonne gesetzt oder gelegt, sondern sie, wo immer es ging, gemieden. Aber Tennis — das war für mich ein Muß. Und damals gab es noch keine Sonnenblenden. Und ich habe immer so stark geschwitzt, daß jede Sonnenschutzcreme in Nullkommanichts von meinem Gesicht heruntergelaufen wäre.

Wir erreichten die Küste. Erst fuhren wir nach Westen, dann nach Südwesten. Die Sonne stach gnadenlos herunter. Wir hielten an, um ein paar Fotos zu machen. Bei der Gelegenheit sagte ich zu Phyllis: »Ich setze mich nach hinten. Ich vertrage die Sonne nicht.« Sie setzte sich nach vorn, und wir fuhren weiter.

Meine große dunkle Brille verbarg die Schnitte, die nicht verbunden waren. Ich hatte fünf oder sechs Stiche am Augenrand und schräg nach unten. Er hatte ein Stück des Unterlids herausgeschnitten und nach innen geschlagen, um das Lid näher an den Augapfel heranzuführen.

Wir erreichten das Turnbury Lodge. Es war eines dieser typischen spätviktorianisch-edwardianischen Golf-Hotels. Es lag auf einem Hügel und thronte über dem Golfplatz. Man fuhr über eine Serpentine hinauf, bis man schließlich am Hotel ankam. Es hatte drei Stockwerke. Großzügige Veranden. Im ersten Stock lagen unsere Zimmer. Zwei Zimmer, zwei Bäder. Sie waren nicht miteinander verbunden, und jedes hatte einen kleinen Balkon für sich. Sehr teuer. Wir fuhren um das Hotel herum und hielten vor der Eingangstür. Zwei Flügel, davor ein großer Kreis aus vernachlässigten Blumen und parkenden Wagen. Aber nicht sehr viele. Wir stellten den Wagen ab. Nicht allzu weit vom Eingang entfernt. Ich wollte ungesehen hineingehen. Die Zimmer waren auf den Namen von Phyllis reserviert.

»Hört zu«, meinte ich, »ihr geht jetzt ins Hotel, zum Portier. Holt die Schlüssel, macht den Aufzug ausfindig, kommt zurück und holt mich — das Gepäck noch nicht. Das kann David später machen.«

Sie gingen zum Eingang. Ich blieb auf dem Rücksitz.

Gott, ist es heiß, dachte ich. Viel heißer als während der Fahrt. Ich bin tropfnaß. Ich nahm meine Brille ab, legte meine Hand leicht auf die Wange und nahm die Hand wieder herunter. Sie war voller Blut. Du liebe Güte — das kann doch nicht sein. Ich wischte mit der Hand über die Wange. — Noch mehr Blut. Was zum Teufel... Aufgeplatzt. Die Papiertücher... Ich rollte einige Blatt ab, faltete sie zusammen. — Du liebe Güte, wie komme ich jetzt ins Hotel? — Ach, da kommen sie. — Herrje, die haben ja einen Pagen dabei...

»David, sag dem Pagen, daß er das Gepäck erst später holen soll. — Führ ihn hinten am Kofferraum vorbei. Warte, Phyllis — meine Wunde muß aufgeplatzt sein, ich blute. Weißt du, wie wir in unsere Zimmer kommen? ...Okay, führe mich.«

Ich folgte ihr.

»Links...«

»Ja.«

Es war ziemlich dunkel. Wir waren ganz allein.

»Wo ist der Aufzug?«

»Da drüben.«

Wir gingen zur Aufzugtür. Sie war geschlossen.

»Wo ist der Knopf?«

»Ich kann ihn nicht sehen...«

Phyllis hat den grünen Star, deshalb sieht sie nichts, wenn es unvermittelt dunkel wird. Und ich konnte nichts sehen, weil mein Auge voller Blut war.

»Taste mal... Ich habe nur eine Hand frei.«

Wir tasteten verzweifelt die ganze Wand ab. Endlich...

»Hier ist der Knopf.«

Dann kam der Aufzug.

»Schließ die Tür.«

Wir fuhren hoch. Die Tür öffnete sich. Auf dem Flur kamen Leute auf uns zu.

»Welche Nummer...?«

»430 und 431.«

»Nimm die Schlüssel heraus.«

»Da.«

»Nein, du, du Dummkopf...«

Die Leute gingen vorbei. Wir gingen den Flur entlang.

»Hier — 430.«

Die Schlüssel waren riesig. Die arme Phyllis hatte ihre liebe Not — o Gott.

Endlich ging die Tür auf.

»Okay, gut so. Mach die Tür zu. Laß etwas Eis kommen. Eis, du Dummkopf — für mein Auge. Das stillt die Blutung. Ruf schon an. Telefon. Ich ziehe mein Zeug aus und lege mich auf den Badezimmerboden. Er ist gefliest. Da lassen sich Blutspritzer leichter wegputzen.

Ich ging ins Badezimmer, zog meine Gabardinehose aus. Mein Baumwollhemd, die Unterhose und die Schuhe behielt ich an. Ich nahm die Handtücher, legte mich auf den Boden und preßte ein Handtuch gegen meine Augen. Das Blut kam in Strömen. Die Tür ging auf.

»Was ist das?«

»Das Eis.«

»Gib her. — Ruf den Arzt an.«

»Wo?«

»Was heißt wo? Woher soll ich denn das wissen? In seinem Haus — in seiner Praxis. Hol David.«

»Ich bin da, Miß Hepburn.«

»Hör zu, David, ziehen Sie Ihre Schuhe, Ihre Socken und Ihre Hose aus und steigen Sie in die Badewanne und versuchen Sie, das Blut aus den Tüchern rauszukriegen, die ich da reinwerfe. Lassen Sie einfach kaltes Wasser einlaufen und treten Sie dann auf den Tüchern herum. Und du, Phyllis, versuchst, ihn zu erreichen, versuch's auch im Krankenhaus. Vielleicht ist da ein Arzt, der uns sagen kann, was wir tun sollen. Die Nummern findest du in meiner Handtasche.«

Phyllis rief da an — rief dort an. Konnte den Arzt nicht auftreiben. Also rief sie im Krankenhaus an. Bekam einen Arzt an den Apparat...

»Ich habe einen Arzt an der Leitung...«

»Laß mich sprechen.«

Ich ging ins Schlafzimmer — ein schöner Ausblick —, nahm den Hörer.

»Ich blute, kann aber nicht sehen, woher das Blut kommt, weil ich meine Brille nicht aufsetzen kann.«

»Sie klingen ein wenig verstört, Miß Wilbourn.« Damit meinte er mich. — »Warum trinken Sie nicht einen Schluck Whisky...«

»Whisky?«

»Ja, einen Schluck Whisky. Dann setzen Sie sich aufrecht ins Bett, und es wird aufhören.«

»Ich — *aufrecht sitzen?*«

»Ja, haben Sie sich etwa hingelegt?«

»Ja.«

»Das war falsch. Halten Sie Ihren Kopf senkrecht.«

»Ja...«

»Wird es jetzt besser?«

»Ja.«

»Mr. Mustarde wird Sie anrufen. Ich werde ihm Bescheid sagen.«

»Danke — vielen Dank.«

»Whisky...«

»Whisky?...«

»Ja. Für dich auch einen — mit Eis und Soda — dann hört's auf. Ich bin völlig geschafft.«

Ein gutes neues Jahr

Was ist? Was haben Sie gesagt? Einen schönen Tag wünsche ich Ihnen?... Ach ja, ein gutes neues Jahr. Ja, natürlich. » Wie dumm von mir, Ihnen auch ein gutes neues Jahr.« (Ich höre, wie sich die Tür schließt, und das Zimmer wird dunkel.) Sagte sie ein gutes neues Jahr? So kann man es wahrscheinlich auch sehen.

Ich liege im Krankenhaus von Hartford. Phyllis liegt drei Meter von mir entfernt. Wir befinden uns in einem Zweibettzimmer im fünften Stock eines Gebäudes, das zum Komplex des Hartforder Krankenhauses gehört. Es ist etwa 22 Uhr, und die Schwester, die die Schicht von 15 bis 23 Uhr hat, hat uns soeben gute Nacht gesagt. Lin Remington heißt sie.

Ja, sie kam in der Silvesternacht zu uns. Ich hatte ihr gesagt, sie solle früh nach Hause gehen, damit sie den Jahreswechsel nicht versäume. Wirklich furchtbar nett von ihr, noch einmal reinzuschauen, finde ich.

Unsere Mannschaft hat sich sehr um uns bemüht. Lin und Gail, Bernice, Sue, Kathy, Diane, Marsha und Rhada — sie haben sich wirklich angestrengt. Rhada kam sogar am Weihnachtsabend zu uns herein. Sehr edel. Die anderen haben nämlich alle Kinder, und die haben zwischen Weihnachten und Neujahr Ferien.

Wie bitte? Was wir hier machen? — Ach, Sie wissen es gar nicht? Ich bin gegen einen Telegrafenmast gefahren. Wir fuhren über den Damm von Fenwick nach Saybrook Point. Wir hatten gerade etwa fünfzig Meter hinter uns, und ich sah gerade nach oben oder nach unten oder wer weiß wohin. Auf jeden Fall prallten wir frontal gegen einen Telegrafenmast.

Können Sie das glauben? Ich nicht. Ich bin wirklich — oder muß ich jetzt »war« sagen — eine gute Fahrerin. War möglicherweise etwas mit der Lenkung nicht in Ordnung? Wie zum Teufel hat das passieren können? Oder war ich kurz mit den Gedanken woanders? — Nach dem Aufprall war ich jedenfalls ganz da.

Rumms!

Der Mast ragte mitten aus meinem Kühler heraus. Zack, da war er.

Phyllis sah zu mir hoch, sah aber nichts — sie hatte neben mir auf dem Vordersitz gesessen, war durch den Aufprall aber auf den Boden gerutscht und lag zwischen Handschuhfach und Sitz.

Ich saß noch aufrecht da. Aus meiner Nase floß Blut. Mein rechtes Bein, mein Fuß stand noch immer auf dem Gaspedal. Mit dem rechten Fuß und dem Knöchel stimmte etwas nicht. Sie waren irgendwie verdreht, fühlten sich komisch an und waren arg verschmiert — blutverschmiert. Tja, was nun?

»Komm, Phyllis. Wach auf, wach auf. Du bist doch hoffentlich nicht tot?«

Am besten auf die Hupe drücken, damit jemand kommt.

Huup — *huup-huup* — *huup-huup-huup. Huup* — He — komm doch einer — *Huup-huup-huup!*

»Komm schon, Phyllis, mach die Augen auf.«

Herrje, dieses Nasenbluten. Ah, da ist ja die Kleenexschachtel. So ist's besser. Ich muß mir irgendwo die Nase angeschlagen haben.

»Komm schon — ah, da kommen sie ja.«

Jede Menge Polizisten.

»Hier, Herr Wachtmeister. Nein, ich bin in Ordnung — das heißt, ich — tja. — Rufen Sie doch bitte meinen Bruder Dick an. Sagen Sie ihm, er soll zu Hull's Marina kommen, daß ich einen Unfall gebaut hätte. — Und meinen Bruder Dr. Robert Hepburn rufen Sie bitte auch an. Sagen Sie ihm, daß ich einen Unfall hatte. Daß wir ins Hartforder Krankenhaus kommen. Daß er uns ein Doppelzimmer und sechs Schwestern besorgen soll. — Komm schon, Phyllis. So ist es gut. Mach deine Augen auf... Wie bitte? Ja, da irgendwo muß mein Führerschein sein. Mein Bruder Dick wird gleich hier sein. Nein, wir sind nicht ins Schleudern gekommen. Das hätte ich ja gemerkt. Ich glaube, ich war einfach leichtsinnig, habe nicht aufgepaßt, herumgeschaut, ich weiß es nicht genau. Dieser Telegrafenmast — ja, der, der jetzt aus meinem Kühler emporragt. Dieser Mast hat sich einfach in meinen Wagen reingerammt. Können Sie sich das vorstellen? Ach, Phyllis, jetzt bin ich aber erleichtert! Wir hatten einen Unfall, Liebes. — Wach auf. Ich bin in einen Telegrafenmast reingefahren. Wir werden — hab noch ein bißchen Geduld.

Was macht er denn da — dieser Polizist — etwa Fotos?

He Sie, machen Sie bloß keine Fotos von mir. Ach, da kommt ja Dick. Ah, und da sind ja auch schon die Krankenwagen. Zwei... Ja, Herr Wachtmeister. Ich glaube, ich habe einen bösen Knöchelbruch, nur...

Ganz ruhig, Phyllis — sie versuchen jetzt, dich auf eine Trage zu heben.

Ins Hartforder Krankenhaus. ...Oh, wir müssen erst in die Klinik an der 156. Okay. Erst mal meinen Fuß versorgen, ruhigstellen... Ja, so ist es gut. Okay. Jetzt kann's losgehen.

Dick, hol bitte das ganze Zeug aus dem Wagen. Meine Portemonnaies — in einem von ihnen ist mein Führerschein. Sie möchten ihn sehen — auf Wiedersehen.«

Wir wurden in zwei verschiedene Krankenwagen verstaut. — Phyllis in den einen, ich in den anderen. Wir fuhren in die Klinik, die in der Nähe von Riggio's liegt. Nach einem kurzen Zwischenstopp kamen wir in zwei andere Krankenwagen und wurden eilig zum Hartforder Krankenhaus gebracht, in die Notaufnahme.

»Wir müssen Ihnen Ihre Kleider ausziehen, Miß Hepburn.«

»Ja — nichts dagegen.«

Dann hörte ich:

»Gib mir die Schere. Wir schneiden die Hose...«

»Was? Was sagten Sie?« fragte ich. »Warten Sie. Um Himmels willen, Sie dürfen sie nicht aufschneiden. Die kommt aus England, hat 275 Dollar gekostet. — Wenn Sie mir die Stiefel ausziehen, kriegen Sie die Hose problemlos runter.

Ob es weh tut, fragen Sie? Eigentlich müßte es ja weh tun. Aber ich spüre überhaupt nichts. Es sieht nur — hm, ein wenig...«

Jedenfalls werden wir in zwei verschiedene Operationssäle geschoben. Ich habe eine äußerst komplizierte Fraktur, wobei zahlreiche Knochensplitter die Haut durchstoßen haben. Bei Phyllis sind das linke Handgelenk, der rechte Ellenbogen und zwei Rippen gebrochen, und von einem Rückenwirbel ist ein Stück weggesplittert.

Wir werden zusammengeflickt, und was fehlt, wird durch Drähte und Platten ersetzt. Danach werden wir in unser Zimmer gebracht.

Soviel ich mitbekommen habe, wurde mein rechter Knöchel fünfmal eingegipst, bis das Röntgenbild endlich zufriedenstellend war. Das Ärzteteam: Dr. Pasternak, sein Assistent Dr. Butterfield, Dr. Beebe und der Anästhesist Dr. Stevens.

Was riecht denn da so? Entsetzlich. Ranzig. Ach ja, meine Haare. Du meine Güte. Ich wachte mit einem monumentalen Gipsverband am rechten Bein auf, das mit einer Winde hochgezogen worden war und jetzt in der Luft hing.

Phyllis hatte den linken Arm vom Ellenbogen bis zum Handgelenk in Gips. Ihr rechter Ellenbogen steckte in einer Art Kasten, und um den Hals hatte sie eine Stützmanschette, die sie immer tragen mußte — eine zum Liegen und eine stärkere zum Herumgehen. Ja — sie konnte gehen.

Das waren meine ersten Eindrücke. Das eingegipste rechte Bein konnte ich kaum heben, so schwer war es. Und natürlich mußte ich mit der künstlichen Hüfthälfte diese schwere Last herumhieven.

Ich sollte Ihnen an dieser Stelle erzählen, daß Dr. Neer anrief. Dr. Neer vom Columbia-Presbyterian-Krankenhaus in New York, der mich sieben Wochen zuvor zum zweitenmal an der rechten Schulter operiert hatte. Ja, eine Rotatormanschette. (Die erste Operation hatte im Juni 1980 stattgefunden. Durch meine Mitarbeit in *Am goldenen See* hatte ich alles wieder ruiniert.) Vier Wochen nach jener ersten Operation hatte Dr. Neer mir erklärt, daß der ganze Eingriff umsonst gewesen sei, wenn ich nicht mindestens zwölf bis fünfzehn Wochen mit der Arbeit pausieren würde. Aber was sollte ich denn tun? Alle warteten auf mich: Henry Fonda, Jane, der Regisseur Mark Rydell, der Kameramann Billy Williams, die Ausstattung, die Unterkünfte — die Dreharbeiten mußten auf der Stelle beginnen. Denn gleichzeitig drohte in der Filmbranche ein Generalstreik, und wenn man ihm nicht zuvorgekommen wäre, hätte das Projekt um ein ganzes Jahr verschoben werden müssen. Deshalb war ich dafür, sofort zu beginnen.

Aber der Arzt hatte recht. Ich habe meine Schulter ruiniert — beim erstenmal. Aber die zweite Operation hatte ich unter keinen Umständen gefährden wollen.

»Okay, Dr. Neer, ich verstehe. Ja, Sir.«

Keine Krücken, keine Gewichtsbelastung...

Wie sollte ich das anstellen: Der dick eingegipste Knöchel sollte den Boden nicht berühren. Da das rechte Hüftgelenk künstlich war, mußte man es auch sorgsam vor Überbelastung schützen. Nun mußte alles auf das linke Bein verlagert werden.

Zum Beispiel — vom Bett zum Rollstuhl: Den verletzten Fuß mitsamt dem Gips vom Bett hieven. Die Schwester hält den Fuß über dem Boden. Ich setze meinen linken Fuß auf und hüpfe auf dem linken Bein herum, damit ich mein Hinterteil ordentlich auf den Sitz des Rollstuhls plazieren kann. Die Schwester klappt dann die Fußstütze herunter und legt den verletzten Fuß darauf. Und dann der Weg zur Toilette. Durch die Tür.

»Passen Sie auf! Eine enge Tür! Achten Sie auf Ihre Hände und Ellenbogen!«

Den Rollstuhl sichern. Den kranken Fuß von der Fußstütze heben. Die Schwester achtet darauf, daß er den Boden nicht berührt. Ich setze meinen linken Fuß auf. Auf dem gefliesten Fußboden kann ich mich ohne Hilfe durch Zehen- und Fersenballenbewegungen umdrehen. — Es ist ein Schiebevorgang, bei dem ich auf den Zehen stehe, dann die Ferse verschiebe, dann auf der Ferse stehe und die Zehen verschiebe und so weiter. So arbeite ich mich langsam vor und setze mich dann hin. Wenn ich fertig bin, bugsiere ich mich im Fersen-Zehen-Verfahren wieder zum Rollstuhl. Zurück ins Zimmer. Bis zum Mittagessen bleibe ich in meinem Stuhl. Dann bis zum Abendessen. Anschließend zurück ins Bett. Ich stelle das Fußteil des Betts höher und das Kopfteil niedriger. Schlafe. Die Schwestern massieren abwechselnd meine Zehen, die aus dem Gips ragen. Und ich schlummere ganz sanft hinüber.

Ja, das war die ganze Geschichte. Und heute haben wir Silvester. Das Ganze ist inzwischen beinahe vier Wochen her. Für die Schicht von drei bis elf konnten wir niemanden finden. In der Neujahrsnacht ist das nicht verwunderlich. Wir wollen am Neujahrstag meine Schwester Marion in ihrem Haus in West Hartford besuchen.

An jenem Morgen wachte ich früh auf und wurde von der Sieben-

Uhr-Schicht durch die Badezimmertür geschoben. Mein Haar war unerträglich schmutzig. Sauberkeit kommt gleich nach Gottesfürchtigkeit, dachte ich, aber was kann ich tun? Dann sah ich hoch. Über der Toilette hing eine Art Schlauch mit einem Endteil — einem Zerstäuber.

»Gail — wozu ist das da — dieser Schlauch mit dem Zerstäuber?«

»Damit reinigt man die Bettpfannen.«

»Und das da — sind das Warm- und Kaltwasserhähne?«

»Ja — warm und kalt.«

»Könnte ich mir damit die Haare waschen?«

»Wo?«

»Über der Toilette. Ich könnte mich über die Toilette beugen. Sie könnten den Schlauch halten. Verstehen Sie? Meinen gesunden Fuß stütze ich neben der Toilettenschüssel auf. Ja? Meinen gebrochenen Fuß lege ich ins Duschbecken und hake den Gips am Beckenrand ein, damit er nicht abrutscht. Meinen Kopf beuge ich über die Schüssel. Kommen Sie schon. Holen Sie meine Seife, und dann fangen wir an. Das klappt schon.

Also los. — Action. — Den rechten Fuß aus dem Weg. Gut so. Sie nehmen den Schlauch. Geben Sie mir die Seife. Gut. Okay. Machen Sie meinen Kopf naß. Mehr Wasser — heiß — ja, so ist es besser. Gut. — Jetzt abdrehen. Jetzt die Seife. Gut — genug. Ich verteile sie. Ah, ist das ein herrliches Gefühl. Gut, gut. — Und jetzt kräftig massieren, Gail. Ausspülen. Gut — das reicht schon. — Nun das Handtuch. Drehen Sie das Wasser ab — fertig.

Wir sind fertig. Wickeln Sie sie ein.«

Eine Wonne. Können Sie sich das vorstellen? Was für ein Triumph. Sauberes Haar. Hach! Und das am Neujahrstag. Welch ein Omen. — Ein gutes neues Jahr. Ja, wirklich. Ein gutes neues Jahr!

6

Liebe

Ich werde Ihnen jetzt von Spencer erzählen. Das hat ja ganz schön lange gedauert, werden Sie sich sagen. Ich habe genau das gleiche gedacht, wenn ich ehrlich bin.

Ich war dreiunddreißig. Ich glaube, ich begriff damals, was die Worte: »Ich liebe dich« wirklich bedeuten. — Sie bedeuten, daß ich den anderen und seine Interessen und sein Wohlergehen über meine eigenen Interessen und mein Wohlergehen stelle, weil ich ihn liebe.

Was heißt das: Ich liebe dich? Was heißt das? Lassen Sie uns einmal darüber nachdenken. Wir gehen mit dieser Aussage so gedankenlos um.

Liebe hat nichts mit dem zu tun, was man bekommen möchte — nur mit dem, was man selbst geben will: nämlich alles. Was man dafür bekommt, ist unterschiedlich. Aber es hat nichts damit zu tun, was man selbst zu geben bereit ist. Man gibt, weil man liebt, und man kann sich dem Wunsch zu geben nicht entziehen. Wenn man sehr viel Glück hat, wird die Liebe, die man empfindet, erwidert. Das ist herrlich, aber nicht die Regel.

Liebe bedeutet völlige Hingabe. Sie ist allumfassend und umschließt die schlechten Seiten eines Menschen genauso wie seine guten. Ich weiß, daß ich die schlechten mit einbeziehen muß.

Ich liebte Spencer Tracy. Nur seine Interessen und seine Bedürfnisse zählten. Das war nicht einfach für mich, weil ich eine entschiedene Egozentrikerin war.

Es war unglaublich, was ich für S. T. empfand. Ich hätte alles für ihn getan. Wie soll ich meine Gefühle beschreiben? Die Tür zwischen uns stand stets offen. Es gab keinerlei Vorbehalte zwischen uns.

Er mochte dieses oder jenes an mir nicht, und ich änderte es, auch wenn es sich dabei um Eigenschaften handelte, die mir wichtig waren. Es war mir egal, ich änderte sie.

So war es auch bei anderen Dingen, zum Beispiel beim Essen — wir aßen, was ihm schmeckte. Und wir machten, was ihm gefiel. Wir führten ein Leben nach seinen Vorstellungen. Das machte mich sehr glücklich — der Gedanke, daß es ihn glücklich machte.

Dieses Gefühl unterschied sich vollkommen von dem, was ich bisher für meine anderen Verehrer empfunden hatte. Da hatte mich nur interessiert, was sie *mir* zu bieten hatten. Diese Beziehung war völlig anders. Meine früheren Beziehungen glichen einer wundervollen Cocktailparty. Aber mit Liebe hatten sie nichts zu tun.

Luddy liebte mich — so, wie ich das Wort verstehe. Er tat alles, was in seiner Macht stand, um mich glücklich zu machen. Luddy umsorgte mich und stärkte mein Selbstvertrauen, so wie ich Spencer umsorgte und sein Selbstvertrauen stärkte.

Ich habe die beiden besten Beziehungsformen erlebt. Die zweite war meine Liebe zu Mutter und Dad. Sie hatten immer das letzte Wort. Wenn sie etwas wollten — ich hielt mich daran. Und zum Glück liebten sie mich auch — das spürte ich, und es machte mich sehr glücklich.

Zwischen lieben und mögen besteht ein gewaltiger Unterschied. Normalerweise benutzen wir das Wort »lieben«, wenn wir eigentlich nur »mögen« meinen. Ich glaube, daß nur sehr wenige Leute je die echte *Liebe* meinen. Und ich glaube auch, daß Beziehungen auf der Grundlage von »mögen« sehr viel einfacher sind. Sie werden vom Verstand gesteuert. Aber die Liebe — die ist ein blinder Fleck.

Was mich an Spencer so fasziniert hat? Diese Frage ist nicht schwer zu beantworten. Er hatte einen wunderbaren Sinn für Humor. Er war witzig. Er war bis in die Fingerspitzen Ire. Er konnte lachen und andere zum Lachen bringen. Und er hatte amüsante Ansichten — wenigstens in einigen Bereichen.

Spencer Tracy, James Cagney, Pat O'Brien, Frank Morgan und Frank McHugh bildeten eine Art Clique. Sie trafen sich jeden Donnerstag. Das war die sogenannte irische Nacht. Sie fand bei Romanoff's statt. Einige Jahre lang auch bei Chasen's. Und schließlich bei mir, als ich im Boyer-Haus wohnte. Ich ging dann entweder zu Bett, oder ich räumte das Feld und übernachtete woanders.

Ich hatte eine wunderbare Köchin und außerdem einen großen Vorführraum. Ich bestellte das Essen, besorgte den Film, und dann begann die irische Nacht. Eines Tages war es damit vorbei. Aber so ist es nun einmal im Leben. Irgendwann zog ich aus dem Boyer-Haus aus und in Spencers winziges Haus hinunter, das er von George Cukor gemietet hatte. Dort fanden keine irischen Nächte mehr statt.

Ich werde immer wieder gefragt, was mich denn an Spencer so anzog, daß ich beinahe dreißig Jahre lang bei ihm blieb. Diese Frage kann ich kaum beantworten. Ich weiß es wirklich nicht. Ich kann nur sagen, daß ich ihn nie hätte verlassen können. Er war da, und ich gehörte ihm. Ich wollte, daß er glücklich war und sich geborgen fühlte. Ich bediente ihn gern, hörte ihm gern zu, versorgte ihn gern, unterhielt mich gern mit ihm, arbeitete gern für ihn. Ich versuchte, ihn nicht zu stören, nicht zu reizen, nicht zu belästigen, nicht zu beunruhigen, nicht an ihm herumzunörgeln. Ich gab mir große Mühe, mich in den Punkten zu ändern, die er, das spürte ich, an mir nicht mochte. Ich merkte, daß ihn einige Eigenschaften störten, die ich für meine besten hielt. Ich trennte mich von ihnen oder unterdrückte sie, so gut ich konnte.

Als er in seinem letzten Lebensabschnitt etwas kränklich wurde — in den letzten sechs oder sieben Jahren —, habe ich faktisch zu arbeiten aufgehört, einfach, um für ihn da zu sein, damit er sich keine Sorgen machte und sich nicht einsam fühlte. Ich tat es gern. Ich malte, ich schrieb, lebte ruhig vor mich hin und hoffte, daß er ewig leben werde.

Woran das lag? Ich fand ihn einfach wunderbar und großartig. Ich mochte ihn wirklich — das ging ganz tief —, und ich wollte, daß er glücklich war. Ich glaube nicht, daß er sehr glücklich war. Nicht daß er etwas gesagt oder getan hätte, was in diese Richtung gedeutet hätte. Aber — wer ist schon glücklich? Ich bin glücklich. Ich habe ein glückliches Naturell. — Ich mag den Regen, ich mag die Sonne, die Hitze, die Kälte, die Berge, die Seen, die Blumen. Ach — ich mag einfach das Leben, und ich hatte immer Glück. Warum sollte ich nicht glücklich sein.

Ich schließe keine Türen ab. Ich bin nicht nachtragend. Das einzige, worauf ich verzichten kann, ist Wind. Ich finde ihn störend.

Spence mochte keine Kälte und keine starke Hitze — er wollte es einfach behaglich haben. Ich glaube, das ist das richtige Wort.

Er war ein großartiger Schauspieler. — Schlicht. Er konnte es einfach. Übertrieb nie, war einfach perfekt, ohne die Dinge zu komplizieren. Seine Darstellung war spontan. Er konnte einen zum Lachen bringen. Er konnte einen zum Weinen bringen. Er konnte zuhören.

Ich bin einmal gefragt worden, weshalb ich Spencer Tracy als gebackene Kartoffel bezeichnet habe. Das war wohl, weil ich ihn für einen unverfälschten Schauspieler halte. Der einzige Mensch, mit dem man ihn vergleichen könnte, ist Laurette Taylor. Sie habe ich auch als gebackene Kartoffel bezeichnet.

Allerdings muß ich hinzufügen, daß sich die Charakterisierung Spencers als gebackene Kartoffel nur auf sein unglaublich perfektes Schauspiel bezieht. Im täglichen Leben war Spencer himmelweit davon entfernt, eine gebackene Kartoffel zu sein. Er war so schwierig wie ein Mensch nur sein kann.

Vor allem konnte er sich selbst nicht schützen.

Vielleicht war das auch der Grund, weshalb er in seinen kritischsten Jahren so gern trank — und er trank phasenweise zu viel. Aber er hatte einen starken Willen. Er konnte aufhören. Und manchmal lebte er lange Zeit völlig abstinent — ein, zwei oder drei Jahre lang. Dann kamen wieder Trinkphasen, doch schließlich trank er überhaupt nicht mehr. Er ließ es einfach nicht mehr zu, daß er in Situationen geriet, die ihn erschütterten.

> Wir haben neun Filme zusammen gedreht: *Die Frau, von der man spricht, Hüter der Flamme / Die ganze Wahrheit, Zu klug für die Liebe, Endlos ist die Prärie, Der beste Mann / Zur Lage der Nation, Ehekrieg, Pat und Mike, Die Frau, die alles weiß, Rat' mal, wer zum Essen kommt.* *

Zu Hause haben wir nie zusammen geprobt. Wir unterhielten uns auch fast nie über das jeweilige Drehbuch. Das war eigenartig. Ich habe mich immer gern mit dem Drehbuch auseinandergesetzt. Spencer nicht. Er las etwas, sagte ja oder nein, und das war's.

Ich bin gefragt worden, wann ich mich in Spencer verliebt habe. Ich erinnere mich nicht mehr daran. Es war gleich im ersten Augenblick. Wir begannen mit den Dreharbeiten zu unserem ersten gemeinsamen Film, und ich merkte sofort, daß ich ihn unwiderstehlich fand. Genau das — unwiderstehlich.

Sein Vater starb, bevor ich Spencer kennenlernte. Seiner Mutter bin ich nie begegnet. Ich weiß nicht viel über die beiden. Sein Vater war ein schwerer Trinker. Ich glaube nicht, daß er einem von beiden sehr nahestand. Auf keinen Fall hatte er zu ihnen eine so enge Beziehung wie ich zu meinen Eltern.

Sein Bruder Carroll regelte die geschäftliche Seite von Spencers Karriere. Aber sie hatten völlig unterschiedliche Charaktere und standen sich ebenfalls nicht sehr nahe. Carroll war mit einer Frau verheiratet, die er noch zu Hause in Wisconsin kennengelernt hatte — Dorothy hieß sie. Spencers Tochter Susie ist mir heute eine gute Freundin. Sie ist ihm sehr ähnlich, nur ein wenig unbeschwerter.

---

* Manche dieser Filme erschienen in Deutschland unter zwei verschiedenen Titeln, Anm. d. Übers.

Ich mit Spencers Tochter Susie

Ich wurde auch gefragt, welches Verhältnis denn Spencer, Mutter und Dad gehabt hätten. Natürlich haben sie sich ab und zu gesehen. Wir sind einige Male nach Hartford und Fenwick gefahren. Aber sie hatten keinen engen Kontakt miteinander. Ich glaube, sie mochten ihn. Aber Spencer fühlte sich ihnen gegenüber ein wenig unwohl. Schließlich war er ein verheirateter Mann. Ich glaube nicht, daß sich Mutter und Dad allzusehr daran gestört haben. Aber Spencer konnte nicht aus seiner Haut raus, er fühlte sich unwohl — angespannt. Deshalb waren wir selten zusammen, wenn ich nach Hause fuhr.

Ich habe nicht die leiseste Ahnung, was Spencer für mich empfand. Ich kann nur sagen, daß er sich wohl nicht in meiner Nähe aufgehalten hätte, wenn er mich nicht gemocht hätte. So einfach ist das. Er sprach nicht darüber, und ich sprach nicht darüber. Wir verbrachten einfach siebenundzwanzig Jahre miteinander. Für mich war es das vollkommene Glück.

Man nennt es *Liebe*.

Kleines Haus, ade

Liebes kleines Haus in Kalifornien — ich verlasse dich. Dies ist fast schon mein letzter Rundgang. Ecken, Licht, Schatten. Gute und schlechte Tage. Hier habe ich gelebt — es gehörte mir. Es gehörte dir, aber so viele Jahre auch mir. Nächte, Tage, Unterhaltungen.

Du hast im Schaukelstuhl gesessen, Spencer. Weißt du noch, wie ich mit diesem alten Roßhaar-Schaukelstuhl angekommen bin? Er stand im Fenster eines alten, heruntergekommenen Ladens in der Olivera Street. Nur der nackte Rahmen. Keine Polsterung — nur Federn in einem Rahmen und die abgerundeten Kufen, auf denen er schaukelte. Du warst nervös und hast gern geschaukelt. Fanny Brice' Mr. Schwartz konnte ihn wieder herrichten — mit schwarzer Roßhaarfüllung.

Der Stuhl hatte eine überaus hübsche Form. Die Rückenlehne war oben sanft geschwungen, und die Enden der Armlehnen zeigten leicht nach oben. Auch die Kufen waren sehr schön, und für einen gepolsterten Stuhl war er beweglich und leicht. — Ich mußte diesen Stuhl unbedingt haben. Er gehörte einem Chinesen. Er hatte schon seinem Großvater gehört. Er sagte nein, der Stuhl sei unverkäuflich. Aber ich ging immer wieder hin und erklärte ihm, wie sehr du ihn brauchtest, um darin zu sitzen und zu schaukeln. Schließlich hat er ihn mir dann doch überlassen, für eine recht stattliche Summe. Draufgezahlt hat er nicht. Ich aber auch nicht. Und du auch nicht.

Es war dein Stuhl, in deiner Ecke. Der eichene Klapptisch war dein Tisch — er war groß genug. Daneben stand eine gute Lampe aus Korbgeflecht mit vielen Glühbirnen — viel Licht. Dann deine Lieblingsbücher. Und die Enzyklopädie und das Oxford Dictionary, das Radio und die Fernbedienung für den Fernseher und linkerhand das Telefontischchen und ein Fußschemel. Wir hatten zwei Telefone. Du hattest es gern bequem.

Ich hoffe, du konntest das Feuer sehen. Es brannte fast jeden Abend. Im Sommer wie im Winter. Wir hatten auch einen roten Polsterstuhl, in dem ich immer saß. Ich stellte ihn je nach Bedarf um. Er war nicht allzuschwer. Heute kommt er mir schwerer vor. Damals war das noch nicht so.

Das Zimmer war mit wurmstichigem Kastanienholz getäfelt. Die Decke war eher hoch als niedrig und lief nach oben auf ein etwa ein Meter breites Quadrat zu, das wie ein Oberlicht aussah, aber keines war. An der vorderen Seite des Zimmers stand unter einem Glasdach der Schreibtisch, und auf beiden Seiten waren französische Fenster.

Der Schreibtisch war eine meiner Schöpfungen. Früher hattest du in einer entsetzlichen kleinen Wohnung am South Beverly Drive gewohnt, in einer etwas abseits vom eigentlichen Drive gelegenen Allee. Es war völlig unmöglich, etwas Schönes aus ihr zu machen. In unserer Verzweiflung gaben wir bei Erik Bolin, einem französischen Möbeldesigner, hölzerne Verkleidungen für die Vorhänge in Auftrag. Als du auszogst, nahm ich sie mit, um aus ihnen eine Schreibtischplatte zu machen. Ich legte sie auf die beiden gleich hohen Schränkchen, die jeweils drei Schubladen hatten, fünfundsiebzig Zentimeter breit waren und die äußeren Pole des Schreibtisches bildeten. Der Schreiner hatte sie mir angefertigt. Um Platz für die Beine zu schaffen, sägte ich den Mittelteil der nach unten hin offenen Holzverkleidungen heraus. Es war ein großer Erfolg — für vierzig Dollar. Die Spalten zwischen den Oberseiten der Holzverschalungen eigneten sich gut zum Hineinstellen von Telefonbüchern.

Außerdem entwarf ich einen Kaminsims aus dem Kastanienholz, den wir über einer viel zu kleinen Feuerstelle anbrachten, die in einen weiß gestrichenen Ziegelkamin einmündete, der etwa drei Meter breit war. Zu beiden Seiten des breiten Kamins wurden senkrechte Bretter mit einer Länge von fünfzehn Zentimetern befestigt, die zwei Auflagesockel für den etwa zehn Zentimeter starken Kaminsims bildeten. — Kastanie vor einem weißen Kamin — sehr reizvoll. Dadurch wirkte die Feuerstelle größer.

Dad hatte in Cromwell, Connecticut, einen hübschen Eckschrank gefunden. Er war aus Kiefernholz und stand in der Ecke links von der Feuerstelle. Den werde ich nun mit nach Fenwick nehmen. Mein afrikanischer Stuhl stand gleich daneben. Wir hatten auch einen großen teppichartigen Vorleger, auf dem ein himmlischer Navajo lag — ein kräftiges Rosarot auf Weiß, ein wenig Schwarz, ein wenig Französischblau, ungefähr drei mal vier Meter groß. Der Teppich war ein rares altes Stück, das ich in Seattle entdeckte, als ich in *A Matter of Gravity* auftrat.* Du hast ihn nie gesehen, oder? — Nein.

Gegenüber vom Schreibtisch, am anderen Ende des Raums, wo nur

---

* Das war neun Jahre nach Spencer Tracys Tod, Anm. d. Übers.

Fenster waren, gingen hohe, breite Schiebetüren zum Innenhof hinaus. — Nein, kein Ausblick, eher eine helle Spiegelung. Ich hatte ein gitterartiges Holzgeflecht als eine Art Blende anfertigen lassen. Das weißt du sicher noch. Du konntest in deinem Schaukelstuhl sitzen, und ein herrliches Licht umgab den Innenhof mit einer geheimnisvollen Aura.

Ein merkwürdiges Gefühl, jetzt zu gehen. Nach deinem Tod hätte ich es nicht ertragen, das Haus zu verlassen. Ich habe es behalten — selbst die Bücher auf dem Eichentisch. Jetzt sitze ich in deinem Stuhl. Die Bücher wurden nie weggestellt. Vielleicht war das albern, aber ich versuchte, dich hierzubehalten. Jetzt gehen wir beide.

Ich hatte ein Angebot für den alten Thunderbird. Ich wollte ihn behalten, aber er ist einfach zu unpraktisch. Whitney, Georges Hund, ein heller Labrador Retriever, hat das Leder zerfetzt. Außerdem wurde er nicht richtig gepflegt. Lieber alter Bird. Hat Spaß gemacht, ihn zu fahren — jetzt nicht mehr so. Langsam fragt man sich, ob nicht bald einem Herzstillstand erliegen wird. Aber er gehört dir — ich meine, mir. Nach deinem Tod mußte ich ihn von Louise zurückkaufen.

Während ich all dies schreibe, sitze ich in deinem Schlafzimmer. Du wolltest immer alles eingeschlossen haben — oder eher ausgeschlossen? Ich schließe nie die Fenster. Sie gleiten zurück, die großen Glasfenster, die auf den Innenhof hinausgehen. Wenn du möchtest, kannst du die weißen Fensterläden schließen — ich mache es nicht.

Dein Bett steht noch an derselben Stelle. Gleich neben der Tür zum Bad. Ich sehe mich im Zimmer um und dann hinaus auf einen Ausschnitt des Himmels. Auf diesen kleinen Ausschnitt oberhalb des alten, ungepflegten, formlosen Bananenbaums, der hier Jahr für Jahr steht und riesige Blätter austreibt, die faulen, brechen und braun werden und absolut häßlich sind. Ich beobachte das, weil ich in dein Schlafzimmer gezogen bin und immer sehr früh im Bett frühstücke und dann auf diesen albernen Baum im Innenhof blicke. Er trägt nicht mal Bananen. Er steht immer noch da — formlos wie immer. Albert will ihn nicht zurückschneiden. Er liebt diese abgestorbenen Blätter.

Manchmal — vielmehr oft — denke ich daran, wie du in diesem Bett lagst; wie du dich hin und her und hin und her warfst. Weißt du noch, als es zu Ende ging. Wir wußten zwar nicht, daß das Ende nahte, aber es war so. Ich legte eine Steppdecke und ein Kissen auf den Boden. Manchmal auch die Sofakissen aus dem Wohnzimmer. Du hattest bereits deine Schlaftabletten eingenommen. Das Licht war gelöscht. Mein Kopf lag halb jenseits der Glastüren, die zum Innenhof führten. Ich schob den Vorhang zurück, um frische Luft zu bekommen. Dir war die Luft ja völlig egal. Du wolltest nur ganz sicher und abgeschirmt sein.

Wir unterhielten uns ein wenig. Dein Problem war deine Schlaflosigkeit. Ich sprach die meiste Zeit. Ich glaube, ich habe dich wirklich gelangweilt. Aber das hat dir offenbar nichts ausgemacht. Hauptsache, ich war da. Nur für *dich* da. Und du wußtest, daß da jemand war, auf den du dich verlassen konntest. Aber du hast dich herumgeworfen, dich hin und her und hin und her gewälzt und gestöhnt. Warum nur? Warum? Immer hast du dich gequält. Dabei hättest du so alt werden sollen. Du warst erst siebenundsechzig. Du wurdest von irgendeinem Schuldgefühl gequält, irgendeiner entsetzlichen Last. War es, weil du dich selbst nicht ertragen konntest?

Du warst ein einzigartiger Schauspieler. Du und Laurette. Das habe ich immer gesagt — gedacht. Ihr wart beide irischer Abstammung. Und euch beiden war das Leben eine Last. Beide suchtet ihr dringlich das Vergessenkönnen. Im Alkohol, im Lachen, in allem möglichen. Die Schauspielerei fiel dir am leichtesten, nicht wahr? Sie machte dir keine Mühe. Diese ganzen Nervenstränge sehnten sich nach Beschäftigung, damit der Druck nachließ.

Es war seltsam am Anfang, findest du nicht? Zunächst wohnte ich noch oben in Edgar Bergens Haus. Bob McKnight, ein alter Freund, hatte den Sommer bei mir verbracht. Warum um alles in der Welt heiratete ich ihn bloß nicht? Ich kannte ihn, ich mochte ihn, beide spielten wir gern Tennis. Wir kannten uns seit meinem fünfzehnten Lebensjahr. Ich lud ihn für den Sommer ein. Wir — du und ich — sollten demnächst mit George Stevens *Die Frau, von der man spricht* drehen. Ich hatte dich gerade kennengelernt. Dir waren meine schmutzigen Fingernägel aufgefallen. Und du hast, glaube ich, gedacht, ich sei Lesbierin. Aber nicht lange. Oder? Das war ganz zu Anfang der Vierziger, ich glaube 1941. Außerdem waren Mike Kanin und Ring Lardner über Garson beteiligt. Sie hatten noch nie etwas Aufsehenerregendes geleistet.

Ich hatte Metro den achtundsiebzigseitigen Entwurf einer Geschichte über einen Sportjournalisten — dich — und eine Politikkolumnistin à la Dorothy Thompson — mich — geschickt. Ich verlangte 250000 Dollar für das Ganze: für meine schauspielerische Arbeit 125000 Dollar und die andere Hälfte für das Drehbuch. — Aber das war noch vor dem Haus — vor uns.

Ich sitze jetzt im Flugzeug. Es regnet. Wir haben den 21. November 1978. Heute mußten die Möbel verladen werden. Aber ich wollte nicht, daß das bei strömendem Regen geschah. Und es goß wirklich in Strömen.

Es war ein komisches Gefühl, dieses Haus leerzuräumen. Jetzt habe ich es hinter mir. Stück für Stück entfernt man sein eigenes Ich. Und das nach beinahe dreißig Jahren. Freunde kamen vorbei, auch Susie und Susan (deine Tochter und ihre Freundin). Sie haben ein paar Kleinigkeiten mitgenommen. Das Kristallei mit deinem Sternzeichen. Kathy Houghton, meine Nichte, hat es dir geschenkt. Du wurdest am 5. April geboren. Sie haben auch einige Kunstbände mitgenommen, außerdem die Erstausgabe von *Der alte Mann und das Meer*, in die Hemingway dir eine Widmung geschrieben hat: »Für Spencer von Papa.« Und diese wunderschöne Weihnachtskarte, die General Montgomery dir geschickt hat. Er sitzt an einem Tisch. Ihm gegenüber sieht man Winston Churchill mit seinem großen Hut. Sie sitzen in einem Zelt und nehmen einen Drink. Sehr entspannt. Susie gefiel sie sehr. Sie wird sie sich rahmen lassen.

Ich habe ihr diese tolle Geschichte von deiner Überfahrt mit der *Queen Mary* erzählt. Weißt du noch? Der Kapitän lud dich zu einem Drink in seine Räume ein. Montgomery war auch da.

»Spencer Tracy?« fragte er. »Stimmt das?«

»Ja«, hast du geantwortet, »das stimmt.«

»Und woher kommen Sie«, fragte er (offenbar kannte er dich nicht).

»Oh — man könnte sagen, aus Kalifornien«, war deine ziemlich knappe Antwort.

»Aus welchem Teil von Kalifornien?«

»Los Angeles — genaugenommen aus einem Vorort.«

»Schöner Staat.«

»Ja.«

»Wurden Sie dort geboren?«

»Nein — es gibt offenbar nur wenige, die in Kalifornien geboren wurden.«

»Seit wann...«

»Oh — schon einige Jahre — nein — doch, stimmt.«

»Haben Sie beruflich dort zu tun?«

»So könnte man sagen — ja.«

»Ein Beruf, der irgendeine spezifische Beziehung zu Kalifornien hat?«

»Eigentlich nicht. Obwohl, doch, man könnte vielleicht sagen, daß er eine spezifische Beziehung zu... Aber...«

»Aber was?«

»Ach, eigentlich doch nicht...«

Er war entschlossen, dich zu dem Eingeständnis zu bewegen, daß du Schauspieler seist. Und du warst genauso entschlossen, es ihm keinesfalls zu sagen. Er hat sich offensichtlich dumm gestellt und so getan, als wisse er nicht, daß Spencer Tracy ein Filmschauspieler ist und daß du das bist. – Ich höre förmlich, wie du mir vorhältst, ich hätte diese Geschichte verkorkst.

Außerdem gab ich Susie das gerahmte und mit Edelsteinen besetzte Funkengemälde, das Kramer dir einmal zu Weihnachten geschenkt hat. Und diese Figurinen – das Orchester aus Silber und Messing –, auch von Kramer, acht Figuren. Erinnerst du dich? Wir hatten gerade *Rat mal, wer zum Essen kommt* fertiggedreht. Ich habe die dazugehörige Karte gefunden. Er hat die Figuren uns beiden geschenkt: »Möge eure Musik nie verklingen.« Aber in Wahrheit meinte er dich allein. Deshalb fand ich, Susie solle die Figuren bekommen. Ich behielt die Karte. Auch die goldgerahmten Bleistiftskizzen mit den Pferden und den Männern von Toulouse Lautrec. Ich hatte sie dir zu Weihnachten geschenkt.

Bill Self bekam das Boot, das auf dem Kaminsims stand. Er kaufte auch einen kleinen Tisch aus deinem Schlafzimmer. Das einzige, was ich sonst noch verkaufte, war der eichene Klapptisch, der neben deinem Schaukelstuhl stand. Alan Shayne hat ihn gekauft. Er wollte auch die beiden großen Sessel, die rechts und links vom Kamin standen. Aber Betty Bacall wollte sie auch haben, und ich hatte keine andere Wahl, schließlich hatte ich sie nach dem Modell von zwei Sesseln machen lassen, die ihr gehören. Sie hat inzwischen ein Landhaus gekauft, und die beiden Originale hat sie in ihrer Stadtwohnung. Sie sind sehr unbequem, aber sehr schön. Alles andere nehmen wir mit – die alten Briefe, die alten Telegramme. Wenn sie etwas mit deiner Laufbahn zu tun hatten, gab ich sie Susie. All die traurigen, die ich nach deinem Tod erhielt, behalte ich.

Die vielen Dinge, die sich in diesem kleinen Haus ereignet haben – die Nacht, in der du gestorben bist. Du warst schlafen gegangen. Als ich glaubte, du würdest tief schlafen, schlich ich aus deinem Zimmer. Immer das gleiche. Du hattest den Summer gleich neben dir, dazu die Schnur – ellenlang. Ich hatte die Glocke immer bei mir, wenn ich im Haus – oder draußen – zu tun hatte, damit ich hörte, wenn du mich brauchtest. In jener Nacht hast du nicht geläutet. Es war ungefähr drei Uhr morgens. Du wolltest eine Tasse Tee. Weißt du noch, wir haben den Kessel immer auf niedriger Stufe warm gehalten. Nein, du hast nicht geläutet. Aber ich hörte, wie du den Flur entlang und in die

Küche gingst. Ich stand auf, zog meine Pantoffeln an und ging zur Küchentür. Ich wollte sie gerade aufstoßen, da hörte ich, wie eine Tasse auf dem Boden zersprang — dann ein dumpfer Aufprall, sehr laut. Das warst du, als du auf den Boden fielst. Ich sprang durch die Tür. Ja — das warst du. Du warst einfach — tot. Als ob alles aufgehört hätte. Plötzlich aufgehört hätte. Urplötzlich. Das Ende...

Ja — die Maschine hat ihre Arbeit eingestellt. Um drei Uhr morgens. Am 10. Juni 1967. Einfach eingestellt — *Peng!* Das Gehäuse ist zerbrochen. Das Gefäß war einfach zu klein für — wie du es nennen würdest — dieses ungebärdige Zeug, das in deinem Inneren tobte. Endlich Frieden. O ja, das hoffe ich.

Ich bückte mich zu dir hinunter und nahm dich in meine Arme — du warst tot. Kein Leben, kein Puls mehr — tot. Spence ist tot. Er lebt nicht mehr. Er wohnt nicht mehr in seinem Körper. Er ist gegangen. Seine Augen sind geschlossen. Sein Tee hat sich über ihn ergossen. Er wird nie erfahren, was geschehen ist... Mein lieber, lieber Freund — gegangen. Du Glücklicher. Das ist der beste Weg zu sterben. Einfach zur Tür hinaus — weg.

Ich setzte mich hin. Ja, Spence — du hattest Glück. So ist es gut, Spence. Gut gemacht. In dich hineinzuhören und dich schlecht zu fühlen, das hattest du satt. Aber du warst nicht wirklich krank. Keine Qualen oder Schmerzen oder Hilflosigkeit. Du bist als unabhängiger Mensch gegangen. Und wirst nie zurückkommen.

Was sollte ich tun? — Phyllis anrufen. Sie wohnte etwas weiter den Hügel hinauf, 1300 Tower Grove Drive. In John Barrymores Vogelhaus. Wir benutzten es als eine Art Studio. Sie schlief dort. Unser Haus in den Bäumen. Oberlicht, hohe Decken, Fenster, Sonne — Gottes Licht. Wir züchteten Orchideen. Und ich malte — schlecht. Trotzdem machte es Spaß. Und zum Tee kamen immer Gäste — aber das ist lange her. Die Aussicht war sehr schön.

Ich rief Phyllis an. »Spence ist tot.«

»Ich komme...«

Ich legte dich auf einen kleinen Teppich. Ich konnte dich nicht tragen, weil du zu schwer für mich warst. Dann rief ich Willie und Ida Gheczy, die nebenan wohnten. Ida war unsere Haushälterin. Willie war George Cukors Hilfsgärtner. Da George Spencers Vermieter war, war Willie auch unser Gärtner. Sie kamen und halfen mir dabei, Spence auf sein Bett zu legen. Ich schlug die Decken zurück und zündete die Kerzen an. Er wirkte so glücklich, das Leben hinter sich zu haben, das ihm trotz all seiner Leistungen eine entsetzliche Last war. So ruhig. Er, der sich in diesem Bett ständig hin und her geworfen hatte. Niemand konnte ihm helfen. Und ich glaube, ich verstand ihn nie ganz. Dabei ist er der einzige, der mich wirklich gekannt, der mich verstanden hat. Ich glaube, ich war ihm ein Trost. Ich hoffe es. Lieber Freund.

Was sollte ich nun tun? Die Familie anrufen? Stanley Kramer anrufen? Wegfahren? Nein. Dann anrufen. Phyllis kam. Wir verfrachteten alle meine Sachen — Kleider, persönliche Habseligkeiten — in meinen Wagen. Dann dachte ich: Lieber Himmel, Kath, was tust du da? Du warst mit diesem Mann fast dreißig Jahre lang zusammen. Das hier ist dein Zuhause. Es ist ein Teil von dir. Diese Mauern, dieses Dach, dieses Fleckchen Erde. Ich trug also alles ins Haus zurück. Man kann nicht dreißig Jahre seines Lebens verleugnen.

Was nun? Ich hatte den Arzt angerufen. »Ja — er ist tot — das Herz. Der schönste Tod. Ja, er hatte wirklich Glück.«

»Ruf Howard Strickling, den Pressechef von MGM an. Er wird schon wissen, was zu tun ist und wie man sich der Presse gegenüber verhält.«

Wir erreichten Howard. Er wollte gleich kommen. Dann George Cukor.

»Zieh dich an, George. Komm herunter. Spence ist tot.«

»Ich ziehe mich an...«

Ich verständigte die Familie — seine Frau Louise, seine Kinder Susie und John. Auch seinen Bruder Carroll und dessen Frau Dorothy. Spence ist tot.

Dann trafen sie einer nach dem anderen ein. Carroll rief Cunningham & Walsh, das Beerdigungsunternehmen, an.

Die Familie traf ein.

»Er liegt dort.«

»Wir können euch Kaffee und etwas zum Frühstück anbieten. — Eier? Schinken? Toast? Obst? Alles, was ihr...«

»Bitte eßt...«

»Ja, selbstverständlich könnt ihr zu Spence.«

»Bitte...«

Das kam von Louise. Sie ging mit ihrer Tasse Kaffee durch den Flur. Kein Zweifel, sie befand sich in einer eigenartigen Lage. Sie hatte sich das Scheitern ihrer Ehe nie eingestehen können. Nun war er tot. Und er würde nie mehr zurückkommen. Sie hatte geträumt, gehofft, sich ausgemalt, daß er noch zurückkäme. Doch nun waren all diese Hoffnungen mit ihm gestorben. Diese seltsame Frau — ich — war offensichtlich bei ihm gewesen, als er starb. Und er gehört zu mir...

Mittlerweile waren die Leichenbestatter da.

»Welchen Anzug? Ach, die alte graue Hose und das braune Tweed-
sakko — das alte. Es ist alles hergerichtet. Sie haben es dort rausge-
nommen...«

»Aber er ist mein Mann — ich sollte die Sachen aussuchen, die...«

»Ach, Louise — was macht das schon für einen Unterschied?«

Und plötzlich war er weg, und sie gingen, und Dorothy bat um die
Hausschlüssel. Da griff Phyllis ein:

»Was hast du gesagt, Dorothy? Die Schlüssel zu diesem Haus —
unserem Haus?«

Dorothy sagte nichts mehr — englische Eleganz und Entrüstung
hatten sie zum Schweigen gebracht.

Susie fühlte sich schwach und ging mit Phyllis im Innenhof spazieren. Johnny hatte zwei Tabletten bekommen und war angesichts des
Todes und dieses eigenartigen Hauses und der eigenartigen Leute
etwas verwirrt, zumal er taub und das Leben für ihn ohnehin schwierig war. Da geschah so vieles, was er nicht begreifen konnte.

Der Arzt ging nun auch. Es war nichts mehr zu tun. Dann George.
Dann Howard Strickling. Er hatte die Presse informiert, und es war
erst sechs Uhr in der Früh.

Das alles ist in diesem kleinen Haus geschehen. In unserem kleinen
Haus. Es ist ein komisches Gefühl, nun alles zusammenzupacken. Das
Haus von Mutter und Dad habe ich nie wieder betreten, nachdem ich
es leergeräumt hatte. Ich hielt es nicht mal aus, an der Bloomfield
Avenue 201 auch nur vorbeizufahren. Sie waren so sehr ein Teil
davon. Und nun dieses Haus. All die Jahre, die ich hier verbracht
habe. Nach deinem Tod habe ich es zunächst behalten, weil es alles
war, was mir von dir blieb.

Lange Zeit war es genauso wie zu deiner Zeit. Dann veränderte es
sich langsam. Nach und nach warf ich erst deine Medikamente und
dann andere Kleinigkeiten weg. Ich hob — das heißt, bis vor kurzem
— die Schlafanzüge und den roten Morgenmantel aus Flanell auf, in
dem du gestorben bist. Wenn ich dort wohnte, hing er über dem alten
Eichenstuhl in deinem Schlafzimmer. Du trugst ihn auch, als man dich
ins Bestattungsinstitut fuhr. Dort hat man dich einige Tage — nein,
keine Totenwache — zur Besichtigung oder wie sie das nennen, aufgebahrt.

Als alle gegangen waren, setzte ich mich ein wenig zu dir. Das war
alles, was blieb. Und im Innersten meines Herzens mußte ich froh
sein. Du — dieser wunderbare, ungezähmte Geist mit dem großen
Humor — und doch so traurig. — Warst du traurig? Was war mit dir,
was? War es, weil John taub war und du dich dafür verantwortlich

fühltest? War es, weil du glaubtest, du hättest deine Ehe aufrechterhalten sollen? Aber du warst doch noch immer mit Louise verheiratet. Sie wollte es wohl so. Sie konnte sich einfach nicht mit der Tatsache abfinden, daß ihre Ehe gescheitert war. Ich glaube, sie hat nicht begriffen, daß es fast zwangsläufig so kommen muß, wenn ein Kind behindert zur Welt kommt. Die Ehefrau kümmert sich mit all ihrer Kraft um das Kind. Und der Ehemann entfernt sich innerlich von ihr. Ausschlaggebend dafür ist wohl, daß er nicht in der Lage ist, der Wahrheit ins Gesicht zu sehen, daß sein Kind nicht vollkommen ist. Und die Ehefrau kann nicht nachvollziehen, was sich im Kopf ihres Mannes abspielt. Die innere Not, die aufwühlenden Anstrengungen, die innere Not zu verdrängen, der Alkohol, der einem helfen soll, all das Elend und die Aufregungen zu vergessen.

Du warst das Opfer eines Schwebezustands. Du konntest sie nicht verlassen, wenn sie es nicht wollte. Sie hatte sich so aufopfernd um Johnny gekümmert. Was solltest du tun? Ich muß sagen, ich weiß nicht, was ich an deiner Stelle unternommen hätte. Also tatst du nichts, einfach nichts.

Die Zeit verging. Ich habe nicht auf eine Heirat gedrängt. Und obwohl du gesundheitliche Probleme hattest, wurden wir eigentlich immer glücklicher. Wir führten ein zurückgezogenes, bescheidenes Leben. Aber wir waren sehr zufrieden. Ich spürte, daß du mich sehr brauchtest, und das habe ich unendlich genossen. In einer Zeit, in der die meisten Frauen in meinem Alter in sich zusammenfielen, weil sie nicht mehr gefragt waren — sei es als Mensch oder im Beruf —, wurde ich vierundzwanzig Stunden am Tag gebraucht. Es hat dich bedrückt, daß ich meine Karriere schleifen ließ. Aber die Versuchung zu fragen, wie es beruflich mit mir hätte weitergehen können, bestand überhaupt nicht, da ich sozusagen gar nicht auf dem Markt war. Ich fühlte mich frei, frei von diesem verdammten Egoismus.

Wenn ich heute zurückblicke, bin ich vermutlich ein wenig von Susie und dem Umstand beeinflußt, daß ich sie jetzt kenne. Unsere erste Begegnung war komisch und bewegend zugleich. Ich spielte damals täglich im Beverly Hills Hotel mit Alex Olmedo Tennis. Eines Tages nahm ich Lobo mit, den Hund von Spencer und mir. Er war ungefähr drei Jahre alt, halb Schäferhund, halb Kojote und nur halb so groß wie ein Schäferhund. Er hatte weiches Fell, und eines seiner Ohren stand aufrecht, das andere hing herab. Außerdem fehlte ihm die eine Hälfte seines Schwanzes. Er war ein Mischling und hatte die für Mischlinge typische Gutmütigkeit, war intelligent, hatte einen schönen, elegant gezeichneten Kopf und große, fröhliche Augen. Er war mein Freund und begleitete mich überallhin. Er wirkte eingebildet, und auch seine Nase zeigte leicht nach oben. Er war einfach lustig. – Wie Sie sehen, habe ich ihn sehr gemocht.

Also wir gingen durch das Tor zum Tennisplatz. Plötzlich kam hinter uns ein Mädchen angelaufen. Sie wurde knallrot – die Röte erfaßte ihr ganzes Gesicht und den Hals –, aber sie wirkte entschlossen.

»Das ist doch Lobo?«

»Ja«, sagte ich. »Ja, das ist Lobo.«

Wer – wer war sie? Könnte es sein? Ja, dachte ich, das muß Susie sein – das ist Susie. Spences Tochter.

»Er sieht gesund aus.«

»Ja, er ist gesund, Susie.«

Uns fiel nichts mehr ein. – Schweigen.

Dann ich:

»Hör zu, Susie, wenn du mich kennenlernen möchtest – kein Problem. Du weißt, wo ich wohne, und du kennst die Telefonnummer. Du kannst jederzeit...«

Sie rief an. Wir befreundeten uns.

Im Grunde genommen war sie es, die in mir Zweifel darüber ausgelöst hat, ob es richtig war, in unserer Beziehung zueinander nie klare Verhältnisse zu schaffen. Dann hätte ich nämlich Susie und Johnny mit Spence zusammen erleben können. Das wäre sicherlich einfacher gewesen. Außerdem wäre Spences Schuldgefühl dann möglicherweise verschwunden. Es wäre ein Stück Ehrlichkeit gewesen.

Einige Tage nach Spences Tod rief ich Louise an und sagte: »Weißt du, Louise, wir beide könnten Freunde sein. Du warst in seinen jungen Jahren mit ihm zusammen, ich in seinen letzten. – Wir können auch einfach nur so tun. Das wäre für die Kinder leichter.«

»Hm, ja«, meinte sie. »Aber weißt du, ich dachte, du seist nur ein Gerücht...«

Nach dreißig Jahren? Ein Gerücht? Was sollte ich darauf antworten? Sie hatte mich an einem zentralen Punkt zutiefst verletzt, und das ließ sich nicht wieder gutmachen. Spence und ich, wir waren fast dreißig Jahre zusammengewesen, in guten wie in schlechten Zeiten. – Ein Gerücht.

Indem sie meine Existenz stets verleugnete, blieb sie seine Ehefrau und verschickte die Weihnachtskarten. Spence: der Schuldige. Sie: die Leidende. Und ich? – Nun gut, ich bin in einer sehr unkonventionellen Atmosphäre aufgewachsen. Und ich war für das Scheitern dieser Ehe nicht verantwortlich. Das war schon lange, bevor ich auf der Bildfläche auftauchte, geschehen. Außerdem war ich, wie bereits gesagt, außerstande, irgend etwas zu tun, was Spence auch nur im geringsten verletzen konnte. Deshalb sprach ich nie darüber, sondern sagte höchstens einmal: »Mir geht es gut. Und hinterlaß mir kein Geld — Geld bringt nur Ärger, und ich habe selbst genug, um sorgenlos leben zu können.« Und in Kalifornien zeigten wir uns nie zusammen in der Öffentlichkeit. Auch hat nie jemand ein Foto machen dürfen und können, auf dem wir beide — sei es auf Gesellschaften oder privat — zusammen zu sehen waren. Und tatsächlich ließen uns die Medien mit der Zeit in Ruhe. Ein Respekt, der uns nach und nach gezollt wurde. — Die Oberfläche war also glatt.

Heute bin ich der Ansicht, daß ich es mir zu leicht gemacht habe. Es ist besser, klare Verhältnisse zu schaffen. Dann hätte jeder — besonders auch Susie und Johnny — die Möglichkeit gehabt, Spence mit mir zusammen zu erleben. Das wäre besser gewesen. Doch Louise hätte dies unterstützen müssen — sie war in dieser Situation die Verliererin. Aber ich finde, es hätte sie geadelt. Außerdem wäre es ehrlich gewesen. Und für ihn wäre es dadurch leicht gewesen, das zu tun, was in diesem Fall die geradlinigste und einfachste Lösung gewesen wäre. Er hätte aus diesen beiden Welten jeweils das Beste mitnehmen können. Und wenn er gespürt hätte, daß es von ihr ausging, hätte er keine Schuldgefühle mehr gehabt.

Aber um das zu tun, hätte sie eine Heilige sein müssen, das stimmt. Es war wahrscheinlich zuviel verlangt, das sehe ich ein. Louise war schließlich in einer hoffnungslosen Lage.

Und was mich anbelangt — ich sah tatenlos zu. Ich drängte nicht auf Klärung. Ich überließ alles ihm. Und er war wie gelähmt.

Ich muß sagen, das war mir eine Lehre. Man muß sich klarmachen, was einem das eine oder andere bedeutet. Und dann muß man den Kampf aufnehmen oder es lassen.

Lieben Sie jemanden? Wenn Sie jemanden lieben und dieser Jemand deutlich zeigt, daß er sich von Ihnen trennen möchte, und wenn Sie wissen, daß alles zu Ende ist — dann lassen Sie den anderen gehen. Tun Sie sich diesen Gefallen. Seien Sie großmütig. Das ist auf die Dauer besser, als sich anzuklammern und sich und den anderen ständig daran zu erinnern, daß Ihre Beziehung eine Katastrophe war. Außerdem ist es ehrlich. Und ein Schritt nach vorn. Der Status quo in einer schlechten Ehe ist kein produktiver Zustand. Die neue Beziehung kann allen Beteiligten neue Horizonte eröffnen. Einen Fehlschlag zu zementieren bringt niemanden weiter.

»Hallo!«

»Guten Morgen.«

»Gute Nacht.«

»Wie geht es Johnny?«

»Wie geht es Susie?«

»Wie geht es dir?«

Nichtssagend. Und es endet erst mit dem Tod. Traurig. Ein Fehler, der ein Leben lang mitten auf deinem Schoß sitzt.

Und genauso war es. Und das wird sich auch nicht ändern. Spence ist tot. Louise zog sich zurück, und inzwischen ist auch sie gestorben. Ich bin mir sicher, daß das Ganze auch sie sehr belastet hat — eine Straße entlangzufahren, die es in Wirklichkeit gar nicht gab.

Der Tag vor der Beerdigung. Vielmehr die letzte Rosenkranznacht oder wie immer man das nennt, wenn man beim Leichenbestatter aufgebahrt ist. Als alle gegangen waren, ging ich hinunter und betrat den Aufbahrungsraum.

»Tut mir leid, Miß Hepburn, der Sarg ist bereits verschlossen. Mrs. Carroll Tracy hat mir aufgetragen, ihn zu schließen. Ich... Soll ich...?«

»Nein, nein, nicht nötig. Es ist nicht so wichtig. Ich habe nur ein paar Andenken dabei — ist aber nicht so wichtig. Lassen Sie. Ich bleibe nur eine Minute.«

Ich hätte sein Gesicht gern noch einmal gesehen. Aber was sollte schon anders sein — gestern, heute, morgen... Er war tot. Dad war tot. Mutter war tot. Ihre Geschichte habe ich erzählt. Und ich bin noch da, und sie sind feste Bestandteile meines Ichs. Ich hatte doch wirklich Glück, oder? Ich trage alle drei in mir.

Schade, daß der Sarg schon verschlossen war. Ich frage mich, ob sie mein kleines Blumengemälde gefunden haben, das ich unter seine Füße gelegt hatte. Ich glaube nicht. Und außerdem spielt es keine Rolle — was sind schon materielle Dinge? — Kämpfe nie um Materielles, haben Mutter und Dad immer gesagt. Materielles ist nicht wichtig. Das stimmt, und ihm kann nun nichts mehr geschehen.

Am Tag darauf war in einer katholischen Kirche in Hollywood, am Santa Monica Boulevard, die Beerdigung. Phyllis und ich hatten natürlich nicht vor hinzugehen — das hätte zuviel Aufsehen erregt. Ich dachte über Spences letzte Fahrt durch die Stadt nach und sagte zu Phyllis:

»Am besten, wir fahren zu Cunningham & Walsh runter und schauen dem alten Knaben bei der Abfahrt zu.«

Wir fuhren hin und schauten uns um. Niemand war da, nur der Leichenwagen. Wir fuhren in die Einfahrt.

»Kommt noch jemand?«

»Nein.«

»Dürfen wir Ihnen helfen?«

»Warum nicht?«

Wir halfen, Spence in den Wagen zu heben und an den richtigen Platz zu stellen. Die Türen wurden geschlossen, der Wagen fuhr los. Wir folgten ihm. Sein Gefolge. Erst die Melrose hinunter, dann nach links auf die Vermont, bis wir die Kirche sehen konnten. Sie fuhren darauf zu. Wir hielten an. — Auf Wiedersehen, Freund, hier verlassen wir dich...

Wir kehrten um und fuhren nach Hause.

Brief an Spencer

Lieber Spence,
wer hätte je gedacht, daß ich Dir einen Brief schreiben würde?
Du bist am 10. Juni 1967 gestorben. Menschenskind, Spence,
das ist nun schon vierundzwanzig Jahre her, eine lange Zeit. Bist Du
endlich glücklich? Hältst Du ein schönes langes Schläfchen als Ausgleich für Dein rast- und ruheloses Leben? Weißt Du, ich habe Dir nie
geglaubt, wenn Du sagtest, du könntest einfach nicht einschlafen. Ich
dachte:
Ach komm schon, Du mußt doch schlafen, denn wenn Du nicht
schlafen würdest, wärst Du todmüde. Du wärst völlig erschöpft.
Weißt Du noch, in jener Nacht? — Du warst so — wie soll ich sagen
— so aufgewühlt. Und ich sagte: Komm, gehen wir ins Haus, leg Dich
ins Bett. Ich werde mich auf den Boden legen und Dich in den Schlaf
reden. Ich werde einfach so lange reden, bis Du vor lauter Langeweile
einfach wegschlummern mußt.
Ich ging hinein, holte ein altes Kissen und Lobo, unseren Hund.
Während ich dalag und Dich beobachtete, streichelte ich den alten
Knaben. Ich sprach von Dir und dem Film, den wir eben beendet
hatten — *Rat mal, wer zum Essen kommt* —, und über mein Studio
und Deinen neuen Tweedmantel und den Garten und all die einschläfernden Themen. Erzählte Dir den faden Klatsch, der umging, und
vom Kochen, aber Du hast Dich immer noch hin und her geworfen —
nach links, nach rechts — die Kissen herumgeschoben — an der
Decke gezerrt — ununterbrochen. Ich habe ein bißchen gewartet —
dann bin ich hinausgeschlichen.
Offenbar hast Du mir doch die Wahrheit gesagt. Du konntest wirklich nicht schlafen. Und ich habe mich damals immer gefragt:
Warum? Ich frage mich das heute noch. Du hast Schlaftabletten genommen, und die waren ziemlich stark. Ich vermute, Du wirst jetzt
sagen, daß Du sonst nie hättest schlafen können. Das Leben war nicht
einfach für Dich, stimmt's?
Was hast Du gern getan? Du bist gern Segeln gegangen, vor allem
bei stürmischem Wind. Polo hast du auch sehr gern gespielt. Aber
dann kam Will Rogers bei einem Flugzeugunglück ums Leben. Von da
an hast Du kein Polo mehr gespielt — nie mehr. Tennis oder Golf —

nein, das war eigentlich nichts für Dich. Du hast ein paar Bälle geschlagen. Du warst fair. Aber ich glaube nicht, daß Du je einen Golf-
schläger geschwungen hast. Und Schwimmen? Du hattest etwas
gegen kaltes Wasser. Und Spazierengehen? Das war Dir unangenehm,
denn es gehörte zu den Beschäftigungen, bei denen man gleichzeitig
nachdenken kann. — Über was genau, Spence? Was ging in Dir vor?
War es so etwas Konkretes wie Johnnys Taubheit oder daß Du Katholik warst und das Gefühl hattest, ein schlechter Katholik zu sein? Du
konntest keinen Trost finden, absolut keinen Trost. Ich weiß noch,
wie Pater Ciklic Dir vorwarf, Du konzentriertest Dich nur auf das
Schlechte an Deiner Religion, aber nicht auf das Gute. Es muß sich
um etwas sehr Tiefsitzendes, Allgegenwärtiges gehandelt haben.

Und die unglaubliche Wahrheit, daß Du wirklich der beste Filmschauspieler warst. Ich sage das, weil ich davon überzeugt bin und
weil ich angesehene Leute aus unserem Metier genau das gleiche habe
sagen hören. Von Olivier über Lee Strasberg bis zu David Lean. Man
brauchte Dir nur eine x-beliebige Rolle zu geben und Du wuchst in sie
hinein und spieltest sie mit Deiner wunderbaren Einfachheit und Di-
rektheit. Du hast sie einfach beherrscht. Zu Deinem eigenen Leben
hast Du keinen Zugang gefunden, aber Du konntest jederzeit in eine
andere Haut schlüpfen. Du warst ein Mörder, ein Priester, ein Fischer, ein Sportjournalist, ein Redakteur. Von einer Sekunde zur anderen konntest du die entsprechende Identität annehmen.

Du mußtest kaum lernen. Deine Texte konntest Du im Nu auswendig. Welch eine Erleichterung — Du konntest eine Zeitlang ein anderer sein. Du warst nicht Du selbst — Du warst in Sicherheit. Du hast
gern gelacht, stimmt doch, oder? Deine Lieblingskomiker hast Du Dir
nie entgehen lassen: Jimmy Durante, Phil Silvers, Fanny Brice, Frank
McHugh, Mickey Rooney, Jack Benny, Burns und Allen, Smith und
Dale und Deinen absoluten Liebling Bert Williams. Du konntest so
herrlich witzige Geschichten erzählen. Du konntest über Dich selbst
lachen. Die Freundschaft und Bewunderung von Leuten wie den
Kanins bedeuteten Dir sehr, sehr viel. Frank Sinatra, Bogie und Betty,
George Cukor, Vic Fleming, Stanley Kramer, die Kennedys, Harry
Truman, Lew Douglas — sie waren gern mit Dir zusammen und Du
mit ihnen; Du fühltest Dich in ihrer Gegenwart sicher.

Aber dann mußtest Du zurück zu den Prüfungen des Lebens. Zum
Teufel, trink etwas — nein-ja-vielleicht. Dann mit dem Trinken aufhören. Darin warst Du großartig, Spence. Du konntest einfach aufhören. Dafür habe ich Dich unendlich bewundert. So etwas ist sehr
selten.

Zu diesem Thema hast Du einmal gesagt: Man ist erst davor gefeit, wenn man zwei Meter unter der Erde liegt. Aber weshalb immer diese Fluchtgedanken? Weshalb konntest Du nie aufhören, vor Dir selbst, dieser bemerkenswerten Persönlichkeit, fliehen zu wollen?

Woran lag das, Spence? Das wollte ich Dich fragen. Weißt Du, woran es lag?

Was hast Du gesagt? Ich kann Dich nicht hören...

Danksagung

Mit meinen Wegbegleitern hatte ich wirklich großes Glück. Zunächst natürlich mit Mutter und Dad. Tja, und dann lief mir auch noch Luddy über den Weg. O Luddy — was wäre ohne dich aus mir geworden? Und ohne Eddie Knopf, der mir mein erstes Engagement gab. Er begutachtete mich und riskierte es. Ja, nur zu — kommen Sie zu uns. Das war 1928 in Baltimore. Meine Herren! Dann ging er nach New York. Ging noch einmal ein Risiko ein und übertrug mir eine Hauptrolle, feuerte mich dann aber.

Aber man war auf mich aufmerksam geworden. Zum Beispiel Arthur Hopkins. Er gab mir eine schöne Rolle in einem unspektakulären Stück. Aber die Rolle fiel auf. Das Stück wurde schon nach zwei Tagen abgesetzt, aber er engagierte mich wieder, als Zweitbesetzung für Hope Williams in *Holiday*.

Und noch einmal Luddy und meine Freundin Alice Palache: »Du bist einfach großartig, Kate, einfach...« Was hätte ich nur ohne diese Unterstützung gemacht?

Laura Harding — wieviel Kraft hat sie mir gegeben. Ihr verdanke ich meinen Sinn für Feinheiten. Ich fand *sie* hinreißend, und sie überzeugte mich, daß *ich* es sei.

Phyllis Wilbourn — immer da, vierundzwanzig Stunden am Tag, sieben Tage die Woche. Für alle Zeiten.

George Cukor. Die vielen gemeinsamen Filme!

Im Laufe von gut sechzig Jahren wurden es immer mehr Getreue. Meine Stützen — meine Retter. Sie machten mir Mut. Und genau den braucht man, wenn man ganz nach oben will.

Meine liebe Freundin Laura Fratti — sie brachte mir bei, wie man auf der Bühne und im Film Klavier spielt, ohne es zu können. Das war schlicht genial.

Ich bin mir sicher, daß ich viele meiner wichtigen Weggefährten vergesse — die Unentwegten, die Tag für Tag für mich da waren. Die mich angetrieben, mir zugehört, mich beschützt und mich chauffiert haben. Charles Newhill zum Beispiel dreiundvierzig Jahre lang. Nach ihm kamen L. C. Fisher und Jimmy Davis, der mich heute noch fährt.

Und Norah mit ihrer Rücksichtnahme, ihrer bedingungslosen Erge benheit, ihren Mahlzeiten, ihrer grenzenlosen Fürsorge, ihrer Liebe: »Hier, bitte, Miß Hepburn.«

Und Sharon Powers: Du sollst wissen, daß ohne dich das totale Chaos herrschen würde.

Tony Harvey: ein Freund, und zwar ein echter Freund.

David Eichler — MEINE *Nacht vor der Hochzeit*.

Scott Berg: mein wichtigster Kritiker.

Und natürlich Cynthia McFadden — eine Kameradin, die über mein Leben mehr weiß als ich.

Freya Manston, meine Agentin, die die eigentlich treibende Kraft hinter diesem Buch war.

Und noch einmal Mutter und Dad und Peg und Bob und Dick und Marion und Kathy Houghton.

In meinen Gedanken habe ich euch alle bei mir. — Oh, ich bin euch so dankbar.

Und schließlich Sonny Mehta, dem Verleger von Knopf.

Bildnachweis

Seite 2 © 1991 John Bryson; Seite 3 UNTEN Martin Munkácsi, Courtesy of Joan Munkácsi Hammes; Seite 37 Martin Munkácsi, Courtesy of Joan Munkácsi Hammes; Seite 84 © 1991 John Bryson; Seite 97 OBEN Hal Phyfe. The Billy Rose Theatre Collection; the New York Public Library for the Performing Arts. UNTEN MGM Collection. Courtesy Turner Entertainment Co. Photograph courtesy of the Motion Picture Arts and Sciences; Seite 100 Photograph courtesy of Leonard Finger; Seite 122 The Billy Rose Theatre Collection; the New York Public Library for the Performing Arts; Seite 135 Photograph courtesy of Drew Eliot; Seite 139 Photofest; Seite 141 Anita Stewart Photo Publishing Co.; Seite 147 Courtesy of Jim Wilson, The River Rep, Ivoryton, Conn.; Seite 149 The Billy Rose Theatre Collection; the New York Public Library for the Performing Arts; Seite 155 UNTEN White Studios. The Billy Rose Theatre Collection: the New York Public Library for the Performing Arts; Seite 175 OBEN LINKS The Irene Selznick Collection; OBEN RECHTS Photofest; Seite 178 Viacom; Seite 181 Viacom; Seite 184 © 1933 RKO Pictures, Inc. Alle Rechte vorbehalten; Seite 186 OBEN © 1933 RKO Pictures, Inc. Alle Rechte vorbehalten; Seite 188 © 1933 Turner Entertainment Co. Alle Rechte vorbehalten; Seite 189 1934 © RKO Pictures, Inc. Alle Rechte vorbehalten; Seite 190 © 1991 John Bryson; Seite 198 Vandamm. The Billy Rose Theatre Collection; the New York Public Library for the Performing Arts; Seite 208 UPI/Bettmann Archive; Seite 213 Vandamm Studio; Seite 219 Vandamm Studio; Seite 232 Photofest; Seite 234 UPI/Bettmann Archive; Seite 237 The Kobal Collection; Seite 247 OBEN The George Cukor Collection. Photograph courtesy of the Acadamy of Motion Picture Arts and Sciences; Seite 255 The Kobal Collection; Seite 257 Columbia; Seite 273 OBEN LINKS Photofest, OBEN RECHTS UPI/Bettmann Archive; Seite 279 API/Wide World; Seite 292 © 1936 RKO Pictures. Inc. Alle Rechte vorbehalten; Seite 297 OBEN © 1937 RKO Pictures, Inc. Alle Rechte vorbehalten. Photograph courtesy of the Acadamy of Motion Picture Arts and Sciences; UNTEN The Everett Collection; Seite 299 ©1938 RKO Pictures, Inc. Alle Rechte vorbehalten; Seite 304 OBEN © 1940 Turner Entertainment Co. Alle Rechte vorbehalten; Seite 305 OBEN © 1942 Turner Entertainment Co.

Tania Blixen

Tania Blixen, die große dänische Erzählerin, hat eines der
lebendigsten und poetischsten Bücher verfaßt, das je über
Afrika geschrieben wurde. »... ein sehr konzentriertes Buch,
wie ein Mythos.« Doris Lessing

01/8390

Wilhelm Heyne Verlag
München

Frühling, Sommer, Herbst und Winter

Das Leben im Wandel der Jahreszeiten ist das Thema und Leitmotiv dieser vier literarischen Lesebücher, die Texte bedeutender Autoren in einer exemplarischen Auswahl präsentieren.

DAS FRÜHLINGS-LESEBUCH

MIT ERZÄHLUNGEN VON
GÜNTER GRASS
VLADIMIR NABOKOV
MARIE-LUISE KASCHNITZ
SIEGFRIED LENZ
CHRISTA WOLF
HENRY MILLER
UND VIELEN ANDEREN AUTOREN

01/8423

Außerdem erschienen:

Das Sommer-Lesebuch
01/8424

Das Herbst-Lesebuch
01/8425

Das Winter-Lesebuch
01/8426

Wilhelm Heyne Verlag
München

FrauenReiseBerichte

Faszinierende und spannende Reiseberichte – geschrieben von Frauen, deren Abenteuer- und Reiselust sie immer wieder in fremde Welten und Kulturen zieht . . .

19/2001

Außerdem lieferbar:

Trudy Culross
Hinter Kairo wird es besser
19/2002

Zenga Longmore
Und morgen dann auf Trinidad
19/2005

Ella Maillart
Verbotene Reise
19/2007

Ella Maillart
Turkestan Solo
19/2010

Christina Dodwell
Unter dem Himmel Afrikas
19/2013

Wilhelm Heyne Verlag
München

Haffmans-Bücher bei Heyne

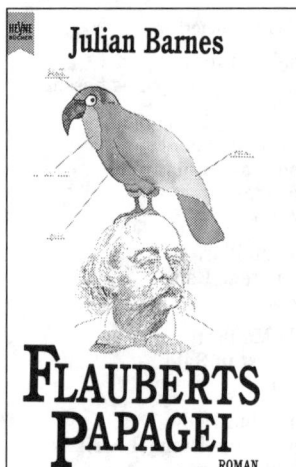

Julian Barnes

FLAUBERTS PAPAGEI

ROMAN

01/8726

Außerdem lieferbar:

Gisbert Haefs
Hannibal
Der Roman Karthagos
01/8628

Julian Barnes
**Eine Geschichte der Welt
in 10½ Kapiteln**
01/8643

Max Goldt
Die Radiotrinkerin
01/8739

Gerhard Mensching
Die abschaltbare Frau
01/8755

Flann O'Brien
In Schwimmen-Zwei-Vögel
01/8771

Carl Djerassi
Cantors Dilemma
01/8782

Robert Gernhardt
Die Toscana-Therapie
01/8798

Wilhelm Heyne Verlag
München